幼儿园快乐与发展课程

幼儿园快乐与发展课程

教师教学用书

中班 上册

YOUER YUAN

幼儿园快乐与发展课程编写组 编

KUAILE

YU

FAZHAN

KECHENG

北京师范大学出版集团
BEIJING NORMAL UNIVERSITY PUBLISHING GROUP
北京师范大学出版社

图书在版编目（CIP）数据

幼儿园快乐与发展课程教师教学用书. 中班. 上册/幼儿园快乐与发展课程编写组编. —北京：北京师范大学出版社，2008.10（2021.6 重印）
ISBN 978-7-303-09444-8

Ⅰ. 幼…　Ⅱ. 幼…　Ⅲ. 学前教育－教学参考资料
Ⅳ. G613

中国版本图书馆 CIP 数据核字（2008）第 118258 号

营销中心电话　010-58802383 58802814
京师爱幼幼儿园课程服务平台　https://bnu101.com

出版发行：北京师范大学出版社 www.bnupg.com
北京市西城区新街口外大街 12-3 号
邮政编码：100088
印　　刷：北京京师印务有限公司
经　　销：全国新华书店
开　　本：787 mm × 1092 mm　1/16
印　　张：21.5
字　　数：520 千字
版　　次：2008 年 10 月第 1 版
印　　次：2021 年 6 月第 11 次印刷
定　　价：38.00 元

策划编辑：张丽娟　　责任编辑：张丽娟
美术编辑：袁　麟　　装帧设计：尚世视觉
责任校对：陈　民　　责任印制：李汝星

编 委 会

中班组负责人：

廖丽英　汪　荃　范惠静　许美琳　安　平　杨秀英　蔡秀萍　彭迎春　周轶群
赵春红　方宝燕　张　旭　何　斌　袁　静　戴　冉

中班组编写人员：

范惠静　许美琳　安　平　赵春红　杨秀英　蔡秀萍　彭迎春　周轶群　刘　芳
方宝燕　张　旭　何　斌　袁　静　戴　冉　朱　莉　王　炜　孟惊涛　谢继红
田旖忻　朱　宁　沈征争　刘　婷　谷媛媛　张金媛　刘晶晶　芮振华　高　静
邓　蕊　文　蕊　杨　薇　王志红　于　杨　刘金霞　邢　蕾　李　静　赵　艳
张　旭（小）　邓　鹂　邱　冉　张燕华　冯亚娟　王　怡　李冬梅　曹　琳
刘　瑶　李亚楠　王　晴　张　媛　刘　虹　庞　娟　郭　玥　初　骅　李素玲
张　蕾　冯　颖　刘　静

中班组供稿单位：

北京市第一幼儿园附属实验园

北京市丰台区政府机关幼儿园

北京市朝阳区三里屯幼儿园

北京市朝阳区和平街幼儿园

目 录

第一部分　总　论

一、快乐与发展课程的特点

幼儿园快乐与发展课程力图表达和践行《幼儿园教育指导纲要（试行）》（以下简称《纲要》）和《3~6岁儿童学习与发展指南》（以下简称《指南》）及《北京市贯彻〈幼儿园教育指导纲要（试行）〉实施细则》（以下简称《细则》）所倡导的幼儿教育理念。在实践中，紧紧抓住尊重、适合、快乐、发展四个关键点，建构起符合幼儿年龄特点及发展规律的课程，引导教师改进教育过程，提高教育质量。

“尊重”是要求教师做到《纲要》提出的“尊重幼儿的人格和权利，尊重幼儿身心发展的规律和学习特点”“尊重幼儿在发展水平、能力、经验、学习方式等方面的个体差异”。要实现这样的“尊重”，需要教师努力克服过去已经习以为常的、从成人角度出发的思维习惯，去了解、理解、接纳幼儿的一系列特点，不把幼儿的特点当缺点。

“适合”是指教师在制订教育目标、确定教育内容、创设教育环境、实施教育过程时都充分考虑幼儿的年龄特点、学习特点、发展水平和情感需要，克服小学化的、以教师为中心的课程模式，真正做到以游戏为基本活动，实践最适合幼儿特点的课程和教学表达方式。“尊重”和“适合”是相伴相生、同时存在的，“尊重”是理念层面的指导思想，“适合”是实践层面的具体行为。“适合”是实现“尊重”的路径。

这里的“快乐”有两个层面的含义：一方面是指表面层次的快乐，即幼儿在园时心情高兴和愉快；另一方面深层次的含义是指幼儿在各项活动中获得成功时体验到的发自内心的成功感、胜任感和自信心。这两个层面的快乐相辅相成，构成幼儿在幼儿园的快乐生活。但是快乐不仅仅是幼儿阶段教育的全部意义，还应是让幼儿在感到快乐的同时，获得全面的、充分的、最佳的发展。

这里强调的“发展”也有两个层面的含义：即幼儿要在当前获得充分的发展，每天有所进步，同时这种当前的进步又应有利于幼儿将来的发展，有利于他们入学以后的学习，有利于他们终身的可持续发展。“快乐”和“发展”相互促进。因为只有幼儿是快乐的，他们才有可能主动活动、积极好学，获得良好的发展。反过来，幼儿在成功、进步时必然是高兴的，觉得自己很棒、很有价值，这种发展又使幼儿发自内心地感到快乐。

我们不仅关注幼儿现在的快乐，而且也关注幼儿将来的快乐。让幼儿在快乐中学习、在快乐中发展是我们对幼儿、对幼儿教育的期望。

与此同时，我们也希望课程的实施者——教师是快乐与发展的：以快乐的心情、胜任的感觉去工作，在工作中使自身获得充分的进步与发展。

二、快乐与发展课程的基本思想

幼儿园快乐与发展课程是在国家和北京市的学前教育政策，多种心理学、教育学理论，特级教师、一线教师的实践以及“九五”“十五”课题研究成果的基础上形成的。它提出了如下一些思想和操作性做法。

（一）几个重要概念

1. 课程观

幼儿园的课程是在幼儿园有准备的环境中发生的，能够帮助幼儿获得有益的学习经验，并促进其身心全面和谐发展的各个环节、各种活动的总和。这样的课程要求我们充分认识一日生活对幼儿的发展价值，重视生活活动、活动区活动、集体教学活动、户外活动等的教育作用，利用幼儿在园的一切活动促进他们快乐地发展。

2. 儿童观

幼儿是与成人人格平等的独立个体。他们是学习与发展的主人。幼儿有着与成人不同的生理、心理特点，有自己独特的思维和学习方式，同时他们之间又有明显的个体差异。他们享有生存权、被保护权、发展权、参与权四项基本权利。教师必须尊重幼儿的年龄特点和思维、学习方式，以适合他们的方法与他们互动。

3. 教师观

教师与幼儿人格平等。在游戏和各种活动中，教师是幼儿学习和发展的支持者、鼓励者、合作者、引导者。他们同时也是维护、实现幼儿四项基本权利的人。他们应尊重幼儿的能力和个性，关注并应答他们的发展需要。教师是教育工作的主人。

保育员也是教育工作者，尤其在生活环节中，他们是对幼儿有特别教育意义的人。

4. 学习观

学习是指幼儿因经验引起的心理倾向、能力、行为的比较持久的变化。幼儿是学习的主体。他们的学习是渗透于生活和游戏中的自然化、多样化、愉快而有意义的过程。幼儿的学习通过他们与环境相互的作用而实现。

“学”和“习”是相互关联又有区别的活动。“学”是指学新的知识、技能、方法等，“习”是指练习、实践、巩固“学”到的东西，同时在“习”的过程中可能既有新的发现、体验、感悟等，又有“学”的成分。所以，如果只有“学”没有“习”，学习的效果一定不好，因此需要做到“学而时习之”。

5. 活动

活动是幼儿与环境相互作用并主动建构自己的认知结构、获得发展的过程，同时它也是幼儿获得发展的基本途径。幼儿的活动既有外显活动（动作、语言等活动）和内隐活动（思维活动）两个层面，又有生活活动、游戏活动、学习活动等多种形式。有时多种活动处于混合状态。

6. 发展

幼儿的发展应为情感、态度、能力、知识的多维度发展。发展是主动的过程。幼儿的发展有其自身的规律与特点，并有明显的个体差异。本课程关注幼儿的可持续发展。

7. 教育环境

“幼儿园的教育环境”为广义的概念。它是引发、维持幼儿学习的重要外部条件，包括多个维度的含义。

（1）幼儿能够感觉到的教师（包括保育员）对待他们各种行为的态度，这种态度形成了班级中的氛围。我们要求每个班级都应形成理解、接纳、关爱的氛围。

（2）幼儿园室内外各种活动区（角）、相关材料、活动室墙饰、生活设施、空间安排等。

（3）班级中的常规要求、作息时间。

（4）发生在幼儿周围的教师、其他幼儿的行为与活动。

幼儿园的环境应体现教育目标，并对幼儿的发展具有应答性。

幼儿园的环境创设是教师和幼儿共同参与的活动，是幼儿获得发展的重要途径之一。

8. 教育资源

幼儿园中室内外的物质环境、全园工作人员、幼儿家长、幼儿同伴、周边社区的物质及人文环境等都是可利用的教育资源。

（二）快乐与发展课程遵循的原则

1. 整体性

课程和幼儿的生活是不可分割的整体。生活中的各种活动、各个侧面都是课程的有机组成部分，如生活活动、游戏活动、室内外环境、教师等都是课程中不可分割的一部分。

各个领域之间相互渗透，形成整体。不论教育目标按体、智、德、美“四育”写，还是按健康、社会、语言、科学、艺术“五大领域”写，其教育过程与幼儿的发展都应是整体化、整合式的。

教育目标与教育环境相互对应，不可分割。班级中的物质环境应物化、体现教育目标，并引导着幼儿完成教育目标。

班级中的教师应形成教育的整体。本课程主张通过一定的方式，增加教师同时在班上的时间，以有利于形成教师教育的整体性。避免上、下午班的教师之间互不沟通，造成教育过程的割裂与低效。

一段时间是整体。本课程主张在某一段时间内，教师把它作为一个整体来考虑，和幼儿一起整体地设计各方面的活动。时间的长短有弹性，短则2～3天，长则1个月或更长。可以用主题贯穿始终。

幼儿园、家庭、社区形成教育的合力。把幼儿园、家庭、社区当做大教育中的不同教育要素与资源，充分发挥它们各自的优势与作用，整合起来为幼儿教育服务。

2. 主动性

幼儿园教育既要适应幼儿主动性强的特点，又要在各种活动中持续地培养幼儿的主动性。

主动性是现代人的基本素质之一。尤其在面对知识经济的年代，人的主体意识、主人翁意识、主动性更是我们应加大力度培养的。在本课程方案中，我们把幼儿园的教育活动定位为：幼儿主动学习的过程。基于此，从教育内容的确定，到教育环境的创设，再到教育过程的实施，都有幼儿发挥主体意识、主动活动的过程。

为保证幼儿主体性的发挥，必须增加幼儿选择的空间。从活动主题、活动内容、材料、伙伴、时间、场地等都应给幼儿充分的选择机会。

在生活活动及其他一切活动中，凡是幼儿能做的事都要解放幼儿的手和脑，让他们有机会去想、去做。

3. 活动性

“活动是连接主体与客体的桥梁。”对幼儿来说，活动本身既符合幼儿好动的特点，又为他们提供了发展的途径。可以说幼儿是在各种活动中发展起来的。本课程强调活动形式的多样性、活动过程的灵活性与发展性。

4. 发展性

“教育和教学是发展儿童的普遍方式。”教育的价值是引导、促进幼儿的发展，否则教育活动便没有了任何意义。这里的发展不仅指知识的丰富、能力的提高，更强调态度、兴趣、求知欲、审美等多方面的进步与改善及良好行为习惯的养成。

幼儿园的教育不仅要有利于幼儿当前的发展，也要有利于他们入小学以后的学习，更要有利于他们长远的、终身的发展。

发展性通过教育目标、教育内容对幼儿构成适度的挑战，即落在他的“最近发展区”之内来实现。

（三）快乐与发展课程的课程机制

机制是指系统内部各个部分的性质、关系和联系。课程机制是指各课程要素的性质、相互之间的关系或联系，即教育目标、教育内容、教育环境、教育途径、教育组织形式等的性质、关系或联系等。

1. 确定教育目标

教师在确定教育目标时要做四个步骤：①观察本班幼儿的表现；②概括出本班幼儿发展水平；③对照《指南》和《细则》，找出幼儿发展与《指南》和《细则》之间的差距；④针对其发展差距确定本班的教育目标。如会“能熟练地用勺子吃饭”“使用小勺独立进餐”是《指南》和《细则》对小班幼儿提出的要求，如果某小班教师根据在进餐环节对幼儿的观察，发现本班绝大多数幼儿都不会“用勺子吃饭”，那么，这一目标就必须写进自己的计划中去。而在另一个小班，如果情况正好相反，绝大多数幼儿都会“用勺子吃饭”，那么这一目标自然就不必写进计划中去，因为幼儿在自然状态下已经达到这个目标了。

教师在一段时间内制订的教育目标应涉及各个领域，不可偏废。

2. 确定教育内容

教育目标明确后，教育内容的产生有两种方式。

第一种：教师根据教育目标，结合本班幼儿的兴趣、发展需要及生活经验生成教育内容。生成的内容可以是主题活动式的，也可以是其他形式的。其中主题活动应在幼儿有感知、有体验的基础上生成与扩展。主题活动的内容应是综合性的。各主题之间的转换应尽量自然、相互衔接。

第二种：教师根据教育目标，结合本班幼儿的兴趣、发展需要及生活经验提供教育活动。这种教育活动属于预成性质的。

教育目标与教育内容之间的关系是双向的，既可以先有教育目标，根据教育目标确定教育内容，使教育目标需求化；也可以先有幼儿的活动，教师在参加幼儿的活动时，通过提问引导幼儿思考，以此来确定该活动教育目标。如一次户外活动时，几个大班幼儿围着一棵大树在议论着什么，教师走过去一看，发现他们正在观察一只受了伤的壁虎，这只壁虎正在慢慢地往树的顶部爬。教师和幼儿一起看着壁虎，并向他们提问："你们看看壁虎身体是什么颜色的？它为什么长这种颜色？""仔细看看壁虎爪子的趾尖上长着什么呢？它为什么要长小吸盘？"这些问题渗透了动物身体的保护色、动物的外形与它的运动方式之间的内在联系等大班教育目标。我们经常看到的教师根据幼儿的活动和兴趣生成主题，然后在主题活动进行的过程中实施教育目标也属于这种情况。

目标和内容之间的关系还有一点需要注意，与内容比较起来，我们更应该把牢目标，即"紧目标，松内容"，也就是说，教师一定要紧紧把握教学目标，有明确的目标意识，但是内容一定是可调的、弹性的，只要是能够实现目标的内容都应采用。如在中班，"按照一个维度对常见物品进行分类"是教学目标，那么分类的具体对象是什么呢？既可以是动物，也可以是水果，或者是服装，甚至可以是鞋子。如果本班幼儿现在正对汽车感兴趣，那么，我们就用汽车引导幼儿学习分类不是很好吗？

3. 创设教育环境

我们对幼儿园环境的要求是，第一，它必须体现教育目标，使幼儿在与它互动的过程中就能逐步实现教育目标。如为了引导小班幼儿正确区分大、中、小，教师在班里布置了一个墙饰，其上有大、中、小三个人形，同时教师在美工区投放了为这些人形画的大小不一的衣服、裤子、帽子、手套、围巾等的轮廓纸，教师在引导幼儿为它们做衣服、穿衣服的过程中，幼儿自然要目测、要比较，要学习区分大、中、小。大班有引导幼儿"能以正确的笔顺书写自己的名字"的目标，教师把全班每一名幼儿的名字打印在纸片上，其字体是中空的，教师在每个字上标出每一笔的方向和顺序，把它们过塑后投放在活动区，幼儿就可以在卡片上学习自己名字的行笔方向和笔顺了。

第二，它应随着幼儿的发展和教育目标的变化而及时调整。我们前边已经说过"环境要体现教育目标"，而教育目标一定是随着幼儿的发展而不断变化的，因此，环境也一定是动态的。如活动区的材料，如果在中班初期教师为了让幼儿练习使用筷子的技能，而投放筷子和小海绵块的话，那么过一段时间，当幼儿夹小海绵块已经很胜任的时候，教师就应把它换成蚕豆，到了学期末则可能要换成黄豆了。同样，如果幼儿已经学会了教师在墙饰上按步骤展示出来的几种折纸，那么教师一定要把它撤掉，换上其他新的内容。

第三，幼儿参与环境的创设。我们这里所指的“幼儿参与环境创设”是指幼儿是环境的真正主人。在布置墙饰方面他们有权参与意见，参与规划墙饰，而不是只由教师构思墙饰的内容和布局，幼儿出劳力给教师当“小工”，或只是简单地把幼儿的作品陈列在墙上。在活动区材料的准备方面，幼儿也是主人，他们很清楚自己需要什么，这个东西是什么样的，他们可以为活动区活动的深入开展而准备各种需要的东西。当然，教师也可以通过提出问题的形式提醒幼儿，丰富他们的需要，在这个为自己的活动准备材料的过程中使幼儿获得自然而充分地发展。

第四，环境、材料要和适宜的活动相结合。环境、材料只是东西，幼儿如果不用这些东西，它不可能自然而然地起到促进幼儿发展的作用，因此，需要教师以适宜的活动引导幼儿真的把这些东西用起来。如某大班操作区中有各种珠子和尼龙线绳，这里却很少有人问津，只是偶尔有个别幼儿到这里穿一穿“项链”，“项链”穿得无序，也不好看。后来，教师和几个幼儿商量后决定在班里开展“项链秀”活动，同时在放珠子的柜子旁边布置了一组墙饰，墙饰上画有几种穿“项链”的方法，有规律排序法、有对称法等。这时，一部分女孩子穿项链的积极性被调动起来，在接下来的日子里，她们不仅按照教师提示的方法穿“项链”，而且发明出很多其他方法，穿出了漂亮的“项链”。最后，她们不仅进行了“项链秀”，还进行了“手链秀”“服装秀”等活动。

4. 选择教育途径

幼儿在幼儿园的主要活动包括生活活动、活动区活动、集体教学活动、户外活动，这些活动是教师与幼儿有效互动的过程，教师正是通过有目的、有计划地实施这些活动，使幼儿获得身心健康地发展。因此，它们也是幼儿园课程的基本形态。

生活活动：由于幼儿所处的特殊年龄阶段，幼儿园进餐、盥洗、如厕、午睡、喝水等生活环节中蕴含着对幼儿来说丰富而重要的学习内容和发展契机，因此，生活活动既是幼儿每日必须经历的时间过程，也是幼儿获得良好发展的重要途径。幼儿正是通过日复一日的在园生活发展着各种相关能力，积累很多感知体验，形成良好的生活习惯。

活动区活动：幼儿都爱玩并专注于感兴趣的游戏。在游戏中，幼儿能够最大限度地发挥自己的水平，最有效地进行学习。优质幼儿教育的标志之一是幼儿游戏时专注、积极、愉快的状态。

幼儿园是幼儿教育机构，这里幼儿的游戏有别于他们在家玩的纯自由游戏。幼儿教师高水平的专业化能力之一是如何把幼儿的游戏——这种表面看起来的“无意义行为”转化为幼儿朝向教育目标发展的合目的行为。教师通过对活动区的目标化设计，不留痕迹地把幼儿游戏转化为他们最有效的学习。通过活动区活动幼儿能够进行多方面的感知积累和有效学习。

集体教学活动：由于有教师的直接指导，集体教学活动有其独特价值：第一，全班就某一个问题进行讨论，幼儿获得的信息比较丰富。第二，在教师的引导下，通过讨论有利于梳理、归纳、提升幼儿已有的感知经验。第三，对于学唱歌曲、学讲故事等活动而言，它的教学效率比较高。

幼儿通过参加集体教学活动也在进行有效地学习。教师对教学活动的组织和指导，确保其明确的教育目标和严谨的教学过程，通过讲解、演示、提问、归纳等环节，引导幼儿操作、观察、比较、练习等，从而开阔眼界、丰富知识、提高能力。

综合主题探索活动是整合幼儿园各领域教育的重要形式，它与在新的教育理念指导下的分领域活动同时存在。这里特别需要说明的是，快乐与发展课程所提倡的主题活动一定是主题探索活动，它区别于一般意义的主题活动，不是把与主题相关的作品放到一起教就可以了。如“可爱的兔子”主题，很多班级在进行这个主题时，教师会组织幼儿上一节认识兔子的课，给幼儿讲解兔子的外形特征、生活习性等；教幼儿朗诵一个关于兔子的儿歌；讲一个以兔子为主角的童话故事；画一张兔子的图画；用几种材料装饰教师画好的兔子轮廓等。这些活动虽然没有错误，但是它不够开放，传达给幼儿的知识都是已知的，而且其信息源是教师，给幼儿的印象是“教师是知识的拥有者”。而主题探索活动则不同，在认识兔子的过程中，关于“兔子爱吃什么东西”这一问题，教师让幼儿进行猜测然后归纳总结，最后归纳出兔子爱吃蔬菜、水果、粮食、糖果、肉五大类食品，其中，对爱吃肉和爱吃粮食幼儿的争议最大。怎么解决这些争议呢？第二天，认为兔子爱吃肉的幼儿从伙房拿来了几小块肉喂给兔子，结果兔子真的吃了，这个结果让幼儿大吃一惊，“原来兔子是爱吃肉的!”幼儿普遍得出了这个结论。这时教师提醒幼儿：“我们还要仔细观察兔子，看它是不是拉稀，如果它的大便是正常的，兔子吃肉才是没有问题的。”果然兔子的大便很正常。又过了几天，幼儿又喂兔子一些馒头，兔子又吃了，而且它的大便也是正常的。幼儿由此得出结论，兔子其实是杂食动物，并不像儿歌所说的那样。在这样的主题活动中有幼儿的探索过程，而且信息源可以是幼儿自己。这就为幼儿在以后的学习生活中形成敢于探索、敢于创新、追求真理、不迷信权威的心理品质奠定了基础。

同时，快乐与发展课程还提倡主题探索活动来源于幼儿自身的生活，解决自己在生活、游戏中遇到的问题，实现自己的愿望。如某幼儿园大班的孩子在院子里踢足球，觉得没有球门就不像踢球，传达室的爷爷给他们用木条制作一个球门以后，他们自己用塑料包装绳，用叉开打结的方法编了球门的网；为解决足球总往场外滚的问题，他们把牛奶箱的硬纸板剪成宽条，再用绳子把它们连起来，做成了场边的围栏；在踢足球过程中经常有幼儿崴脚，为了避免崴脚，他们设计并实施了踢球前的一系列准备活动。为了解决清扫兔笼过程中水经常把自己袖子打湿的问题，他们为自己缝制了套袖；为解决冬天坐在硬板椅子上凉的问题，他们为自己缝制了小坐垫；为了让小班的弟弟、妹妹有更多的沙包玩，他们给小班缝制了一些沙包，还给小班娃娃家里的娃娃衣服钉纽扣；为了准备去敬老院给爷爷奶奶表演童话剧，他们自己制作提线木偶，自己给童话剧画背景图，制作简单的道具，排练，先在班里表演征求修改意见，修改后再去敬老院表演。在另一所幼儿园，幼儿在观看完皮影戏后，向教师提出“我们也要演皮影戏”的要求，经过教师同意，他们通过自愿报名的方式分别参加了打灯组、制作幕布组、制作角色组、讲故事组、操作表演组、音响组、画海报门票组、摆椅子组、招待客人组等11个小组，全班为了实现这个发自他们内心的愿望而忙碌。经过一段时间的努力，他们终于分别进行了面向本园小朋友、社区居民和幼儿家长的3场演出。这些实例都说明，主题探索活动的来源可以是幼儿自身的需要，并且是他们内部动机的表达。

分领域活动在快乐与发展课程中仍然占有重要位置。但是它提倡改变过去那种“与幼儿的生活基本无关”、主要“以各种作品为载体”、以教师的愿望为出发点的做法，变为与幼儿的生活、游戏密切相关，幼儿的需要、愿望与教师的愿望相结合，以教各种作品为辅助的基本内容结构。例如，某幼儿园大班教师在引导幼儿学习成组数数这一内容时，改变了过去让幼儿单调、乏味数大量物体的做法，而是让幼儿到院子里比赛捡落叶，看谁在5分钟之内捡得最多，回到班里后，把捡来的落叶变成了“拔根儿”，比一比哪一组“拔根儿”最多，数一数全班共有多少“拔根儿”。在这个过程中因为数目很大，为了提高数数的效率，幼儿自然就会用到成组数数的方法，这时教师再和幼儿一起归纳，成组数数有哪几种方法，怎样成组数数是最快的。又如，另一个大班教师组织的一节语言活动是和幼儿一起讨论“制作班报”的问题，其中涉及“你都见过什么报纸”“报纸有什么用”“你们想制作什么样的班报”“打算分几个栏目，每个栏目有什么内容”“怎么制作班报才能既方便家长看，又能让幼儿看得懂”等与幼儿和报纸相关的问题。

生活活动、活动区活动和集体教学活动之间的关系是相互铺垫、准备和延伸。生活活动、活动区活动为集体教学活动铺垫、积累所需要的感知体验，这些感知体验又需要在集体教学活动中得到归纳和提升；集体教学活动中接受的部分知识需要幼儿到活动区去反复体验和验证，这时活动区活动成为集体教学活动的延伸。因此，三种活动之间须有内在联系、相互呼应。

户外活动：幼儿最喜欢在外边玩。户外活动既能满足幼儿在外边玩的愿望，又能使他们充分接触新鲜空气、阳光，这是保证其身体健康成长的必要前提，同时也是丰富幼儿知识，发展幼儿动作、能力，形成很多良好意志品质的重要途径。

5. 选择组织形式

幼儿活动的组织形式有个别幼儿活动、小组活动、全班集体活动等多种形式。各种组织形式之间可以灵活转换。

个别幼儿独自的学习活动经常是很有价值的活动。在活动中，幼儿独自、专注地与材料互动，按照自己的节奏和方式进行有效地学习，教师不要任意打断。

小组活动中幼儿不仅与材料互动，而且他们之间有很多的交流和学习的机会。小组的形成一般应在幼儿共同的兴趣或能力基础上自然形成，尽量避免以“桌”或“半个班”为学习小组。

全班集体教学活动要根据教育目标、幼儿兴趣、发展需要确定。其中：

（1）活动时间可变：上午或下午、起止时间可变、不是每天必有。

（2）活动地点可变：教师根据需要选择室内或室外。

（3）活动人数可变：依据幼儿意愿部分或全体参加。

（4）活动过程游戏化、活动化。

在大班依据需要适当增加次数，但不硬性规定，鼓励、吸引全体幼儿参加。

因为有相当一部分集体教学活动需要幼儿有相关的感知经验做基础，因此，教师应有目的地通过生活环节、活动区活动、活动区材料等丰富幼儿的感知经验，以使教学活动更加有效。

6. 活动的气氛

活动时总体的班级气氛应是幼儿自主、专注、自然，允许幼儿因活动需要走动，拿取物品，进行交谈、讨论等。教师组织的活动在保证幼儿有充分的学习积极性的前提下，使幼儿跟随教师的组织和引导。

7. 时间安排

每天的大部分时间用于幼儿的自主性活动。除此之外，每天有讲（读）故事、唱歌活动、集体游戏、户外活动、互相交流、回忆讨论、收拾整理的时间。

8. 评价

教育工作评价是教师对自己或他人的教育工作进行反馈，并以此改进教育工作的重要环节。它应与教师日常工作相结合。

评价要点：

（1）教育目标是否切合本班幼儿实际发展水平及发展需要。教育目标是否渗透于幼儿一日生活的各项活动中。

（2）教师能否在班级中营造关爱、平等、和谐的氛围，是否尊重、接纳每一个幼儿。

（3）教育内容、教育形式是否符合幼儿身心发展特点与活动兴趣。

（4）教师是否注重个体差异，鼓励、引导幼儿获得主动的发展。

（5）教育环境、材料能否物化教育目标，鼓励、引导幼儿积极探索、发展。幼儿能否自由、有效地操作，使用各种材料，有效地与环境相互作用。

（6）幼儿在各种活动中是否专注、积极，并能在原有水平上获得真正的发展。

（四）各年龄班的主要活动方式

儿童心理研究和儿童的实际情况告诉我们：无论教育还是保育，不同年龄阶段的儿童需要我们以不同的方式对待，基于这个理念，了解幼儿的发展特点及其需要是本课程的核心。因此我们提出：第一，关注和理解他们在不同年龄状态下的情感需要；第二，尊重他们的实际年龄表现，给他们自主的空间；第三，提供适宜他们实际年龄需要的活动方式；第四，做他们实际年龄水平下通过自己努力能够做的事情。所以，为了满足幼儿的年龄特征和幼儿的实际身心发展水平，我们提出了不同年龄班的主要活动方式。

托班——生活化的自然渗透。2～3 岁的托班幼儿心理处在特殊的发展阶段，迈出从家庭走向幼儿园的第一步，对他们具有很大的挑战。托班幼儿的自我意识开始建立，他们能够把自己与外界、他人区分开来，开始表现出独立的倾向，并出现反抗性行为；喜欢与同龄伙伴及熟悉的成人交往，对亲近的人有强烈的情感依恋；懂得给予和接受关爱，会判断出他人对自己的期望；对新奇事物感兴趣，喜欢重复与模仿，心理活动带有明显的直觉行动性。

“生活化的自然渗透”是托班的主要活动方式。我们应该在尊重托班幼儿年龄特点的基础上，通过日常生活、游戏、锻炼等具体活动，对幼儿进行适宜的引导、帮助和支持，使他们逐渐适应幼儿园的生活，养成良好的习惯，为今后的发展奠定基础。

小班——游戏化的一日生活。小班阶段的幼儿大都处于从家庭转向社会的一个特殊时期，都明显地需要情感呵护，需要对成人的依恋；小班幼儿还特别喜欢模仿，拟人化心理特征明显等。所以，小班幼儿需要教师经常与他们一起游戏，并以拟人化的活动形式理解和参与活动，满足他们爱模仿的心理需求。

同时，在结合根据实际活动需要组织的教育形式（如集体活动中的讲故事）的前提下，以符合小班阶段幼儿身心发展需求的“游戏化的一日生活”开展保教工作和实现教育目标，更适合他们。

中班——目标化的活动区活动。中班阶段的幼儿活泼好动，对规则感兴趣，活动主动性和积极性增强，表现出爱玩、会玩等特征。而活动区的设置既能满足他们活泼好动、积极主动的特征，又能帮助他们在区域活动中体验规则，满足个性化的发展与自主性游戏，满足他们爱玩、会玩的心理需求。因此，活动区不再是一个辅助的教育手段，而是成为实现中班孩子教育发展目标的重要途径之一。

同时，在结合根据实际活动需要组织的教育形式（集体活动）的前提下，以符合中班阶段幼儿身心发展需求的“目标化的活动区活动”来开展保教工作和实现教育目标，更适合他们。

大班——活动化的共同学习。大班阶段的幼儿自控能力增强，合作能力增强，认知积极性和能力增强，抽象逻辑思维能力也开始发展；同时，即将步入小学生活也需要他们开始适应集体教育形式。因此，与他人一起共同学习是他们能够完成也是他们需要的。又由于他们还处于幼儿期，游戏仍然是他们的主要活动形式，所以这时的集体活动或共同学习，还应该是游戏化的、活动化的。

同时，在结合根据实际活动需要组织的教育形式（区域活动、个别活动）的前提下，以符合大班阶段幼儿身心发展需求的“活动化的共同学习”来开展保教工作和实现教育目标，更适合他们。

（五）快乐与发展课程需要的园内支持系统

1. 调整教师备课制度，形成教育的整体

摒弃过去上午班和下午班教师分别负责三门课、各自备课的做法。强调班级中的几位教师备课时加强沟通与讨论，在确定教育目标、选择教育内容等环节达成共识，形成整体性的教育与连续性的教育。

2. 调整对教师的计划检查制度，给教师工作更大的自主空间

业务园长对教师教学计划的检查由单一的施教前查计划，调整到施教前查计划、施教中查过程、施教后查反馈的“三结合”检查制度。检查的重点放在检查教育目标、内容是否符合该班幼儿的发展水平和需要，班级的墙饰、操作材料等是否物化教育目标，幼儿在学习过程中的反应怎样等方面。

3. 调整教师倒班制度和保育员工作职责，增加教师与幼儿互动时间

日托园教师由半天进班、半天备课，调整为上班时大部分时间在班上。因为过去教师为幼儿制作的很多东西改由幼儿根据自己的需要制作，所以教师大部分时间可以在班上，这样也有利于本班教师之间的沟通与衔接。

保育员给教师配班时的工作内容由维持秩序、分发材料、收拾打扫，调整为和幼儿一起游戏、个别辅导，配合教师完成教育目标。过去的分发材料及部分的收拾打扫等也可由幼儿来做。

4. 调整幼儿部分作息制度，保证幼儿充分的活动时间

幼儿上午、下午的活动时间内减少“齐步走”式的生活环节，打通小的时间段，变成大的时间段，给幼儿更充分的游戏、活动时间，使幼儿的活动更加有效。

三、本册教师教学用书编写和使用说明

（一）关于中班课程的实施

为了真正有效落实《纲要》和《指南》的要求，本课程的实施指导是依据中班幼儿爱玩、会玩的特点，在采取多种组织形式的教育活动（如集体活动、小组活动）的前提下，充分发挥目标化的活动区活动的作用，开展保教工作，实现《纲要》和《指南》的教育目标，这样更尊重中班幼儿的年龄特征，有利于激发出幼儿活动的自主性与主动性。

活动区的设置与开展要紧扣《纲要》和《指南》的教育目标，使活动区真正成为实现《纲要》和《指南》教育目标的一个重要而有效的途径，而不是仅作为辅助性的或非主导性的教育手段，必要时它可以作为实现教育目标的一种重要手段与形式。

活动区的概念不能仅仅局限于教室的某几个角落，它应该为幼儿的活动提供更灵活、更宽阔的活动空间。因此，这里的活动区是更大意义上的概念，它既包括室内的娃娃家、积木区……以及生活的各种区域，也包括室外的玩沙区、小昆虫观察区、种植区以及玩水或“劳动工作区”等。这些区域的有效利用，对于拓展幼儿学习与发展的空间，提高幼儿活动与学习的主动性与自主性具有重要的现实意义。

目标化的活动区不是中班幼儿教育的唯一途径，但它是一种适宜和符合中班幼儿身心发展与活动特点的重要教育组织形式。这种活动形式与其他形式的教育手段、途径有机地结合，对促进幼儿发展的有效性发挥了重要的作用。

（二）关于中班课程的特点

多种教育活动途径基础上的目标化活动区活动，是中班课程的特点，有效利用活动区，是实行中班教育目标的有效且适宜的途径之一。

活动区是教师为幼儿自主游戏和活动而专门设置的空间，它既是幼儿自主游戏的重要场所，也是幼儿自主探索学习的有效教育途径。活动区的重要特征就是有丰富的、与教育目标、与幼儿年龄相适宜的活动材料，教师对幼儿的支持作用也可以通过对活动区材料的提供和对幼儿活动的指导而充分发挥出来；同时幼儿是活动区游戏与活动的主体，教师的教育指导更多地是通过将教育目标与教育指导物化在活动区的材料或活动规则之中，因而更有利于幼儿发挥活动的主动性。

1. 幼儿活动水平的明显提高，需要更为丰富充实的活动空间

活动区的活动适应中班幼儿活动的积极性和活动水平，能够为他们提供更加充足的活动区域，提供充分的活动时间，让他们在尝试与探索中获得发展。

2. 幼儿游戏水平的极大提高，需要不断拓展游戏空间

幼儿对象征性游戏感兴趣，游戏的有意性水平有了提高，自我控制能力还没有更好

地发展起来。针对这些特点，需要我们在选择中班的教育形式时，要考虑提供促进幼儿不断发展的游戏活动条件——注重发挥活动区的作用。

3. 幼儿的自主性与主动性，需要宽松、安全的游戏环境与探索环境

幼儿自主性与主动性的发展，需要有适宜的物质与精神环境，由于中班幼儿对事物有了自己的处理“意见”，作为教师，我们应该理解幼儿，创造条件支持、帮助他们更好地实现愿望，为幼儿创设一个丰富、宽松、自主和有规则的活动环境，让幼儿真正有机会能够成为活动的主人。

4. 幼儿同伴交往需求与能力的发展，需要良好的社会性发展氛围

中班的幼儿有着强烈的交往需求，这种需求又是在自主游戏活动中得以实现的。因此，活动区游戏中，幼儿更容易获得其与他人交往的机会，因为只有在轻松自由的活动中，人们才能自如交流，主动交往。为幼儿提供可以合作交往的游戏氛围和空间场所，是促进幼儿社会性发展的重要教育手段。户外游戏、表演游戏、角色游戏以及各种活动区的游戏，都能为幼儿的这一发展需要提供帮助。

5. 幼儿想象有意性水平的提高，需要更大的表达与创造的空间

游戏是幼儿想象力发展的重要途径。中班幼儿丰富而积极的想象力，需要教师提供一个有利于幼儿充分发挥的活动空间和活动形式，活动区正是幼儿的一个很好游戏空间，因此，为幼儿创造丰富的活动区，不仅可以激发幼儿的游戏积极性，而且还可以有效发展幼儿的想象力。

6. 幼儿具体形象性的思维，需要具体的活动情境与活动形式

中班幼儿典型的具体形象性思维特点，需要为其提供具体而丰富的思维活动材料和活动空间，以保证幼儿具体形象思维的充分发挥与实现。在幼儿园的活动空间中，再没有比活动区更可能为幼儿提供丰富的活动材料，为幼儿思维发展提供机会的地方了。幼儿在丰富的活动区中，利用自己的思维特点理解着大千世界的万物万象。在这样的活动中，幼儿不断丰富自己理解世界的经验，为幼儿的学习奠定了非常重要的基础。

7. 幼儿操作与探索的学习方式，需要提供丰富的探索环境

中班幼儿操作与探索的能力和积极性都有了明显的提高，这对幼儿认识理解事物的特性以及发现事物之间的关系都有积极的意义。因而，为中班幼儿的操作与探索活动提供充分的活动空间与机会，对幼儿的发展大有裨益。

8. 适宜的活动形式，能够使幼儿活动持久性水平大大提高

中班幼儿活动持久性水平逐渐提高，他们活动所需的时间高于小班。同时，幼儿的坚持性也因活动的性质不同而不同，心理研究表明幼儿的坚持性在游戏中和活动中水平比较高。所以，这就需要我们认真分析和对待幼儿在活动形式和活动时间上的需求，以避免幼儿因活动的单调和自主时间不够而匆忙收场，这样幼儿既不能完成自己的建构、制作以及其他等游戏活动，也不利于培养中班幼儿活动的坚持性。

（三）关于中班教材的特点与建议

本教材以《纲要》和《指南》的教育目标为依据，通过中班幼儿的日常生活、区域活动、集体活动以及家园互动等途径，明确教育特点及重点，切实落实教育目标，保证幼儿园教育工作与《纲要》和《指南》精神密切联系，有机结合，卓见实效。

本教材初步建立了开放的教育计划的实践体系。

一方面，幼儿发展是有规律性的，教育目标也是有内在逻辑的，因此，在教育的实施过程中也有着计划的可能性和必要性；另一方面，幼儿的发展又是有个体差异性的，在尊重幼儿兴趣与需要的理论指导下，本教材又要求教师在做计划的同时，考虑本班幼儿的发展情况，考虑他们的兴趣与需要，考虑他们的发展特点，因此，我们的教育计划又是开放的，以月和周为单位，在结合教育目标制订计划的同时，还要考虑幼儿的实际发展情况。

本教材建立了较为具体的目标体系，并尽可能依照幼儿发展规律，相对合理地分配到月和周，供教师在教育实践中参考、调整和使用。这样才能保证对《纲要》和《指南》全面、没有严重失衡的实施。

教师在使用前首先要熟悉本教材和与其配套的各种教育资源（如幼儿用书、教学挂图、音像资料、幼儿操作材料以及家园联系册等)，利用它们并结合自己班上幼儿的实际情况，全面制订开放的教育实施计划。

本教材中依据教育目标和实际常规生活提供的幼儿日常生活教育指导与建议、活动区活动和教育指导以及集体教育活动与指导建议，教师们可直接使用，也可以根据本班幼儿的实际情况和发展水平对教育目标和教育建议进行调整和创新补充。

（四）关于本书的日常生活

寓教育于一日生活之中，是幼儿园教育的重要特征。它为幼儿身心和谐与全面地发展提供了必不可少的条件。幼儿年龄越小，在生活之中实施教育的意义就越大。幼儿只有真正在一日生活中感到快乐，才能获得良好地发展。

本教材中特别重视将《纲要》和《指南》的教育目标真正落实到中班幼儿的日常生活中。为此，教材中依据幼儿发展的基本规律将一些更适宜在日常生活中实施的教育目标安排在幼儿每周的生活中去。

本教材中提供的幼儿日常生活教育目标与教育建议，教师可直接使用，但也可以根据本班幼儿的实际情况和发展水平对教育目标和教育建议进行调整和创新。教育计划的制订也可以适当结合自己班上幼儿的实际教育情况来进行。

幼儿入园、进餐、喝水、盥洗、如厕、睡觉和离园是每一位教师和幼儿每日都要面临的生活环节。怎样真正有效利用幼儿的各个生活环节来实现幼儿发展目标，让幼儿生活得更加快乐与安全呢？为此，本教材在每周的一些生活环节中，提出了与《纲要》和《指南》的教育目标相关的教育建议，以保证幼儿心情愉快、卫生健康、有良好的行为习惯。

在中班幼儿生活环节的组织指导中，应特别注意以下几点：

- 为幼儿营造宽松、舒适、安全、卫生、富有童趣的生活氛围，使每个幼儿体验到在大家庭中生活的温暖与快乐。
- 鼓励幼儿自理、自立地尝试，但还需注重幼儿的个体差异，加强对幼儿的个别指导和帮助。

- 在幼儿生活技能的学习中，加强在感知体验的基础上独立尝试练习，逐步养成良好的生活卫生习惯和行为习惯。
- 引导家长在家庭中加强对幼儿自理能力、生活卫生习惯和良好行为习惯的培养，形成家园同步教育。

（五）关于本书的区域活动

目标化的活动区是中班课程实施的一个重要特点。为了实现《纲要》和《指南》的具体教育目标和精神，中班在实施集体教育的同时，还特别强调活动区的教育价值与教育作用，体现区域游戏在教育目标上的整合性和结构性。同时，又将《纲要》和《指南》的教育目标依据幼儿发展的基本规律安排在每一周内，并将有些适宜在活动区内实现的教育目标，通过教师提供丰富的环境材料，物化教育目标，为幼儿发展提供一个自主探索与互动的空间。

本教材提供可供参考或使用的每周区域活动，既有依据本周目标提供的活动区设置、材料，又有给教师提出的活动区指导建议。同时，活动区活动还根据该区域环境的特点转化为具体目标，以及幼儿在该活动区的年龄特点及兴趣需要。活动区提供的这些活动多来源于一线有经验的教师，集中了基层教师的实践经验，它们为读者理解本教材提供了鲜活的经验。

教师在使用本教材的活动区活动时，可以直接使用，也可以依据原则及自己的实际教育情况进行创新。作为目标化的活动区，直接使用能保证《纲要》和《指南》教育目标的落实，满足儿童游戏与发展的基本需要；教师的创新是对课程融会贯通的运用，是对幼儿兴趣需要更有效地尊重，是真正课程的生成过程，也是实现高质量幼儿教育的必要途径。教师在使用本部分内容时，还可以遵循以下一些原则：

- 各区域之间既有分割，又有联系。
- 立足于幼儿的实际情况与需要来选择运用这些目标与策略。
- 根据当时、当地的教育情况来选择和借鉴这些目标与策略。
- 这些目标的选择有重点非重点，策略的运用可多可少。
- 教师自己创造与发挥，在活动区中能够运用更为有效而创新的教育目标实施策略。

（六）关于本书的集体活动

幼儿园中班的集体活动是一种不可或缺的活动组织形式，在这种集体活动中，幼儿可以获得和分享在区域、生活等其他活动中不能完全获得的快乐与发展。

中班课程中提到的集体活动指的是幼儿非个别化的，不适宜在区域活动开展的活动，在这里我们介绍了十大类不同的活动形式，如讨论、音乐、戏剧、故事、体育活动、参观、庆祝、运动会、郊游和家园共育等，这些形式涉及《纲要》和《指南》中所有五大领域的内容。本教材中对此设计了具体的集体活动，对其中可能出现的一些问题、解决策略给了明确的指导，大多都呈现了完整的集体活动组织过程。

我们特别提醒大家注意的是在运用本教材的过程中，教材中所给出的集体活动，教师可以根据本地区、本园、本班幼儿的发展特点和需要参考使用，同时教师也可以根据孩子的实际需要和自己的教育情况进行其他内容及形式的集体活动创设。

在组织集体活动时，主要遵循以下原则：

- 组织形式丰富多样，尽量吸引全体幼儿参加。
- 注重对活动目标的整合。
- 活动内容及活动形式要符合幼儿的年龄特点，要关注每个幼儿的兴趣与需要，关注幼儿的个体差异。
- 集体活动应同区域活动、幼儿日常生活等紧密联系，可将一些集体活动在区域活动和日常生活中延伸，也可以根据幼儿在区域活动和日常生活中的活动情况开展集体活动。
- 集体活动中注意动静结合、时间长度适宜。
- 每一次活动前教师要做好充足的准备工作，包括对儿童发展情况的了解，制订教育计划和做好材料准备。
- 集体活动的时间、地点灵活把握，可以在活动室、户外操场、园外等各种适宜的地方。

（七）关于家园共育

家庭与幼儿园是幼儿生活中两个最重要的世界。在教育幼儿的问题上，如果家园能够有效地合作、协同地进行，幼儿就会在心理上获得安全，在各方面就会得到积极的发展。幼儿园能否认识到家庭在幼儿发展教育中的作用与角色，以及家庭能否意识到自己在幼儿发展教育中所具有的不可或缺的意义，二者都是影响幼儿健康成长的重要方面。家园共育的理念、工作应该时时刻刻、方方面面体现在幼儿的一日生活和各种教育活动中。

本教材在幼儿的一日生活、活动区活动以及集体活动中，都渗透了家园共育的理念、活动与方法。在家园共育这一专题中，我们依据《纲要》和《指南》及《细则》提出家园共育工作的目标、特点以及策略。其中家园共育的特点，教师应给合自己的实际工作情况体会、观察和发现；其中的教育策略与教育建议，需要教师灵活运用、不断开拓、积极创新。这一工作的宗旨在于实现幼儿园与家庭在幼儿教育上的有效合作。家园共育，既是一个老话题，又是一个全新而持久的教育内容，它的内容与方法将会随着我们教师的幼教实践不断地得到拓展与创新。

第二部分　目标与教育内容

一、9 月目标与教育内容

（一）9 月目标及内容与要求

领域	月目标	内容与要求
健康	身体健康，在集体生活中情绪安定、愉快。	1. 与新教师、新同伴建立良好关系，形成信赖感。 2. 引导幼儿以合理的方式宣泄自己的情绪。
	生活、卫生习惯良好，有基本的生活自理能力。	1. 建立必要、合理的生活常规和秩序，使幼儿情绪稳定、有规律地生活。 2. 培养幼儿良好的饮食、盥洗、排泄等生活习惯和生活自理能力。 3. 引导幼儿注意保持生活场所的整洁和卫生，养成爱清洁、讲卫生的习惯。
	知道必要的安全保健常识，学习保护自己。	通过安全教育，提高幼儿自我保护的意识和能力。
	通过感兴趣的方式发展动作，提高动作的协调性、灵活性。	1. 通过丰富多彩的户外体育活动，培养幼儿热爱体育活动的兴趣与习惯。 2. 通过体育活动发展幼儿的基本动作，促进大肌肉动作协调性、灵活性的发展。 3. 用幼儿感兴趣的方式发展他们的小肌肉，促进动作协调性、灵活性的发展。
语言	乐意与人交谈，讲话时自然礼貌。	1. 鼓励幼儿主动用语言与别人交往，体验语言交流的乐趣。 2. 引导幼儿在交流过程中学习使用适当的礼貌语言。
	注意倾听对方讲话，能理解日常用语。	引导幼儿养成注意倾听的习惯，发展语言理解能力。
	敢于当众讲话，能清楚地说出自己想说的事。	鼓励幼儿主动表达自己的各种感受和想法。

（续表）

语言	喜欢听故事、看图书，有初步的前阅读和前书写能力。	1. 引导幼儿感受优秀儿童文学作品的语言丰富和优美，理解作品中的内容。 2. 引导幼儿欣赏各种体裁的儿童文学作品。 3. 引导幼儿对生活中常见的文字符号感兴趣，认识自己的名字。 4. 鼓励幼儿对书籍、阅读和书写感兴趣，有初步的前阅读和前书写能力。 5. 指导幼儿养成良好的阅读习惯。
	能听懂和会说普通话。	在日常生活中鼓励幼儿正确运用普通话。
社会	能主动地参与各项活动，有自信心。	1. 通过谈话、对比等方法，使幼儿感受自己在长大，会做许多事情，体验自我价值感。 2. 允许幼儿自己选择活动主题，制订、实现自己的计划。
	乐意与人交往，学习互助、合作和分享，有同情心。	1. 鼓励幼儿积极主动与同伴交往，使用礼貌用语，初步学会轮流、分享、谦让、互助与合作。 2. 帮助幼儿了解每个人有不同的兴趣爱好和想法，懂得尊重别人的意见。
	理解并遵守日常生活中基本的社会行为规则。	1. 引导幼儿认识并理解基本的社会行为规则，体验规则在各种活动中的意义。 2. 培养幼儿初步形成规则意识，学会控制自己的情绪与行为。 3. 引导幼儿学会简单地评价自己和他人，初步判断某些行为的对与错，做错事能承认并愿意改正。
	能努力做好力所能及的事，不怕困难，有初步的责任感。	1. 鼓励幼儿做自己力所能及的事（如收拾玩具、整理被褥、擦桌椅等），培养他们初步的独立意识。 2. 给幼儿创造为他人服务的机会和条件（如学做值日生等），逐渐培养其责任感。
	爱父母长辈、老师和同伴，爱集体、爱家乡、爱祖国。	1. 创设平等、和谐、友善的人际环境，使幼儿体验与老师和同伴在一起的快乐，热爱幼儿园的集体生活。 2. 引导幼儿关注父母和其他亲人的兴趣爱好，感受他们对自己的热爱，会用简单方式表达对他们的爱。 3. 引导幼儿认识经常为自己服务的人（如医生、售货员、司机、炊事员、保育员、保健员等），知道尊重和珍惜他们的劳动成果。 4. 培养幼儿知道自己是中国人，认识并尊重国旗、国徽。
	初步了解社会常识	1. 鼓励幼儿了解常见交通工具的特点及其与人们生活的关系，认识常见的交通标志，知道要遵守交通规则。 2. 在节日中（如国庆节、教师节、中秋节）开展丰富多彩的活动，引导幼儿初步知道节日的意义，让每个幼儿充分表现自己，感受节日的快乐气氛。

（续表）

	对周围的事物、现象感兴趣，有好奇心和求知欲。	1. 引导幼儿亲近自然，有好奇心和求知欲。 2. 引导幼儿注意观察周围常见的事物，从中体会到愉快。 3. 引导幼儿在生活和游戏中对数学产生兴趣，建立初步的自信心。
	能运用各种感官，动手动脑，探究问题。	1. 支持鼓励幼儿用各种常见材料（纸、木、布、塑料、颜料、废旧材料等）和工具（剪刀、尺子、漏斗、筛子、各种容器等）进行简单的尝试和探索。 2. 引导幼儿运用比较的方法进行科学活动，感受比较的过程和结果，获得初步的比较能力。 3. 引导幼儿感知自然界物质的现象和变化（如感知磁铁、石头、泥土、空气等的特性，物体的溶解和沉浮现象，以及颜色的变化等），并能根据这些现象和变化进行初步的猜想。
科	能用适当的方式表达、交流探索的过程和结果。	1. 创造各种机会，支持和鼓励幼儿大胆提问。 2. 引导幼儿用多种方式交流、分享探索与发现的过程和方法。 3. 为幼儿参加小组讨论创造条件，培养幼儿初步的合作意识与能力。
学	能从生活和游戏中感受事物的数量关系，体验到数学的重要和有趣。	1. 引导幼儿在日常生活和游戏中，学习按简单的模式（如大熊、小熊、大熊、小熊……）进行循环排序。 2. 引导幼儿充分利用各种机会，探究和感知物体基本形状（如长方形、半圆形、椭圆形）并进行分类，用合适的图形拼成代表模型或复杂的图形。 3. 引导幼儿通过各种途径学会手口一致地点数10以内物体，说出总数。 4. 引导幼儿利用日常生活和游戏，初步感知10以内物体数量的守恒（不受大小、排列形式等因素的影响）。 5. 引导幼儿对测量的兴趣，进行非标准化的自然测量活动与尝试。 6. 鼓励幼儿运用正在发展的数学观念和方法解决生活和游戏中问题。
	爱护动植物，关心周围环境，亲近大自然，珍惜自然资源，有初步的环保意识。	1. 引导、鼓励幼儿参加种植活动，体验一些照料植物方法，感知植物的生长变化，初步懂得爱护植物。 2. 引导幼儿在日常生活中，感知和体验一些天气现象（风、雨等），初步体验季节变化与动植物以及人们生活的关系。 3. 引导幼儿谈论自己喜欢与不喜欢的一些环境和事物现象（如喧闹、安静、脏乱、整洁等），以力所能及的方式对待周围事物和环境（如把垃圾扔到指定的地方等）。
表演	能初步感受并喜爱生活和艺术中的美。	1. 支持、鼓励幼儿进一步感知、探索和体验音乐的强弱、快慢，音调的高低和音色的变化，从中获得美的感受。 2. 提供内容丰富的简单音乐，支持、鼓励幼儿体验这些作品的基本情绪和情感，并尝试用自己喜欢的方式（如语言、绘画、动作表演等）表达对音乐的感受。 3. 提供符合幼儿年龄特点的艺术作品（如故事、诗歌、木偶剧、动画片、皮影戏、小歌剧等），引导幼儿感受其中的美。

（续表）

表演	积极参加表演活动，在活动中获得愉快、丰富的情绪体验。	创设轻松、和谐的氛围，支持、鼓励幼儿参加各种音乐活动，并从活动中获得愉悦和美感。
	能够大胆地用自己喜欢的方式进行艺术表现和创作，富有个性地表达自己的情感和体验。	1. 引导幼儿基本准确歌唱八度范围内（$c^1 \sim c^2$）的五声音调歌曲。 2. 提供不同节拍（如二拍子、三拍子）、不同内容的歌曲，尝试按歌曲节拍的特点、速度、力度和情感富有表现力地歌唱。 3. 支持、鼓励幼儿喜欢用口头语言、肢体语言表现感兴趣的事情和自己的生活经历，喜欢模仿日常生活或艺术作品中人物的语言、表情、动作，愿意尝试创编与合作表演简单的故事情节。
美术	能够感受并喜爱生活和环境中的美，发现事物美的特征。	1. 引导幼儿从周围环境、秋季景色、生活用品、节日装饰中获得美的感受，发现美的特征。 2. 鼓励幼儿有意识地收集一些带有艺术特点的物品，丰富活动区的美术创作材料。
	认识美术作品所表现的内容，感受作品的美感特点，初步了解作品表现的方法。	1. 提供适宜幼儿阅读的美术资料（如建筑、绘画、雕塑、摄影等）和与美术创作有关的书籍供幼儿欣赏，开阔眼界。 2. 提供风格多样的美术欣赏作品（如水墨画、油画、水粉画、装饰作品、剪纸画、民间画等），引导幼儿初步感知美术元素（色彩、线条、结构）在作品中的运用，了解事物的多种表现方法，感受作品的艺术魅力。 3. 创设美术欣赏环境，使幼儿在优美的环境中受到艺术感染，提高审美情趣。
	喜欢用不同风格的美术方式表达对事物的印象与情感体验，获得心理上的满足。	1. 创设宽松、自由的精神氛围，鼓励幼儿用喜欢的美术方式宣泄自己的情绪，获得心理上的满足。 2. 提供背景环境，引导幼儿用不同的美术形式表达对事物的感受； 3. 提供适宜美术创作的设施，使幼儿能够肢体舒展的进行美术创作。
	认识、选择各种美术材料和工具，在使用中大胆尝试、设想与创作。	1. 提供多种美术材料和工具供幼儿使用，引导幼儿感受不同材料表现出的美感特征。 2. 在美术欣赏的基础上，引导幼儿使用各种材料和工具进行大胆创作。 3. 鼓励幼儿在欣赏美术作品的基础上，尝试用适宜的材料和工具感知、再现其艺术风格，体会作品的魅力。 4. 指导幼儿利用身边的物品或废旧材料制作玩具、手工艺品等，来美化生活或开展其他活动。
	发现周围事物中美的规律，并能够按照这些规律用美术方式进行装饰或表达。	1. 引导幼儿尝试运用绘画、手工制作及装饰的形式表达对规律美的理解（如对称、重复、韵律、呼应、和谐、变化等规律）。 2. 提供能够启发幼儿按规律进行制作的艺术欣赏作品和范例，提供不同品种和层次的创作材料。

（续表）

美	能够尊重他人对美的感受和表达方式。	1. 创设美工作品展示区域，引导幼儿感受和体会美术作品的表达是个人的意愿，体会艺术创作的无对错之分。 2. 鼓励幼儿展示自己的作品并相互欣赏，尊重和爱护别人的作品，理解每个人都可以有自己的表现方式。
术	具有美术活动的良好习惯，能有序使用和收放美术工具、材料。	1. 引导幼儿尝试制定整理美术工具和材料的规则。 2. 提供收放美术工具和材料的条件（如整理箱、分类架、收藏箱、垃圾桶等），鼓励幼儿运用已有经验和规则自觉地收放工具和材料。 3. 帮助幼儿掌握合理选择材料的方法，不浪费美术材料。

（二）第一周目标与落实途径

领域	目 标		落 实 途 径
健康	身体健康，在集体生活中情绪安定、愉快。	1. 与新教师、新同伴建立良好关系，形成信赖感。 2. 能以合理的方式宣泄自己的情绪。	生活： 建立良好的师生、同伴关系，在集体生活中感到温暖，形成安全感、信赖感。 区域、集体： 以游戏的方式宣泄自己的情绪，能保持愉快的心情。
	生活、卫生习惯良好，有基本的生活自理能力。	有良好的盥洗习惯和自理能力。	生活、区域： 养成正确洗手、洗脸、刷牙、漱口的习惯。 区域： 养成正确使用毛巾擦脸的习惯。
	通过感兴趣的方式发展动作，提高动作的协调性、灵活性。	1. 能够参加丰富多彩的体育活动，养成热爱体育活动的兴趣与习惯。 2. 用感兴趣的方式发展基本动作，提高动作的协调性、灵活性。 3. 用感兴趣的方式发展小肌肉，提高动作的协调性、灵活性。	区域： 在玩沙中发展小肌肉力量。 集体： 1. 鼓励幼儿积极参加体育活动。 2. 在体育活动中学习做徒手操或简单的轻器械操。 3. 尝试持物体绕障碍走，走步时步幅放开不踩脚。 4. 尝试近距离抛接球。
语言	乐意与人交谈，讲话时自然礼貌。	1. 能运用语言与别人交往，大胆运用词汇，体验语言交流的乐趣。 2. 学习使用适当的礼貌语言。	生活： 在与别人的语言交流中，学说礼貌用语。 区域： 能大胆与同伴进行语言交流。

（续表）

语言	注意倾听对方讲话，能理解日常用语。	1. 养成注意倾听的习惯，发展语言理解能力。 2. 能理解日常生活用语和成人的要求。	生活： 在一日生活中能听懂教师指令，并按照要求做事情。 集体： 有良好的倾听习惯和相应的语言理解能力。
	能清楚地说出自己想说的事。	能大胆、清楚地表达自己的想法和感受。	生活： 能清楚地表达自己的愿望和要求。
	喜欢听故事、看图书，有初步的前阅读和前书写能力。	1. 能感受优秀儿童文学作品的语言丰富和优美，理解作品中的内容。 2. 对书籍、阅读感兴趣，有初步的前阅读能力。	区域： 喜欢欣赏不同体裁的文学作品。 集体： 喜欢听故事，理解其中的内容。
社会	能主动地参与各项活动，有自信心。	1. 能通过谈话、对比等方法感受自己在长大，会做许多事情，体验自我价值感。 2. 能自己选择活动主题，制订、实现自己的计划。	生活： 通过帮助他人和对比身体发展的变化，感受自己在长大。 区域： 根据搭建需要合理分工，完成搭建计划。 区域、集体： 通过游戏中的自我认识，感受自己在长大。
	乐意与人交往，学习互助、合作和分享，有同情心。	能积极主动与同伴交往，会使用礼貌用语。	生活、集体： 积极主动与同伴交往，愿意使用礼貌的语言。
	理解并遵守日常生活中基本的社会行为规则。	会简单地评价自己和他人的行为，初步判断某些行为的对与错。	集体： 学习简单地评价自己和他人，初步判断行为表现的对与错。
	能努力做好力所能及的事，不怕困难，有初步的责任感。	通过为他人服务（如学做值日生等）养成初步的责任感。	集体： 活动中能克服困难，有初步的责任感。
	爱父母和长辈、老师和同伴，爱集体、爱家乡、爱祖国。	能体验与老师和同伴在一起的快乐，热爱幼儿园的集体生活。	生活： 生活中体验与老师、同伴在一起的快乐，热爱幼儿园的集体生活。

（续表）

科学	对周围的事物、现象感兴趣，有好奇心和求知欲。	主动感知、亲近自然，有好奇心和求知欲。	区域： 快乐地参与玩沙游戏，体会其中的乐趣。
	能用适当的方式表达、交流探索的过程和结果。	用多种方式交流、分享探索与发现的过程，积极思考。	集体： 1. 能与同伴一起讨论、探索测量的方法； 2. 能与同伴分享探索的经验和乐趣。
	能从生活和游戏中感受事物的数量关系，体验到数学的重要和有趣。	1. 能手口一致地点数 10 以内的物体数量并能说出总数。 2. 感知和探究常见图形，能进行守恒和分类；用各种图形进行拼图。 3. 尝试进行非标准化的自然测量活动。	生活、区域： 能手口一致地点数 10 以内的物体数量并能说出总数。 区域： 感知和探究长方形、半圆形、椭圆形，并对其进行分类。 集体： 1. 能从游戏中探究和感知各种图形，并对其进行分类； 2. 探究用合适的图形拼成各种图案。 3. 能从游戏中体验测量，对测量感兴趣。
表演	能初步感受并喜爱生活和艺术中的美。	1. 用自己喜欢的方式表达对音乐的感受； 2. 喜欢故事、诗歌、动画片等艺术作品，感受其中的美。	区域： 欣赏故事、动画片，感受其中的美。 集体： 能用自己喜欢的方式表达对音乐的愉快体验。
	积极参加表演活动，在活动中获得愉快、丰富的情绪体验。	能在轻松、和谐的氛围中参加各种音乐和表演活动，从中获得愉悦和美感。	区域、集体： 愿意参加音乐和表演活动，能够从中获得愉悦和美感。 集体： 能够从表演唱中获得愉悦和美感。
美术	能够感受并喜爱生活和环境中的美，发现事物美的特征。	1. 能够从生活中美好的人和事中获得深刻印象，发现事物美的特征。 2. 能够有意识地收集一些带有艺术特点的生活用品和自然物，丰富活动区的美术创作材料。	生活、区域、集体： 能够感受并喜爱生活用品和环境布置中的美，发现其美的特征。 区域： 尝试在主题搭建和背景装饰中表达对周围事物美的认识与感受。 集体： 能有意识收集生活中的日用品，丰富活动区美术材料。

（续表）

美术	认识美术作品所表现的内容，感受作品的美感特点，初步了解作品表现的方法。	1. 喜欢阅读、欣赏各种类型的美术作品，初步感知和了解作品的艺术风格。 2. 在欣赏、创作美术作品的过程⼝感知色彩在作品中的运用和表达方法。	区域： 1. 欣赏剪纸画作品，感知和了解作品的内容。 2. 初步了解美术作品的色彩特点，感受作品的视觉效果。
	喜欢用不同风格的美术方式表达对事物的印象与情感体验，获得心理上的满足。	1. 能够运用不同的美术方式（绘画、雕塑、手工制作等）表达对事物的印象与情感体验，发展艺术表现能力。 2. 尝试用适宜美术表现的手法进行创作（如利用画板、墙壁、地面等条件肢体舒展地进行绘画），培养良好的美术创作习惯。	区域： 乐于在画板上肢体舒展地进行自由创作，养成良好的美术创作习惯。 集体： 乐于用不同的美术方式表达对活动区环境的认识和感受，发展艺术创作能力。
	认识、选择各种美术材料和工具，在使用中大胆尝试、设想与创作。	1. 尝试使用不同的美术工具和材料再现美术欣赏作品的艺术风格，体会作品的艺术魅力。 2. 能利用身边的物品或废旧材料制作玩具、手工艺品，美化自己生活或开展其他活动。	区域： 认识、选择、探索表达色彩的美术材料和工具，在剪、贴中再现美术欣赏作品的艺术风格，体会作品的艺术魅力。 集体： 能利用身边的物品或废旧材料制作玩具、手工艺品，美化自己的生活。
	具有美术活动的良好习惯，能有序使用和收放美术工具、材料。	尝试制订整理美术工具和材料的规则。	区域： 尝试制订整理美术工具和材料的规则。

生活活动

目标1：与新教师、新同伴建立良好的关系，形成安全感、信赖感。

目标2：生活中体验与老师、同伴在一起的快乐，热爱幼儿园的集体生活。

目标3：能养成正确的洗手、洗脸、刷牙、漱口的习惯。

指导建议：

1. 由于刚刚升入新的班级，新生和老生组建了新的班集体，孩子情绪易变化，在关注全班幼儿的同时，更多的要关注新来园个别儿童。教师每天主动与每个幼儿积极地交流，态度要亲切和蔼，与幼儿平等相处。教师面带微笑，经常使用表扬和鼓励的语言、肯定的眼神、亲切地抚摸等方式，让幼儿体验到与老师在一起生活的快乐，从而达到使幼儿热爱幼儿园的集体生活的目的。教师在一日工作中少批评、少指责、少抱怨，多表扬、多鼓励、多信任，能够让幼儿体验到与老师、同伴在一起的快乐。

2. 教师积极引导幼儿参与班中一些事情的决策，让幼儿感受到自己是集体的一员，有做主人的感受。例如，与幼儿商量制订班上开设哪些活动区、制订哪些班级规则等，并带领幼儿共同建立合理的生活常规，引导幼儿积极主动参与各种活动，体验与老师和同伴在一起的快乐，热爱幼儿园的集体生活。

3. 引导幼儿体验盥洗的益处。例如，观察洗手留下的脏水；刷牙后牙齿洁白或者刷出的脏东西等。教师提供不同香味的香皂，也可以用适宜的方式引导幼儿正确盥洗。例如，老师把图标贴在盥洗室的墙壁上，起到隐性指导的作用。

4. 做好家长工作。介绍幼儿园关于盥洗的要求，与家长达成共识，放手让幼儿自己的事情自己做，使幼儿生活卫生习惯和自理行为具有延续性、一致性。请家长将幼儿自己洗手、洗脸、刷牙、漱口的生活片段拍成录像，与同伴分享行动的快乐。

目标4：能在一日生活中听懂教师的指令，并按照要求做事情。

目标5：能清楚地表达自己的愿望和要求。

指导建议：

1. 在幼儿一日生活常规的培养中，如盥洗、进餐、过渡环节等，教师要向幼儿提出明确的要求，鼓励幼儿按照要求做事情。教师还可以给幼儿布置一些简单的任务，提出游戏或者活动的要求，鼓励幼儿按照要求完成，或者鼓励幼儿向家长表达清楚，家园合作共同完成。

2. 在生活活动中，教师应鼓励幼儿大胆向老师或者同伴表达自己的需求和愿望，同时要对幼儿的情感和需要应给予及时的回应。教师还可给幼儿提供自由表达的时间、空间、机会和环境，如创设表演区、娃娃家、建筑区等活动区游戏，鼓励幼儿用清楚的语言表达自己的愿望和要求。

目标6：积极主动与同伴交往，使用礼貌的用语。

目标7：在与别人的语言交流中，学说礼貌用语。

目标8：能在帮助他人与对比身体变化中感受自己在长大。

指导建议：

1. 在日常生活中，教师要为幼儿提供宽松的交往环境，在交往环境中学会使用礼貌用语，促进幼儿交往能力的发展。首先，老师可以利用儿歌“神奇的字”，教会幼儿使用“请、谢谢、对不起、没关系”等礼貌用语。

2. 教师要多为幼儿提供自由游戏的时间，给幼儿创设可以交往的机会，使幼儿在日常生活中有机会与同伴交往，有机会使用礼貌用语，发展交往能力。

3. 教师的示范作用是不可忽视的，教师与幼儿的交往过程中要使用礼貌用语，起到示范和表率作用。

4. 组织幼儿到小班帮助弟弟妹妹，比较自己与弟弟妹妹的不同（手的大小、脚的大小、个子的高矮、年龄的大小等），在帮助弟弟妹妹做事过程中感受自己在长大。

目标9：能手口一致地点数10以内的物体数量并能说出总数。

指导建议：

1. 在一日生活的各环节，随时渗透10以内数的概念，如点名、排队、值日、午点和餐具发放等。

2. 创设“我们的动物朋友”墙饰，教师经常更换动物的种类和数量，利用过渡环节吸引幼儿数一数。

目标10：能够感受并喜爱生活用品和环境布置中的美，发现其美的特征。

指导建议：

1. 盥洗室、睡眠室的设施、物品干净、美观，摆放整洁、有序，给幼儿温馨感。
2. 班级室内外墙壁的布置和谐美观，给幼儿舒适感。
3. 带领幼儿观察、感受新班级环境的变化和布置。
4. 为幼儿创设种植、养殖环境，提供参与活动的机会和条件，感受生态美与自然美。

活动区活动

运动区

目标1：喜欢参加体育活动，学习做徒手操或简单的轻器械操。

目标2：尝试持物体绕障碍走，走步时步幅放开，不跺脚。

目标3：尝试近距离抛接球。

指导建议：

1. 教师利用户外体育活动时间，可以辅导幼儿学习新操的动作，特别是有针对性的指导个别幼儿的某个动作，教师特别要注意不要急躁，除模仿教师或动作正确的幼儿动作以外，更需要用幼儿容易理解和感兴趣的方法启发幼儿体验动作的要领，每日可以突破1~2节动作的难点。

2. 在练习持物体绕障碍走时，教师可以分层次进行练习，如可以手持物体、肩背物体、腿夹物体，物体可以有贴身物体，也可以是拖拉物体，障碍可以是地面水平的，也可以是有一定高度的，因此，教师可以为幼儿提供不同的物体及创设不同的环境，引导幼儿初步尝试持贴身物体绕水平障碍行走。

3. 到了中班，教师常常组织幼儿听音乐节奏排队练习走步，教师要特别注意引导幼儿走起来步幅放开，不要用力跺脚。

4. 教师为幼儿准备充足的大球、大包等可以进行抛接的较大玩具材料，在练习双人抛接球时，距离由幼儿自己调控，以能相互接住球为准，教师重点引导抛球的幼儿体验抛球的力度和方向，引导接球的幼儿双手向前伸出迎球及抱球后的缓冲。

角色区：娃娃家、心情角

目标1：通过游戏中的自我认识，感受自己在长大。

目标2：能养成正确的洗手、洗脸、刷牙、漱口的习惯。

目标 3：以游戏的方式宣泄自己的情绪，能保持愉快的心情。

指导建议：

1. 在娃娃家提供真实的操作材料，各种生活日用品（如小脸盆、毛巾等）和各种简单的劳动工具（如小扫把、簸箕等）进行“能干的小手”游戏活动，鼓励在照顾娃娃、“清扫卫生”的过程中能养成正确的盥洗习惯和学做力所能及的事，有责任感。

2. 教师可以在班内与幼儿一起创设“情绪小屋”，投放适宜的材料，如小电话、家长图片、小镜子、图书等，当孩子有不当情绪时可以到“情绪小屋”宣泄调节情绪。除此之外，教师跟孩子商量喜欢玩什么，为孩子提供更多的游戏玩具材料，从而让孩子在游戏中保持情绪愉快。同时，也可建立“快乐玩具吧”，把自己家里喜欢的玩具带到幼儿园，与小朋友共同分享玩玩具的快乐。

表演区

目标 1：愿意参加音乐活动，能够从音乐表演中获得愉悦和美感。

目标 2：欣赏故事、动画片，感受其中的美。

目标 3：能养成正确使用毛巾擦脸的习惯。

指导建议：

1. 教师为幼儿创设易于表演的区域环境。提供小班时学过的幼儿感兴趣的歌曲、音乐游戏、歌表演等伴奏磁带及相应的服装道具。引导幼儿熟悉本班表演区的环境，了解表演区的主要材料及主要常规（如材料的摆放位置等）。教师参与幼儿的各项表演活动，及时鼓励和肯定幼儿的表现，激发他们参加音乐活动的兴趣。

2. 表演区投放《小猫钓鱼》的表演道具，如手偶、头饰，背景图、幼儿自制的表演材料等。

3. 鼓励幼儿用自己喜欢的方式进行创造性的表演。提供故事磁带，满足幼儿边欣赏边表演故事。

4. 通过拟人化的表演形式，向幼儿讲解使用毛巾的方法，丰富孩子的生活经验。

5. 观看木偶表演，交流讨论：我看到了什么？

6. 情境表演《爱清洁的小兔子》，幼儿与教师分别扮演小兔子和兔妈妈，侧重表现小兔子使用毛巾的情节。

附故事：《爱清洁的小兔子》

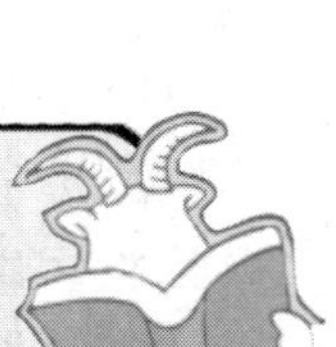

太阳公公刚露出笑脸，小兔子就起床了。她整理好自己的床铺，一蹦一跳地来到院子里锻炼身体。她一会儿做操，一会儿跳绳，一会儿拍球，练得满头大汗。小兔子拿起小毛巾擦干了脸上的汗珠，又将毛巾放到水龙头下冲洗干净，拧干后打开，平放在手上擦脸。妈妈看见了，高兴地竖起大拇指说：“你真是个爱清洁的好孩子。”

美劳区

目标1：能够感受环境布置中的美，抓住其主要特征。

目标2：欣赏剪纸画作品，感知和了解作品的内容。

目标3：初步了解作品的色彩特点，感受作品的视觉效果。

目标4：认识、选择、探索表达色彩的美术材料和工具，在剪、贴中再现美术欣赏作品的艺术风格，体会作品的艺术魅力；

目标5：乐于在画板上肢体舒展地进行自由创作，养成良好的美术创作习惯。

目标6：尝试制订整理美术工具和材料的规则。

指导建议：

1. 教师、幼儿共同布置班级活动区，引导幼儿对喜欢的区域进行美化、装饰，体现其美感。

2. 引导幼儿感知、观察班级环境，抓住环境布置的主要特征，获得深刻印象和情感体验。

3. 提供“我的新班级”主题绘画墙面，引导幼儿设计“我喜爱的活动区”。

4. 提供大师马蒂斯的剪纸画作品《蜗牛》，让幼儿观察、欣赏作品的内容，感受剪纸画的美感特点，了解作品表现的方法，感知其艺术风格。

5. 提供色彩鲜艳的纸张，引导幼儿用自己的方式再现其艺术风格。

6. 与幼儿共同讨论、制作收放美术工具和材料的标记和规则，提醒幼儿注意遵守。

重点指导：

1. 提供画板，使幼儿能够肢体舒展地作画，自由表达和创作。

2. 指导幼儿有目的的设计“我的新班级”，帮助幼儿形成作品的最终形式，进行展示交流。

3. 引导幼儿感知剪纸画《蜗牛》活泼、欢快的画面，艳丽和纯粹的色彩，体会抽象画的表达方式，鼓励幼儿富有个性的进行大胆创作。

4. 提供支持、鼓励幼儿表现色彩的工具、材料，培养对色彩的敏感度。

活动设计：

1. 运用联想法引导幼儿大胆对画面进行想象：

请幼儿闭上眼睛，把自己假想为画中的蜗牛，然后跟着老师说的话展开想象，“我在秋天的花园中和好朋友们一起做游戏……我很快乐……我的朋友……它们都很漂亮……”通过这样的感受，幼儿可以较快地进入角色，从而较快地理解作品。

2. 出示《蜗牛》并提问。

3. 提问设计：

你看到这幅画有什么感觉？（知识点：色彩鲜艳、明快，给人跳跃感等）

你最喜欢这幅画什么地方？（知识点：引导幼

蜗牛（马蒂斯）

儿感知画面特点）

你想用什么方法去表达？（知识点：剪纸画的表达特点、方法）

4. 鼓励创作：

提供色彩丰富的彩纸、安全剪刀，鼓励幼儿大胆进行抽象画的创作，充分感受创作过程带来的快乐。

建议：

1. 教师可以向幼儿介绍作品背景，用形象、生动的语言介绍作品表达的内容（如以故事的形式出现），激发幼儿欣赏的兴趣和创作欲望；

2. 可以创设主题墙面“我和大师学画画”，将大师的照片和作品展示在主题墙面上，幼儿作品布置在周围，注意作品张贴的美感；

3. 与幼儿共同讨论、制订整理美术工具和材料的规则，提醒幼儿注意遵守。

建构区

目标1：尝试在主题搭建和背景装饰中表达对周围事物美的认识与感受。

目标2：根据搭建需要合理分工，完成搭建计划。

目标3：感知和探究长方形、半圆形、椭圆形，并对其进行分类。

指导建议：

1. 与幼儿讨论“快乐城堡”的情景，例如，请幼儿设计“快乐城堡”中每一个城堡的名字、造型、结构，共同制作搭建背景，并为幼儿提供有助于表达主题和数学能力发展的基本积木和有利于思维发展的异型积木与建构板材、辅助材料。

2. 教师鼓励幼儿有条理地介绍自己的搭建成果，引导幼儿尊重同伴的作品，不随意损坏。

3. 引导幼儿按照积木的形状特征合理分类，收放积木。

沙水区

目标1：快乐地参与玩沙游戏，体会其中的乐趣。

目标2：探究和感知湿沙的特征，体会湿沙建构的造型特点。

目标3：能在玩沙的游戏中发展小肌肉力量。

指导建议：

1. 为幼儿提供沙子、水桶、模具、自制模具材料（纸盒塑料瓶、纸板）、小木板、积木、辅助材料（如植物、动物、人物模型），塑造不同城堡的造型，激发幼儿游戏的兴趣性。

2. 指导幼儿运用挖洞、倒空、拍打技能进行建构，体验湿沙建构的造型特点，增进空间概念和对事物的表征能力。

科学区：空气在哪里

目标1：与他人分享观察、探索的乐趣。

目标2：主动感知、观察空气的特性及其变化的简单规律，并从中体会到愉快。

目标 3：能大胆与同伴进行语言交流。

指导建议：

1. 在科学区投放塑料口袋，指导幼儿尝试用口袋装空气，探索空气在哪里。
2. 指导幼儿做关于空气特性的小实验。
3. 创设墙饰，鼓励幼儿表达自己的发现。
4. 教师还可安排时间引导幼儿交流与分享。

益智区

目标 1：能手口一致地点数 10 以内的物体数量并能说出总数。

指导建议：

1. 打开中班幼儿用书 9 月分册第 2 页，指导幼儿数一数“快乐城堡”中动物城堡有几座？水果城堡有几座？蔬菜城堡有几座？

2. 投放各种操作材料供幼儿进行点数，如各种形状、各种颜色的小木珠、塑料棒、水果图片、动物图片、点子卡片、数字卡片。

3. 做数字游戏，如按数取物、按数做动作、连线、涂色、数字迷宫等。

阅读区

目标 1：喜欢欣赏不同体裁的文学作品。

目标 2：欣赏故事、动画片，感受其中的快乐。

指导建议：

1. 与幼儿共同欣赏丰富多彩的童话故事，因此，要在图书区投放各种童话故事书，供幼儿自由选取和阅读。教师要养成定期在图书区阅读图书的习惯，和幼儿共同观察画面，讲述故事情节，欣赏童话故事中的人物、情节等。

2. 投放幼儿喜欢的故事图书和磁带等音像制品，如《小猫钓鱼》的图书和磁带、动画片光盘等，教师和幼儿一起阅读故事、欣赏故事或动画片，感受故事中的人物形象、故事情节和文学语言美，让幼儿尽情享受阅读带来的乐趣。教师还要充分利用各种时间让幼儿欣赏儿童文学作品。如午睡前、进餐前，给幼儿讲童话故事等，使幼儿感受其中的美。

集体活动

活动一　帮助小灰兔

目标 1：以合理的方式宣泄自己的情绪，能保持愉快的心情。

目标 2：学习简单地评价自己和他人，初步判断行为表现的对与错。

准备：

1. 请三名大班幼儿事先编排好故事表演，并准备好表演服装和道具。
2. 创设班级心情角所需要的材料，如沙袋、画笔和纸、围墙、电话、照片等。

过程：

1. 观看情景剧表演《小灰兔和小白兔比赛》。

（1）教师导入语："今天大班的哥哥姐姐给咱班小朋友表演一个故事，名字叫《小灰兔和小白兔比赛》，请小朋友们鼓掌欢迎。"

（2）表演之前提出问题："小朋友们看看它们比赛什么？结果怎么样？"

（3）教师讲故事，大班幼儿进行表演，幼儿观看表演。

故事内容如下：森林运动会马上开始啦！老虎当裁判举旗喊："预备——"随着老虎的一声哨响，小灰兔和小白兔飞快地冲出起跑线，一会儿的工夫，小灰兔就把小白兔甩在后面了。突然，前方一条沟壑（地面放两条平行线）挡住了跑道，小灰兔吓了一跳，立即收住了脚步。只见小白兔跑到沟壑边，飞身用力一跳，过去了。小灰兔见小白兔跳过去了，自己也鼓足了勇气，飞身用力一跳，也跳过去了。这次比赛小白兔得了冠军，老虎给它挂上了奖牌，小白兔高兴极了，可是，小灰兔却不高兴地低下了头。

2. 讨论：

（1）小灰兔为什么输了？它的心情怎么样？

（2）小白兔为什么赢了？它的心情怎么样？

（3）心情好会给人们带来什么好处？

（4）心情不好会给人们带来什么坏处？

（5）小朋友平时应该保持什么样的心情？

3. 快快帮助小灰兔。

教师提出任务："请小朋友帮助小灰兔想办法，怎样才能让小灰兔的心情好起来呢？"

教师引导幼儿小组之间相互讨论，给予充分的时间。

教师重点关注幼儿讨论的投入状态，对于不说话的幼儿，教师要积极与其交流。

可请每个组推选的代表发表本组的建议。

引导幼儿讨论调节心情的办法：

（1）心情不好时可以找爸爸妈妈或好朋友说一说；

（2）可以找个没人的地方大声地喊几声；

（3）可以做自己喜欢的事情，如画画、唱歌、跳舞等；

（4）可以拍打柔软物如枕头、布玩具发泄等。

重点：引导幼儿知道心情与身体健康的关系，并知道有哪些合理的方法调节。

4. 创建班级"心情角"。

教师先与幼儿讨论，结合刚才总结出的调整情绪的办法，讨论班上的心情角都放些什么东西？

教师介绍每个小组的分工，幼儿自愿选择小组工作：

一组为绘画组，可以画出调整情绪的方法，或使自己高兴的事情。

二组为准备宣泄的材料，如将怪兽的图片画在软沙袋上。

三组为布置心情角环境，如用纸板围成一个小角落，作为幼儿的隐蔽角落，布置放电话的位置。

建议：

1. 将幼儿作品贴在心情角里。

2. 在运用心情角前要和幼儿制定相应的使用安全规则。

活动二　学习徒手操——武术操

目标1：鼓励幼儿积极参加体育活动。

目标2：在体育活动中学习做徒手操或简单的轻器械操。

准备：音乐磁带、录音机。

过程：

1. 队列练习。

幼儿在武术操音乐的伴奏下，按照音乐节奏有精神地走成做操队形。

2. 学习武术操。

（1）介绍武术操：组织全体幼儿观看本班全体教师表演的全套武术操，幼儿边看边随武术操音乐的节奏拍手。

（2）集体学习武术操：教师从第一节操开始教起，在老师的带领下幼儿逐一学习每节武术操。开始可以用口令代替节奏，待幼儿基本掌握动作顺序后，再随着音乐做操。教师重点指导幼儿掌握每节动作的要领，动作规范、用力。

（3）分组学习武术操：待教师集体每教完一节操后，可以请幼儿分成小组相互练习，教师重点指导个别幼儿。

3. 分散自由游戏。

教师提供安全的活动场地，提供丰富的玩具材料，幼儿自愿选择玩具活动。

4. 放松整理。

教师带领幼儿做放松身体的动作，引导幼儿将所学的操回家教给家长做。

建议：

1. 选择和使用幼儿喜欢的具有鲜明节奏的音乐。

2. 教师要根据幼儿的实际情况教幼儿学习武术操，可以在每天的户外体育活动时分几次进行学习。

3. 当幼儿完整学会后，可随音乐为小班弟弟、妹妹表演新操——武术操。

4. 可以自编武术操或徒手操。

活动三　故事《小猫钓鱼》

目标1：有良好的倾听习惯和相应的语言理解能力。

目标2：喜欢听故事，理解其中的内容。

准备：挂图。

过程：

1. 讲述童话故事。

（1）教师出示挂图，让幼儿猜想在小猫身上发生了什么样的故事。

（2）教师讲解故事，引导幼儿注意倾听故事。

（3）通过提问故事中的人物、事件等，和幼儿共同回顾故事情节，理解故事内容。

2. 欣赏故事。

（1）引导幼儿讨论：小猫为什么开始没有钓到鱼，而后来钓到了？教师鼓励幼儿大胆表达。

（2）教师重复讲述故事，引导幼儿注意倾听并理解故事中的词汇“一心一意”“三心二意”的意思。

（3）讨论怎么做就是“一心一意”，怎么做就是“三心二意”小朋友学什么？

3. 活动结束：重复播放故事，引导幼儿认真倾听，理解故事内容。

附故事：《小猫钓鱼》

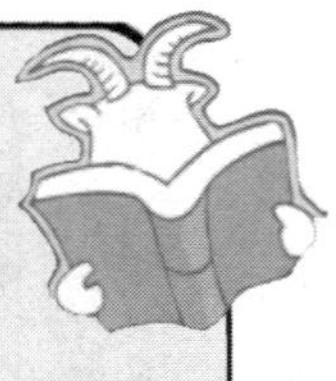

在树林旁边，有一条小河，河里有许多鱼在游来游去。

一天早上，猫妈妈带着猫弟弟到小河边去钓鱼。他们刚坐下，一只蜻蜓飞来了。蜻蜓真好玩，飞来飞去像架小飞机。猫弟弟看了真喜欢，放下钓鱼竿，就去捉蜻蜓。蜻蜓飞走了，猫弟弟没捉着，空着手回到河边。一看，猫妈妈钓了一条大鱼。

猫弟弟又坐在河边钓鱼，一只花蝴蝶飞来了。花蝴蝶真美丽，猫弟弟看了真喜欢，放下钓鱼竿，又去捉蝴蝶。蝴蝶飞走了，猫弟弟又没捉着，空着手回到河边。一看，猫妈妈又钓了一条大鱼。

猫弟弟说：“真气人，我怎么一条小鱼也钓不着？”

猫妈妈看了看猫弟弟，说：“钓鱼就要一心一意，不要三心二意，你一会儿捉蜻蜓，一会儿捉蝴蝶，怎么能钓着鱼呢？”

猫弟弟听了猫妈妈的话很难为情，从此就一心一意地钓鱼了。

蜻蜓又飞来了，蝴蝶也飞来了，猫弟弟就像没有看见一样，一步也没走开。不一会儿，嗨！钓竿上的线往下沉，钓竿也动起来啦，猫弟弟使劲把钓竿往上甩，“哎哟！”一条大鱼钓上来啦。鱼摔在地上，噼噼啪啪地乱蹦乱跳，猫弟弟赶紧捉住大鱼，高兴地喊了起来：“我钓到大鱼啦！我钓到大鱼啦！”猫妈妈和猫弟弟一起抬着大鱼回家了。

活动四　能干的小手

目标1：通过游戏中的自我认识，感受自己在长大。

目标2：活动中能克服困难，有初步的责任感。

准备：中班幼儿用书9月分册“能干的小手”。

过程：

1. 讨论：

（1）小朋友为什么从小班升入中班了？（让幼儿明白自己长大了，要当中班的哥哥姐姐了）

（2）升入中班后自己会做哪些事情？

2. 欣赏诗歌：《别说我小》。通过诗歌让幼儿明确自己会做很多事情，有很多本领。

3. 实践活动：

（1）寻找班里需要做的事情，尝试做事。如整理玩具柜，整理自然角，擦桌子、椅子等，养成初步的独立意识。

（2）讨论、制订值日生工作安排表和具体职责，引导幼儿养成初步的责任感。

建议： 教师将幼儿会做的事情拍摄下来，办展览会，展示幼儿会做的事，并与同伴分享，体验自己长大会做许多事情的快乐。

附诗歌：《别说我小》

妈妈，您别说我小，
我会穿衣和洗澡。
爸爸，您别说我小，
我会擦桌把地扫。
奶奶，您别说我小，
我会给花把水浇。
爸爸妈妈工作忙，
我会做的事真不少。

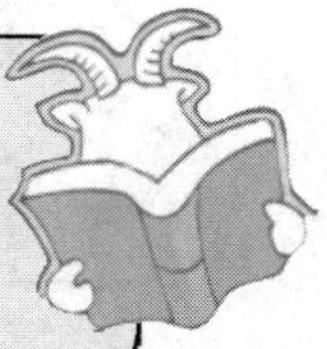

活动五　神奇的字

目标1： 积极主动与同伴交往，会使用礼貌用语。

目标2： 能够从音乐游戏中获得愉悦。

准备：

1. 每人用的画纸、画笔。
2. 环境布置——“我的好朋友”。
3. 中班幼儿用书9月分册“新朋友”。

活动过程：

1. 介绍新班级和新老师．了解班里老师的姓名、本领。激发幼儿与老师一起生活的快乐。

2. 新老小朋友进行自我介绍，互相了解小朋友的姓名及本领。鼓励幼儿结交新朋友，知道有新朋友就会快乐，让幼儿亲身体验大家一起生活是非常快乐的事情。

3. 欣赏诗歌：《神奇的字》。使幼儿明确与同伴交往中使用神奇的字“请、谢谢、对不起”等礼貌用语会成为大家的好朋友。

4. 讨论：

你什么时候用过礼貌用语？使用礼貌用语后结果怎么样？

引导幼儿懂得在生活、游戏中使用礼貌用语可以促进与他人的交往，可以解决生活、游戏中出现的问题。

5. 音乐游戏“找朋友”，使幼儿感受大家在一起生活的快乐，萌发幼儿积极主动与同伴交往的愿望。

建议：

1. 在日常生活中，教师教会幼儿使用礼貌用语，如请、谢谢、对不起等。

2. 使用中班幼儿用书9月分册第4页“新朋友”，请家长帮助幼儿记录自己好朋友的名字，越多越好，鼓励幼儿积极与同伴交往。

附歌曲：《找朋友》

1＝D 4/4　　　　佚名 词　林绿 曲

1 1 1 2 | 3 5 5 - | 5 6 5 3 | 2 3 2 - |
找找找　找朋友，　找到一个　好朋友，
3 1 1 - | 5 3 2 - | 1 2 3 5 | 2 3 1 - ||
敬个礼，　握握手，　你是我的　好朋友。

附诗歌：《神奇的字》

你知道吗？你知道吗？小朋友，
世上有些字万分神奇，
只要你和它们交上朋友，
你的生活就会变得很美丽。
假如你在街上碰倒了一位小姑娘，
她会立刻大声哭泣。
只要你在她耳边说出那 些神奇的字，
小姑娘会微笑着从地上爬起来。
假如你在公共场所挤撞了人，
你试试把这些神气的字说出口去；
叔叔们会立刻回答：“哎！不要紧，不要紧。”
阿姨们会立刻回答：“哦！没关系，没关系。”
你不相信，不相信吗？小朋友，
看，你的眼睛里充满猜疑。
其实它们只是几个普通的字，
它们是：请，谢谢，对不起。
如果说时再带上可爱的微笑，
那人们就会变得十分亲密。
请，请，请！
谢谢，谢谢！
对不起，
对—不—起！

活动六　唱唱跳跳真高兴

目标1：愿意参加音乐活动，能够从表演唱中获得愉悦和美感。
目标2：能用自己喜欢的方式表达对音乐的愉快体验。
准备：笑脸贴若干，小班学过的歌曲、律动、音乐游戏伴奏带。
过程：
1. 随音乐自由做动作进教室。

2. 唱唱跳跳真高兴。

（1）运用集体演唱、小组演唱、个别演唱等多种形式复习小班学唱过的歌曲。

重点指导：幼儿看着教师的表情演唱歌曲，表情高兴。

（2）教师和幼儿一起游戏。运用不同的分组方法，复习小班学过的幼儿感兴趣的音乐游戏。

重点指导：遵守游戏规则，积极主动参与游戏，情绪兴奋。

3. 和笑脸娃娃做朋友。

出示笑脸贴，幼儿按自己的意愿选择不同颜色的笑脸贴，贴在胸前，强化参与音乐活动的愉快体验。

指导语：笑脸娃娃喜欢高高兴兴唱歌、跳舞、做游戏的小朋友，如果你高高兴兴的，就选择一个笑脸娃娃做朋友。

4. 和笑脸娃娃一起听。

教师播放歌曲录音或有表情地演唱歌曲《大鼓和小鼓》，幼儿和笑脸娃娃一起欣赏。

重点指导：幼儿安静倾听，建立新的倾听常规。一起说儿歌，闭上嘴巴、竖起耳朵、仔细听。

建议：将笑脸娃娃、磁带投放到表演区，鼓励幼儿到表演区游戏。

活动七　量一量

目标1：能与同伴一起讨论、探索测量的方法。

目标2：能从游戏中体验测量，对测量感兴趣。

准备：

1. 中班幼儿用书9月分册、尺子、彩笔、绳子、一大张记录纸等。

2. 布置“幼儿身高记录墙”。

3. 在教室内尽量留出活动的空间，让孩子拥有宽敞的场地。

过程：

1. 故事：《量一量》（见中班幼儿用书9月分册《快乐城堡》第6~7页）。

2. 根据故事进行提问：

3. 幼儿自结伙伴，尝试用自己的办法玩测量游戏

（1）给幼儿提供尺子、彩笔、绳子、一大张记录纸等材料，鼓励幼儿自由结伴（两人一组），进行玩测量身高的游戏。

（2）将测量结果刻画在“幼儿身高记录线”上。

活动八　神奇的图形组合

目标1：能与同伴分享探索的经验和乐趣。

目标2：能从游戏中探究和感知各种图形，并对其进行分类。

目标3：探究用合适的图形拼成各种图案。

准备：摸箱1个（里面放有长方形、圆形、半圆形、椭圆形等图卡）；分类盒四套（每套四个）；每人一份几何图片（包括长方形、半圆形、椭圆形等大小不等）。

过程：

1. 请幼儿在摸箱中摸图形，并说出图形的名称。

2. 每桌一筐几何图形卡（包括长方形、圆形、半圆形和椭圆形），幼儿进行图形的分类，将分好的几何图形放入分类盒中。

3. 拼摆游戏：每名幼儿一份几何图形，包括长方形、半圆形和椭圆形等大小不等，幼儿自由创作拼摆。

4. 请幼儿介绍自己的作品：拼的是什么图案，作品用了几个半圆形、长方形、椭圆和圆形。通过评价、展示、交流、分享等活动，扩展幼儿的操作经验。

建议：将各种几何图形放到益智区，让幼儿自由创作。鼓励幼儿引导幼儿探索、发现操作材料的多种拼法。

活动九　我的新班级

目标1：能从环境布置中获得美，并乐于表达自己的感受。

目标2：乐于用不同的美术方式表达对活动区环境的认识和感受，发展艺术创作能力。

目标3：能利用身边的物品或废旧材料制作玩具、手工艺品，美化自己生活。

目标4：能有意识收集生活中的日用品，丰富活动区美术材料。

准备：绘画材料、粘贴材料、泥工材料，适宜幼儿开展的形式多样的活动区图片。

过程：

1. 感知欣赏。

（1）提供范例：教师出示班级活动区的相关资料（如照片、多媒体幻灯片等），了解活动区布置的特点与内容，丰富幼儿的创作经验。

（2）引导幼儿根据自己的愿望和对美的理解设计班级活动区环境，绘制出设计的内容。

（3）引导幼儿交流对活动区环境的认识与了解（如说说自己喜欢的区域、内容、活动），鼓励他们大胆表达自己的见解。

2. 鼓励创作。

（1）引导幼儿动手设计自己喜欢的游戏区，选择喜欢的方式进行表达和创作（幼儿分组进行活动）。

（2）教师分组（绘画、粘贴、泥工）巡回指导，重点关注设计过程中其内容的合理性、选择材料的适宜性、制作方法的可行性。

（3）必要时协助幼儿完成创作。

讲评：组织幼儿分组介绍自己的作品，引导他们进一步完善对活动区的设计。

建议：在活动区进行延伸活动。

（三）第二周目标与落实途径

领域	目　标		落实途径
健 康	生活、卫生习惯良好，有基本的生活自理能力。	1. 能遵守必要、合理的生活常规和秩序，有规律地生活。 2. 练习使用筷子。 3. 注意保持个人和生活场所的整洁和卫生，养成爱清洁、讲卫生的习惯。	生活： 有良好的生活常规和秩序，喜欢幼儿园有规律的集体生活。 区域： 1. 练习使用筷子和其他拾物工具。 2. 游戏时注意养成良好的卫生习惯。

（续表）

健康	通过感兴趣的方式发展动作，提高动作的协调性、灵活性。	1. 能够参加丰富多彩的体育活动，养成热爱体育活动的兴趣与习惯。 2. 用感兴趣的方式发展基本动作，提高动作的协调性、灵活性。 3. 用感兴趣的方式发展小肌肉，提高动作的协调性、灵活性。	区域： 1. 尝试持物体绕障碍走，走步时步幅放开，不跺脚。 2. 能听指令改变方向跑。 3. 在游戏中练习使用筷子，发展手眼协调能力。 集体： 1. 喜欢参加运动游戏，体验运动的乐趣。 2. 能听指令改变方向跑。
语言	乐意与人交谈，讲话时自然礼貌。	能运用语言与别人交往，大胆运用词汇，体验语言交流的乐趣。	生活： 能运用语言与别人交往，体验语言交流的乐趣。
	敢于当众讲话，能清楚地说出自己想说的事。	能清楚地表达自己的想法和感受。	集体： 能清楚地说出自己想说的事。
	喜欢听故事、看图书，有初步的前阅读和前书写能力。	1. 能感受优秀儿童文学作品的语言丰富和优美，理解作品中的内容。 2. 会复述故事。 3. 对生活中常见的文字符号感兴趣，认识自己的名字。 4. 养成良好的阅读习惯。	生活： 能认识自己的名字。 区域： 1. 尝试多种阅读方式，体验阅读的快乐。 2. 有顺序地收放图书，知道爱惜图书。 集体： 1. 喜欢欣赏童话故事，理解作品的内容。 2. 了解和记忆故事内容，进行简单的复述。
社会	乐意与人交往，学习互助、合作和分享，有同情心。	能积极主动与同伴交往，会使用礼貌用语。	生活： 积极主动与同伴交往，愿意使用礼貌的语言。
	理解并遵守日常生活中基本的社会行为规则。	1. 认识、体验并理解基本的社会行为规则，能体会规则在各种活动中的意义。 2. 形成初步的规则意识，学会自律和控制自己的情绪与行为。	生活： 体会规则在生活活动中的意义。 区域： 有规则意识，逐渐形成自控能力。

（续表）

社会	爱父母长辈、老师和同伴，爱集体、爱家乡、爱祖国。	1. 能关注父母和其他亲人的兴趣爱好，感受他们对自己的爱，会用简单的方式表达自己对他们的爱。 2. 认识经常为我们服务的人（如医生、售货员、司机、炊事员、保育员、保健员等），知道尊重和珍惜他们的劳动成果。	生活、集体： 认识经常为自己服务的人（如医生、售货员、司机、炊事员、保育员、保健员等），知道尊重和珍惜他们的劳动成果。 区域： 通过角色扮演体验和了解为自己服务的人，知道感激尊重他们。
	初步了解社会常识。	初步了解教师节和它的意义，感受节日的快乐气氛。	集体： 在教师节开展丰富多彩的活动，让每个幼儿充分表达自己对教师的情感，感受节日的快乐气氛。
科学	能运用各种感官，动手动脑，探究问题。	1. 会用各种常见的材料（水、沙、泥、颜色、石头和废旧材料等）和工具（剪刀、漏斗、筛子、各种容器等）进行简单的尝试和探索。 2. 能感知磁铁、泥土的特性及颜色的变化、物体的溶解和沉浮等现象，并根据某些现象进行初步的猜想。	区域： 1. 感知沙子的特性，在搭建活动中体会到愉快的情绪。 2. 在活动中能大胆提出有关观察与探索方面的问题，并进行初步的猜想。 3. 会用常见的材料（水、沙、泥、颜料、石头和废旧材料等）和常见的工具（剪刀、漏斗、筛子、各种容器等）进行简单的尝试和探索。
	能用适当的方式表达、交流探索的过程和结果。	在小组讨论中培养合作的意识和能力。	区域： 游戏逐渐体现共同制订和完成计划的合作精神。
	能从生活和游戏中感受事物的数量关系，体验到数学的重要和有趣。	1. 在生活和游戏中，学习简单的模式进行循环排序。 2. 感知和探究长方形、半圆形、椭圆形、三角形、圆形和正方形等常见图形，能进行分类并理解图形的守恒，会用各种图形进行拼图。 3. 运用正在发展的数学观念和方法解决生活和游戏中的问题。	区域： 综合运用堆高、围拢、延长、盖顶等基本技能，富有创造性地搭建。 区域、集体： 1. 能从游戏中感受各种图形的特征，进行简单的排序。 2. 用圆形、三角形、正方形、长方形、半圆形和椭圆形等大胆地拼图。
表演	能初步感受并喜爱生活和艺术中的美。	1. 能够进一步感知、探索和体验音乐的强弱、快慢，并从音调的高低和音色的变化中获得美的感受。 2. 喜欢故事、诗歌等艺术作品，感受其中的美。	区域： 1. 用不同方式探索、体验音乐的强弱变化，感受音乐变化的美。 2. 尝试从故事中感受文学作品的美。 集体： 尝试用不同的方式体验和感知音乐的强弱变化，从中获得美的感受。

（续表）

表演	能够大胆地用自己喜欢的方式进行艺术表现和创作，富有个性地表达自己的情感和体验。	喜欢用肢体语言表达自己的情感和体验。	喜欢用肢体语言表达自己的情感和体验。
美术	能够感受并喜爱生活和环境中的美，发现事物美的特征。	能够从生活中美好的人和事中获得深刻印象，发现事物美的特征。	生活： 能够从接触生活中美好的人和事中获得美的感受。
	认识美术作品所表现的内容，感受作品的美感特点，初步了解作品表现的方法。	喜欢欣赏各种类型的美术作品，初步感知和了解作品的不同艺术风格。	区域： 认识油画作品所表现的内容，感受其美感特点，初步了解美术作品艺术风格和表现的方法。
	喜欢用不同风格的美术方式表达对事物的印象与情感体验，获得心理上的满足。	喜欢参加美术活动，乐于用自己喜欢的美术方式表达自己的情绪，获得心理上的满足。	区域、集体： 喜欢用绘画、手工制作及装饰的方法表达对教师节的深刻印象和情感体验。
	认识、选择各种美术材料和工具，在使用中大胆尝试、设想与创作。	尝试使用各种美术材料和工具，感受并发现不同材料和工具表现出来的不同美感特征。	区域： 尝试使用表达色彩的材料和工具，感受不同材料表现出的美感特征。
美术	发现周围事物中美的规律，并能够按照这些规律用美术方式进行装饰或表达。	能够从艺术欣赏作品范例和创作材料中寻求对规则美的理解。	区域： 在游戏中，学习按规律进行循环排序，感受重复美。 集体： 能利用不同品种与层次的创作材料表达对重复美的理解，并能按这些规律进行装饰。
	能够尊重他人对美的感受和表达方式。	愿意展示和交流自己的作品，理解每个人都可以有自己的表现方式，感受个人艺术风格的不同。	区域： 乐于展示自己的作品并相互欣赏，理解每个人都可以有自己的表现方式。
	具有美术活动的良好习惯，能有序使用和收放美术工具、材料。	尝试制订整理美术工具和材料的规则，能够自觉地收放工具和材料。	集体： 能够运用已有经验和规则收放工具和材料。

生活活动

目标1：有良好的生活常规和秩序，喜欢幼儿园有规律的集体生活。

目标2：体会规则在生活活动中的意义。

指导建议：

1. 与幼儿一同协商建立合理的常规，使幼儿理解遵守常规的重要性。教师还可以组织活动，使每个幼儿都有机会体验到自己是班上的主人，让幼儿有归属感。例如，轮流当小值日生，最后评比谁是“最佳值日生”的活动。另外，对于刚刚升入中班的幼儿，教师可引导幼儿了解幼儿园一日生活的各个环节，鼓励他们积极主动地参与各环节的活动。

2. 在喝水、如厕、进餐、睡眠、上下楼梯等生活活动中，教师引导幼儿讨论，如果没有规则会有什么坏处，有了规则以后会有什么好处，让幼儿知道规则的重要性。

3. 在实际生活中，教师指导幼儿在喝水、如厕、进餐、睡眠、上下楼梯等生活活动中体会规则的意义。

4. 教师在幼儿生活中进行示范、讲解和练习，通过实践逐渐养成幼儿良好的生活习惯。

5. 与幼儿一起制订生活活动规则，通过制订生活活动规则，使幼儿自觉主动地遵守各种规则，形成规则意识。

目标3：积极主动与同伴交往，愿意使用礼貌的语言。

目标4：能运用语言与别人交往，体验语言交流的乐趣。

指导建议：

1. 教师为幼儿提供与他人自由交流的机会和条件，创设“聊天室”“记者站”。

2. 在生活环节中，可以随机开展有主题的谈话活动，鼓励幼儿与同伴、教师交流，分享生活经验。谈话或者讨论的主题可以由幼儿发起，如“我喜欢的玩具”“过节我去哪儿玩”等幼儿感兴趣的话题，并将幼儿的话录下来放给大家听。也可以由教师发起，如鼓励幼儿说说“升到中班后的感受”“你觉得中班和小班有什么不同”“介绍你的新朋友”“说说你在小班的好朋友（老师）”等。教师要对幼儿的表达给予及时的回应，鼓励幼儿用语言表达的积极性和自信心。

目标5：能认识自己的名字。

指导建议：

1. 将幼儿的物品标记与名字同时出现。如在幼儿的小床上、衣柜上贴上名字。

2. 教师在日常生活中，要注意幼儿是否用自己的水杯喝水，用自己的毛巾擦手等环节。还可以为幼儿提供使用名字的机会。如鼓励幼儿在自己的作品上写上名字，制作名片互相交换等。

3. 教师在美工活动区，指导幼儿在自己的作品上写出自己的名片。

目标6：能够从接触生活中美好的人和事中获得美的感受。

目标7：认识经常为我们服务的人（如医生、售货员、司机、炊事员、保育员、保健医等），知道尊重和珍惜他们的劳动成果。

指导建议：

1. 引导幼儿接触生活中美好的人和事，获得对教师节的深刻印象，丰富他们的感性经验。

2. 带领幼儿观察、感受幼儿园中与自己衣食住行密切相关人们的劳动（如老师、保育员、炊事员、保健医、清洁工、保安员等）。

3. 谈谈他们的工作与自己生活的关系，萌生对为自己服务的人尊敬热爱之情。

活动区活动

运动区

目标1：尝试持物体绕障碍走，走步时步幅放开，不跺脚。

目标2：能听指令改变方向跑。

指导建议：

1. 在上周幼儿练习持物绕障碍行走的基础上，教师多采取游戏的形式使幼儿练习拖拉物体绕有一定高度的障碍行走。教师要根据幼儿的个体差异加以指导。例如，幼儿持物的重量要适合，应根据幼儿体重来衡量；运动的距离、次数要适宜等。

2. 创设适宜幼儿奔跑的平坦地面及较大空间，在幼儿初步练习听指令改变方向跑时，教师可以给出明确指令，如向鼓声方向跑。教师控制指令，此时的鼓声持续时间较长，变换方向间隔的时间也较长，给幼儿以调整的时间。

角色区

目标1：通过角色扮演体验和了解为自己服务的人，知道和感激尊重他们。

目标2：有规则意识，逐渐形成自控能力。

目标3：练习使用筷子和其他拾物工具。

目标4：在游戏中练习使用筷子，发展手眼协调能力。

指导建议：

1. 在角色区提供不同角色的服装、道具和操作材料，如医务室、厨房操作间等角色扮演的背景环境和医用器材、各种炊具模型等，利用实际操作的游戏形式，感受与自己衣食住行密切相关的人们的劳动，知道尊重他们，珍惜他们的劳动成果。

2. 游戏评价过程中给幼儿提供自我评价的机会，与幼儿共同讨论焦点问题，利用讨论形式帮助幼儿控制自己的行为，形成初步的游戏规则意识。

3. 收集各种不同种类、质地的筷子，了解有关筷子的知识。筷子是中华民族最常使用的餐具，使用筷子能使自己的双手变得灵巧，大脑变得聪明，许多外国人也在学习使用筷子，增强幼儿使用筷子的自豪感和自信心。

4. 提供各种筷子（不同粗细、长短、质地）和易夹（海绵块、纸团、小木块、积塑等）或可夹材料（木珠、豆类等），幼儿根据自己的能力，自由选择筷子和所夹物品尝试使用筷子。

表演区

目标1：用不同方式探索、体验音乐的强弱变化，感受音乐变化的美。

目标2：在感知音乐变化中获得美的感受。

指导建议：

1. 提供小鼓，引导幼儿敲击出强弱不同的声音。同时提供“小鼓响咚咚”“大雨小雨”等强弱对比的音乐磁带。

2. 引导幼儿听音乐感受强弱变化，并鼓励幼儿根据歌曲内容，用动作或声音表现音乐中的强弱变化，获得美的感受。

美劳区

目标1：喜欢用绘画、手工制作及装饰的方法表达对教师节的深刻印象和情感体验。

目标2：认识抽象作品的特殊表达方式。

目标3：尝试使用表达色彩的材料和工具，感受不同材料表现出的美感特征。

目标4：乐于展示自己的作品并相互欣赏，理解每个人都可以有自己的表现方式。

指导建议：

1. 引导幼儿运用绘画、手工制作及装饰的方法表达对教师节的深刻印象和情感体验。

2. 提供适宜幼儿欣赏的艺术题材，引导幼儿从美术作品中感知色彩的运用，感受作品的视觉冲击力。

3. 提供适宜表达与探索色彩的环境和工具、材料，培养幼儿对色彩的敏感度及对色彩的表现技能。

4. 鼓励幼儿展示自己的作品，引导同伴间相互欣赏他人作品，感受个人表现风格的不同。

5. 提供制作贺卡的美工材料（如色彩丰富的水彩笔、油画棒，16 开以上的图画纸、彩色复印纸、胶棒、剪刀、胶条、小型订书器等材料），引导幼儿为祝贺教师节制作贺卡。

6. 帮助幼儿在使用油画棒和水彩笔制作贺卡的过程中，掌握表现丰富色彩的多种方式。

7. 提供欣赏画——米罗的《水彩画》，帮助幼儿用油画棒和水彩笔表现色彩的多种方式。

重点指导：

1. 引导幼儿感知画面中色彩的深浅对比，讨论这种对比给自己的视觉感受。

2. 介绍《水彩画》创作材料的特点，鼓励幼儿大胆创作。

活动设计：

1. 运用联想法引导幼儿大胆对画面进行想象：请幼儿闭上眼睛，把自己假想在色彩王国里，然后跟着老师说的话展开想象，通过这样的感受，幼儿可以较快地进入角色，从而较快地理解作品。

2. 出示米罗的《水彩画》，并提问幼儿：

你看到的这幅画是什么样的？（鼓励幼儿用有关词汇表达自己的认识和感受）

这幅画的色彩给你什么样的感觉？（如鲜艳、明快、对比、跳跃等）

你想用什么方法去表达？（知识点：使用多种美术工具进行表达）

3. 鼓励创作：提供适宜的工具和材料（黑色卡纸、水粉颜料、笔刷或替代物），指导幼儿探索色彩的表达与运用。

建议：提供画案使幼儿能够肢体舒展的作画，培养正确的绘画习惯。

水彩画（米罗）

建构区

目标1：综合运用堆高、围拢、延长、盖顶基本技能，富有创造性的搭建。

目标2：游戏逐渐体现制订和共同完成计划。

指导建议：

1. 收集各种建筑物的照片、图片，引导幼儿讨论造型、结构的特点，如圆形城堡、三角形城堡、梯形城堡等，感知建筑物的造型特征。

2. 引导幼儿与同伴一起制订搭建计划，鼓励幼儿进行合理的分工与合作，共同解决问题，完成主题搭建活动。

3. 教师在必要时给予帮助，使幼儿完成最终的搭建作品。

4. 保留搭建作品，组织幼儿有目的的观察，发现问题共同讨论解决。

沙水区

目标1：感知沙子的特性，在搭建活动中体会到愉快。

目标2：游戏时注意养成良好的卫生习惯。

指导建议：

1. 提供沙箱、湿沙，满足幼儿玩沙的兴趣。

2. 引导幼儿以童话故事为主题背景进行有目的的搭建活动，如本周语言活动《豌豆公主的故事》。

3. 提供一些道具，如不同人物模型和背景，引发幼儿游戏兴趣。

4. 鼓励幼儿根据游戏需要自制一些装饰物丰富搭建内容。

5. 引导幼儿讨论：沙土对我们五官会造成什么影响？培养幼儿注意卫生安全的好习惯。

科学区

目标1：在活动中能大胆提出有关观察与探索方面的问题，并进行初步的猜想；

目标2：会用常见的材料（水、沙、泥、颜料、石头和废旧材料）和常见的工具（剪刀、漏斗、筛子、各种容器）进行简单的尝试和探索。

指导建议：提供水、沙、泥、颜料、石头和废旧材料等常见材料和剪刀、漏斗、筛子等工具，指导幼儿进行简单的尝试与探索。如圆形硬纸片，制作红、绿、黄、蓝等色的陀螺，引导幼儿观察颜色的变化。

益智区

目标1：用圆形、三角形、正方形、长方形、半圆形、椭圆形等大胆地拼图。

目标2：能从游戏中感受各种图形的特征，进行简单的排序。

目标3：在操作游戏中发展手眼协调能力。

指导建议：

1. 根据本班幼儿的能力有计划、有目的、有层次地投放圆形、三角形、正方形、长方形、半圆形、椭圆形等几何图形。

2. 投放一些七巧板、摸箱、图形镶嵌、穿孔类玩具，使幼儿在操作中进行学习。

3. 提供具有循环排序的图例，如圆形、三角形、圆形、三角形、圆形、三角形……有材料、形状、大小、颜色变化特点的循环排序。

4. 教师引导幼儿将循环排序与重复美相比较，感受规律美。

阅读区

目标1：尝试多种阅读方式，体验阅读的快乐。

目标2：有顺序地收放图书，知道爱惜图书。

目标3：尝试从故事中感受文学作品的美。

指导建议：

1. 提供《豌豆公主的故事》的故事磁带，并根据故事内容为幼儿提供立体的图片或手偶、背景等，提高幼儿阅读的兴趣，鼓励幼儿大胆地跟随故事磁带进行讲述，感受其中的美。

2. 教师可以和幼儿一起说说爱惜图书的办法，如轻拿轻放、小心翻阅、分类摆放、及时修补等。共同商议图书分类的标志，与幼儿共同制作图文并茂的标志签。

集体活动

活动一　四季占圈

目标1：喜欢参加运动游戏，体验运动的乐趣。

目标2：能听指令改变方向跑。

准备：学会儿歌《位置歌》，每人一个塑料圈、可乐瓶做障碍。

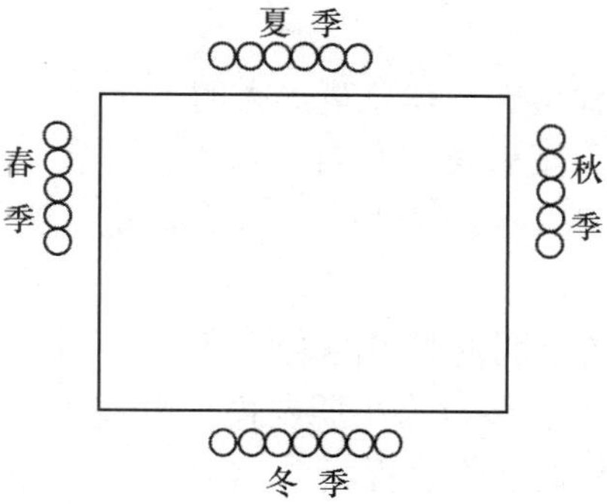

过程：

1. 准备活动：教师带领幼儿手持圆圈做身体各部位的动作，重点活动脚腕和膝关节等部位，为参加跑的游戏做好准备。

2. 集体游戏“位置歌”。

（1）复习儿歌《位置歌》，将幼儿分成四队，分别为春季、夏季、秋季、冬季，四队站在东南西北四个方向，每人站在一个圆圈里，并提示幼儿记住自己是什么季节。

（2）玩游戏“位置歌”。

游戏规则：大家齐声念儿歌，当念到“要轮换”以后，四季幼儿立即跑到场地中间部位，按照顺时针方向跑动，当教师发出口令“夏季”，“夏季”的幼儿立即跑回自己的圈中，其他幼儿继续跑，教师接连发口令，直到幼儿全部回到圈中，游戏重新开始。

教师提示幼儿注意听清楚口令。

3. 持圈过障碍

在场地上无规则间隔摆放许多可乐瓶，幼儿从场地的一端双手举圈于头上绕过可乐瓶走到场地的另一端，不能碰倒可乐瓶。返回时可以变换其他持圈方式，如套在身体的不同位置。

建议：游戏可根据幼儿的兴趣、身体状况以及当时天气等情况，适当地重复2～3遍。另外需要说明的是，幼儿每一次说《位置歌》所站的位置要不相同。由于本次活动以“跑”为主，所以，活动中要注意动静结合，多注意幼儿的身体状况。可以让幼儿模仿大型动物的走路姿势缓慢走回教室来结束活动。

附儿歌：《位置歌》

春夏秋冬有四季，东南西北有四方，
地球绕着太阳转，一年四季要轮换。

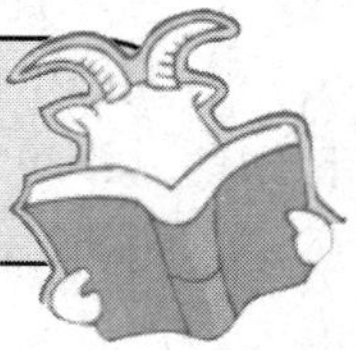

活动二　疼爱我们的人

目标1：认识经常为我们服务的人（如保育员、保健医、炊事员），知道尊重他们，珍惜他们的劳动成果。

目标2：能清楚地说出自己想说的事。

准备：

1. 收集教师、保育员、保健医、炊事员等人的工作照。

2. 通过家园配合的方式，了解更多与自己衣食住行密切相关的人们的劳动，如炊事员、老师、保育员、保健医、医生、护士、警察、司机、售货员、邮递员、清洁工和建筑工人等。

过程一：认识幼儿园里为小朋友服务的人

1. 教师带幼儿到伙房观看炊事员为小朋友做了哪些工作，体会他们的辛苦，为他们拍工作照（如洗菜、切菜、烹调制作过程）。

2. 教师带幼儿去医务室观察保健医生为小朋友做了哪些工作，体会他们的辛苦，为他们拍工作照。

3. 观察本班保育员为小朋友做了哪些工作，体会他们的辛苦，为他们拍工作照。

4. 感受老师的工作，体会老师的辛苦，请小朋友为教师拍工作照。

过程二：

1. 布置展览：疼爱我们的人。将小朋友或老师为保育员、炊事员、保健医生等人拍的工作照片布置在班里的墙饰中，供幼儿参观和交流。

2. 讨论：重点讨论老师、保育员、炊事员、保健医生们的工作与小朋友生活的关系。体会如果没有他们的工作，小朋友的生活会是什么样？有了他们的工作，小朋友的生活会是什么样？使幼儿萌生对他们的尊敬和热爱的情感，知道尊重他们和珍惜他们的劳动成果。

3. 提问：还有哪些人是为我们服务的人？重点了解他们的工作。

4. 讨论：自己将来长大了做什么工作可以为大家服务？大胆表达心中的愿望。

建议：

1. 本活动可多次进行。

2. 可以开展帮助老师、炊事员叔叔阿姨和其他人做事的活动，模仿成人为他人服务的活动，体验为他人服务的快乐。

3. 请家长带幼儿观察清洁工人的工作，体会工作的辛苦，认识经常为我们服务的人，知道尊重他们和珍惜他们的劳动成果。

4. 请家长带幼儿观察警察叔叔指挥交通的工作，体会工作的辛苦认识经常为我们服务的人，知道尊重他们和珍惜他们的劳动。

5. 请家长带幼儿到附近的商业区参观，了解各种商店及工作人员（如售货员、收银员）与人们生活的关系。告诉幼儿，商店里的工作人员为了方便大家，自己不能在节假日休息，非常辛苦。

6. 开办小记者影展：为疼爱我们的叔叔阿姨拍照，与他们合影等。相互介绍照片上的人的姓名、职业、拍照过程和自己的感受。

活动三　故事欣赏《豌豆公主的故事》

目标 1：喜欢欣赏童话故事，理解作品的内容。

目标 2：了解和记忆故事内容，进行简单的复述。

准备：

1. 在幼儿休息的床中央藏一颗豆子（可以用替代物），事先未告知的情况下让幼儿进行休息。

2. 与故事相关的资料，如故事书、录音带，或自制故事挂图若干。

过程：

1. 欣赏故事。

（1）教师为幼儿讲故事，引导幼儿注意倾听故事内容，或观察挂图上的人物和反映的情节。

（2）通过提问和复述故事，帮助幼儿理解故事情节。

（3）教师引导幼儿注意故事中的人物、细节和事件。讨论：这个故事最有趣的地方是什么？

2. 体验故事内容。

幼儿在自己床铺下面可以找到豌豆大小的东西，说说休息时有没有感受。想想童话故事中的描述，引导幼儿理解童话故事的夸张性。

附故事：《豌豆公主的故事》

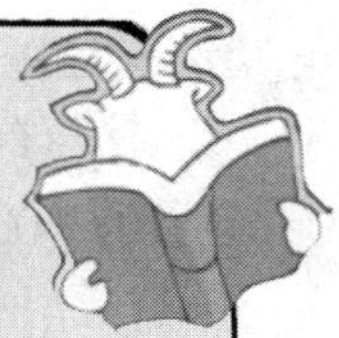

从前有一位王子，他想找一位公主结婚，但她必须是一位真正的公主。

他走遍了全世界，想要寻到这样的一位公主。可是无论他到什么地方，他总是碰到一些障碍。公主倒有的是，不过他没有办法断定她们究竟是不是真正的公主。她们总是有些地方不大对头。

结果，他只好回家来，心中很不快活，因为他是那么渴望着得到一位真正的公主。

有一天晚上，忽然起了一阵可怕的暴风雨。天空在掣电，在打雷，在下着大雨。这真有点儿使人害怕！

这时，有人在敲门，老国王就走过去开门。

站在城外的是一位公主。可是，天哪！经过了风吹雨打之后，她的样子是多么难看啊！水沿着她的头发和衣服向下面流，流进鞋尖，又从脚跟流出来。

她说她是一位真正的公主。

“是的，这点我们马上就可以考察出来。”老皇后心里想，可是她什么也没说。她走进卧房，把所有的被褥都搬开，在床榻上放了一粒豌豆。于是她取出二十床垫子，把它们压在豌豆上。随后，她又在这些垫子上放了二十床鸭绒被。

这位公主夜里就睡在这些东西上面。

早晨大家问她昨晚睡得怎样。

“啊，不舒服极了！”公主说，“我差不多整夜没合上眼！天晓得我床上有件什么东西？有一粒很硬的东西硌着我，弄得我全身发青发紫，这真怕人！”

现在大家就看出来了。她是一位真正的公主，因为压在这二十床垫子和二十床鸭绒被下面的一粒豌豆，她居然还能感觉得出来。除了真正的公主以外，任何人都不会有这么嫩的皮肤的。

因此那位王子就选她为妻子了，因为现在他知道他得到了一位真正的公主。这粒豌豆因此也就被送进了博物馆，如果没有人把它拿走的话，人们现在还可以在那儿看到它呢。

请注意，这是一个真实的故事。

活动四　拼图游戏

目标1：能从游戏中感受各种图形的特征。

目标2：用圆形、三角形、正方形、长方形、半圆形和椭圆形等大胆地拼图。

准备：

1. 用硬卡纸做的不同大小、不同颜色的圆形、三角形、正方形、长方形、半圆形和椭圆形卡片每人一套；

2. 教师自制的几何图形拼成的图例若干张。

活动过程：

1. 按图例拼图。

（1）幼儿自选喜欢的图例，按照图例拼图。

（2）幼儿互相交流，说出自己拼的是什么，用了几个什么图形。

2. 幼儿自由拼图。

（1）幼儿自选图形拼图。

（2）幼儿互相交流，说出自己拼的是什么，用了几个什么图形。

（3）提供空间，展示幼儿的作品。

3. 送图形回家。

引导幼儿把剩余的几何图形分类收好。

建议：幼儿园如果有瓷砖的墙面，可用吹塑纸制作的各种几何图形蘸上水玩拼图游戏。

活动五　歌曲《大鼓和小鼓》

目标1：进一步体验、探索和感知音乐中的强弱的变化，从中获得美的感受。

目标2：尝试用不同的方式体验和感知音乐的强弱变化，从中获得美的感受。

目标3：喜欢用肢体语言表达自己的情感和体验。

准备：大鼓、小鼓各一面。

过程：

1. 准备活动：用强弱对比明显的曲子进行发声练习，如《大猫小猫》等。

2. 我是小鼓手。

（1）出示大鼓、小鼓，引发幼儿的活动兴趣，了解打击乐器的名称——鼓。

（2）教师当鼓手敲鼓，引导幼儿仔细听两种鼓声的不同。

重点指导：幼儿仔细听大鼓、小鼓发出的声音有什么不同，并用语言或动作模仿，培养听觉能力。

（3）请个别幼儿当鼓手敲鼓，其他幼儿听音辨鼓。

重点指导：幼儿闭上眼睛，用耳朵辨别声音，猜猜哪面鼓在响。培养幼儿辨别强弱音的能力。

3. 学唱歌曲《大鼓和小鼓》。

（1）教师有表情地范唱歌曲。引导幼儿理解歌词，体验和感知音乐中强弱的变化。

指导语：仔细听一听、辩一辨，老师是怎样唱大鼓和小鼓发出的声音的。

（2）学习歌曲《大鼓和小鼓》，演唱“咚咚”“嗵嗵嗵”时分别敲大鼓和小鼓，突出强弱。

重点指导：引导幼儿表现大鼓的声音大，演唱时要强一些，小鼓的声音小，演唱时要弱一些。

（3）集体演唱：引导幼儿演唱时控制声音的强弱，并用强弱不同的动作来伴随“咚咚”“嗵嗵嗵”的声音，如用力敲鼓、轻轻敲鼓、踏脚和拍手等。

4. 游戏：听声音找玩具。

重点指导：幼儿根据声音的强弱寻找玩具，培养感知、听辨强弱音的能力。

游戏玩法：请一名幼儿蒙上眼睛扮演找玩具的人，教师当着其他幼儿的面将一个玩具放在任意一名幼儿的身后。游戏开始，教师敲小鼓，找玩具的幼儿沿着圈找玩具，当他接近玩具的时候，教师用力敲鼓，当他远离玩具的时候，教师轻轻敲鼓。幼儿随鼓声强弱找玩具，鼓声越强说明离玩具越近，鼓声越弱说明离玩具越远。找到玩具，幼儿为他鼓掌，找不到玩具，表演一个节目，并换人重新游戏。

待幼儿熟悉玩法后，可请全体幼儿用强弱不同的拍手声代替鼓声进行游戏，拍手声音越强表示离玩具越近，拍手声音越弱，表示离玩具越远。

建议：

1. 学唱新歌时，尽量采用唱、奏分开的方法。一名教师弹琴，另一名教师边演唱边用动作辅助表演，帮助幼儿理解和表现音乐的强弱。

2. 待幼儿熟悉本歌曲后，可采用分角色演唱的形式进行练习，一部分幼儿演唱大鼓，另一部分幼儿演唱小鼓。

附歌曲：《大鼓和小鼓》

1 = F　2/4

3 3 3 1 1 | 5 5 | 3 3 3 1 1 | 5 5 5 |

大 鼓 呀 大 鼓， 咚 咚， 小 鼓 呀 小 鼓， 嗵 嗵 嗵，

6 5 5 3 3 | 5 3 3 2 2 | 5 5 | 1 1 1 ||

大 鼓 呀 大 鼓， 小 鼓 呀 小 鼓， 咚 咚， 嗵 嗵 嗵。

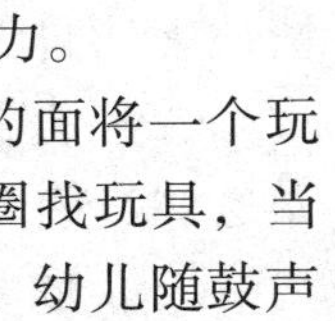

活动六　手工制作——贺卡

目标1： 喜欢用绘画、手工制作及装饰的方法表达对教师节的深刻印象和情感体验。

目标2： 能利用不同品种与层次的创作材料表达对重复美的理解，并能按这些规律进行装饰。

目标3： 能够运用已有经验和规则收放工具和材料。

目标4： 在教师节开展丰富多彩的活动，让每个幼儿充分表达自己对教师的情感，感受节日的快乐气氛。

准备：

1. 幼儿用书，种类多样的贺卡样品。

2. 贺卡半成品、彩色卡纸、皱纹纸、水彩笔、彩色铅笔、贺卡笔、胶棒、花边剪刀、打孔机等。

过程：

1. 感知欣赏：

（1）引出活动内容：介绍教师节，激发幼儿在这天为老师做一些力所能及的事情，表达自己对老师的爱。

（2）提供范例：阅读“照片展”，说一说上面都有谁，老师在干什么，为什么要做这些？引导幼儿谈谈受到老师关心、爱护时自己的感受。

（3）欣赏贺卡：讨论制作贺卡使用了什么材料，引导幼儿用做贺卡的形式为老师庆祝节日。

2. 鼓励创作：

（1）请幼儿制作贺卡送给老师，并表达自己美好的祝愿。

（2）指导幼儿运用水彩笔、彩色铅笔、贺卡笔等表现重复美的装饰图案。

（3）帮助幼儿使用辅助材料装饰作品，提升美感。

（4）帮助幼儿把想说的话记录下来，并注明姓名。

3. 讲评：

（1）请幼儿相互介绍自己的作品，说说如何表现重复美的特点，是用什么材料，怎样制作的。体会成功的快乐。

（2）请幼儿把作品布置成一个专栏——“送给老师的礼物”，表示对教师节的庆祝。

建议：

1. 为幼儿提供“我身边的叔叔阿姨”作品展示板，相互介绍画中人物的职业和自己的感受。

2. 引导幼儿在教师节这天，随时为老师做些事情，关心老师。

3. 以小组为单位，为老师表演节目。

（四）第三周目标与落实途径

领域	目标		落实途径
健康	生活、卫生习惯良好，有基本的生活自理能力。	1. 有良好的排泄习惯和生活自理能力。 2. 注意保持生活场所的整洁和卫生，养成爱清洁、讲卫生的习惯。	生活： 学习大便后自己擦屁股的方法。 区域： 学会收整玩具物品，保持环境清洁。
	通过感兴趣的方式发展动作，提高动作的协调性、灵活性。	1. 能够参加丰富多彩的体育活动，培养热爱体育活动的兴趣与习惯。 2. 用感兴趣的方式发展基本动作，提高动作的协调性、灵活性。 3. 用感兴趣的方式发展小肌肉，提高动作的协调性、灵活性。	生活： 在日常生活中发展幼儿小肌肉协调性。 区域： 1. 选择感兴趣的游戏方式，体验运动的乐趣。 2. 在各种游戏中发展小肌肉协调性、灵活性。 区域、集体： 能够尝试双脚向不同方向跳，落地较轻。 集体： 1. 选择纸棍游戏方式，体验运动的乐趣。 2. 喜欢尝试学做月饼，发展小肌肉灵活性。
语言	乐意与人交谈，讲话时自然礼貌。	在交流过程中学习使用礼貌用语，体验语言交流的乐趣。	生活、集体： 能大胆运用词汇与人交流，体验礼貌用语的用法和语言交流的乐趣。
	注意倾听对方讲话，能理解日常用语。	有良好的倾听习惯，能理解日常用语。	生活： 有良好的倾听习惯和相应的语言理解能力。
	敢于当众讲话，能清楚地说出自己想说的事。	能大胆、清楚地表达自己的想法和感受。	生活： 能大胆、清楚地表达自己的想法和感受。

（续表）

语言	喜欢听故事、看图书，有初步的前阅读和前书写能力。	1. 能感受优秀儿童文学作品丰富和优美的语言，理解作品的内容。 2. 对阅读和书写感兴趣，有初步的前阅读和前书写能力。	区域： 能自主选择不同类型的阅读材料进行阅读。 集体： 喜欢欣赏童话故事作品，体会阅读的快乐。
	能听懂和会说普通话。	能正确运用普通话。	生活： 在日常生活中能用普通话进行交流。
社会	能主动地参与各项活动，有自信心。	能通过谈话、对比等方法感受自己在长大，会做许多事情，体验自我价值感。	生活： 能感受自己在长大，会做许多力所能及的事情，体验成就感。
	能努力做好力所能及的事，不怕困难，有初步的责任感。	愿意做自己力所能及的事（如收拾玩具、整理被褥、擦桌椅等），养成初步的独立意识。	生活： 通过生活中做力所能及的事发展初步的独立意识。
	初步了解社会常识。	在中秋节，开展丰富多彩的活动，引导幼儿初步了解节日的意义，让每个幼儿充分表现自己，感受节日的快乐气氛。	生活、集体： 了解中秋节的意义，感受节日的快乐气氛。
科学	能运用各种感官，动手动脑，探究问题。	尝试运用比较的方法进行科学活动，感受比较的过程和结果，获得初步的比较能力。	区域： 尝试运用比较的方法，感受沙土和黄土的不同特性，获得初步的比较能力。
	能用适当的方式表达、交流探索的过程和结果。	用多种方式交流、分享探索与发现的过程和方法。	区域： 与他人分享观察、探索的乐趣。
	能从生活和游戏中感受事物的数量关系，体验到数学的重要和有趣。	1. 感知和探究长方形、半圆形、椭圆形、三角形、圆形和正方形等常见图形，能进行分类并理解图形的守恒，会用各种图形进行拼图。 2. 在生活和游戏中，学习按简单的模式进行循环排序。 3. 体验和理解昨天、今天、明天的含义，正确辨认前、后方位。	区域： 1. 在搭建过程中体验和理解前、后、上、下等空间关系； 2. 用圆形、三角形、正方形、长方形、半圆形和椭圆形等大胆地拼图； 3. 感知和探究长方形、半圆形和椭圆形，并对其进行分类。 集体： 1. 能在游戏中感受各种图形的特征。 2. 能理解长方形、半圆形、椭圆形、三角形、圆形和正方形等常见图形的守恒。

（续表）

科学	爱护动植物，关心周围环境，亲近大自然，珍惜自然资源，有初步的环保意识。	1. 尝试在种植活动中体验照料植物的方法，感知植物的生长变化，初步懂得爱护植物。 2. 说出自己喜欢和不喜欢的一些环境和事物现象（如脏乱、整洁等），以力所能及的方式对待周围事物和环境（如把垃圾扔到指定的地方等）。	生活： 说出自己喜欢和不喜欢的一些环境和事物现象（如脏乱、整洁等），以力所能及的方式对待周围事物和环境（如把垃圾扔到指定的地方等）。 区域： 在种植活动中，体验照料植物的方法，感知植物的生长变化，初步懂得爱护植物。
艺术	能初步感受并喜爱生活和艺术中的美。	喜欢故事、诗歌、木偶剧、动画片、皮影戏、小歌剧等文学或艺术作品，感受其中的美。	区域： 尝试从故事、诗歌、木偶剧、动画片、皮影戏和小歌剧等作品中体验美感。
	能够大胆地用自己喜欢的方式进行艺术表现和创作，富有个性地表达自己的情感和体验。	1. 能够学唱二拍子的歌曲，初步尝试按歌曲节拍的特点、速度、力度和情感富有表现力地歌唱。 2. 能在轻松、和谐的氛围中，尝试表现音乐的力度、速度变化和情感。	集体： 1. 尝试用自己喜欢的方式表达音乐的节拍、力度和情感。 2. 学唱2/4拍中欢快稳定的歌曲，尝试按歌曲节拍特点、力度和情感富有表现力地歌唱。
	能够感受并喜爱生活和环境中的美，发现事物美的特征。	能够从生活中美好的人和事中获得深刻印象，发现事物美的特征。	生活： 能够从生活用品和节日装饰中获得美的感受，发现事物美的特征。
	喜欢用不同风格的美术方式表达对事物的印象与情感体验，获得心理上的满足。	1. 喜欢参加美术活动，乐于用自己喜欢的美术方式宣泄自己的情绪，获得心理上的满足。 2. 能够运用不同的美术方式（绘画、雕塑、手工制作等）表达对事物的印象与情感体验，发展艺术表现能力。	区域： 喜欢用手工制作的方式表达对中秋节的感受，获得心理上的满足。 集体： 尝试运用手工制作及装饰的形式表达对中秋节的喜庆感受，发展艺术表现力。
	认识、选择各种美术材料和工具，在使用中大胆尝试、设想与创作。	尝试使用各种美术材料和工具，感受并发现不同材料和工具表现出来的不同美感特征。	集体： 在选择、使用美术材料和工具时有独特的设想，感受不同材料表现出的美感特征。

（续表）

艺术	发现周围事物中美的规律，并能够按照这些规律用美术方式进行表达。	尝试运用绘画、手工制作及装饰的形式表达对规律美的理解（如对称、重复、韵律等规律）。	区域： 1. 尝试运用手工制作及装饰的形式表达对对称美、韵律美的理解。 2. 在游戏中，学习按规律进行循环排序，感受重复美。
	能够尊重他人对美的感受和表达方式。	愿意展示和交流自己的作品，理解每个人都可以有自己的表现方式，感受个人艺术风格的不同。	集体： 乐于展示自己的作品并相互欣赏，感受个人表现风格的不同。
	具有美术活动的良好习惯，能有序使用和收放美术工具、材料。	学会掌握合理选择材料的方法，不浪费美术材料。	区域： 具有美术活动的良好习惯，学会充分利用边角料进行创作。

生活活动

目标1：学习大便后自己擦屁股的方法。

目标2：在日常生活中发展幼儿小肌肉协调性。

指导建议：1. 教师为幼儿创设清洁、温馨的厕所环境。例如，设置便于幼儿取放卫生手纸的地方，鼓励幼儿愿意自己擦屁股。

2. 提供正确擦屁股方法的提示图，模仿正确擦屁股的步骤及方法：①拿卫生纸的正确手势；②转动腰部，够着自己的小屁屁；③折纸擦干净。

3. 指导家长帮助幼儿在家养成独立大小便的良好习惯。

目标3：能大胆运用词汇与人交流，体验语言交流的乐趣。

指导建议：在生活环节中，可以与幼儿随机进行一些词汇游戏，如反义词游戏，叠音词游戏，让幼儿体会词汇的丰富和奇妙。教师可以和幼儿一起说说都有哪些词是叠音的，如四个字的叠音词汇（高高兴兴、快快乐乐、欢欢喜喜、上上下下等）或者三个字的词（亮晶晶、红彤彤、绿油油等）以及两个字的词（可以让幼儿想想自己或者别人的小名，如丽丽、蒙蒙等），让幼儿感受、体会词汇的不同构成方式。鼓励幼儿在生活中与别人交流时大胆运用。

目标4：有良好的倾听习惯和相应的语言理解能力。

指导建议：

1. 在生活活动中，教师可以和幼儿讨论“别人说话的时候我们应该怎样做”，鼓励幼儿说出倾听的办法。在生活中教师要做出榜样，在与其他教师或者幼儿交流时，不随便打断对方的谈话，注意理解对方说话的意思等。同时，要在生活中提醒幼儿注意倾听教师和同伴的发言，例如在别人说话时，要注意用耳朵仔细听，不大声喧哗、插话等，养成良好的倾听习惯，这是对发言人的尊重。

2. 在倾听过程中，教师可以通过提问、追问、回忆等方式引导幼儿理解别人所表达的意思。

目标5：在日常生活中能用普通话进行交流。

指导建议：

1. 教师应创设宽松和谐的精神氛围，鼓励幼儿用普通话与同伴和老师交流。教师应说普通话，做出榜样和示范。教师要及时纠正幼儿不正确的发音，但不宜过度强调幼儿不正确的发音，避免引发幼儿的逆反或者自卑心理。

2. 教师和幼儿共同听故事录音，帮助幼儿学习正确发音。对于个别幼儿，教师还可以通过家园合作的方式制订个别教育计划，帮助幼儿运用普通话进行交流。

目标6：能感受自己在长大，会做许多力所能及的事情，体验成就感。

目标7：通过生活中做力所能及的事，发展初步的独立意识。

指导建议：

1. 在生活环节中鼓励幼儿自己的事情自己做，尽量不麻烦他人，有初步的独立意识，如鼓励幼儿自己穿脱衣服、鞋袜，自己整理生活用品，学习使用筷子进餐等。

2. 鼓励幼儿当别人需要帮助时尽量帮助他人做事情。

3. 经常鼓励和表扬幼儿做的事情，使每个幼儿都有机会体验到自己是班上的小主人，能做许多事情。如表扬幼儿能自主选择游戏、能完成小值日生工作、能做小组负责人、能为同伴服务等，感受自己在长大。

4. 把幼儿在园里做过的事情进行拍照，办一个“能做许多事情”的小展览，让孩子通过自己能做很多事情感受自己在长大。

5. 以“我长大了，我会做许多事情”为话题，引导幼儿一起讨论，小朋友有哪些事情可以不用别人的帮助，自己能够独立完成的？将幼儿做的力所能及的事情（如收拾玩具、整理被褥、擦桌椅等）拍成照片，附上文字说明在班里展示，增强幼儿的自信心。

6. 教师和幼儿讨论并一起制作“我是小能手”记录卡，将自己做的事情记录下来，感受自己在长大，能做许多事情，有初步的独立意识。

目标8：说出自己喜欢和不喜欢的一些环境和事物现象（如脏乱、整洁等），以力所能及的方式对待周围事物和环境（如把垃圾扔到指定的地方等）。

目标9：能大胆、清楚地表达自己的想法和感受。

指导建议：

1. 在日常生活中，可以随时请幼儿观察、比较一些现象和变化，如幼儿进盥洗室洗漱前后的变化，吃饭前后桌面和地面的变化，午睡前后被褥的变化，午睡前后女孩子头发的变化等，使幼儿直观地了解到“脏乱”与“整洁”的差别，使幼儿喜欢干净整洁的环境，也可引导幼儿一起讨论，怎样把“脏乱”的环境变成“整洁”的环境。

2. 在外出活动时，也可以引导幼儿想一想怎样保护环境？（如不乱扔垃圾，不随地大小便，不随地吐痰等）在幼儿园和家里建垃圾分类箱（垃圾分类箱可由幼儿和家长一起制作），使幼儿初步理解“可回收”和“不可回收”的基本概念。

目标10：能够从生活用品和节日装饰中获得美的感受，发现事物美的特征。

目标11：了解中秋节的意义，感受节日的快乐气氛。

指导建议：

1. 引导幼儿观察街道上、公园里、商店中为迎接中秋节而发生变化的景象。

2. 提供制作月饼的各种材料，带领幼儿制作、品尝中秋月饼。

活动区活动

运动区

目标1：选择感兴趣的游戏方式，体验运动的乐趣。

目标2：能够尝试双脚向不同方向跳，落地较轻。

指导建议：

1. 选择适宜幼儿奔跑的平坦地面及较大空间，在幼儿学会听指令改变方向跑以后，教师可以增加指令难度，如鼓声持续时间变短，变换方向间隔的时间也变短，以逐步提高幼儿控制跑步方向的协调能力。

2. 幼儿在练习跳跃时，最好选择有弹性的地面，此时幼儿对双脚向前跳已能熟练掌握，因此，教师可以逐步引导幼儿进行横侧跳、斜侧跳以及向后退跳，通过跳格子、跳圈等游戏进行练习，教师重点引导幼儿双脚起跳时用力蹬地，落地时注意引导幼儿屈膝缓冲。

角色区（娃娃家）

目标1：能在角色扮演游戏中，发展小肌肉灵活性。

目标2：学会收整玩具物品，保持环境清洁。

指导建议：

1. 设置“喂娃娃”的环境，鼓励幼儿使用各种工具给娃娃喂不同形状、大小、质地的“饭”。

2. 游戏结束时教师协助幼儿共同按标记收整玩具，并清理“喂娃娃”游戏中散落在地面上的“饭”。

表演区

目标：尝试从故事、诗歌、木偶剧、动画片、皮影戏、小歌剧等文学或艺术作品中体验美感。

指导建议：

1. 提供幼儿自制的月亮、云彩道具，鼓励幼儿有感情地朗诵并表演诗歌《月亮对我笑》。

2. 引导幼儿用语气和表情表达诗中的情绪情感，感受诗歌的韵律美。

附儿童诗：《月亮对我笑》

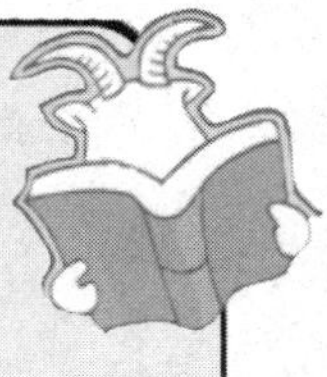

月亮越爬越高，
老对着我笑，
问她笑什么？
她说我该睡觉。
哎，不急，还早哩，
再听个故事多好。
月亮生气了，
钻进云里，把天灯关掉。
我说："好，听你的话。"
她打开了灯，又对着我照。

（金近）

美劳区

目标1：喜欢用手工制作的方式表达对中秋节的感受，获得心理上的满足。

目标2：尝试运用手工制作及装饰的形式表达对对称美、韵律美的理解。

目标3：具有美术活动的良好习惯，学会充分利用边角料进行创作。

目标4：乐于参加手工制作游戏，发展小肌肉的灵活性。

指导建议：

1. 引导幼儿运用手工制作的方式表达对中秋节的感受。

2. 在制作节日用品的过程中，引导幼儿通过对作品的装饰表达对对称美、韵律美的理解。

3. 引导幼儿学会充分利用边角料进行制作。

4. 提供纸工、泥工等材料，鼓励幼儿通过不同的制作方式进行月饼的设计和制作。

5. 提供庆祝中秋节的手工制作材料（如灯笼），培养幼儿的造型能力。

6. 提供有制作规律的美术作品（如花边、项链等），引导幼儿发现美的规律。

7. 提供制作装饰作品的材料和工具（如带有图案的半成品纸张、小印章、压图机等），指导幼儿有规律地进行艺术作品的装饰（如排序、对称等）。

建构区

目标1：在搭建过程中体验和理解前、后、上、下等空间关系。

指导建议：

1. 提供"游乐场"图片，根据"游乐场"玩具的情景，利用插接玩具进行有目的的建构，丰富建构区搭建内容。

2. 鼓励幼儿相互沟通、交流搭建需要和插接作品的介绍，引导幼儿弥补搭建过程中镂空中欠缺的内容，例如，建构区搭建"游乐场"的转椅区，利用围拢、插高、延长的技能将区域搭建完成，教师引导幼儿利用插接玩具丰富搭建情境。

沙水区

目标1：与他人分享观察、探索的乐趣。

目标2：尝试运用比较的方法，感受沙土和黄土的不同特性，获得初步的比较能力。

指导建议：

1. 提供两种干净的泥土，如沙土和黄土，引导幼儿动手感知泥土特性。

2. 引导幼儿讨论：在玩土的时候发现了什么？幼儿交流玩泥土的感觉。

科学区

目标1：与他人分享观察、探索的乐趣。

目标2：在种植活动中，体验照料植物的方法，感知植物的生长变化，初步懂得爱护植物。

指导建议：

1. 在班中开辟种植区，提供适宜种植的植物、水泡的植物（如豆类、白菜、萝卜、土豆、芋头、蒜、洋葱），种植花草（如含羞草、圣女果），并且为幼儿提供种植的器皿（如小铲、喷壶），以及观察记录本或记录表。

2. 提供便于幼儿操作的工作台，使他们能够随时使用观察工具，并根据需要做记录。

益智区

目标1：用圆形、三角形、正方形、长方形、半圆形和椭圆形等大胆地拼图。

目标2：感知和探究长方形、半圆形和椭圆形并对其进行分类。

目标3：在游戏中，学习按规律进行循环排序，感受重复美。

指导建议：

1. 根据本班幼儿的能力有计划、有目的、有层次地投放圆形、三角形、正方形、长方形、半圆形和椭圆形等几何图形。

2. 投放一些七巧板、摸箱、图形镶嵌类玩具，开展分类、拼图、计数活动。

3. 提供有规律排序的装饰范例，如服装、餐具等。

4. 教师引导幼儿将规律排序与重复美相比较，感受其美感。

阅读区

目标1：能自主选择不同类型的阅读材料进行阅读。

目标2：尝试从故事、诗歌中体验美感。

指导建议：

1. 投放故事书（形象生动、情节易懂、主题突出的中外寓言、童话、传说等故事书）、工具书（有关植物、交通工具、城市建筑、自我保护、交往方面的内容）、幼儿自制图书、与开展主题活动有关的书籍，有关科学家、环境的保护、科技用品的书，音像读物、讲述玩具（木偶、图片、立体卡片、指偶、头饰）、诗歌（图文并茂）、照片集等。

2. 了解本班幼儿当前对图书的兴趣点，和幼儿讨论在阅读区所需投放书籍的种类、数量等，并以图文并茂的方式制作图书分类的标志。使幼儿对于阅读区的图书更加理解，加强幼儿看书的欲望，以书籍的形式开阔幼儿的视野。

3. 提供儿童诗《月亮对我笑》的磁带，引导幼儿学习朗诵儿童诗，感受儿童诗中拟人化的表现手法，体会诗中所表达的情绪情感，感受儿童诗的美。（儿童诗《月亮对我

笑》见第 57 页表演区附录）

4. 提供有关中秋节的故事、磁带，与幼儿共同分享对民间文化的美好感受。

集体活动

活动一　跳房子

目标 1：选择纸棍游戏方式，体验运动的乐趣。

目标 2：尝试双脚向不同方向跳，能够轻轻落地。

准备：地上画各种各样用于幼儿玩跳房子的格子（见中班幼儿用书 9 月分册第 26 ~ 27 页），也可以用纸棍在地面上摆格子。

过程：

1. 进行身体各部位的准备活动。

幼儿每人一根纸棍，双手握纸棍，在教师的带领下做身体各部位的准备活动，重点活动脚腕和膝盖部位。

2. 练习跳的动作。

幼儿把纸棍放在自己脚下，练习双脚或单脚向前跳过纸棍，然后尝试双脚或单脚侧跳，教师重点提示幼儿轻轻落地。

3. 跳房子。

幼儿以小组为单位，在地面用纸棍搭建跳的格子，尝试双脚或单脚向不同方向跳格子的动作，要求轻轻落地。教师引导幼儿改变格子的搭建方法，继续跳。

4. 耍棍。

幼儿单手或双手快速转棍，教师引导幼儿用不同的方法转棍，不让棍子掉下来。注意提示幼儿之间的空间间隔要大。

建议：

1. 跳房子最好选择软地面进行。

2. 教师注意控制好每项活动的时间。

活动二　故事《路在嘴边》

目标 1：喜欢欣赏童话故事作品，体会阅读的快乐。

目标 2：体验礼貌用语的作用，以及语言交流的乐趣。

准备：故事磁带，自制挂图。

过程：

1. 讲述故事，与幼儿共同理解故事内容。

（1）按照情节发展的顺序出示自制挂图，引导幼儿注意倾听故事中小兔遇到困难时，都说了什么话。

（2）鼓励幼儿从画面的变化中推断和猜想故事情节的发展，教师要予以支持和肯定。

（3）引导幼儿注意观察画面中的人物、情景等。

2. 复述故事，注意理解故事中的词汇。

（1）教师复述故事。和幼儿共同说说，这个故事中的主角是谁？他遇到了什么困难？

他是怎么解决的？为什么他问了三遍？

（2）鼓励幼儿说说，自己知道哪些礼貌用语，这些好听的语言在什么时候用等。

（3）教师和幼儿共同复述故事，教师注意引导幼儿倾听小兔语言的变化，同时，理解“抓耳挠腮”“路在嘴边”的意思。

3. 讨论。

教师鼓励幼儿讨论：如果你是小兔，你会怎么说，你还能怎么做。引导幼儿充分发表自己的看法。

建议：教师可以引导幼儿在表演区进行故事表演。

附故事：《路在嘴边》

一天，兔妈妈病了，要小白兔自个儿上街买青菜。小白兔犯愁了，她从没上过街呀！

兔妈妈说：“别怕，路在嘴边！”

小白兔挎个小竹篮，上路了。看哪，瓦蓝瓦蓝的天空，黄澄澄的油菜花，绿绒毯似的紫云英……春天的田野多迷人呵！小白兔眨眨长着长长睫毛的眼睛，不由得轻轻地哼了起来：“春天春天多美丽……”小白兔边唱边跳，不知不觉来到岔路口。

“往哪条路走呢？……对，妈妈不是说‘路在嘴边’吗！”小兔子摸摸三瓣小嘴，左边是几根长须，右边是几根长须，没路呀！她急得抓耳挠腮，不知怎么办。

“咩——咩——”忽然从不远处传来叫声。

小白兔蹦上近处的一个小丘，用右手搭个“凉棚”，眯起眼，发现前面草地上，一个浑身长着白毛、头上长着两只弯角的——可一时又记不起来叫什么——正在吃草。小白兔兴冲冲地跑上去。

“咳，上街往哪条道走啊？”

那浑身白毛、长着一对弯角的听到喊声，抬一抬头，又独自转过身，低头啃草去了。

小白兔以为他没听见，连忙走上前去：“咳！上街往哪走呀？”

那长白毛、弯角的还是独自朝旁边走去。

小白兔心里说道：“准是个聋子！”于是，她急忙蹦到他跟前，放开嗓子喊：“咳——上街往哪里走啊？人家都问你三遍了！”

听到这带点焦急的声音，“白毛弯角”这才转过身来。

“你是——”

“我叫小白兔。”

“噢，你是小白兔。你不认识上街的路吧？”

“是呀，妈妈说‘路在嘴边’，可我嘴边没有路啊！”

“有路，有路。你看我长了这一大把胡子，你该叫声啥呀？”

“叫……”

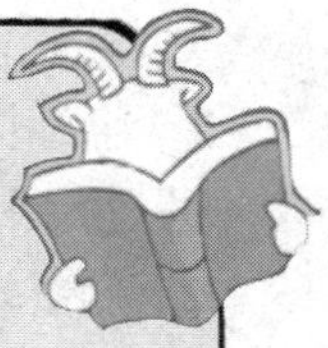

小白兔脸红了。这时，她忽然想起妈妈以前告诉过她……于是，不好意思地低声叫：“山……山羊公公！”

“哎，这就对啦！你叫一声公公，公公就乐意给你指路了，这不就是‘路在嘴边’吗？”

小白兔这才明白了，她恭恭敬敬地给山羊公公一鞠躬，朝着山羊公公指的方向，又上路了。

活动三　中秋节

目标1：了解中秋节的意义，感受节日的快乐气氛。

目标2：喜欢尝试学做月饼，发展小肌肉的灵活性。

准备：月饼，制作月饼的烤箱、面、馅，故事《月亮姑娘做衣裳》，中班幼儿用书9月分册。

过程：

1. 介绍中秋节。

每年的农历八月十五是中秋节。中秋节是我们中国特有的传统节日。它象征着人们向往团圆的愿望，是中国人特有的团圆节。在这一天，人们都要和家人团圆在一起过节。这一天的月亮最圆、最亮，全家人在一起赏月、品尝月饼，庆贺团圆。

2. 欣赏月饼：观察各种各样月饼，感受月饼的精美。

3. 幼儿分组制作“月饼”。

（1）简单介绍月饼的制作过程。

（2）幼儿学习尝试制作月饼，并将制作的月饼进行烘烤。

4. 分享和品尝亲手制作的月饼，体验和感受中秋节的快乐气氛。

建议：

1. 配合故事《月亮姑娘做衣裳》，知道月亮有圆有缺。请家长指导孩子定期观察月亮，用绘画的方式记录月亮的变化，将记录本带到幼儿园，与同伴分享记录。

2. 没有条件的幼儿园也可以利用橡皮泥进行月饼制作，重点体验简单的制作月饼的过程，感受节日的快乐，也可用制作的月饼举办月饼展览。

活动四　图形守恒

目标1：能在游戏中感受各种图形的特征。

目标2：能理解长方形、半圆形、椭圆形、三角形、圆形和正方形等常见图形的守恒。

准备：不同大小、颜色的三角形（正三角形、直角三角形、锐角三角形、钝角三角形等）、长方形、半圆形、椭圆形、圆形、正方形卡片每人一套，贴有图形标记的分类盒每组一个。

过程：

1. 感知图形。

通过用手摸，观察物品形状特征，引导幼儿感知图形。

2. 不受颜色、大小、形状等因素影响正确辨认图形。

（1）听指令送图形，如请小朋友把所有三角形放进分类盒中。

（2）小组内的幼儿内互相检查，有无送错、有无遗漏。

（3）教师根据幼儿的问题组织讨论。特别注意幼儿对三角形、长方形的守恒认识。

活动五　拍手唱歌笑呵呵

目标1：尝试用自己喜欢的方式表达音乐的节拍、力度和情感。

目标2：学唱2/4拍中欢快稳定的歌曲，尝试按歌曲节拍特点、力度和情感富有表现力地歌唱。

准备：歌曲磁带。

过程：

1. 初步感知。

（1）伴随2/4拍欢快稳定的律动音乐进入教室，音乐结束时，找到你的好朋友，面对面坐在椅子上。

重点指导：幼儿按节拍做动作，必要时教师可用语言提示。

（2）通过讨论，初步了解歌词内容。

你的好朋友是谁？你们面对面坐在一起，眼睛里有谁？帮助幼儿理解歌曲情境。

和好朋友坐在一起时的心情怎样？一起唱歌时的心情怎样？激发幼儿产生快乐的情感体验。

2. 学唱新歌。

（1）教师有感情地示范演唱歌曲，用表情和动作辅助表达歌词内容和愉快情绪。

（2）学“说”歌词。引导幼儿按照歌曲的节拍边拍手边说歌词。

（3）学唱歌曲。幼儿初次学唱时，速度可适当减慢，重点练习第2、第6小节的连音和第10、第12小节的跳音。

（4）尝试按歌曲节拍特点、力度和情感富有表现力地歌唱。幼儿可边唱边按歌词做相应动作。

重点引导幼儿看着好朋友的眼睛演唱，面带微笑，相互激发愉快的情绪情感。

3. 练唱歌曲。

（1）通过多种形式巩固对歌曲的理解，激发幼儿富有表现力地演唱。

（2）和新朋友一起唱。幼儿随音乐重新选择朋友面对面坐好，演唱歌曲。

（3）许多朋友一起唱。幼儿按教师指令3人或4人一组，面对面站好，演唱歌曲。

4. 复习音乐游戏：听声音找玩具。

重点指导：幼儿用多种方法制造出强弱不同的声音。

建议：

1. 可结合认识眼睛的活动学唱这首歌曲，也可作为甲乙（或男孩女孩）两名幼儿对唱。

2. 在活动区投放节奏卡及乐曲磁带、打击乐器，供幼儿表演。

附歌曲：《拍手唱歌笑呵呵》

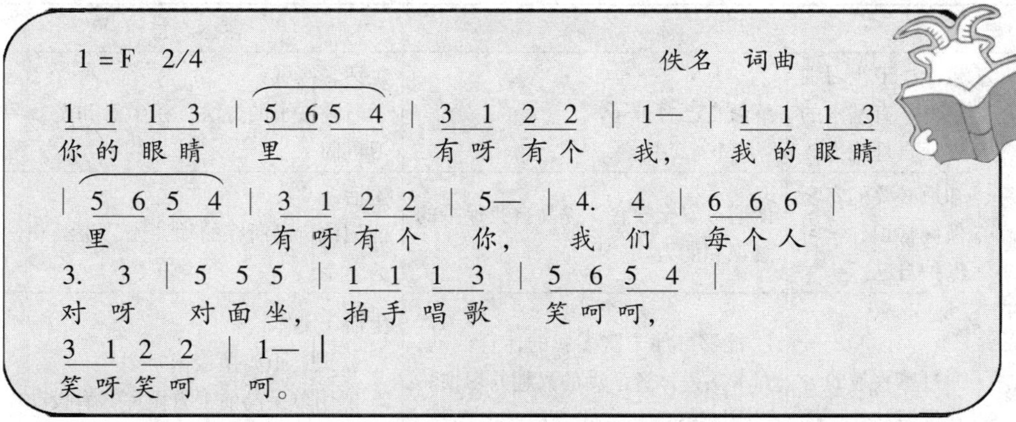

活动六　手工制作——灯笼

目标1：尝试运用手工制作及装饰的形式表达对中秋节的喜庆感受，发展艺术表现力。

目标2：在选择、使用美术材料和工具中有独特的设想，感受不同材料表现出的美感特征。

目标3：乐于展示自己的作品并相互欣赏，感受个人表现风格的不同。

准备：

1. 制作灯笼的原始材料（如瓦楞纸、毛边纸、各种彩色纸、水彩笔、油画棒等）；
2. 吸管、丝带、艺术绒棒、彩绳等辅材；
3. 提供各种造型的灯笼半成品（如夸张的蔬菜、水果，卡通的人物、动物等）。

过程：

1. 感知欣赏。

（1）出示各种形式的灯笼，引导幼儿观察与欣赏，介绍中秋节即将到来。

（2）提问：你看到的灯笼是什么形状的？每个灯笼都是由几个部分组成的？

（3）猜猜这些灯笼是用哪些材料、怎么制作出来的？

2. 鼓励制作。

（1）幼儿自选材料，分组进行制作。

（2）引导幼儿运用不同层次的材料进行手工制作，表达对节日的喜庆感受。

（3）帮助幼儿掌握合理选择材料的方法，不浪费美术材料。

（4）教师巡回指导，帮助幼儿形成作品的最终形式，提升其美感，鼓励幼儿对自己有自信。

3. 讲评。

（1）请幼儿相互交流自己的作品，体验创作的快乐。

（2）带领幼儿用自己的作品美化班级环境，迎接中秋节的到来。

建议：提供中秋节主题墙面，让幼儿自由创作“我身边的节日景象”，感受美术风格的变化。

（五）第四周目标与落实途径

领域	目标		落实途径
健康	生活、卫生习惯良好，有基本的生活自理能力。	练习自己叠被子。	生活、区域： 学习叠被子的方法，在生活和游戏中练习巩固。
	知道必要的安全保健常识，学习保护自己。	能通过安全教育，提高自我保护的意识和能力。	生活： 能记住自己所在的幼儿园、班级和父母的名字。
	通过感兴趣的方式发展动作，提高动作的协调性、灵活性。	1. 能够参加丰富多彩的体育活动，养成热爱体育活动的兴趣与习惯。 2. 用感兴趣的方式发展基本动作，提高动作的协调性、灵活性。 3. 用感兴趣的方式发展小肌肉，提高动作的协调性、灵活性。	生活、集体： 1. 尝试近距离抛接球。 2. 能用单手向前上方做挥臂肩投动作。 区域： 1. 乐于参加手工制作游戏，发展小肌肉灵活性。 2. 能在拼板游戏中发展小肌肉协调性。
语言	乐意与人交谈，讲话时自然礼貌。	能运用语言与别人交往，大胆运用词汇，体验语言交流的乐趣。	区域： 能与同伴交流自己对民族娃娃的了解。
	注意倾听对方讲话，能理解日常用语。	1. 能从口头交谈等多种途径得到与其生活经验相关的语言信息，获得知识和感受快乐。 2. 有良好的倾听习惯，能理解日常用语。	区域： 能从口头交谈得到与其生活经验相关的语言信息，获得知识和感受快乐。 生活： 有良好的倾听习惯和相应的语言理解能力。
	喜欢听故事、看图书，有初步的前阅读和前书写能力。	1. 能感受优秀儿童文学作品语言的丰富和优美，理解作品的内容。 2. 对书籍、阅读感兴趣，有初步的前阅读能力。	区域： 能从前至后有顺序地阅读，认真观察和理解画面内容，了解故事情节。 集体： 愿意欣赏儿童诗歌，体验诗歌表达的情感和意境。
社会	能主动地参与各项活动，有自信心。	能通过谈话、对比等方法感受自己在长大，会做许多事情，体验自我价值感。	生活： 知道自己长大升入中班了，能很快地适应新变化。
	乐意与人交往，学习互助、合作和分享，有同情心。	知道自己有与别人不同的兴趣爱好和想法，懂得尊重别人的意见。	区域： 能关注同伴的兴趣和需要。

（续表）

社会	能努力做好力所能及的事，不怕困难，有初步的责任感。	能为他人服务（如学做值日生等）有初步的责任感。	生活： 学做值日生为他人服务，有初步的责任感。
	爱父母长辈、老师和同伴，爱集体、爱家乡、爱祖国。	知道自己是中国人，认识并尊重国旗、国徽。	集体： 知道自己是中国人，认识并尊重国旗、国徽，能用自己喜欢的方式表达爱祖国的情感。
	初步了解社会常识。	1. 了解常见交通工具的特点及其与人们生活的关系，认识常见的交通标志，知道要遵守交通规则。 2. 知道国庆节日意义，感受节日的快乐气氛。	集体： 1. 认识常见的交通标志，丰富社会常识。 2. 理解并遵守交通规则。 3. 在国庆节开展丰富多彩的活动，引导幼儿初步知道节日的意义，感受节日的快乐气氛。
科学	对周围的事物、现象感兴趣，有好奇心和求知欲。	1. 能与他人分享观察、探索的乐趣。 2. 在生活和游戏中对数学产生兴趣，建立初步的自信心。	生活： 在生活和游戏中对数学产生兴趣，建立初步的自信心。 区域、集体： 与他人分享观察、探索的乐趣。
	能运用各种感官，动手动脑，探究问题。	1. 会用各种常见的材料（水、沙、泥、颜料、石头和废旧材料等）和工具（剪刀、漏斗、筛子、各种容器等）进行简单的尝试和探索。 2. 能感知泥土、水等物质的特性及物体的溶解现象，并根据某些现象进行初步的猜想。	区域： 1. 探究和感知湿沙的特征，体会湿沙可以建构的特点。 2. 尝试运用工具和材料进行简单的探索，并根据某些现象进行猜想。
	能用适当的方式表达、交流探索的过程和结果。	用多种方式表达对事物探索与发现的方法，与他人分享观察、探索的乐趣。	区域： 用记录方式表现、交流探索与发现的过程与方法。
	能从生活和游戏中感受事物的数量关系，体验到数学的重要和有趣。	1. 体验和理解前、后方位。 2. 运用正在发展的数学观念和方法解决生活和游戏中的问题。	生活： 正确辨认前、后方位。 区域： 1. 综合运用堆高、围拢、盖顶等基本技能进行有目的的搭建，发展空间知觉。 2. 能运用图形和空间经验解决游戏中的问题。

（续表）

科学			集体： 1. 能从游戏中体验、理解空间方位。 2. 能运用图形和空间经验解决游戏中的问题。
	爱护动植物，关心周围环境，亲近大自然，珍惜自然资源，有初步的环保意识。	在日常生活中，感知和体验一些天气现象（风、雨），初步体验季节变化与动植物及人们生活的关系。	生活： 探究和发现秋季的丰收果实，感知刮风、下雨的天气现象，初步体验季节变化与人们生活的关系。 集体： 对天气现象感兴趣，初步体验季节变化与动植物及人们生活的关系。
艺术	能初步感受并喜爱生活和艺术中的美。	喜欢欣赏内容丰富的简单音乐作品，尝试体验这些作品的基本情绪和情感，并用自己喜欢的方式（如语言、绘画、动作表演等）表达对音乐的感受。	集体： 体验歌曲的基本情绪和情感，尝试用自己喜欢的方式表达对歌曲的感受。
	积极参加艺术活动，在活动中获得愉快、丰富的情绪体验。	乐于模仿舞蹈动作，激发表演的兴趣。	集体： 乐于模仿舞蹈动作，激发表演的兴趣，表现音乐的情感。
	能够大胆地用自己喜欢的方式进行艺术表现和创作，富有个性地表达自己的情感和体验。	1. 能够基本准确地歌唱八度范围内（$c^1 \sim c^2$）的五声音调歌曲。 2. 喜欢用口头语言、肢体语言表现感兴趣的事情和自己的生活经历，喜欢模仿日常生活或艺术作品中人物的语言、表情、动作，愿意尝试创编与合作表演简单的故事情节。	区域： 1. 乐于用口头语言、肢体语言表现感兴趣的事情和自己的生活经历。 2. 喜欢模仿日常生活或艺术作品中人物的语言、表情、动作，愿意尝试创编与合作表演简单的故事情节。 集体： 1. 能创造性地尝试创编歌曲。 2. 能够基本准确地歌唱八度范围内（$c^1 \sim c^2$）的五声音调歌曲。
	能够感受并喜爱生活和环境中的美，发现事物美的特征。	能够从生活用品和节日装饰中获得深刻印象，发现事物美的特征。	生活： 能够从生活用品、节日装饰中获得美的感受，发现事物美的特征。
	认识美术作品所表现的内容，感受作品的美感特点，初步了解作品表现的方法。	在欣赏、创作美术作品的过程中感知美术元素在作品中的运用，初步了解色彩、线条的表达方法。	集体： 能够从油画作品中了解色彩、线条的多种表现方法，感受其美感特点和视觉冲击力。

（续表）

美术	喜欢用不同风格的美术方式表达对事物的印象与情感体验，获得心理上的满足。	1. 能够运用不同的美术方式（绘画、雕塑、手工制作等）表达对事物的印象与情感体验，发展艺术表现能力。 2. 尝试用适宜美术表现的手法进行创作（如利用画板、墙壁、地面等条件肢体舒展地进行绘画），培养良好的美术创作习惯。	区域： 喜欢用手工制作的方式表达对国庆节的所感、所知、所想。 集体： 乐于在可擦的墙壁上肢体舒展地进行自由创作，用色彩、线条表达自己的情绪。
	认识、选择各种美术材料和工具，在使用中大胆尝试、设想与创作。	1. 尝试使用各种美术材料和工具，感受并发现不同材料和工具表现出来的不同美感特征。 2. 在美术创作过程中能有独特的设想，敢于大胆尝试。 3. 能利用身边的物品或废旧材料制作玩具、手工艺品，美化自己生活或开展其他活动。	区域： 1. 选择各种材料和工具，在制作中大胆尝试、设想与创造。 2. 尝试利用身边的物品或废旧材料制作玩具、手工艺品，美化自己的生活。 集体： 认识、选择美术材料和工具，在使用中大胆尝试与创造。
	能够尊重他人对美的感受和表达方式。	能够用欣赏的眼光发现和挖掘同伴的作品，客观地接受同伴间的评价，理解和体会艺术创作无对错。	集体： 能够尊重他人对美的表达方式，体会艺术创作无对错。

生活活动

目标1：能记住自己所在的幼儿园、班级和父母的名字。

指导建议：

1. 利用“打电话”“送信”等游戏，帮助幼儿记住自己所在的幼儿园、班级等个人信息。

2. 引导家长，以各种方式尽量丰富幼儿关于家及家庭情况的信息。如家庭住址、父母姓名、工作单位等，可以制作班级幼儿通讯录。

目标2：学习叠被子的方法。

指导建议：

1. 与幼儿讨论：怎样能叠好自己的被子？张贴叠被子的方法图，总结出叠被子方法的儿歌。

2. 可以让幼儿观察大班小朋友叠被子的过程，用纸代替被子练习折叠的方法。教师在每天幼儿叠被子的过程中有针对性地指导幼儿。

3. 建议家长给幼儿提供独立叠被子的机会。

目标3：有良好的倾听习惯和相应的语言理解能力。

指导建议：在生活环节中可以组织幼儿进行传声筒游戏，体验语言交流中的倾听。

玩法：幼儿自行分成几组，排成两队，教师分别告诉排头的幼儿一句完整的话，如“我今天玩得特别高兴”，让幼儿一一耳语往下传话，并让最后一个小朋友大声说出自己听到的话。通过游戏让幼儿理解倾听的意义。教师还可以让幼儿自行开展游戏，幼儿自己结队，自己传话。

目标4：学做值日生为他人服务，有初步的责任感。

目标5：知道自己长大升入中班了，能很快地适应新变化。

指导建议：

1. 教师引导幼儿讨论“为什么班里要有值日生”“值日生都可以做些什么事情”，通过讨论，使幼儿对值日生的作用以及工作内容有所了解，明确当值日生是一种光荣的事情，也是一种责任，为他人服务是一种快乐的事情，激发幼儿参与值日生工作的热情。
2. 与幼儿一起建立值日生制度和一些必要的值日生工作常规。如帮助保育老师取放餐具，教学活动后帮助教师整理、收拾玩教具材料等。
3. 邀请家长和幼儿一起制作值日生标志，以各种奖励活动鼓励幼儿做值日。
4. 感知新班级环境的各种变化，观察班级各种标志。

目标6：探究和发现秋季的丰收果实，感知刮风、下雨的天气现象，初步体验季节变化与人们生活的关系。

指导建议：

1. 在进餐时，教师结合一日三餐的食物了解秋天收获的各种蔬菜和粮食。在幼儿的午点中，教师引导幼儿了解秋天的果实。
2. 教师可在种植区举行“蔬菜水果娃娃大聚会”，提供秋季的蔬菜、水果、农作物。让幼儿知道秋季是丰收的季节。
3. 教师还可以在户外活动时以及散步环节中，和孩子们观察秋天树叶的变化、天气的变化，如刮风、下雨等。通过观察初步体验季节变化与动植物及人们生活的关系。
4. 创设互动墙饰，帮助幼儿记录和提升对初秋的认识。

目标7：正确辨认前、后方位。

目标8：在生活和游戏中对数学产生兴趣，建立初步的自信心。

指导建议：在日常生活以及游戏中巩固幼儿对前、后方位的认识。如幼儿座位的位置、排队的位置、取饭的位置、做操的位置谁在我前面，谁在我后面等。

目标9：能够从生活用品、节日装饰中获得美的感受，发现事物美的特征。

指导建议：

1. 引导幼儿观察街道上、公园里为迎接国庆节而发生变化的景象。
2. 引导幼儿有意识地收集生活中的日用品，丰富活动区的美术创作材料。

活动区活动

运动区

目标1：尝试近距离抛接球。
目标2：能用单手向前上方做挥臂肩投动作。
指导建议：

1. 教师为幼儿准备充足的球、包等可以进行抛接的玩具材料，抛接物可以在原来练习的基础上适当缩小，增加一定的难度，在练习双人抛接球时，也可相应地增加距离，但以能相互接住球为准，教师重点引导接球的幼儿看准来球方向，双手向前迅速迎接球及抱球后的缓冲。待幼儿练习有一定基础后，教师可以组织幼儿进行小组之间的抛接球比赛。

2. 教师可以选择宽阔安全的活动场地，为幼儿准备自制流星球或纸飞机，在投掷前方设置一定高度的障碍物，通过游戏的方式练习单手向前上方做挥臂肩投动作。教师重点指导幼儿将投掷物越过障碍物用力投出，为了安全考虑，引导幼儿一同捡回投掷物再投。

角色区：照相馆

目标1：能与同伴交流自己对民族娃娃的了解。
目标2：能关注同伴的兴趣和需要。
目标3：学习叠被子的方法。
指导建议：

1. 提供不同民族娃娃的服装和配饰，如新疆帽、哈达、斗笠等，激发幼儿参与游戏的兴趣和对民族娃娃的了解。

2. 教师以角色身份加入到游戏中，引导幼儿注意观察同伴的服装与服饰的搭配及需要，当扮演材料不足时，如新疆帽上没有小辫时，用皱纹纸编制的小辫进行表演等，鼓励幼儿寻找其他替代物，使幼儿的想法得以实现。

3. 教师以“民族娃娃”的身份去娃娃家做客，激发幼儿的游戏情绪，丰富游戏内容。

4. 在娃娃家提供真实的操作材料，各种小被子、小床单等，鼓励幼儿在照顾娃娃过程中学会叠被子、整理床铺的方法，学做力所能及的事，有责任感。

表演区

目标1：能够喜欢用口头语言、肢体语言表现感兴趣的事情和自己生活经历。
目标2：喜欢模仿日常生活或艺术作品中人物的语言、表情、动作。
指导建议：

1. 利用“家长论坛”栏目，向家长宣传表演区。引导幼儿和家长一起带来表演区需要的辅助材料，如彩色纱巾、民族服装等，同时和幼儿一起商量制作乐器及道具，如主持人的话筒、节目单等，激发幼儿合作表演简单故事情节的兴趣。

2. 投放幼儿熟悉的故事磁带、情节图片及其道具，激发幼儿表演的欲望。如《猪八戒吃西瓜》、中班幼儿用书中的故事《新邻居》等，并投放猪八戒、山羊、小猴子、小兔子等头饰及道具，引导幼儿模仿日常生活或艺术作品中人物的语言、表情、动作，如表演吃西瓜等。

3. 在语言区投放孩子们自己带来的外出旅游、聚会以及幼儿游戏时的照片，引导他们讲述。能够喜欢用口头语言、肢体语言表现感兴趣的事情和自己的生活经历。

美劳区

目标1：喜欢用手工制作的方式表达对国庆节的所感、所知、所想。

目标2：选择各种材料和工具，在制作中大胆尝试、设想与创造。

目标3：尝试利用身边的物品或废旧材料制作玩具、手工艺品，美化自己的生活。

指导建议：

1. 提供适宜手工制作的环境。
2. 提供多种美术材料和工具供幼儿使用，引导幼儿感受不同材料表现出的美感特征。
3. 帮助幼儿掌握合理选择材料的方法，不浪费美术材料。

重点指导：

1. 创设国庆节主题环境，让幼儿参与环境的布置，感受节日的气氛。
2. 引导幼儿观察国旗的特征（是什么形状的？旗面上有什么?）。
3. 提供幼儿用书和制作国旗的半成品材料（如剪好的旗面、星星）。
4. 提供制作国旗的原始材料（如红色的布、复印纸、红色和黄色卡纸）。
5. 提供收藏箱，引导幼儿经常补充和更换所需材料。
6. 引导幼儿有创造性地将废旧物品改造成艺术品，如用瓶盖和小棍变魔术，用废旧材料制作国旗。
7. 指导家长和孩子共同收集废旧物品制作玩具。
8. 教师注意指导幼儿合理选择材料的方法，不浪费美术材料。

建构区

目标1：能选择喜欢的游戏方式发展小肌肉的灵活性。

目标2：综合运用堆高、围拢、盖顶等基本技能进行有目的的搭建，发展空间知觉。

目标3：能运用图形和空间经验解决游戏中的问题。

指导建议：

1. 投放搭建国庆节建筑的图片资料（如节日张灯结彩的建筑、花园广场等）和装饰建筑的半成品。

2. 建议家长带领孩子观察街道、天安门广场等生活中的建筑物节日装饰特点，并有目的地收集一些资料。

3. 鼓励幼儿通过观察各种图片资料，指导幼儿制订简单的搭建计划，并根据需要制作建筑辅材，进行有创造性的搭建活动。

4. 引导幼儿在搭建过程中运用图形和空间经验解决游戏中的问题。

沙水区

目标1：探究和感知湿沙的特征，体会湿沙可以建构的特点。

目标2：使用工具，发展手的灵活性并掌握玩沙的技能。

指导建议：

1. 提供各种工具，如大小不同的勺子、铲子、小桶、杯子、小竹子、空心管子、木棍等，各种交通标志和人物、汽车模型等，引导幼儿与同伴共同建构某个小区。

2. 鼓励幼儿有意识地收集和观察周围建筑物，丰富幼儿的生活经验和建构情节。

科学区：吹泡泡

目标1：与他人分享观察、探索的乐趣。

目标2：尝试运用工具和材料进行简单的探索，并根据某些现象进行猜想。

目标3：用记录方式表现、交流探索与发现的过程与方法。

指导建议：

1. 提供不同形状（圆形的、正方形的、不规则图形等）的吹泡泡工具，可以是购买的，也可以是自制的。

2. 引导幼儿观察、探索，不同形状的工具吹出的泡泡是什么形状的？

3. 创设活动区墙饰，供幼儿记录、交流猜想和验证的结果。

益智区

目标1：能运用图形和空间经验解决游戏中的问题。

目标2：能在拼板游戏中发展小肌肉的协调性。

指导建议：

1. 在益智区提供七巧板，各种大小、颜色不同的几何图形以及拼图图例。

2. 引导幼儿利用图形进行图形空间方位的拼摆。

阅读区

目标1：喜欢模仿日常生活或艺术作品中人物的语言、表情、动作，愿意尝试创编与合作表演简单的故事情节。

目标2：能通过口头交谈得到与其生活经验相关的语言信息，获得知识和感受快乐。

目标3：能从前至后有顺序地阅读，认真观察和理解画面内容，了解故事情节。

指导建议：

1. 投放幼儿自己带来的外出旅游、聚会以及游戏时的照片，引导幼儿讲述，并能够喜欢用口头语言、肢体语言表现感兴趣的事情和自己的生活经历。

2. 提供《猪八戒吃西瓜》的图书，引导幼儿从前至后有顺序地看图书，认真观察和感受猪八戒憨态可掬的艺术形象，鼓励幼儿模仿猪八戒吃西瓜的语言和动作。

3. 将大家共同收集展示的世界各国国庆的照片、图书或者光盘，以及中国国庆仪仗队的相关照片或者光盘并在阅读区展示，供幼儿翻阅和指认，观察各国国庆的不同风俗、服装差异等，了解国外的文化。

集体活动

活动一　好玩的球

目标1：在多种运动游戏中，尝试近距离抛接球。

目标2：能用单手向前上方做挥臂肩投动作。

准备：皮球、流星球若干。

过程：

1. 准备活动：重点进行肩部的准备。

2. 游戏："你抛球我接球"。

（1）介绍游戏玩法及规则：幼儿两人一组，持球的幼儿从胸前把球抛向对面的小朋友，对面幼儿双手把球接住，然后再把球抛回来。两个人之间的距离由近到远尝试。

（2）幼儿两人一组玩"你抛球我接球"游戏，教师指导幼儿抛得准、接得住的方法。两名幼儿记录自己成功接住几个球的数量，大家可以进行比赛。

3. 游戏：流星球。

（1）介绍游戏玩法及规则：在投掷线前，左脚在前，右脚在后，上体稍向右转，重心落在右脚上，然后右手正面向上投出。

（2）比赛看谁投得远。

建议：

1. 提示幼儿一起投一起捡。

2. 教师在户外活动时指导幼儿抛接球、投沙包的投掷动作。

活动二　圆圆和圈圈

目标1：愿意欣赏儿童诗歌，体验诗歌表达的情感和意境。

准备：大小不一的圆圈若干、幼儿每人一张圆形纸。

过程：

1. 欣赏儿童诗《圆圆和圈圈》。

（1）教师运用教具朗诵诗歌，引导幼儿注意倾听。

（2）通过提问、复述，重点引导幼儿欣赏诗歌中圈圈的动作。

（3）教师复述诗歌，鼓励幼儿想象诗歌中的场景。

2. 谈话。

（1）鼓励幼儿大胆想象，说说圈圈还可以变成什么和圆圆玩，他们是怎么玩的，圈圈眨眨眼还能变成什么等。鼓励幼儿充分发挥想象力。

（2）教师可以用快速绘图的方式把幼儿的创意记录下来，与大家分享。

（3）幼儿每人一张圆形纸，鼓励幼儿把自己的想象画出来。

建议：在美工区投放相关材料，供幼儿进行绘画。

附儿童诗：《圆圆和圈圈》

有个圆圆，
爱画圈圈，
大圈像太阳，
小圈像雨点。
晚上，圆圆睡了，
圈圈很想圆圆，
悄悄地，慢慢地，
滚进圆圆梦里面——
一会儿变摇鼓，
逗着圆圆玩；
一会儿变气球，
围着圆圆转……
圆圆睡醒了，
圈圈眨眨眼，
变成大苹果，
躲在枕头边。

活动三　过马路

目标1：认识常见的交通标志，丰富社会常识。

目标2：理解并遵守交通规则。

准备：儿童交通安全录像片、红绿灯图片、汽车道标志、自行车道标志、人行横道标志、地下通道标志。

过程：

1. 讲述小红过马路的情景，引发幼儿帮助小红过马路的愿望。

一天，小红放学回家，她走到路边准备过马路，马路上车多人多，看到马路上来来往往的汽车开得很快，刚想过去，却被开得飞快的汽车吓了回来。她害怕地哭了起来，不知道怎样才能安全地穿过马路。

提问：谁能想出好办法，怎样帮助小红安全地过马路？

2. 分别出示交通标志图片，认识交通标志并知道其作用。

（1）出示人行横道图片：认识人行横道及作用，知道小红可以走人行横道过马路。

（2）出示过街天桥图片：认识过街天桥及作用，知道小红可以走过街天桥过马路。

（3）出示地下通道图片：认识地下通道及作用，知道小红可以走地下通道过马路。

（4）出示红绿灯图片：认识红绿灯及作用，知道小红绿灯时才能过马路。

（5）出示汽车道标志：知道小红不能走汽车道，那样很危险。

（6）出示自行车道标志，知道小红不能走自行车车道，那样很危险。

3. 小结：知道过马路时要走人行横道、过街天桥和地下通道，这样可以帮助我们安全地过马路。另外，小朋友过马路要有大人陪伴，不要在马路上跑，知道要遵守交通规则。

4. 观看儿童交通规则录像片，知道遵守交通规则的重要和不遵守交通规则的危害。

活动四　参观节日的天安门广场

目标1：在国庆节开展丰富多彩的活动，引导幼儿初步知道节日的意义，感受节日的快乐气氛。

目标2：能用自己喜欢的方式表达爱祖国的情感。

目标3：知道自己是中国人，认识并尊重国旗、国徽，能用自己喜欢的方式表达爱祖国的情感。

准备：儿歌《国旗国旗多美丽》。

过程：

参观天安门广场，参观中重点把握以下内容：

1. 介绍10月1日是国庆节，是我们祖国的生日，在这个日子里，全国人民都在庆祝国庆节，初步知道国庆节的意义。
2. 初步认识国旗、国徽，直接感知国旗的颜色、图案。
3. 天安门广场的环境中感受国庆节的节日气氛。
4. 演唱歌曲《国旗国旗多美丽》，感受国庆节的喜庆气氛。

建议：

1. 没有条件的幼儿园可以请家长带幼儿参观节日的天安门广场，感受国庆节的过节气氛。
2. 在美工区可为国旗涂颜色。
3. 利用中班幼儿用书9月分册的国旗图片，萌发幼儿为祖国争光的情感。

附歌曲：《国旗国旗多美丽》

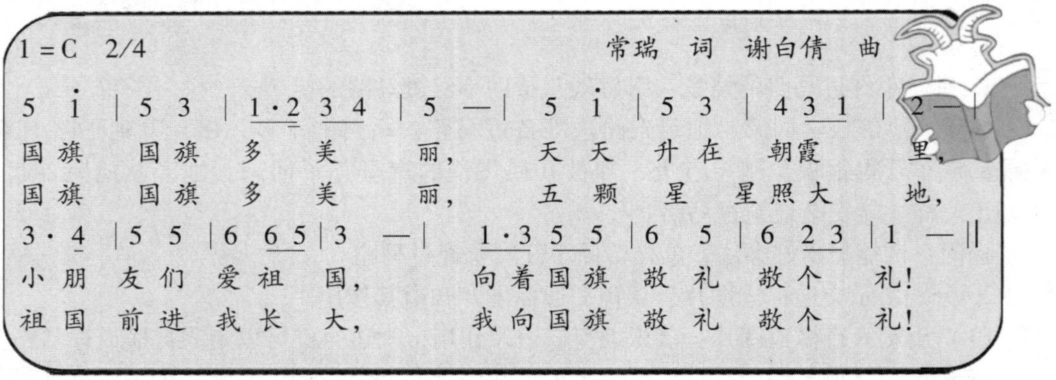

活动五　捉迷藏

目标1：能从游戏中体验、理解空间方位。

目标2：能运用图形和空间经验解决游戏中的问题。

准备：中班幼儿用书9月分册第8页。

过程：

1. 游戏活动：捉迷藏。

教师事先将小动物布置在一定的场景里，让幼儿自己去寻找。找到动物后要说出是在哪里找到的。例如，我在椅子下找到了小狗。

2. 操作活动。

幼儿每人一张图，幼儿观察图画后，根据画面准确选择小鸡在什么地方。准确运用上下、前后等方位，给小鸡画上钩或涂上颜色。

3. 寻找活动。

在室内寻找物品，准确说出它们所在的方位。

建议：生活中引导幼儿对上下、前后等方位的认识以及巩固。

活动六　我和风婆婆做游戏

目标1：对天气现象感兴趣，初步体验季节变化与动植物及人们生活的关系。

目标2：与他人分享观察、探索的乐趣。

准备：谜语、扇子、吹风机、风车、记录表。

过程：

1. 猜谜语。

（1）你们猜是什么？

（2）你们在哪儿感受到风？

2. 通过猜想、验证探究风是怎么产生的。

（1）幼儿猜想怎样能够产生风并记录。

（2）幼儿根据猜想寻找材料进行验证并记录。

（3）小朋友之间交流探究结果，教师总结概括。

3. 游戏。

组织幼儿到户外玩风车。

附谜语：《风》

抓不住它的身子，看不见它的影子，有时会抖动树枝，有时会推倒房子。

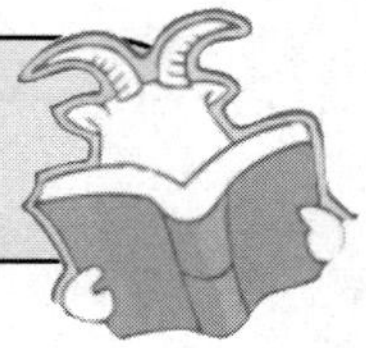

活动七　歌曲——猪八戒吃西瓜

目标1：能创造性地尝试创编歌曲。

目标2：能够基本准确地歌唱八度范围内（$c^1 \sim c^2$）的五声音调歌曲。

目标3：体验歌曲的基本情绪和情感，尝试用自己喜欢的方式表达对歌曲的感受。

目标4：乐于模仿舞蹈动作，激发表演的兴趣，表现音乐的情感。

准备：西瓜一个；教师可根据歌曲自己设计图片或故事课件。

过程：

1. 幼儿看图片或课件，理解歌词内容。

（1）教师出示图一，指导语：猪八戒怎么了？请你学一学馋的样子。（饿了，馋得口水直流。）

（2）教师出示图二，指导语：猪八戒找到了什么？（找到了大西瓜。）

（3）教师出示图三，学习象声词部分。

2. 幼儿初步学唱歌曲，感受歌曲欢快的情绪。

（1）教师范唱歌曲，同时指着与歌词对应的图片，让幼儿感知歌词的顺序，倾听歌曲。

（2）教师和幼儿共同唱歌。

（3）重点指导幼儿唱好附点及象声词。可采用重点示范的方法，引导幼儿唱准音调。

（4）教师用“猪八戒西瓜不够吃”的情境，引导幼儿多次演唱歌曲。

3. 创造性演唱歌曲，激发幼儿参与音乐活动的兴趣。

（1）幼儿在教师的提醒下用肢体动作表达自己对歌曲的感受，进行创编动作表演唱。

（2）幼儿仿编并有感情地唱出歌曲中的象声词部分，如小鸡吃西瓜，叽叽叽叽。

（3）幼儿用同样的方法创编新歌词并演唱。

4. 律动：切西瓜。

教师用不同的力度弹奏歌曲，幼儿随音乐的强弱模仿不同力度的切西瓜的动作。

建议：将歌曲磁带、头饰和图片投放到表演区，鼓励幼儿演唱并表演歌曲。

附歌曲：《猪八戒吃西瓜》

1＝C 2/4

3 5 5 | 5 1 2 | 6·1 6·1 | 2 2 2 | 1·2 3 5 | 5 — |

猪 八 戒 肚 子 饿，找 来 一 个 大 西 瓜，吃 完 大 西 瓜，

6·1 6 3 | 5 — | 6 6 6 6 | 5 5 5 5 | 3 3 3 3 |

笑 呀 笑 哈 哈， 噜 噜 噜 噜 噜 噜， 噜 噜 噜 噜 噜 噜，

2·3 5 6 | 3 2 | 1 — ||

笑 呀 笑 呀 笑 哈 哈。

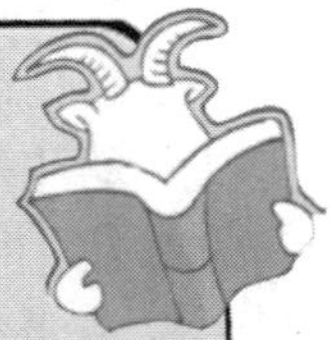

（选自幼儿园音乐教育活动丛书《歌唱活动》，许卓娅主编，65页）

活动八　命题绘画——天空中的云朵

目标1：乐于在可擦的墙壁上肢体舒展地进行自由创作，用色彩、线条表达自己的情绪。

目标2：能够从油画作品中了解色彩、线条的多种表现方法，感受其美感特点和视觉冲击力。

目标3：认识、选择美术材料和工具，在使用中大胆尝试与创造。

目标4：能够尊重他人对美的表达方式，体会艺术创作无对错。

准备：

1. 欣赏凡·高的画《麦田与柏树》。

2. 制作材料：棉花、剪刀、双面胶、胶棒、水彩笔、蓝色、白色卡纸。

3. 绘画材料：水粉纸、水粉笔、海绵棒、海绵刷、水粉颜料。

过程：

1. 感知欣赏：

（1）出示欣赏画《麦田与柏树》，引导幼儿讨论画面中色彩的运用。

（2）提问设计：

①天空和麦田都用了哪些颜色？（知识点：了解冷色与暖色的对比关系，以及冷中有

暖、暖中有冷的相互呼应）

②你看到这些颜色后对画面的感受？（知识点：通过色彩感受温暖、舒服、中午的阳光很强烈等）

③在画面中你都看到了哪些线条？（知识点：天空中的曲线、麦田中倾斜的短线）

④这些线条使你有什么感觉？（知识点：运动感、流动感、被风吹过的感觉）

（3）引导幼儿观察画面中线条的运用以及方向感的表达，体会作品的象征意义。

2. 鼓励创作：

（1）引导幼儿自主选择材料（绘画、粘贴），分组创作“天空中的云朵”；

（2）重点指导幼儿运用线条和色块表达天空中流动的云朵，必要时协助幼儿完成创作。

麦田与柏树（凡高）

3. 讲评：

（1）请幼儿分组观赏，相互介绍各自作品表达的内容、形式，体会艺术创作的无对错。

（2）引导幼儿在分享中发现新问题，激发他们进行延伸活动的兴趣。

二、10月目标与教育内容

（一）10月目标及内容与要求

领域	月　目　标	内容与要求
健康	生活、卫生习惯良好，有基本的生活自理能力。	1. 培养幼儿良好的饮食、排泄等生活习惯和生活自理能力。 2. 引导幼儿注意保持个人整洁和卫生，养成爱清洁、讲卫生的习惯。
	知道必要的安全保健常识，学习保护自己	1. 通过安全教育，培养幼儿自我保护的意识和能力。 2. 通过营养和保健教育，使幼儿养成科学的生活态度。
	通过感兴趣的方式发展动作，提高动作的协调性、灵活性。	1. 通过丰富多彩的户外体育活动，培养幼儿热爱体育活动的兴趣与习惯。 2. 通过幼儿感兴趣的方式发展幼儿的基本动作，促进幼儿大肌肉动作协调性、灵活性的发展。 3. 通过用幼儿感兴趣的方式发展他们的小肌肉，促进动作协调性、灵活性的发展。

（续表）

语言	乐意与人交谈，讲话时自然礼貌。	1. 鼓励幼儿主动用语言与别人交往，体验语言交流的乐趣。 2. 鼓励幼儿大胆运用词汇，体验语言交流对自己的意义。 3. 引导幼儿在交流过程中学习使用适当的礼貌用语。
	注意倾听对方讲话，能理解日常用语。	1. 引导幼儿养成注意倾听的习惯，发展语言理解能力。 2. 引导幼儿知道能从图书、电视、电脑、广播、口头交谈等多种途径得到信息，获得知识和感受快乐。
	敢于当众讲话，能清楚地说出自己想说的事。	1. 鼓励幼儿愿意表达自己各种感受和想法。 2. 鼓励幼儿敢于在人多的场合下自然、大方地讲话。 3. 引导幼儿尝试说明、描述简单的事物或过程。
	喜欢听故事、看图书，有初步的前阅读和前书写能力。	1. 引导幼儿感受优秀儿童文学作品的语言丰富和优美，理解作品中的内容。 2. 引导幼儿听儿童文学作品，学习复述故事。 3. 引导幼儿对生活中常见的文字符号感兴趣，认识自己的名字。 4. 鼓励幼儿对书籍、阅读和书写感兴趣，有初步的前阅读和前书写能力。 5. 指导幼儿养成良好的阅读习惯。
	能听懂和会说普通话。	在日常生活中鼓励幼儿正确运用普通话。
社会	能主动地参与各项活动，有自信心。	1. 允许幼儿自己选择活动主题，制订、实现自己的计划。 2. 支持幼儿努力解决遇到的问题，使幼儿能获得成功的感受，获得自信。
	乐意与人交往，学习互助、合作和分享，有同情心。	1. 鼓励幼儿积极主动与同伴交往，初步学会轮流、分享、谦让。 2. 帮助幼儿了解每个人有不同的兴趣爱好和想法，懂得尊重别人的意见。 3. 捕捉教育契机，培养幼儿对动物的同情心。
	理解并遵守日常生活中基本的社会行为规则。	1. 创设机会，引导幼儿认识、体验并理解基本的社会行为规则，体会规则在游戏活动中的意义（如爱护玩具和其他物品，爱护公物和公共环境）。 2. 培养幼儿形成初步的规则意识，学会自律和控制自己的情绪与行为。
	能努力做好力所能及的事，不怕困难，有初步的责任感。	1. 鼓励幼儿做自己力所能及的事（如收拾玩具、整理被褥、擦桌椅等），养成初步的独立意识。 2. 给幼儿创造为他人服务的机会和条件（如学做值日生等），逐渐培养其责任感。
	爱父母长辈、老师和同伴，爱集体、爱家乡、爱祖国。	1. 创造机会，使幼儿了解北京的风景名胜、饮食文化等，用自己喜欢的形式表达对北京的热爱。 2. 培养幼儿知道自己是中国人，认识并尊重国旗、国徽。
	初步了解社会常识。	1. 使幼儿知道北京是中国的首都，是个国际大都市，并了解北京正在发生的大事。 2. 鼓励幼儿了解常见交通工具的特点及其与人们生活的关系。

（续表）

科学	能运用各种感官，动手动脑，探究问题。	1. 支持鼓励幼儿用各种常见材料（纸、木、布、塑料、颜料、废旧材料等）和工具（剪刀、尺子、漏斗、筛子、各种容器等）进行简单的尝试和探索。 2. 引导幼儿有目的地观察周围常见事物，能对某些事物进行比较、连续地观察，能发现事物或现象的差异和变化。 3. 引导幼儿运用比较的方法进行科学活动，感受比较的过程和结果，获得初步的比较能力。 4. 引导幼儿感知自然界物质的现象和变化（如感知磁铁、石头、泥土、空气等的特性，物体的溶解和沉浮现象，以及颜色的变化等），并能根据这些现象和变化进行初步的猜想。
	能用适当的方式表达、交流探索的过程和结果。	1. 创造各种机会，支持和鼓励幼儿大胆提问。 2. 引导幼儿用多种方式交流、分享探索与发现的过程和方法。 3. 鼓励幼儿使用表示比较的词汇（如更长、更短、更轻、更重等）。
科学	能从生活和游戏中感受事物的数量关系，体验到数学的重要和有趣。	1. 引导幼儿在日常生活和游戏中，尝试学习按一个维度对常见事物进行分类，并进行计数。 2. 引导幼儿在较多的机会中接触物体的常见量（如粗细、高矮、厚薄、轻重等），感知其特征、进行分类。 3. 引导幼儿在日常生活和游戏中，尝试学习对 5 ~ 10 个物体按量的差异进行排序，初步理解序列的规律。 4. 引导幼儿在日常生活和游戏中，初步理解序数的含义，并能在实际活动中为幼儿提供简单运用的机会。 5. 引导幼儿在日常生活和游戏中，学习按简单的模式（如大熊、小熊、大熊、小熊……）进行循环排序。 6. 鼓励幼儿运用正在发展的数学观念和方法解决生活和游戏中的问题。
	爱护动植物，关心周围环境，亲近大自然，珍惜自然资源，有初步的环保意识。	1. 引导幼儿在日常生活中，探究和发现四季明显的特征（秋天收获各种果实、冬天动物冬眠、水结冰），感知和体验一些天气现象（风、雨），初步体验季节变化与动植物以及人们生活的关系。 2. 引导幼儿在感知、欣赏、体验大自然美景中，萌发关心大自然的情感，具有初步的保护环境的意识（如主动维护环境的清洁、爱护花草树木和动物等）。 3. 引导幼儿谈论自己喜欢与不喜欢的一些环境和事物现象（如喧闹、安静、脏乱、整洁等），以力所能及的方式对待周围事物和环境（如把垃圾扔到指定的地方等）。

（续表）

艺术	能初步感受并喜爱生活和艺术中的美。	1. 支持、鼓励幼儿在进一步感知、探索和体验音乐的快慢变化中获得美的感受。 2. 引导幼儿初步感知歌谣、歌曲和生活中的节拍与节奏，从中感受韵律美。 3. 提供内容丰富的简单音乐作品，支持、鼓励幼儿体验这些作品的基本情绪和情感，并尝试用自己喜欢的方式（如语言、绘画、动作表演等）表达对音乐的感受，初步感知音乐的开始、结束。 4. 提供符合幼儿年龄特点的艺术作品（如故事、诗歌、木偶剧等），引导幼儿感受其中的美。 5. 初步感知音乐的开始、结束。 6. 愿意参加音乐活动，能够从音乐活动中获得愉悦和美感。 7. 对模仿舞蹈动作感兴趣。
	能够大胆地用自己喜欢的方式进行艺术表现和创作，富有个性地表达自己的情感和体验。	1. 引导幼儿学唱二拍子雄壮有力的歌曲，初步尝试按歌曲节拍的特点、速度、力度和情感富有表现力地歌唱。 2. 创设轻松、和谐的氛围，支持幼儿随音乐的节奏尝试按自己的想象自由地做模仿动作、律动和简单的舞蹈动作，逐步做到动作协调优美，并尝试表现音乐的力度、速度变化和情感。 3. 鼓励幼儿尝试结合语言、歌谣即兴表演，创编简单的节奏短句和旋律短句。 4. 在生活和游戏中鼓励幼儿自编律动、舞蹈动作，创造性地为歌曲、舞蹈即兴伴奏，充分表达自己的情感和想象。 5. 支持、鼓励幼儿喜欢用口头语言、肢体语言表现感兴趣的事情和自己的生活经历，喜欢模仿日常生活或艺术作品中人物的语言、表情、动作，愿意尝试创编与合作表演简单的故事情节。 6. 学习掌握几种打击乐器正确的敲击方法，会按照自己选择的节奏型为歌曲做即兴伴奏。
	能够感受并喜爱生活和环境中的美，发现事物美的特征。	1. 引导幼儿从周围环境、四季景色、生活用品、节日装饰中获得美的感受，发现美的特征。 2. 鼓励幼儿有意识地收集一些带有艺术特点的物品，丰富活动区的美术创作材料。
	认识美术作品所表现的内容，感受作品的美感特点，初步了解作品表现的方法。	1. 提供适宜幼儿阅读的美术资料（如建筑、绘画、雕塑、摄影等）和与美术创作有关的书籍供幼儿欣赏，开阔幼儿的眼界，从中感受其美感特点。 2. 提供风格多样的美术欣赏作品（如水墨画、油画、水粉画、装饰作品、剪纸画、民间画等），引导幼儿初步感知美术元素（色彩、线条、结构）在作品中的运用，了解事物的多种表现方法，感受作品的艺术魅力。 3. 创设美术欣赏环境，使幼儿在优美的环境中受到艺术感染，提高审美情趣。

（续表）

艺术	喜欢用不同风格的美术方式表达对事物的印象与情感体验，获得心理上的满足。	1. 创设宽松、自由的精神氛围，鼓励幼儿用喜欢的美术方式宣泄自己的情绪，获得心理上的满足。 2. 提供背景环境，引导幼儿用不同美术形式表达对事物的感受。 3. 提供适宜美术创作的设施，使幼儿能够肢体舒展的进行美术创作。 4. 鼓励幼儿利用已掌握的艺术表现方法，进行自由创作，支持他们在绘画过程中有奇特的想法（如夸张的色彩、变形的线条、抽象的内容等）。
	认识、选择各种美术材料和工具，在使用中大胆尝试、设想与创作。	1. 提供多种美术材料和工具供幼儿使用，引导幼儿感受不同材料表现出的美感特征。 2. 在美术欣赏的基础上，引导幼儿使用各种材料和工具进行大胆创作。 3. 鼓励幼儿在欣赏美术作品的基础上，尝试用适宜的材料和工具感知、再现其艺术风格，体会作品的魅力。 4. 指导幼儿利用身边的物品或废旧材料制作玩具，手工艺品等来美化自己生活或开展其他活动。
	发现周围事物中美的规律，并能够按照这些规律用美术方式进行装饰或表达。	引导幼儿尝试运用绘画、手工制作及装饰的形式表达对规律美的理解（如对称、重复、韵律、呼应、和谐、变化等规律）。
	尝试为戏剧表演、主题游戏自制道具和装饰物	1. 引导幼儿在艺术表演活动和游戏中参与舞台背景的制作。 2. 鼓励幼儿为扮演活动自制服装和道具。
	能够尊重他人对美的感受和表达方式。	1. 创设美工作品展示区域，引导幼儿感受和体会美术作品的表达是个人的意愿，体会艺术创作无对错之分。 2. 引导幼儿发现和挖掘同伴作品中的优点，用欣赏的眼光去评价同伴的作品，并能够客观地接受同伴间的评价。
	具有美术活动的良好习惯，能有序使用和收放美术工具、材料。	1. 引导幼儿尝试制订整理美术工具和材料的规则。 2. 提供收放美术工具和材料的条件（如整理箱、分类架、收藏箱、垃圾桶等），鼓励幼儿运用已有经验和规则自觉的收放工具和材料。 3. 帮助幼儿掌握合理选择材料的方法，不浪费美术材料。

（二）第一周目标与落实途径

领域	目标		落实途径
健康	生活、卫生习惯良好，有基本的生活自理能力。	有良好的排泄习惯和自理能力。	生活： 学会自理大小便。 区域： 用游戏的方式练习自理大小便。
	知道必要的安全保健常识，学习保护自己。	记住自己的家庭地址，知道与成人失散时不乱走，积极寻求帮助。	生活、区域、集体： 记住自己的家庭地址，知道与成人失散时不乱走，积极寻求帮助。
	通过感兴趣的方式发展动作，提高动作的协调性、灵活性。	1. 喜欢参加丰富多彩的体育活动，养成热爱体育活动的兴趣与习惯。 2. 大肌肉动作更加协调、灵活。 3. 小肌肉发展更加协调、灵活。	区域： 能在游戏活动中提高小肌肉的协调性、灵活性。 区域、集体： 1. 在游戏中发展幼儿走步动作，走步时步幅放开，提高动作的协调性。 2. 体验多种行走姿势的乐趣，养成乐于参加体育活动的习惯。
语言	乐意与人交谈，讲话时自然礼貌。	1. 能运用语言与别人交往，体验语言交流的乐趣。 2. 乐意与教师进行语言交流，乐于表达讲述自己的所见所闻。	生活： 乐意与教师进行语言交流，乐于表达讲述自己的所见所闻。 区域： 乐意与同伴交流、分享自己的所见、所闻。
	注意倾听对方讲话，能理解日常用语。	养成注意倾听的习惯，发展语言理解能力。	生活、区域： 能听懂教师的指令，并按照要求做事情。
	敢于当众讲话，能清楚地说出自己想说的事。	1. 能大胆、清楚地表达自己的想法和感受。 2. 尝试说明、描述简单的事物或过程。	区域： 能大胆、清楚地表达自己的想法和感受。 集体： 尝试说明、描述事情的简单过程。
	喜欢听故事、看图书，有初步的前阅读和前书写能力。	能感受优秀儿童文学作品的语言丰富和优美，理解作品中的内容。	生活： 愿意欣赏各种体裁的儿童文学作品（诗歌、散文），感受作品语言的丰富和优美。

（续表）

社会	爱父母长辈、老师和同伴，爱集体、爱家乡、爱祖国。	知道自己是中国人，认识并尊重国旗、国徽。	集体： 1. 知道自己是中国人。 2. 认识并尊重国旗、国徽。
	初步了解社会常识。	了解常见交通工具的特点及其与人们生活的关系。	区域： 了解常见交通工具的特点及其与人们生活的关系。
科学	能运用各种感官，动手动脑，探究问题。	1. 会用各种常见的材料（如水）和工具（漏斗、筛子、各种容器等）进行简单的尝试和探索。 2. 能感知、观察自然界一些物质的现象和变化，并根据某些现象进行初步的猜想。	生活、区域： 1. 能与他人分享观察、探索的乐趣。 2. 感知水的流动性。 3. 能主动感知、观察和探索自然界中一些物质的现象和变化，并根据某些现象进行初步的猜想。
	能用适当的方式表达、交流探索的过程和结果。	1. 在生活和游戏中，面对问题大胆提问。 2. 用多种方式交流、分享探索与发现的过程与方法。	生活： 1. 在生活和游戏中，面对问题大胆提问。 2. 能用多种形式与他人分享观察、探索的过程与方法。 区域： 用语言、绘画、图示等交流对水的流动性的探索过程。 集体： 用多种方式交流、分享分类的过程、方法与结果。
	能从生活和游戏中感受事物的数量关系，体验到数学的重要和有趣。	1. 在各种机会中接触物体粗细、高矮常见量，感知其特征，进行分类。 2. 运用正在发展的数学观念和方法解决生活和游戏中的问题。	区域： 接触物体粗细、高矮等常见量，在使用中感知其特征。 集体： 感知物品特征，进行分类。

（续表）

艺术	能初步感受并喜爱生活和艺术中的美。	1. 感知、探索和体验音乐的强弱、快慢，音调的高低和音色的变化，获得美的感受。 2. 喜欢欣赏内容丰富的简单音乐作品，初步感知音乐的开始、结束。	生活、区域、集体： 进一步感知、探索和体验音乐的强弱、快慢的变化，从中获得美的感受。 区域： 初步感知音乐的开始、结束。 集体： 尝试表现音乐的力度和速度的变化。
	能够大胆地用自己喜欢的方式进行艺术表现和创作，富有个性地表达自己的情感体验。	1. 能在轻松、和谐的氛围中，随音乐的节奏做模仿动作，并尝试表现音乐的速度变化。 2. 喜欢模仿日常生活中人物的表情、动作。	区域： 喜欢模仿日常生活中人物的表情、动作。 集体： 喜欢随音乐的节奏尝试按自己的想象做模仿动作，并尝试表现音乐的速度变化。
	能够感受并喜爱生活和环境中的美，发现事物美的特征。	能够从秋季景色中获得深刻印象，发现事物美的特征。	生活： 能从初秋的自然景象中获得美的感受，发现美的特征。
	认识美术作品所表现的内容，感受作品的美感特点，初步了解作品表现的方法。	1. 喜欢阅读、欣赏各种类型的美术资料，初步了解美术作品的不同种类。 2. 喜欢欣赏彩陶作品，初步感知和了解作品的不同艺术风格。	区域： 喜欢欣赏有关美术雕塑的书籍，并从中提高审美情趣。 集体： 感受彩陶花瓶的美感特点，初步了解泥塑作品表现的方法。
	喜欢用不同风格的美术方式表达对事物的印象与情感体验，获得心理上的满足。	1. 喜欢参加美术活动，乐于用自己喜欢的美术方式宣泄自己的情绪，获得心理上的满足。 2. 能够运用不同的美术方式（绘画、雕塑、手工制作等）表达对事物的印象与情感体验，发展艺术表现能力。	区域： 喜欢用绘画和制作的方式宣泄自己的情绪，获得心理上的满足。 集体： 喜欢用雕塑的方式表达自己对彩陶花瓶的印象，发展艺术表现能力。
	认识、选择各种美术材料和工具，在使用中大胆尝试、设想与创作。	1. 尝试使用各种美术材料和工具，感受并发现不同材料和工具表现出来的不同美感特征。 2. 能利用身边的物品或废旧材料制作玩具、手工艺品，美化自己的生活或开展其他的活动。	区域： 1. 认识、选择各种美术工具和自然物材料，在使用中大胆尝试、设想与创作。 2. 尝试选择身边的自然物或废旧衣物、帽子等，制作成演出材料，进行表演活动。 集体： 利用身边的物品制作成手工艺品，美化自己的生活。

（续表）

艺术	发现周围事物中美的规律，并能够按照这些规律用美术方式进行表达。	尝试运用绘画、手工制作及装饰的形式表达对规律美的理解（如对称、重复、韵律等规律）。	区域： 1. 发现周围事物中美的规律，并能够按照这些规律用绘画或制作的形式进行表达。 2. 在建构游戏中表达对称美。
	尝试为戏剧表演、主题游戏自制道具和装饰物。	能够为扮演活动自制简单的服装和道具。	区域： 能够自己动手制作表演游戏所需的背景、道具。
	能够尊重他人对美的感受和表达方式。	愿意展示和交流自己的作品，理解每个人都可以有自己的表现方式，感受个人艺术风格的不同。	集体： 喜欢展示自己的作品，能相互欣赏同伴作品，感受个人表现风格的不同。
	具有美术活动的良好习惯，能有序使用和收放美术工具、材料。	1. 学会掌握合理选择材料的方法，不浪费美术材料。 2. 养成收放美术作品的良好习惯，懂得尊重和爱护别人的作品。	集体： 能尊重和爱护同伴的作品。

生活活动

目标 1：学会自理大小便。

指导建议：

1. 学会自理大小便，包括：正确的擦拭方法，养成有规律的大便习惯；便后冲厕所，并将用过的卫生纸扔进纸篓，保持厕所清洁；便后洗手；初步学会观察自己大小便的情况，知道大便干燥要多吃水果蔬菜，尿液发黄要多喝水，如厕后学会整理衣服，不露小肚皮。

2. 教师为幼儿提供便于自理大小便的厕所环境，如卫生纸、废纸篓的数量及位置要适宜；在厕所相对应的位置上张贴如将厕纸扔进纸篓、便后整理衣服、主动冲水、便后洗手的提醒示意图；请值日生轮流折叠卫生纸，为大家做好准备工作；还可以利用小游戏、故事、儿歌和讨论等鼓励幼儿在园独立大小便，提高自理能力。（游戏环境：针对一些男孩子掌握不好小便的位置，把尿尿在外面的情况，设计“射击”材料，待挂便器完全干后贴在里面位置适宜的地方，防止脱落）

3. 请保健医或当医生的家长讲解卫生常识，帮助幼儿了解大小便与身体健康的关系。如知道要多吃蔬菜和水果，多喝白开水，少吃洋快餐和油炸食品等。

4. 利用多种形式向家长宣传介绍如厕与健康的关系，建议家长指导孩子便后擦屁股的正确方法及习惯，提醒家长为幼儿提供易于穿脱的服饰。

5. 环境创设（插图——中间一点，旁边三个圆圈，形成靶子的样子）。

附儿歌：《乖小猫》

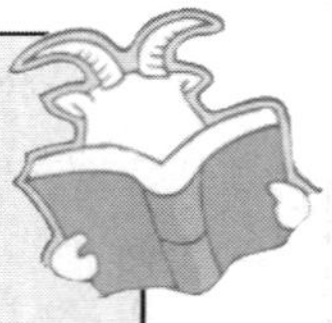

小花猫，喵喵叫，有尿贪玩不去尿。
小花猫，你别叫，贪玩憋尿可不好。
小花猫，咪咪笑，赶快跑到厕所尿。

（彭爱华）

目标2：记住自己的家庭地址，知道与成人失散时不乱走，积极寻求帮助。

指导建议：

1. 利用偶发事件及时和幼儿讨论，使幼儿知道与成人失散时不乱走，积极寻求帮助。

2. 指导家长告诉幼儿自己的家庭住址及了解住址周围的环境，建议家长要有随机教育的意识，当带孩子外出时（公园、超市、商店等），可以适当要进行模拟练习。

目标3：能在一日生活中听懂教师的指令，并按照要求做事情。

指导建议：

1. 利用游戏培养幼儿注意倾听的良好习惯。例如，听指令做动作“贴鼻子”，猜猜他是谁，传话游戏及音乐游戏“抢椅子”等。

2. 选择幼儿喜欢的文学艺术作品，吸引幼儿倾听。

目标4：乐意与教师进行语言交流，乐于表达讲述自己的所见所闻。

指导建议：

1. 创设宽松和谐的精神氛围，鼓励幼儿与老师交流，分享生活经验。例如，与幼儿讨论“我喜欢的……”“我的玩具”“好妈妈”“今天来园路上的发现”等感兴趣的话题。教师要注意倾听幼儿的讲述，对于幼儿的讲述表示肯定和欣赏。并能关注到幼儿在语言交流上的能力差异。如用点头、微笑、眼睛与其对视等形式。

2. 根据出现的问题与家长共同努力，帮助幼儿积累感性经验，丰富经历，如组织幼儿参观、郊游，参加公益活动，家长带幼儿旅行，开展亲子共读等。

目标5：愿意欣赏各种体裁的儿童文学作品（诗歌、散文），感受作品语言的丰富和优美。

指导建议：

1. 教师给幼儿朗诵（关于歌颂祖国、秋天等主题）的诗歌和散文，或者儿歌歌词、童谣等，引导幼儿注意倾听作品的内容，体会诗歌和散文语言的优美，以及表达的意境。

2. 教师向幼儿介绍诗歌、散文的体裁特点，如文字简洁、优美，有主题等。也可以和幼儿一起说说以前欣赏过的儿歌、散文。

目标6：能与他人分享观察、探索的乐趣。

目标7：在生活和游戏中，面对问题大胆提问。

目标8：用多种形式表现、交流探索的过程与方法。

指导建议：

1. 创设宽松、自由和接纳的环境与氛围。可创设“小问号”“新发现”，举办展览等活动，鼓励幼儿多提问、多观察，并且亲自验证和探索。安排时间与个别幼儿交谈。如与幼儿交谈，听取他们的讲述；观看了解幼儿的发现与活动等。利用各种活动亲近大自然，如中班10月幼儿用书“到丰收乐园去玩”寻找“秋天在哪里”的机会让幼儿主动感知、观察和探索。在日常生活中注意收集各种与科学活动相关的材料与资料，并投放在活动区中，供幼儿探索感知事物特征，使用和共同分享。如观察动物、植物，特殊自然现象等的照片、录像；收集各种样式的石头、木头、空气等。教师以游戏伙伴的身份参与到幼儿的探索活动中，提出启发性的问题，鼓励幼儿大胆猜想、思考，激发他们探索和大胆想象的热情。抓住偶发科学现象与幼儿分享，如流星、风雨、日食、月食、小动物受伤等。珍惜幼儿的想象和探索的成果。如幼儿当成宝贝的东西，教师、家长也应把它当作宝贝，和幼儿一起保存珍藏；记录和保留幼儿探索的过程和结果；提供展示和摆放的空间；让幼儿准备收集盒存放自己收集的小物品。

2. 引导家长在日常生活中注意支持、引导、鼓励幼儿的观察，保护幼儿的好奇心和探索的愿望。例如，不要嘲笑幼儿的发现、做法和稚拙的探索；父母与幼儿一起观察幼儿感兴趣的事情；父母耐心听取幼儿的发现，与幼儿共同体验探索的快乐等。

目标9：进一步感知、探索和体验音乐的强弱、快慢的变化，从中获得美的感受。

指导建议：

1. 生活环节中播放强弱、快慢不同的音乐，营造适宜幼儿生活活动的氛围。如午睡时播放摇篮曲、小夜曲等轻柔缓慢的音乐，来园时播放欢快活泼，强弱、快慢对比鲜明的进行曲和舞曲等。

2. 户外活动时播放欢快活泼、力度较强的进行曲、律动曲；在过渡环节组织简短的音乐小游戏，体会和表达音乐的快慢。如随音乐速度拍手、拍腿，用不同的速度演唱同一首歌曲等。

目标10：引导幼儿从初秋的自然景象中获得美的感受，发现美的特征。

指导建议：

1. 引导幼儿观察初秋自然界和周围环境中色彩斑斓的美好景象。

2. 利用散步环节，引导幼儿有目的地观察户外环境中秋季的自然景象。

活动区活动

运动区

目标1：走步时步幅放开，体验多种行走姿势的乐趣。

目标2：能听懂教师的指令，并按照要求做事情。

指导建议：

1. 创设练习多种行走的区域及设施，如在地面上绘画出多种小动物的脚印，引导幼儿模仿相应的动物脚踩脚印行走。

2. 可以在不同的运动区域内，间隔摆放多种走步的图示，如椭圆形为脚掌走，半圆形为后脚跟走等。

3. 教师鼓励幼儿创造性地进行多种行走体验。

4. 活动前教师要提醒幼儿注意倾听教师的指令和要求，活动中引导幼儿按照要求做事情。教师在游戏过程中也可以变化指令或者要求（如男孩子……女孩子……）提高幼儿活动的积极性。

5. 对于幼儿比较熟悉爱玩的游戏，可尝试让幼儿自己说出游戏规则。

角色区：娃娃家

目标1：学会自理大小便。

目标2：能在游戏活动中提高小肌肉的协调性、灵活性。

指导建议：

1. 娃娃家提供娃娃、小马桶、卫生纸、垃圾桶和正确的擦拭方法的照片。

2. 游戏中重点提醒便后要洗手，使幼儿在照顾娃娃的过程中知道、反复实践、巩固学习如何自理大小便。

目标3：了解常见交通工具的特点及其与人们生活的关系。

指导建议：

1. 提供小自行车、自制的汽车方向盘、自制车身等，创设相关情境，既能结合幼儿的生活经验，扩展游戏内容，又能使幼儿从中感受到常见交通工具与人们生活的关系。

2. 游戏过程中，教师向幼儿渗透初步的交通安全常识。

表演区

目标1：记住自己的家庭地址，知道与成人失散时不乱走，积极寻求帮助。

目标2：喜欢模仿日常生活中人物的表情、动作。

指导建议：

1. 提供成人装扮用品，如妈妈的假发、爸爸的皮包、爷爷的眼镜等，教师和幼儿创编相关表演剧内容，参与其中。提高幼儿表演兴趣，指导幼儿如何生动、形象地进行表演。

2. 在表演中帮助幼儿记住自己的家庭地址，知道与成人失散时不乱走，积极寻求帮助。

目标3：能在一日生活中听懂教师的指令，并按照要求做事情。

指导建议：

1. 投放各种动物头饰，以及欢快节奏的音乐磁带。

2. 玩法：幼儿每人选择一个头饰戴好，围成圆圈，伴随音乐顺时针或者逆时针走，教师随机说出动物的名称，被点到的动物蹲下，其余动物原地不动，没有按照要求做的幼儿暂停一次游戏。之后依此类推进行游戏。

3. 教师先带领幼儿游戏，激发幼儿的游戏兴趣，熟悉游戏玩法和规则，继而让幼儿自由组合游戏，自由选择或者轮流作为裁判，提高游戏趣味性。

目标4：初步感知音乐的开始、结束。

目标5：进一步感知、探索和体验音乐的强弱、快慢的变化，从中获得美的感受。

指导建议：

1. 提供有前奏和结束句的音乐，教师引导幼儿仔细听音乐，随音乐的开始而开始，随音乐的结束而停止表演，静止不动。一个内容表演完毕，有礼貌地致谢。

2. 教师关闭音乐时注意保持完整的音乐作品，必要时老师以语言或表情、动作进行的提示。

3. 投放快慢对比明显的歌曲磁带，如摇篮曲、小步舞曲等内容，供幼儿欣赏、感知、自由表达。并提供音乐游戏磁带《走着去，跑回来》，引导幼儿合拍协调，自然放松地走步和跑步，在游戏过程中感知和表现音乐的快与慢，从中获得美的感受。

附乐曲：《走着去，跑回来》

韩德常　曲

美劳区

目标1：喜欢用绘画和制作的方式宣泄自己的情绪，获得心理上的满足。

目标2：认识、选择各种美术工具和自然物材料，在使用中大胆尝试、设想与创作。

目标3：发现周围事物中美的规律，并能够按照这些规律用绘画或制作的方式进行表达。

指导建议：

1. 提供美术背景环境，鼓励幼儿有目的地表达各自的感受。

2. 引导幼儿制作各种装饰物布置自己的生活环境，学折四角花。

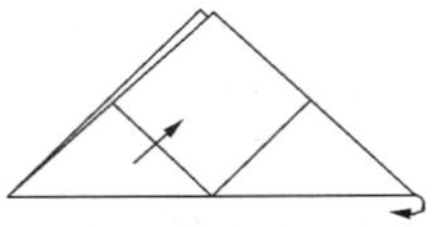
1. 正方形对角折后，一角向前另一角向后折，撑开成双三角形

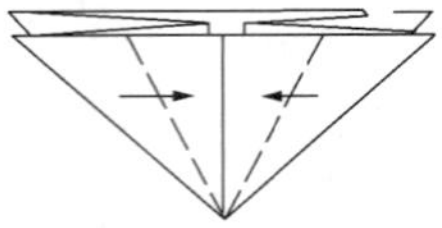
2. 三角形的面层两边依虚线向中折，后边折法相同

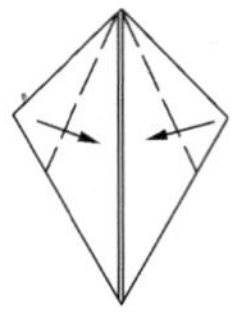
3. 两上边再向中折

4. 两上角依虚线向下折

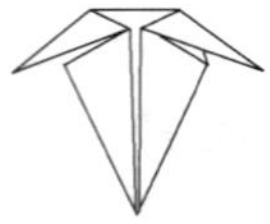
5. 成此状稍撑开

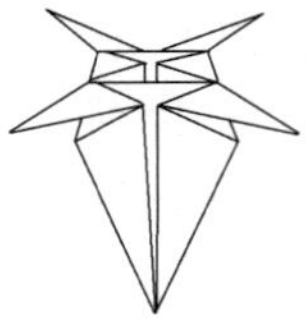
6. 四角花

重难点：正方形变成双三角。

3. 提供能够启发幼儿进行制作的艺术欣赏作品和范例，提供不同品种和层次的创作材料。

4. 利用“国庆节”外出经验，提供适宜的美术材料，鼓励幼儿运用绘画和制作的美术形式表达对自然景象的深刻印象。

5. 提供干花和草编工艺美术欣赏品，引导幼儿观察欣赏。

6. 引导幼儿寻找、收集带有艺术特点的自然物，用丰富的色彩和线条进行装饰制作，装扮植物角和班级环境。

7. 展示具有对称、重复等特点的美术作品（如风筝、陶艺、面具等艺术作品）、自然物（如树叶、果实等）和生活用品（如桌布、手绢等），引导幼儿感知其图案的对称特征，激发创作的愿望。

8. 提供适宜的制作材料（如自然物、废旧衣物、帽子、颜料、双面胶等），引导幼儿自己动手制作表演游戏所需的背景、道具。

建构区

目标1：接触物体粗细、高矮等常见量，在使用中感知其特征。

目标2：在建构过程中表达对称美。

指导建议：

1. 提供具有对称特点的各式建筑图片（如天安门、人民英雄纪念碑等），引导幼儿观察建筑物的结构特点，欣赏建筑物的对称美。

2. 提供标准型号的木质积木，引导幼儿选择一定数量的等高、等宽以及形状、颜色相同的积木进行搭建，探索和表达建筑物的对称风格。

沙水区

目标1：感知水的流动性。

目标2：用语言、绘画、图示等交流对水的流动性的探索过程。

目标3：能大胆、清楚地表达自己的想法和感受。

指导建议：

1. 提供海绵、塑料水管、塑料袋、筛子、瓶子、竹制果盘等运水工具；提供鱼缸一个。

2. 交代任务：请小朋友用提供的运水工具为鱼缸换水。

3. 组织幼儿讨论，鼓励幼儿大胆说出自己的感受和体会：你是用什么给鱼缸换水的？哪些工具不能用？为什么？你在用这些工具运水的过程中发生了什么事……教师要支持幼儿的尝试，并引导和鼓励幼儿对自己的尝试过程进行大胆的表述。

4. 引导幼儿在舀水、拍打水、把水注入容器中感受水的流动。教师出示装满水的盆，让幼儿说一说有什么用。向幼儿介绍玩水的内容，提出活动要求及事项。

将幼儿带至活动场地，让幼儿自由选择，分组玩水，让每个幼儿都能根据自己的兴趣自由地玩水。在游戏中引导幼儿仔细观察，充分感知水的流动。例如，①水枪啪啪啪。比一比，谁的水枪喷得远。②水车转转转。用水冲，观察水车会转。③将塑料带装满水，用针扎许多小孔，引导幼儿观察水从小孔流出。

科学区

目标1：能主动感知、观察和探索自然界中一些物质的现象和变化，并根据某些现象进行初步的猜想。

目标2：用多种方式交流、分享探索与发现的过程和方法。

指导建议：

1. 在科学区提供适合幼儿阅读的关于科学方面的图书。包括幼儿感兴趣的科普图书，如《有趣的泥巴》《空气》等，科学家故事的图书以及简单小实验等图书，教师或家长一定要和幼儿共同阅读，与幼儿就书的内容进行互动，并且在活动区中提供相应的活动材料供幼儿操作、探索。

2. 收集各种与科学活动相关的材料与资料，投放在活动区中，供幼儿探索感知事物特征，使用和分享。例如，观察动物、植物、特殊自然现象（如流星、风雨、日食、月食）等的照片、录像，收集各种样式的石头、木头等。

3. 收集提供有季节特征的树叶、标本等和幼儿进行树叶变化的猜想、观察、验证活动，鼓励他们主动感知、观察和探索简单变化规律，并从中体会到愉快的感觉。

4. 鼓励、引导幼儿运用语言、绘画、制作等方式描述自己探索、发现的过程与结果。

5. 探索材料的提供依据孩子兴趣进行选择。

益智区

目标1：了解常见交通工具的特点及其与人们生活的关系。

目标2：接触物体粗细、高矮等常见量，感知其特征，进行分类。

指导建议：

1. 投放地图、彩纸、笔、交通工具的图片、拼图、图书等，结合幼儿“十一”外出的经验，帮助幼儿在地图上标明始发点、目的地及乘坐的交通工具，分享交通工具的特点。

2. 提供粗细、高矮、大小、宽窄差别明显的物体及分类后的各种“家房子”或将这些物体放在摸箱、袋中，引导幼儿通过观察、触摸等多种接触方式，感知、分辨出它们的特征，进行分类。

阅读区

目标1：乐意与同伴交流、分享自己的所见、所闻。

指导建议：

1. 提供有关国庆节的书籍、图片，引导幼儿在阅读中大胆描述节日欢天喜地的场面，如国庆节街道五彩缤纷、喜气洋洋的景象，鼓励幼儿交互交流自己节日中的所见所闻。

2. 教师记录幼儿的描述，与幼儿共同制作“快乐的国庆节”自制图书。

目标2：喜欢欣赏有关美术雕塑的书籍，并从中提高审美情趣。

指导建议：提供各种有关陶制品的资料，如有关陶艺品工具书、图片、制作影像资料等，让幼儿了解中国陶艺的悠久历史和简单的制作工艺。

集体活动

活动一　我会这样走

目标1：在游戏中发展幼儿走步的基本动作，走步时步幅放开，提高动作的协调性、灵活性；

目标2：体验多种行走姿势的乐趣，养成热爱体育活动的习惯。

准备：大场地、球若干、教师创编的儿歌。

过程：

1. 做体育准备活动。

2. 体验多种行走的快乐。

（1）进行游戏“我会这样走”。

老师说：走、走、走走走，大老虎怎样走？孩子回答并做出相应动作：大老虎大步走。而后学小山羊小步走，毛毛虫蹲着走，小螃蟹横着走，小鸡脚尖对脚跟走。

（2）请小朋友创新多种走法，共同分享。

3. “夹球走”游戏。

幼儿分成四个队，相邻的两队小朋友面对面，相互扶着对面小朋友的肩膀，使劲搂住对方。然后，老师会把球放在两人中间，夹住球，分别站在自己跑道起点。每队的第一组小朋友准备好后，听到口令，沿着自己队的跑道夹着球出发，绕过对面的小椅子，回到起点。游戏反复进行。

教师提示：如果球中途掉下来，应拾起来放好再走。行走中，不能用手、头等来扶着球走。

教师进行方法补充，如“夹球走”的不同方式：横走或竖走。

重点：引导幼儿体验多种行走姿势的乐趣。

4. 做体育整理活动。

建议：

1. 从幼儿自发没有韵律的说走方式，逐步引导为边说儿歌边按照节奏走。

2. 教师进行方法补充，注意幼儿体育活动量，适当加入快走等较大运动量内容。

活动二　故事《找妈妈》

目标1：记住自己的家庭地址，知道与成人失散时不乱走，积极寻求帮助。

目标2：尝试说明、描述事情的简单过程。

准备：

1. 自编故事《找妈妈》。

2. 配合故事自制图片：在游乐园小老鼠丁丁焦急地找妈妈的情景。

过程：

1. 观看图片。

（1）引导幼儿观察图片的场景，总结事情发生的地点。

（2）图片上有谁？它的表情是什么样？

（3）发散幼儿思维：有可能发生了什么事情？

2. 教师有感情地讲述故事。

3. 进行提问：

（1）小老鼠丁丁为什么和妈妈走散？

（2）和妈妈走散后它是怎么做的？

（3）当它找到妈妈时，它为什么低下了头？

4. 联系幼儿生活进行讨论：

（1）小朋友外出时应该怎么办？

（2）如果和大人走散了，你会怎样办？

（3）你知道自己的家庭住址和家中的电话号码吗？

（4）引导幼儿尝试描述："与爸爸妈妈失散时你该怎么办"。

建议：可进行相关的延续活动，如亲子制作《我的个人信息卡片》。教师可以与幼儿共同商量需要在信息卡上说明的信息，并用幼儿共同认可的图文并茂的方式确定信息卡格式。引导家长在活动过程中要尊重幼儿自己的想法，并协助幼儿书写相关信息。

准备：信息卡表格、各种彩纸及装饰物等装饰材料。

附故事：《找妈妈》

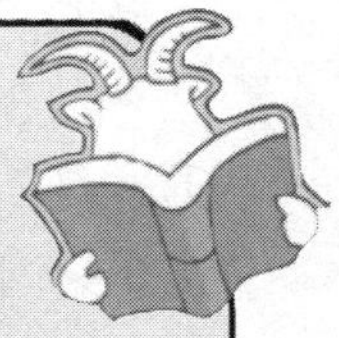

太阳公公刚刚升上天空，小老鼠丁丁就高兴地起床了，它快快地穿上衣服，迅速地洗脸、刷牙，吃完了早饭。小朋友们都奇怪地问了："它这样快要干什么去？"噢，今天，小老鼠丁丁的妈妈要带它去游乐园。到了游乐园小老鼠丁丁一会儿说想玩小木马，一会儿说要看木偶戏。它拉着妈妈的手在游乐园里跑来跑去，那边大象伯伯在表演拍球呢！小老鼠丁丁挣脱了妈妈的手，自己钻到前面去观看了，"1、2、3、4、5……"大象伯伯的鼻子可真灵巧，小老鼠丁丁都数不清它拍了多少下球！"妈妈，大象伯伯用鼻子拍了多少下球？"咦，怎么没人回答，小老鼠四下张望，"妈妈，妈妈"妈妈到哪里去了？小老鼠丁丁钻出人群怎么找也找不到自己的妈妈，它着急得哭了起来。远处走来了小猴子警官，小老鼠丁丁跑到小猴子警官跟前说："小猴子警官，我找不到我妈妈啦！"小猴子警官问了问小老鼠是怎样和妈妈走散的，带小老鼠又找了找妈妈，可还是没找到。于是，小猴子警官带小老鼠来到了游乐园的广播电台，小猴子警官问："小老鼠你叫什么名字？你家住在哪里？你妈妈叫什么名字？"小老鼠说："我叫丁丁，我家住在中央大街18号，我妈妈叫毛毛。"不一会儿的工夫，广播里就说道："家住中央大街18号的毛毛妈妈，您的儿子丁丁在广播室等您。"正在着急找丁丁的妈妈听到广播后，赶紧来到广播室，终于在广播室找到了丁丁。小猴子警官对丁丁说："今后再和妈妈出去玩，一定要拉住妈妈的手，不能再自己乱跑了！"小老鼠丁丁抱紧了妈妈，低下了头。

活动三　我是中国人

目标1：知道自己是中国人。

目标2：认识并尊重国旗、国徽。

准备：

1. 国旗、国徽实物或图片。
2. 天安门广场升旗的情景视频。
3. 国歌录音带、录音机。

过程：

1. 朗诵诗歌：《我们的妈妈是中国》。知道自己是中国人。
2. 认识国旗和尊重国旗。

（1）认识国旗。

①认识：国旗的颜色、形状、图案。

②介绍：国旗的象征意义——国旗代表中国。

③回忆：在什么地方见过国旗？

④体会：升国旗的时候行注目礼。

⑤懂得：尊重和爱护国旗。

（2）认识国徽，尊重国徽。

①观察：国徽上面有什么图案。

②介绍国徽的象征意义：国徽代表中国。

③回忆：在什么地方见过国徽？

④懂得：尊重和爱护国徽。

3. 观看天安门广场升国旗的情景视频，行注目礼，感受庄严。

建议：

1. 幼儿园：结合每周的升旗活动，加强幼儿尊重国旗的意识。
2. 家庭：家长给孩子做出表率，尊重国旗和国徽。

附诗歌：《我们的妈妈是中国》

小鸟的妈妈是蓝天，小草的妈妈是大地，小鱼的妈妈是大海，我们的妈妈是中国。

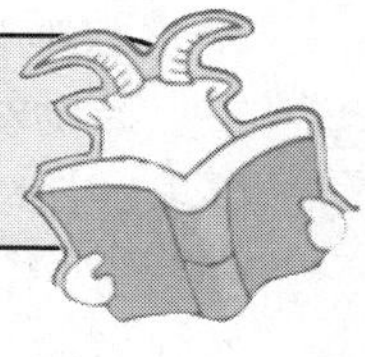

活动四　分类游戏

目标1：感知物品特征，进行分类。

目标2：用多种方式交流、分享分类的过程、方法与结果。

准备：具有某些共同特征的物品，分类盒，标记纸和笔。

过程：

1. 感知特征。

（1）将投放的材料进行混放，请幼儿通过观察、触摸等多种方法认识这些材料量的特征。

（2）在集体面前对材料量的特征进行分享。

2. 进行分类。

（1）请幼儿自由组合，启发他们将这些材料按共同的特征分开放，幼儿进行操作。

（2）请幼儿就分类的情况进行分享。

3. 制作标记。

（1）教师向幼儿介绍标记的意义。

（2）引导幼儿制作分类标记并进行展示、交流。

建议：教师对不同幼儿要提出不同层次的要求，如在分类结束后，请幼儿数出每类的数量。

活动五　音乐游戏《战胜大灰狼》

目标1：进一步感知、探索和体验音乐的强弱、快慢的变化，从中获得美的感受。

目标2：喜欢随音乐的节奏尝试按自己的想象自由地做模仿动作，并尝试表现音乐的速度变化。

准备：兔子和狼的头饰，游戏音乐磁带。

过程：

1. 听音乐，猜动物。引导幼儿感受音乐的强弱、快慢。

（1）教师弹奏游戏音乐，请幼儿猜一猜是什么动物？

指导语：仔细听一听，什么动物来了？你是怎么听出来的？

（2）按着自己猜想的动物，随音乐做模仿动作。

2. 学习新游戏《战胜大灰狼》。

（1）出示小兔和狼的头饰，教师将游戏内容编成简短的故事，讲给幼儿听，帮助幼儿理解音乐所表达的内容。

（2）教师弹奏音乐，请幼儿感知每一段音乐的强弱、快慢的变化，结合故事，判断每段音乐表现的内容。

指导语：这段音乐代表什么动物，在做什么？听起来什么感觉？

（3）整体学唱小兔谣。

（4）教师弹奏音乐，幼儿随音乐边唱歌，边自由表演小兔和狼的动作。

重点鼓励幼儿用动作的轻重、脚步的大小表现音乐强弱、快慢的变化。

要求：活动中幼儿尽量不出声音，所有动作都随音乐的变化而变化。

（5）介绍游戏玩法，师幼共同游戏，体验游戏的快乐。

教师扮演大灰狼，示范用动作表现音乐的快慢。

请个别幼儿扮演大灰狼，戴头饰进行游戏。

3. 复习歌曲：拍手唱歌笑呵呵。

重点指导幼儿表现出歌曲欢快活泼的情绪。

建议：将游戏磁带、头饰投放到表演区，鼓励幼儿自由游戏时选用。

4. 音乐游戏玩法：

第一遍音乐：全体幼儿扮演小兔演唱歌曲，并根据歌词自由表演动作。

第二遍音乐：全体幼儿随音乐扮小兔跳到草地上（场地周围），并随音乐节奏做“吃青草”“采蘑菇”“嬉戏”等动作。

第三遍音乐：老狼按音乐节奏来到草地上，小兔迅速跳回并蹲在座位后藏好。

第四遍音乐：小兔按音乐节奏走向老狼掷“石头”，老狼抱头逃跑或躺下表示被打死。

第五遍音乐：小兔随音乐跳到草地上欢呼庆祝胜利。

附音乐游戏：《战胜大灰狼》

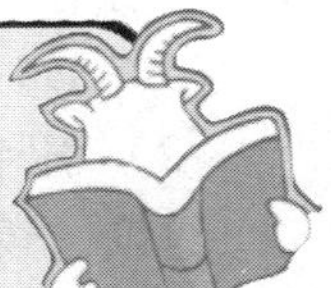

1 = C 2/4

第一遍音乐《小兔谣》　　　　佚名　词曲

5 56 | 53 5 | 5 56 | 53 5 | 55 65 | 1 2 3 |

我是只 小白兔， 红眼睛 长耳朵，跳呀 跳到 青草地，

55 65 | 2 3 | 1 — ||

吃呀吃呀 嫩 青 草。

第二遍音乐《兔跳》

2/4

5 35 | 5 — | 5 23 | 1 — ||

第三遍音乐《狼》稍慢

2/4

3 — | 4 5 | 6 i | 7 45 | 6 — :|| 3 — | 3 — ||

第四遍音乐《打狼》稍快

2/4

3 5 6 5 | 3 5 6 5 | 3 5 65 | 5 — | 3 56 5 |

35 65 | 53 223 | 1 — ||

第五遍音乐《庆胜利》

2/4

5 5 6 | 5 3 5 | 5 5 6 | 5 3 5 | 55 65 | 1 2 3 |

5 5 6 5 | 2 3 | 1 — ||

活动六 欣赏、制作——彩陶花瓶

目标1：喜欢用雕塑的方式表达自己对彩陶花瓶的印象，发展艺术表现能力。

目标2：感受彩陶花瓶的美感特点，初步了解泥塑作品的表现方法。

目标3：利用身边的物品制作成手工艺品，美化自己生活。

目标4：喜欢展示自己的作品，能相互欣赏和爱护同伴作品，感受个人表现风格的不同。

准备：

1. 制作材料（如彩泥、黄泥、纸浆、颜料）和工具（如泥工板、泥工刀、模具、毛笔）。

2. 民间彩陶工艺品花瓶，相匹配的古筝音乐（如《高山流水》《渔舟唱晚》等）。

过程：

1. 感知欣赏。

（1）出示彩陶花瓶，引导幼儿欣赏。

（2）提问设计：

这些花瓶给你的感觉是什么样的？（知识点：造型美、色彩美、图案美等）

这些花瓶的装饰特点是什么样的？（知识点：色彩与线条的对比、呼应、夸张、和谐等）

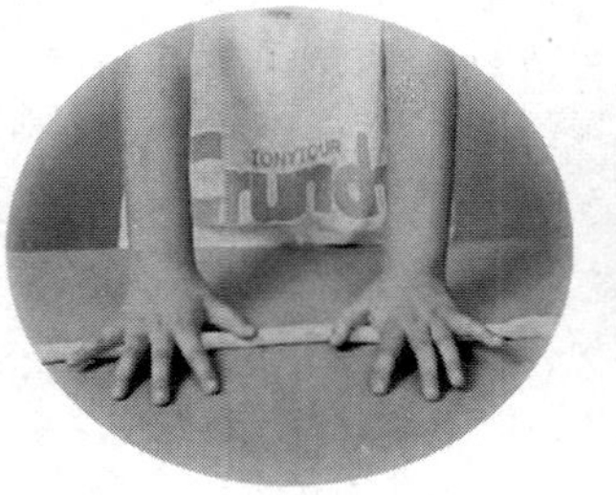

泥塑活动

彩陶花瓶

2. 幼儿制作。

（1）提供制作材料和工具。

（2）教师示范彩陶花瓶制作要点（知识点：彩泥搓条的技能、缠绕造型的方向）。

（3）教师巡回指导，帮助幼儿形成作品的最终形式，提升其美感，鼓励幼儿对自己有自信。

（4）指导重点：

制作类：引导幼儿用摔掷的方法和好彩泥、黄泥，使其易于造型制作；

运用泥条粘贴法制作花瓶，感受线条在雕塑活动中的表现形式。

建议：

1. 历史介绍：出示远古时期的陶制品照片，让幼儿了解中国陶艺的悠久历史。
2. 鼓励幼儿从生活中收集有关花瓶的资料，在美工区展示。
3. 创设美工作品展示区域，引导幼儿相互欣赏他人作品，感受个人表现风格的不同。
4. 引导幼儿用自己制作的彩陶花瓶布置自己的生活环境。
5. 引导幼儿尊重和爱护同伴的作品。

（三）第二周目标与落实途径

领域	目标		落实途径
健康	生活、卫生习惯良好，有基本的生活自理能力。	注意保持个人卫生，养成爱清洁、讲卫生的习惯。	生活： 注意保持个人卫生，养成爱清洁、讲卫生的习惯。
	知道必要的安全保健常识，学习保护自己。	能通过营养和保健教育，养成健康的生活方式。	生活、区域、集体： 初步了解食物与人体健康的关系，喜欢吃健康的食物，形成良好的进餐习惯。
	通过感兴趣的方式发展动作，提高动作的协调性、灵活性。	1. 喜欢参加丰富多彩的体育活动，养成热爱体育活动的兴趣与习惯。 2. 大肌肉动作更加协调、灵活。 3. 小肌肉发展更加协调、灵活。	区域： 1. 能在幼儿园及家庭日常生活中，逐步发展动作的协调性、灵活性。 2. 能动作准确、有力地做操，体验平稳的节奏，并随着节奏按顺序运动。 3. 在追逐跑中学会较好地控制跑步的方向和速度。 4. 能在操作活动中提高小肌肉的协调性、灵活性。 集体： 1. 在体育活动中，养成热爱体育活动的兴趣。 2. 在追逐跑中学会较好地控制跑步的方向和速度。

（续表）

语言	乐意与人交谈，讲话时自然礼貌。	在交流过程中学习使用适当的礼貌用语。	生活、区域： 在交流过程中学习使用适当的礼貌用语。
	注意倾听对方讲话，能理解日常用语。	能从图书、电视、电脑、广播、口头交谈等多种途径得到与其生活经验相关的语言信息，获得知识和感受快乐。	生活、集体： 愿意与教师和同伴分享从图书、电视、电脑、广播、口头交谈等多种途径得到的信息和新闻。
	敢于当众讲话，能清楚地说出自己想说的事。	能大胆、清楚地表达自己的想法和感受。	生活、集体： 能够在集体面前较清楚地表达自己的想法和感受。
	喜欢听故事、看图书，有初步的前阅读和前书写能力。	1. 对书籍、阅读和书写感兴趣，有初步的前阅读和前书写能力； 2. 养成良好的阅读习惯。	生活、区域： 在教师的提醒下能保持操作的正确坐姿。 区域： 提供各种关于秋天的书籍，尝试多种阅读方式，体验阅读的乐趣。
社会	能努力做好力所能及的事，不怕困难，有初步的责任感。	愿意做自己力所能及的事（如收拾玩具、整理被褥、擦桌椅等），养成初步的独立意识。	生活： 能做力所能及的事（如整理被褥、擦桌椅），有初步的独立意识。
	爱父母长辈、老师和同伴，爱集体、爱家乡、爱祖国。	了解北京的风景名胜、饮食文化等，用自己喜欢的形式表达对北京的热爱。	区域： 了解北京的风景名胜。 集体： 了解北京的风景名胜、饮食文化等，用自己喜欢的形式表达对北京的热爱。
	初步了解社会常识。	知道北京是中国的首都，是个国际大都市，并了解北京正在发生的大事。	区域、集体： 知道北京是中国的首都，是个国际化的大都市。
科学	能运用各种感官，动手动脑，探究问题。	1. 会用各种常见的材料（水、沙、泥、颜料、石头和废旧材料等）和工具（剪刀、漏斗、筛子、各种容器等）进行简单的尝试和探索。 2. 有目的地观察周围常见事物，能对事物进行比较、连续的观察，发现事物或现象的差异和变化。 3. 尝试运用比较的方法进行科学活动，感受比较的过程和结果，获得初步的比较能力。	区域： 1. 会用各种常见的材料和工具进行简单的尝试和探索，能大胆提出问题。 2. 能对水果、干果、进行比较，发现其差异，对周围的树木、自然角的植物进行连续地感知、观察，能发现事物或现象的变化，能根据这些现象进行初步的猜想。 3. 尝试运用比较的方法进行科学活动，感受比较的过程和结果，获得初步的比较能力。

（续表）

科学	能用适当的方式表达、交流探索的过程和结果。	能使用表示比较的词汇（如更长、更短、更轻、更重等）。	区域： 会使用表示比较的词汇，如更长、更短、更轻、更重等。
	能从生活和游戏中感受事物的数量关系，体验到数学的重要和有趣。	1. 在生活和游戏中，尝试学习5～10个物体按量的差异进行排序，初步理解序列的规律。 2. 在生活和游戏中，初步理解序数含义，在活动中简单使用或运用。	生活： 在日常生活和游戏中，能对5～10个物体按量的差异进行排序。 区域、集体： 1. 在日常生活和游戏中，能对5～10个物体按量的差异进行排序。 2. 初步理解序数的含义和规律。
艺术	能初步感受并喜爱生活和艺术中的美。	1. 尝试感知歌谣、歌曲和生活中的节拍与节奏，从中感受韵律美。 2. 喜欢欣赏内容丰富的简单音乐作品，尝试体验这些作品的基本情绪和情感，并用自己喜欢的方式（如语言、绘画、动作表演等）表达对音乐的感受。	生活、区域： 能初步感知歌谣、歌曲中的节拍与节奏。 集体： 1. 能初步感知歌谣、歌曲中的节拍与节奏。 2. 喜欢用自己喜欢的方式（如语言、绘画、动作表演等）表达对音乐的感受。 3. 愿意参加音乐活动，能够从音乐活动中获得的愉悦和美感。
	能够大胆地用自己喜欢的方式进行艺术表现和创作，富有个性地表达自己的情感和体验。	能在轻松、和谐的氛围中，喜欢随音乐的节奏尝试按自己的想象自由地做模仿动作、律动，逐步做到动作协调优美。	区域、集体： 随音乐的节奏试按自己的想象自由地做模仿动作、律动。
	能够感受并喜爱生活和环境中的美，发现事物美的特征。	能够从秋季景色中获得深刻印象，发现事物美的特征。	生活： 能从秋季景色中获得美的感受，发现美的特征。
	认识美术作品所表现的内容，感受作品的美感特点，初步了解作品表现的方法。	1. 喜欢欣赏各种类型的美术作品，初步感知和了解作品的不同艺术风格。	区域： 1. 欣赏不同类型的美术作品，初步感知和了解作品的不同艺术风格。

（续表）

艺术		2. 在欣赏、创作美术作品的过程中感知美术元素在作品中的运用，初步了解色彩、线条的表达方法。	2. 在欣赏美术作品的过程中，初步感知色彩和线条在作品中的运用，了解事物的多种表现方法，感受作品的视觉冲击力。 集体： 认识国画“秋色”所表现的内容，感知色彩的冷暖对比和画面中用墨的特点，初步了解国画的表现方法。
	喜欢用不同风格的美术方式表达对事物的印象与情感体验，获得心理上的满足。	1. 喜欢参加美术活动，乐于用自己喜欢的美术方式宣泄自己的情绪，获得心理上的满足。 2. 能够运用绘画的美术方式表达对事物的印象与情感体验，发展艺术表现能力。	区域： 喜欢用绘画的美术方式表达自己的所感、所想和对事物的印象与情感体验。 集体： 喜欢用国画的方式表达自己的所感、所想与情感体验，发展艺术表现力。
	认识、选择各种美术材料和工具，在使用中大胆尝试、设想与创作。	1. 尝试使用各种美术材料和工具，感受并发现不同材料和工具表现出来的不同美感特征。 2. 能利用身边的物品或废旧材料制作玩具、手工艺品，美化自己生活或开展其他活动。	区域： 尝试选择身边的自然物或废旧衣物、帽子等，制作成演出材料，进行表演活动。 集体： 认识、选择国画工具和材料，尝试用国画的方式表现自己的感受。
	尝试为戏剧表演、主题游戏自制道具和装饰物。	能够为扮演活动自制简单的服装和道具。	区域： 能够自己动手制作表演游戏所需的背景、道具。
	能够尊重他人对美的感受和表达方式。	愿意展示和交流自己的作品，理解每个人都可以有自己的表现方式，感受个人艺术风格的不同。	区域： 能够欣赏他人作品，感受个人表现风格的不同。
	具有美术活动的良好习惯，能有序使用和收放美术工具、材料。	尝试制订整理美术工具和材料的规则，能够自觉的收放工具和材料。	区域： 具有美术活动的良好习惯，能有序将美术工具、材料收放到整理箱。

生活活动

目标1：初步了解食物与人体健康的关系，喜欢吃健康的食物，形成良好的进餐习惯。

目标2：注意保持个人卫生，养成爱清洁、讲卫生的习惯。

目标3：愿意与教师和同伴分享从图书、电视、电脑、广播、口头交谈等多种途径得到的信息和新闻。

指导建议：

1. 善于观察幼儿进餐情况，发现幼儿有挑食的问题，针对不同原因采用不同指导策略。

2. 请保健医采用挂图或VCD等对幼儿进行有关食物营养知识的教育。如食物有哪些营养成分，对人的身体有哪些好处等。

3. 开办食品营养的专栏和讲座，引导家长了解幼儿的健康饮食。为家长推荐有关不挑食、不偏食的故事、儿歌和好方法。

4. 创设良好的进餐环境，如播放轻音乐，与幼儿一起建立进餐常规养成幼儿良好的进餐卫生习惯，如饭前洗手，正确使用筷子的方法，不掉饭、菜等。可结合中班幼儿用书10月第10~11页内容。

5. 结合中班幼儿用书10月“水果套餐”（第8~9页），“丰收的菜园”“怎样吃”的内容（第18~21页），指导家园互动活动，在亲自观察和制作后共同讨论，第20~21页的图画由家长画也行，通过这些活动使幼儿了解食物与人体健康的关系，喜欢吃健康的食物，形成良好的进餐习惯。

6. 利用《健康拍手歌》对幼儿进行健康教育。

7. 教师可以让家长和幼儿共同收集健康食品的相关图片和知识，并在教室开拓“健康饮食”主题的展板或墙面，对这些信息进行展示。教师可以鼓励幼儿在生活环节与别人分享自己知道的知识和带来的图片，说说这些知识是从哪儿得到的，讲了一个什么道理或者现象等。

附儿歌：《健康拍手歌》

你拍一，我拍一，天天早起练身体。
你拍二，我拍二，天天要带小手绢儿。
你拍三，我拍三，洗澡以后换衬衫。
你拍四，我拍四，消灭苍蝇和蚊子。
你拍五，我拍五，有痰不要随地吐。
你拍六，我拍六，瓜皮果壳别乱丢。
你拍七，我拍七，吃饭细嚼别着急。
你拍八，我拍八，勤剪指甲常刷牙。
你拍九，我拍九，吃饭以前要洗手。
你拍十，我拍十，脏的东西不要吃。

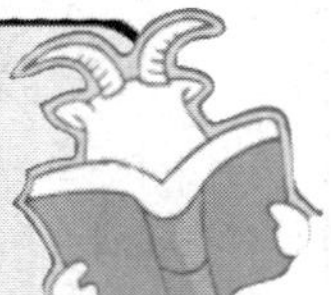

目标4：能够在集体面前较清楚地表达自己的想法和感受。

指导建议：

1. 提供多种机会和条件，如入园、餐前、离园前、活动后等时间，让幼儿在集体（范围较广，如两三个小朋友、一个小组、全班幼儿等）面前表达。

2. 积极开展各种活动，如“故事大王”“小小电视台”“聊天室”“周末小日记”“愉快假日”等，鼓励幼儿在集体面前大胆表达自己的愿望。

3. 对于发不准的字音，教师采用儿歌、绕口令等形式帮助幼儿纠正，同时注意保护幼儿的自尊心。给幼儿讲《小黄莺唱歌》的故事。

附故事：《小黄莺唱歌》

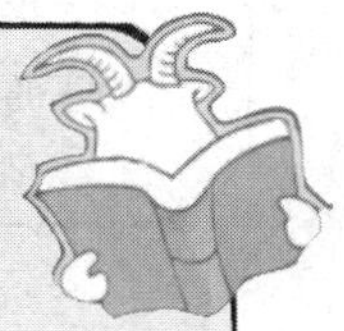

树林里住着一只小黄莺。小黄莺唱起歌来可好听了，声音像吹笛子一样，“羽衣，羽衣，衣，衣，羽衣——”可是她唱歌的时候，一会儿跳到这棵树上，一会儿跳到那棵树上，老是低着头。她很害羞，怕别人听见她唱歌的声音。

春天来了，树林里的动物要开联欢会。大家说小黄莺唱歌唱得好极了，就让小松鼠去请小黄莺来参加。小松鼠来到小黄莺家，对小黄莺说：“小黄莺，树林里开联欢会，请你去唱歌!”

小黄莺说：“那多难为情！大家听我唱歌，我怕，我不去。”

妈妈对小黄莺说：“别怕，大家爱听你唱歌，你就该唱给大家听啊。去吧，去吧!”小黄莺就跟小松鼠走了。

联欢会最后一个节目，就是小黄莺唱歌。小黄莺跳到台上，看见那么多小伙伴瞧着她，觉得很难为情，心里一慌，声音也发抖了。她低着头，“羽衣，羽衣——”唱了几句，就再也唱不下去了，红着脸跳到后台去了。

小黄莺心里难过极了，也不跟大伙儿说声“再见”，就飞回家去。路上，它碰见了顽皮的小八哥，小八哥说：“小黄莺，胆子小，唱歌唱一半，还是不唱好。”

小黄莺飞着，飞着，又碰见多嘴的小喜鹊。小喜鹊说：“小黄莺，真害臊，唱歌唱一半，还是不唱好。”

小黄莺回到家里，对妈妈说：“我以后再也不唱歌了。”

妈妈说：“人家笑话你，是你不好哇，没把歌儿唱完不要紧，往后你多唱给大家听听，胆子就会慢慢大起来。”

小黄莺听妈妈的活，天天练习唱歌。

有一回，小黄莺飞上山岗，看见许多八哥，就在他们面前唱起歌来。那只顽皮的小八哥说：“别唱了，我可不喜欢胆小的歌唱家。”小黄莺不理他，唱啊，唱啊，越唱胆子越大啦!

又一回，小黄莺飞出树林，看见许多喜鹊，就在他们面前唱起歌来，那只多嘴的小喜鹊说：“小黄莺，别表演了，我可不欢迎害臊的演员。”小黄莺不理它，唱啊，唱啊，越唱越好听。

小黄莺又飞到青蛙和山雀们面前去唱歌，青蛙和山雀听了，都称赞她：“小黄莺胆子大起来了，唱的歌更好听了，表情也很好。小黄莺进步多快啊！”

夏天到了，树林里又要举行一次联欢会，小黄莺也去参加。小八哥和小喜鹊说：“小黄莺胆子小，别让她唱了。”可是青蛙和山雀都说：“小黄莺胆子大了，唱歌也更好听了。”

联欢会开始了，小黄莺第一个上台表演，这次，她心里一点也不慌，唱的歌特别好听。大家都拍起手来，顽皮的小八哥和多嘴的小喜鹊也在拍手，还拍得特别响呢！

目标5：在交流过程中学习使用适当的礼貌用语。

指导建议：

1. 在生活活动中，教师要有意识地运用礼貌用语和幼儿及班级教师、周围人进行交流，做出榜样。同时，鼓励幼儿在与同伴、老师或者幼儿园其他人交流时学习使用礼貌用语，教师要及时予以鼓励。

2. 积极与家长取得联系，请家长在家庭生活或者外出活动中，注意用礼貌用语与人交流，为幼儿做出榜样，并提醒幼儿做有礼貌的孩子。

目标6：在教师的提醒下能保持操作活动的正确坐姿。

指导建议：

1. 教师以正确的坐姿影响幼儿，随时提醒幼儿保持正确的坐姿（语言、表情、手势提示、看挂图、学榜样等）。

2. 利用模仿游戏，如“学做解放军”“模仿小动物”等，培养幼儿正确的坐姿；

3. 利用故事、儿歌、多媒体引导幼儿了解保持正确坐姿的益处以及长期不保持正确坐姿对身体带来的影响；

4. 取得与家长的积极配合，利用在园培养的好策略在家继续指导幼儿。

目标7：能做力所能及的事（如整理被褥、擦桌椅），有初步的独立意识。

指导建议：

1. 为幼儿参加劳动提供必要的、适合的劳动工具，如大小合适的抹布。利用环境，把幼儿自己能做力所能及的事展示出来，使幼儿直观地了解劳动过程。

2. 在劳动过程中，教师要接纳幼儿自己做事的原有水平和个体差异，给每个幼儿提供平等做事情的机会和条件，多给予鼓励与肯定。

3. 关注幼儿在劳动中的探索表现，在劳动过程中，引导幼儿自己想办法解决困难，如椅子上的污物擦不掉时，请幼儿自己想办法解决。

4. 如果在上下床铺进行被褥整理时，请教师要特别关注幼儿的安全，可根据具体情况，降低上铺幼儿整理床铺的要求。

5. 与家长沟通，明确培养幼儿生活自理能力的重要性，共同密切配合。

目标8：能初步感知歌谣、歌曲中的节拍与节奏。

指导建议：

1. 利用生活中的过渡环节播放或朗读歌谣、数来宝、诗歌、快板、三句半等文学艺术作品，让幼儿体会其中的节奏特点。

2. 可利用儿歌《七个阿姨来摘果》等玩节奏游戏，如节奏回声、节奏接龙、开火车；用不同的节奏报菜名、说幼儿名字、地名等。

附儿歌：《七个阿姨来摘果》

一二三四五六七，七六五四三二一，七个阿姨来摘果，七个篮子手中提，七种果子摆七样，苹果、桃子、石榴、柿子、李子、栗子、梨。

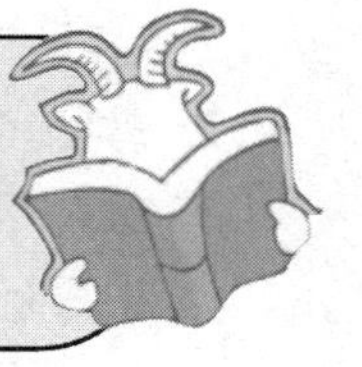

目标 9：在日常生活和游戏中，能对 5 ~ 10 个物体按量的差异进行排序。

指导建议：

1. 利用生活环节进行教育，如启发幼儿思考排队有几种方法（按高矮、胖瘦等），体育比赛谁是第一等。

2. 过渡环节游戏“猜中指”：左（右）手手指合拢，右（左）手抓住手指，露出手指头。请孩子判断哪个指头是中指。说说自己身上哪些地方粗，哪些地方细？（比一比小指与其他四个指头、手指与手臂、大腿与小腿）

3. 重视生活中的数学教育，如在整理长短不同的用品、收拾大小不一的衣服时都可以引导幼儿进行比较。

目标 10：能从秋季景色中获得美的感受，发现美的特征。

指导建议：利用散步环节，引导幼儿有目的地观察户外环境中自然景象的变化。

活动区活动

运动区

目标 1：能动作准确、有力地做操，体验平稳的节奏，并随着节奏按顺序运动。

目标 2：能在幼儿园及家庭日常生活中，逐步发展动作的协调性、灵活性。

指导建议：

1. 创设适宜的物质与精神环境，使幼儿在与环境的互动中提高做操兴趣。

2. 做操场地要宽阔平坦、安全，便于幼儿充分的活动。教师用自身的情绪、动作、语言感染幼儿，示范动作时要精神饱满，动作准确到位，给幼儿树立良好的榜样，激发幼儿做操的兴趣和愿望。操的音乐选择要与操的类型相吻合，选取节奏鲜明、欢快、旋律优美、富有感染力的、幼儿熟悉和喜爱的音乐做伴奏。教师编排的操节应能体现艺术性，参与性，教育性和发展性的原则。

3. 为了提高幼儿学习做操的兴趣，请小朋友和老师一起用儿歌或呐喊口号的方式引导幼儿。如“1、2 踢腿”“1、2、3、4、敲敲肩膀”“转身、嘿嘿”等。

4. 在辅导个别幼儿时，与家长共同配合，录制做操音乐，让幼儿给家庭成员表演，发展孩子的动作协调能力，提高自信心。

目标3：在体育活动中，养成热爱体育活动的兴趣。

目标4：在追逐跑中学会较好地控制跑步的方向和速度。

指导建议：

1. 教师为幼儿提供宽敞安全的奔跑场地，提供适宜的玩具材料，如尾巴、马缰绳等，幼儿之间可以玩捉尾巴及赶马车的游戏。
2. 教师可以组织幼儿玩追逐跑的游戏，如狡猾的狐狸、捕鱼等。
3. 教师重点提示幼儿注意相互躲闪，避免碰撞。
4. 引导幼儿在游戏中熟悉游戏玩法和规则，对违规的幼儿适当运用停止游戏的规则。
5. 教师在游戏中重点观察幼儿在追逐跑中是否能掌握较好地控制跑步的方向和速度。

角色区：娃娃家

目标1：喜欢吃健康的食物，形成良好的进餐习惯。

目标2：能在操作活动中提高小肌肉的协调性、灵活性。

目标3：能做力所能及的事（如整理被褥、擦桌椅），有初步的独立意识。

目标4：在交流过程中学习使用适当的礼貌用语。

目标5：在日常生活和游戏中，能对5～10个物体按量的差异进行排序。

指导建议：

1. 提供食物营养结构塔图和各种真实的操作材料，如各种叶菜、水果、小刀、盘子等。
2. 教师参与到幼儿游戏中，指导幼儿给娃娃做营养的饭菜和水果沙拉，并且创设表演情节，如哄挑食的娃娃吃营养的食物。
3. 通过游戏使幼儿巩固了解食物与人体健康的关系，喜欢吃健康的食物，形成良好的进餐习惯。
4. 提供真实的操作材料，如小床、被褥、桌子、椅子等，利用这些物品引导幼儿练习整理被褥、擦桌椅等。
5. 提供操作步骤照片，帮助幼儿掌握正确的操作方法。
6. 在游戏中鼓励幼儿运用在生活中学习到的礼貌用语。如“辛苦了”“您好”“谢谢”“再见”“对不起”等。同时，引导幼儿在使用礼貌用语时，态度要真诚，要让别人体会到问候、感谢或者道歉是真诚的。
7. 角色区中提供不同大小、长短的餐具，引导幼儿在整理房间的过程中，逐步能对5～10个物体按量的差异进行排序。

表演区

目标1：随音乐的节奏试按自己的想象自由地做模仿动作、律动。

目标2：能初步感知歌谣、歌曲中的节拍与节奏。

目标3：能够自己动手制作表演游戏所需的背景、道具。

目标4：尝试选择身边的自然物或废旧衣物、帽子等，制作成演出材料，进行表演活动。

指导建议：

1. 提供《摘果子舞》的音乐磁带、舞蹈照片等材料。

2. 引导幼儿观察、讨论《摘果子舞》舞蹈照片和道具图片，鼓励、帮助幼儿根据表演需要自制表演背景和道具。

3. 播放舞蹈音乐，幼儿熟悉旋律并自主学唱歌曲。教师鼓励幼儿随舞蹈音乐自由做模仿动作，引导幼儿逐步做到动作协调优美。

美劳区

目标1：喜欢用绘画和制作的方式表达自己的情绪，获得心理上的满足。

目标2：欣赏不同类型的美术作品，初步感知和了解作品的不同艺术风格。

目标3：在欣赏美术作品过程中，初步感知色彩和线条在作品中的运用，了解事物的多种表现方法，感受作品视觉冲击力。

目标4：具有美术活动的良好习惯，能有序将美术工具、材料收放到整理箱。

指导建议：

1. 提供美术背景环境，鼓励幼儿有目的的表达各自的感受。

2. 提供印象派色彩画康定斯基的《黑色线条》，引导幼儿初步感知色彩、线条在作品中的运用。

3. 在欣赏印象派色彩画过程中，引导幼儿从中了解事物的多种表现方法，感受作品的视觉冲击力。

4. 鼓励幼儿运用鲜艳的色彩和细腻的线条大胆创作。

5. 摆放鲜花、干花装饰美工区或活动室，供幼儿感知欣赏。

6. 鼓励幼儿收集“国庆节”外出的照片和实物放到活动区与同伴分享。

7. 引导幼儿创办“秋天”的主题画展，提供共同交流的机会。

8. 创设美工作品展示区域，引导幼儿欣赏他人作品，感受个人表现风格的不同。

9. 在美工区放置各种分类标记的整理箱及提示幼儿正确使用材料的小照片等，教师在活动中注意做到集体介绍与个别培养相结合，使幼儿在正确使用更多的美术工具、材料的同时，能有序地进行收放。

10. 学习折纸“孔雀”，并进行有规律的装饰。重难点：第六步折叠抻拉形成造型，提供各种折纸材料和步

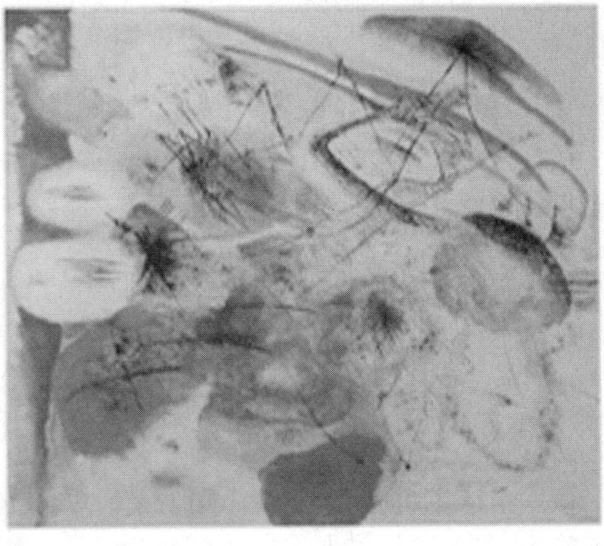

黑色线条（康定斯基）

骤图。

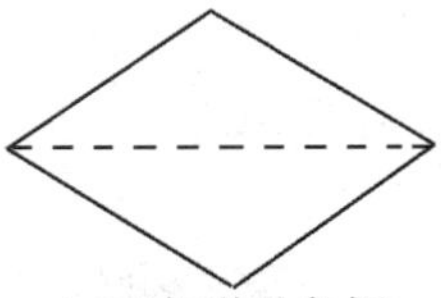
1. 正方形对角折

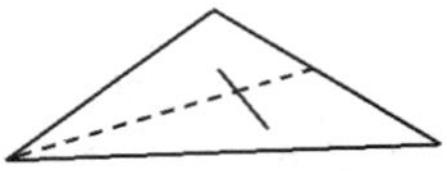
2. 依虚线折成图 3

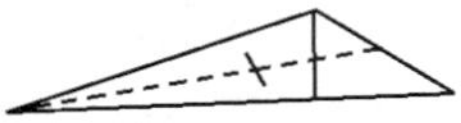
3. 依虚线再折

4. 左角向上屈折成颈部剪去涂黑部分

5. 在颈部屈折出头部

6. 把折叠的尾部拉开剪去黑线部分再画上椭圆点

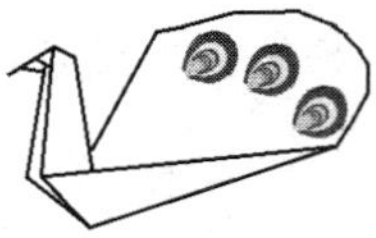
7. 孔雀

建构区

目标 1：知道北京是中国的首都，是个国际化的大都市。

目标 2：了解北京的风景名胜。

目标 3：会使用表示比较的词汇，如更长、更短、更轻、更重等。

指导建议：

1. 提供能体现城市特点的建筑图片，如名胜建筑、交通等。

2. 提供易拉罐、薯片桶、自制花坛、树木、路灯、台阶、红绿灯，现代北京的图片展等，教师引导幼儿进行主题搭建“我眼中的现代北京”。

3. 搭建过程中突出现代的楼房和立交桥、名胜等建筑，使幼儿知道北京是中国的首都，是个国际化的大都市。

4. 搭建过程中注意引导幼儿合理地使用辅助材料。

5. 利用材料，引导幼儿会使用表示比较的词汇，如更长、更短、更轻、更重等。

沙水区

目标 1：会用各种常见的材料（纸、木、布、塑料、颜料、废旧材料等）和工具（如剪刀、筛子、各种容器等）进行简单的尝试和探索，能大胆提出问题。

指导建议：

1. 提供干沙和湿沙、各种工具（如筛子以及粗细、高矮不等的各种容器等）。

2. 在进行沙子游戏中，鼓励幼儿大胆使用各种工具，感知沙的特征，进行简单的尝试和探索，能大胆提出问题。

3. 教师可就探索的过程进行拍照展示，以可鼓励幼儿尝试运用绘画手段表达科学探索的过程。

4. 指导家长创设宽松、自由和接纳的环境与氛围，支持幼儿的探索和发现。珍惜幼儿的各种“宝贝”，常见的材料如纸、木、布、塑料、颜料、废旧材料等，工具如剪刀、筛子、各种容器等，鼓励幼儿大胆探索。

5. 引导幼儿按照幼儿用书“走迷宫”建造迷宫或自由建造迷宫。

科学区

目标1：能对水果和干果进行比较，发现其差异，对周围的树木、自然角的植物进行连续地感知、观察，能发现事物或现象的变化，能根据这些现象进行初步的猜想。

目标2：尝试运用比较的方法进行科学活动，感受比较的过程和结果，获得初步的比较能力。

指导建议：

1. 在科学区提供记录活动现象的猜测表、笔、分类筐、水彩笔、白纸、照相机。充分挖掘、利用周围环境的可利用资源（如果实、树、提供易于养护的动植物），鼓励幼儿轮流照顾动植物，引导幼儿对未知的东西进行猜想与积极探索，包括对现象、过程、结果的猜测等。

2. 引导幼儿利用多种形式记录科学活动，并鼓励幼儿以自己的方式来记录。如制作标本，拍照、录像、绘画、制作、符号、幼儿口述记录、录音等，激发幼儿对周围的某些事物，如植物（水果的成熟）等进行比较，连续地感知、观察，能发现事物或现象的差异和变化，能根据这些现象进行初步的猜想。

3. 教师要对现象表现出好奇和感兴趣，激发幼儿活动的热情。

4. 结合中班幼儿用书10月第12～13页内容，通过对不同干果的观察、感知，从而使幼儿能对周围的某些事物进行比较，能发现事物或现象的差异；

5. 好玩的“菜”变魔术：把银耳、紫菜、木耳放在水中，幼儿在观察它们泡水变大的有趣现象后，也愿意把这些营养宝贝吃到肚子里，慢慢地幼儿自己就会长高、长大。

益智区

目标1：会使用表示比较的词汇，如更长、更短、更轻、更重等。

目标2：在日常生活和游戏中，能对5～10个物体按量的差异进行排序。

指导建议：

1. 提供不同长度的吸管，不同轻重、宽窄、大小等的物品，引导幼儿通过运用多种感官对物品进行比较，会使用表示比较的词汇如更长、更短等。

2. 提供排序图例，引导幼儿对5～10个物体按量的差异进行排序。

目标3：初步理解序数的含义和规律。

指导建议：投放“小火车“（可以利用废旧纸盒制作），根据中班幼儿用书10月第4～5页的内容情景进行操作，在教师的指导中，有层次地进行提问：这列火车有几节车厢？苹果放在了第几节车厢里？有几个苹果？第几节车厢里放着菠萝？第5节车厢的前面都有什么水果？后面都有什么水果？等。

阅读区

目标1：提供各种关于秋天的书籍，尝试多种阅读方式，体验阅读的乐趣。

目标2：在阅读活动中，在教师的提醒下能保持正确的坐姿。

指导建议：

1. 提供立体图书、拼插图书、电子图书等，激发幼儿参与阅读的兴趣。

2. 在教师引导下，幼儿用不同的形容词描述某一画面，如形容秋天是金色的、花是五颜六色的等。

3. 阅读过程中巩固幼儿正确的看书方法，一页看完再看一页，注意每一页的人物与情景的变化。

4. 阅读活动中，教师要提醒幼儿身体坐直，保持正确坐姿。可以请保健医给幼儿讲讲保持正确坐姿的益处，如对眼睛、对身体的好处等。

集体活动

活动一　好吃的粗粮

目标1：初步了解食物与人体健康的关系，喜欢吃健康的食物，形成科学的生活习惯。

目标2：能够在集体面前较清楚地表达自己的想法和感受。

准备：

1. 经验准备：在幼儿园的自然角投放五谷杂粮的食物及照片，可以在日常生活中引导幼儿感知。

2. 物质准备：玉米、红小豆、绿豆和小米的较大照片各一张、电动食品粉碎机（家庭用榨汁机）2～3台、分别装有和好的白面和玉米面的密封好的小食品塑料袋，每个孩子各一袋、小盆若干、剪刀若干、熟玉米面小窝头若干。

过程：

1. 好吃的粗粮。

教师出示玉米照片、红小豆照片、绿豆的照片和小米照片，问：它们叫什么名字？

你吃过这些五谷杂粮吗？说一说，你还知道或吃过哪些杂粮呢？

2. 粉碎玉米。

玉米豆怎么就变成粉末、煮成粥了呢？

幼儿分成2～3组观察电动食品粉碎机粉碎玉米豆。教师操作，幼儿观看玉米粉碎的情景。

3. 品尝小窝头。

幼儿每人吃一小块小窝头，说一说，有什么感觉，好吃不好吃。

4. 吃粗粮的好处。

教师提问：小朋友吃粗粮对身体健康有什么好处？

引导幼儿了解吃粗粮有助于消化，排便通畅。

5. 探索玉米面与白面的区别。

教师把事先准备好的分别装有和好的白面和玉米面的密封小食品塑料袋放在每组幼儿桌上，幼儿各取一小塑料袋。

教师提问：这两个塑料袋装的是什么面粉？打开塑料袋口摸一摸有什么不同？

教师演示：这两个塑料袋就好像是我们小朋友的肚子，要想把这些东西像排便一样排出去，我们在口袋的下面用剪刀剪一个小口，然后用力挤压面粉，看一看，哪种面粉容易出去？小朋友猜一猜？猜后教师左右手各握一个剪好口的袋子挤压。

幼儿自己操作感知，教师引导幼儿用剪刀剪口不要太大，两个口袋都剪完后，再用两手同时挤压两种不同的面粉到小盆中，比较它们的不同。

幼儿操作结束后，教师与幼儿讨论：吃粗粮有利于身体健康，排便通畅。若小朋友排便有困难时，也可以多吃些粗粮。

建议：

1. 需要挤压的两种和好的面粉要干稀适度，量要适度。
2. 使用食品粉碎机要注意幼儿的安全。
3. 引导幼儿回家也要多吃粗粮。

活动二　聪明的小白兔

目标1：在体育活动中，养成热爱体育活动的兴趣。
目标2：在追逐跑中学会较好地控制跑步的方向和速度。
准备：

1. 学习游戏中关于小白兔的儿歌。
2. 大灰狼头饰。
3. 宽敞的场地。

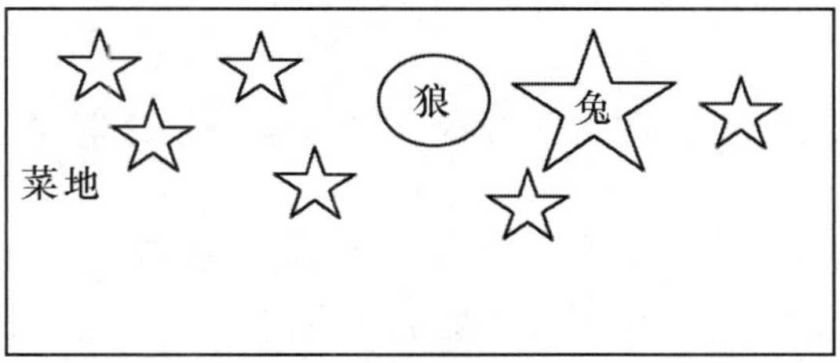

过程：

1. 做体育准备活动。
2. 游戏“聪明的小白兔”。

（1）情景引入。

（2）介绍游戏的玩法。

游戏玩法：老师扮演大灰狼，蹲在场地中间做睡觉的样子，幼儿扮演小白兔在家（场地四周），然后边说儿歌：“青山青，绿草地，小白兔，去菜地。”边走去菜园挖菜，说完最后一句时，大灰狼出现，去抓小白兔，小白兔快速地逃跑，跑到自己的家，大灰狼就抓不到了。

（3）幼儿进行游戏尝试。

（4）互换角色进行游戏。

重点：引导在追逐跑中学会较好地控制跑步的方向和速度。

3. 做体育整理活动。

建议：

1. 大灰狼的能力选择要从弱到强，使幼儿有一个适应的过程，同时，便于教师在刚开始的游戏中提醒幼儿注意跑步的方向和速度。

2. 更换角色，每次开始游戏前对上次游戏要进行小节，以便更好地完成活动目标。

3. 在游戏进行中，可以选择一些低运动量的游戏进行穿插，保证幼儿合理的运动量。

活动三　我眼中的北京

目标1：知道北京是中国的首都，是个国际化的大都市。

目标2：了解北京的风景名胜、饮食文化等，用自己喜欢的形式表达对北京的热爱。

目标3：愿意与教师和同伴分享从图书、电视、电脑、广播、口头交谈等多种途径得到的信息和新闻。

准备：

1. 家园配合共同收集的“我眼中的北京”的照片、图片。

2. 介绍北京的影像。

3. 中国地图。

过程：

1. 知道北京是中国的首都。

（1）出示中国地图，请幼儿找出北京的位置。

（2）简要介绍“首都”的含义。用小朋友理解的语言介绍北京是中国的首都，是全国人民向往的地方，是国际化的大都市。

2. 我眼中的北京。

（1）请幼儿向大家介绍自己收集的资料，同大家一起分享“我眼中的北京”是什么样的。

（2）播放介绍北京的影像资料，了解北京的名胜、饮食文化等。

（3）请幼儿用一句话形容北京（如美丽的北京）。

3. 布置“我眼中的北京”展墙。

（1）鼓励幼儿用自己喜欢的方式表达对北京的了解与热爱。如幼儿收集的各种图片资料、利用绘画、语言方式描绘出北京的新景象等。

（2）利用幼儿带来的图片进行环境布置，还可以开展以下的延伸活动：

①《我是小小导游员》制作小导游证件，邀请其他班级幼儿参观“我眼中的北京”展览。让更多的小朋友了解、认识北京的风景名胜。

②提供北京风景名胜的书籍，鼓励幼儿间相互交流及与教师交流，共同说说在游览北京风景名胜时有趣的事情，喜欢的景点等，加深幼儿对北京风景名胜的认识。也可以把幼儿对北京风景名胜的收集图片订成自制的图书，供幼儿欣赏。

③活动可根据孩子的建议做适当的调整，并给予幼儿在技能上的支持。

活动四　按量的差异进行排序

目标1：在日常生活和游戏中，能对5～10个物体按量的差异进行排序。

目标2：初步理解序数的含义和规律。

准备：

1. 粗细不一的圆柱体积木。

2. 长短不同的木棒。

过程：

1. 初步理解差异量。

教师出示一个中等粗的圆柱体积木，请幼儿观察后说出它是粗还是细。

如果说粗，教师就拿出一个更粗的圆柱体；如果说细，教师就拿出一个更细的圆柱体进行比较。

小结：一个物体是无法比较粗细的，要有两个或两个以上的物体才能进行比较。

2. 按差异量进行排序。

（1）教师将圆柱体组放在桌上，引导幼儿将它们按一定的顺序进行排列。

（2）请幼儿分享排序结果。根据幼儿排序结果进行提问：什么样的圆柱体排在第几？

（3）出示不同长短的木棒排成一排，请幼儿观察它们的不同，并按照顺序进行排序。

（4）请幼儿分享排序结果。

（5）教师规定起始方向，进行提问：这个木棒排在第几个？等。

建议：

1. 教师将圆柱体组放在桌上，引导幼儿将它们按从左到右、从粗到细的顺序排序时，可根据幼儿的水平情况，数量由少到多。

2. 教师使用手势或箭头等帮助幼儿理解序数的起止方向。

3. 提高家长生活中数学的教育意识，多和孩子进行相关的亲子游戏等。

活动五　节奏歌

目标1：能初步感知歌谣、歌曲中的节拍与节奏。

目标2：随音乐的节奏试按自己的想象自由地做模仿动作、律动。

目标3：愿意参加音乐活动，能够从音乐活动中获得愉悦和美感。

准备：

1. 节奏卡四张：（1）$\underline{××}$ ×；（2）× ×；（3）× 0；（4）$\underline{××}$ $\underline{××}$。

2. 母鸡妈妈生蛋、小鸭子捉鱼虾、小花猫捉老鼠、小马奔跑的教学图片。

3. 歌曲音乐。

过程：

1. 幼儿倾听教师弹奏音乐，感受音乐欢快的情绪。

提示语：这是一首开心的乐曲，听了这首乐曲你想干什么？

2. 幼儿学唱歌曲。

（1）教师示范演唱歌曲，并出示四种小动物的图片。

提示语：你最喜欢哪种动物，说一说它去干什么，学一学它的叫声。

（2）根据幼儿的选择出示相应的节奏卡片，贴在对应的动物下面，帮助幼儿记住歌词。

（3）教师和幼儿一起看图说歌词。

重点指导幼儿练习按节奏模仿动物叫，开始练习时放慢速度，待幼儿熟悉后恢复原速。

母鸡 × × × | × × × |
　　咯 咯 哒　咯 咯 哒

小鸭子 × × | × × |
　　嘎 嘎　嘎 嘎

小花猫 × 0 | × 0 |
　　喵　　喵

小马 × × × × | × × × × |
　　哒 哒 哒 哒　哒 哒 哒 哒

（4）在图片和节奏卡的提示下，完整学唱歌曲。

3. 分角色演唱歌曲，鼓励幼儿随音乐的节奏按自己的想象做模仿动作。

（1）幼儿选择自己喜欢的动物，并按所选角色演唱。

（2）教师演唱歌曲，幼儿说节奏。

（3）幼儿演唱歌曲，教师说节奏。

4. 复习音乐游戏《战胜大灰狼》。

重点提醒幼儿随音乐的强弱、快慢做动作，表现音乐情绪情感。

建议：可以把相关内容放在音乐区内继续游戏。教师可以提供小乐器引导幼儿为歌曲进行伴奏。

附：《节奏歌》

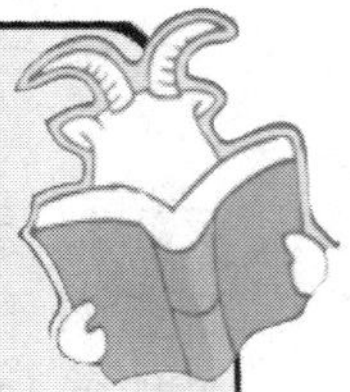

1＝C　2/4

3 · i | 6 6 | 6 5 3 5 | 6 — |
母 鸡 妈 妈 生 蛋 啦，
× × × | × × × | × × | × 0 |
咯 咯 哒，咯 咯 哒，生 蛋 啦。

3 · i | 6 5 | 6 5 3 5 | 2 — |
小 鸭 子 去 捉 鱼 虾，
× × | × × | × × | × 0 |
嘎 嘎，嘎 嘎，捕 鱼 虾。

1 1 1 2 | 3 2 3 5 | i 5 | 6 — |
小 花 猫 喵 呜 一 声 捉 老 鼠，
× 0 | × 0 | × × | × 0 |
喵， 喵， 捉 老 鼠。

i 6 5 6 | 5 4 3 2 | 1 (5 6 | i 0) |
骏 马 奔 驰 快 快 跑， 驾！
× × × × | × × × × | × — | × 0 ||
哒 哒 哒 哒，哒 哒 哒 哒，得 儿 驾！

活动六　摘果子舞

目标1：能初步感知歌谣、歌曲中的节拍与节奏。

目标2：喜欢用自己喜欢的方式（如语言、绘画、动作表演等）表达对音乐的感受。

准备：

1. 幼儿有采摘果子的经验。
2. 幼儿熟悉旋律和歌词。
3. 舞蹈伴奏磁带。
4. 采摘的录像或照片。

过程：

1. 快乐的采摘：观看采摘时的影象资料，帮助幼儿回忆采摘的情景。

通过谈话，调动幼儿的已有经验。重点引导幼儿谈论果园里的景象、摘果子的动作以及摘果子时的心情，鼓励幼儿用动作表达所知所想。

指导语：采摘时你看到、闻到、尝到了什么？你是怎样摘果子的？摘果子时的心情怎样？

2. 欣赏舞曲和舞蹈：激发幼儿的学习兴趣。

（1）介绍舞蹈的名称、内容、情绪，让幼儿全面了解。

（2）教师随音乐富有感染力地表演舞蹈，激发幼儿的学习兴趣。

3. 和老师一起跳：鼓励幼儿随音乐的节奏和节拍进行舞蹈。

（1）师幼一起随音乐边唱歌曲边拍节奏，掌握舞曲的节奏特点。

（2）学习摘果子的动作，教师边唱边示范动作。

指导语：手腕转动，果子才会摘下来。

重点激发幼儿快乐的情绪，手、眼配合完成舞蹈动作。

（3）学习舞步 放慢速度进行示范讲解，幼儿模仿。

（4）舞蹈《摘果子》动作说明：

幼儿排成单圆圈队形，面向顺时针方向，正步站立，左臂屈肘，手心向上，表示拿篮子。

第1小节：第一拍，右脚前踵步，同时右手上举，手心向上转动手腕，眼看右手，表示摘果。第二拍不动。

第2小节：第一拍，右脚后撤点地，上身略前倾，右手移至左手处，眼睛看右手，表示放果子。第二拍不动。

第3～4小节：保持上身动作，沿顺时针方向小跑八步。

第5～8小节：动作同1～4小节。

第9～10小节：左，右脚提踵交替走四步，同时做摘果、放果动作两次。

第11～12小节：提踵小跑步后退八步，双手从胸前向上分开侧平举。

第13～16小节：动作同9～12小节。

4. 快乐舞蹈。

幼儿排成单圆圈队形随音乐舞蹈。教师引导幼儿听音乐，必要时用语言提醒幼儿做动作。

5. 欣赏歌曲：《劳动最光荣》。

重点欣赏歌曲欢快活泼的风格所表达的情绪情感，激发幼儿体验参与劳动的快乐。

建议：

1. 本次活动可根据幼儿的实际情况分两次进行。

2. 在音乐区提供音乐，供幼儿使用，大胆表现。

附舞曲：《摘果子》

1＝F 2/4 中速、轻快　　佚名 词　杨春华 曲　常永年 编舞

(3 6 6 6 6 | 6 6 5 3 3 | 2 2 3 2 3 5 | 6 6 6 ||

6 2 2 2 2 | 2 3 2 1 3 1 | 6 2 2 2 2 | 2 3 2 1 3 |

3 6 6 6 6 | 6 6 5 3 3 | 2 2 3 2 3 5 | 6 6 6 |

6 3 3 3 3 | 2 3 2 1 | 2 1 | 6 2 2 2 2 | 2 3 2 1 3 |

满 树的果子　鲜　又　鲜，　满 园的 果子　甜　又　香，

3 6 6 6 6 | 6 6 5 3 3 | 2 2 3 2 3 5 | 6 6 6：||

摘 下那果子　圆 又 大呀，我 把 果　子　装 满 筐。

活动七　命题绘画——《秋色》

目标1：喜欢用国画的方式表达自己的所感所想与情感体验，发展艺术表现力。

目标2：认识国画《秋色》所表现的内容，感知色彩的冷暖对比和画面中用墨的特点，初步了解国画的表现方法。

目标3：认识、选择国画工具和材料，尝试用国画的方式表现自己的感受。

目标4：能够尊重他人对美的感受和表达方式。

准备：

1. 提供适宜美术活动的画案，使幼儿能够肢体舒展地进行美术创作。

2. 欣赏画《秋色》（齐白石），相匹配的中国民间音乐（如紫竹调、茉莉花等）。

3. 材料：宣纸、高丽纸等绘画纸张。

4. 工具：毛笔、海绵棒、棉签、颜料（国画或水粉）、涮笔筒。

过程：

1. 感知欣赏：

（1）出示欣赏画“秋色”，引导幼儿讨论画面中色彩搭配的特点。

（2）引导幼儿观察画面中色彩的运用，感受作品的美。

（3）提问设计

①这幅画都用了哪些颜色？（知识点：了解冷色与暖色的对比关系）

②你看到这些颜色后对画面的感受是什么？（知识点：通过色彩感受极黑的墨叶与极鲜艳的红花相结合，虽然是墨叶，但也不是漆黑一片，而是有浓有淡，有转折，有空白）

2. 鼓励创作：

（1）指导幼儿练习使用新提供的绘画材料和工具（宣纸、毛笔、海绵棒）。

（2）鼓励幼儿尝试运用软笔工具探索国画的创作方法。

（3）重点指导幼儿色彩的练习：色彩有浓有淡，在转折处还要留一些空白，用湿画法进行创作。

（4）必要时帮助幼儿形成作品的最终形式，提升其美感，以此保护幼儿的自尊心并形成自信。

3. 讲评：

（1）请幼儿到作品展示区欣赏作品，感受绘画的乐趣。

（2）引导幼儿在分享中发现新问题，激发他们进行延伸活动的兴趣。

秋色（齐白石）

建议：

1. 提供齐白石国画画册或其他作品供幼儿欣赏，增加幼儿对国画的了解。

2. 鼓励幼儿展示和欣赏自己的作品，理解每个人都可以有自己的表现方式，懂得尊重和爱护别人的作品。

（四）第三周目标与落实途径

领域	目　标		落实途径
健康	生活、卫生习惯良好，有基本的生活自理能力。	有良好的饮食习惯和生活自理能力。	生活： 学会独立有序地穿脱衣服和鞋袜并能整理好。 区域： 游戏中练习使用筷子进餐。
	通过感兴趣的方式发展动作，提高动作的协调性、灵活性。	1. 喜欢参加丰富多彩的体育活动，养成热爱体育活动的兴趣与习惯。 2. 大肌肉动作更加协调、灵活。 3. 小肌肉发展更加协调、灵活。	区域： 1. 尝试跨越低矮的障碍物，落地有屈腿缓冲。 2. 能选择游戏的方式发展小肌肉动作，提高动作的灵活性、协调性。 集体： 1. 尝试跨越低矮的障碍物，落地能屈腿缓冲。 2. 在体育活动中，养成热爱体育活动的兴趣。

（续表）

语言	乐意与人交谈，讲话时自然礼貌。	能运用语言与别人交往，体验语言交流的乐趣。	区域、集体： 能与同伴谈论个人的经验。
	注意倾听对方讲话，能理解日常用语。	1. 养成注意倾听的习惯，发展语言理解能力。 2. 能从图书、电脑、口头交谈等多种途径得到与其生活经验相关的语言信息，获得知识和感受快乐。	生活： 养成注意倾听故事的好习惯，并能理解故事中的内容。 区域： 1. 能从图书、电脑、口头交谈等途径中感受秋天收获的景象，并获得快乐。 2. 能够注意倾听同伴的讲述，会清楚地表达自己的感受。
	敢于当众讲话，能清楚地说出自己想说的事。	能大胆、清楚地表达自己的想法和感受。	集体： 能大胆、清楚地表达自己的想法和感受。
	喜欢听故事、看图书，有初步的前阅读能力。	1. 能感受优秀儿童文学作品的语言丰富和优美，理解作品中的内容。 2. 对书籍、阅读和书写感兴趣，有初步的前阅读和前书写能力。	生活、区域： 喜欢阅读各种不同体裁的文学作品作品，尝试多种阅读方式，体验阅读的乐趣。 集体： 喜欢欣赏诗歌、散文并从中获得美的感受。
	能听懂和会说普通话。	能正确运用普通话。	生活： 在日常生活活动中，能用普通话进行交流。
社会	能主动地参与各项活动，有自信心。	1. 能自己选择活动主题，制订、实现自己的计划。 2. 能尝试解决活动中遇到的问题，获得成功的感受，获得自信。	区域： 能初步根据活动主题学习制订计划。 集体： 学习制订活动计划，能解决游戏及活动中遇到的问题。
	乐意与人交往，学习互助、合作和分享，有同情心。	知道自己有与别人不同的兴趣爱好和想法，懂得尊重别人的意见。	区域： 知道自己有与别人不同的兴趣爱好和想法，懂得尊重别人的意见。

（续表）

社会	理解并遵守日常生活中基本的社会行为规则。	1. 认识、体验并理解基本的社会行为规则，能体会规则在各种活动中的意义。 2. 形成初步的规则意识，学会自律和控制自己的情绪与行为。	区域： 体会规则在游戏活动中的意义。 集体： 形成初步的规则意识，学会自律。
	能努力做好力所能及的事，不怕困难，有初步的责任感。	1. 愿意做自己力所能及的事，养成初步的独立意识。 2. 能为他人服务（如学做值日生等）有初步的责任感。	生活： 1. 愿意做自己力所能及的事，养成初步的独立意识。 2. 能为他人服务，有初步的责任感；
	爱父母长辈、老师和同伴，爱集体、爱家乡、爱祖国。	了解北京的风景名胜、文化等，用自己喜欢的形式表达对北京的热爱。	区域、集体： 了解北京的风景名胜、文化，能用喜欢的形式表达对北京的热爱。
科学	能运用各种感官，动手动脑，探究问题。	1. 会用各种常见的材料和工具进行简单的尝试和探索。 2. 能感知磁铁的现象和特性，并根据某些现象进行初步的猜想。	区域： 1. 会用水、沙和自制工具进行简单的尝试和探索。 2. 探索磁铁的特性。
	能用适当的方式表达、交流探索的过程和结果。	用多种方式交流、分享探索与发现的过程与方法。	区域： 1. 能与人分享观察、探索的乐趣； 2. 用多种形式表现、交流探索磁铁特性的过程与方法。
	能从生活和游戏中感受事物的数量关系，体验到数学的重要和有趣。	1. 在生活和游戏中，尝试按一个维度进行分类，并进行计数。 2. 在生活和游戏中，学会按简单的模式进行循环排序。	区域： 学会按一个维度对生活中常见的事物进行分类，并进行计数。 区域、集体： 在日常生活和游戏中，学会按简单的模式（如大熊、小熊、大熊、小熊……）进行循环规律排序。
	爱护动植物，关心周围环境，亲近大自然，珍惜自然资源，有初步的环保意识。	在日常生活中，能探究和发现秋季明显的特征（秋天收获各种果实），感知和体验一些天气现象（风、沙尘、雨），初步体验季节变化与动植物及人们生活的关系。	生活： 在日常生活中，能探究和发现秋季明显的特征（秋天收获各种果实），感知和体验一些天气现象（风、沙尘、雨），初步体验季节变化与动植物及人们生活的关系。

（续表）

艺术	能够大胆地用自己喜欢的方式进行艺术表现和创作，富有个性地表达自己的情感和体验。	1. 能够学唱二拍子的歌曲，初步尝试按歌曲节拍的特点、速度、力度和情感富有表现力的歌唱。 2. 喜欢随音乐做律动，动作协调优美。 3. 喜欢诗歌艺术，能感受其中的美。	区域、集体： 学唱2/4拍雄壮有力（刚强威武）的歌曲，尝试按歌曲节拍特点、速度和情感富有表现力的歌唱。 集体： 1. 喜欢随音乐做律动，动作协调优美。 2. 喜欢诗歌艺术，能感受其中的美。
	能够感受并喜爱生活和环境中的美，发现事物美的特征。	1. 能够从秋季景色中获得深刻印象，发现事物美的特征。 2. 能够有意识地收集一些带有艺术特点的生活用品和自然物，丰富活动区的美术创作材料。	生活： 1. 在丰收景象中获得美的感受，发现事物美的特征。 2. 有意识地收集一些带有艺术特点的自然物，丰富活动区的美术创作材料。 集体： 有机会感知、体验、欣赏大自然的美景（如秋景）。
	认识美术作品所表现的内容，感受作品的美感特点，初步了解作品表现的方法。	1. 喜欢阅读、欣赏各种类型的美术资料，初步了解美术作品的不同种类。 2. 喜欢阅读、欣赏各种类型的美术作品，初步感知和了解作品的不同艺术风格。	区域： 欣赏有关秋天或丰收题材的美术作品画册。 集体： 感受美术作品“秋天的风景”所表现的内容，感受其美感特点，初步了解作品的表现方法。
	喜欢用不同风格的美术方式表达对事物的印象与情感体验，获得心理上的满足。	能够运用绘画的方式表达对事物的印象与情感体验，发展艺术表现能力。	区域、集体： 运用绘画的方式表达对秋天的印象与情感体验，发展艺术表现能力。
	认识、选择各种美术材料和工具，在使用中大胆尝试、设想与创作。	1. 尝试使用不同的美术工具和材料再现美术欣赏作品的艺术风格，体会作品的艺术魅力。 2. 在美术创作过程中能有独特的设想，敢于大胆尝试。	区域： 认识、选择水粉材料和工具，在使用中大胆尝试、设想与创造。 集体： 使用两种不同材质的油画棒，表达、再现作品的美感特征，体会作品的艺术魅力。

（续表）

艺术	发现周围事物中美的规律，并能够按照这些规律用美术方式进行装饰或表达。	尝试运用绘画、手工制作及装饰的形式表达对规律美的理解（如对称、重复、韵律等规律）。	区域、集体： 发现周围事物中美的规律，并按照这些规律用剪纸、印染的方式进行装饰或表达。
	能够尊重他人对美的感受和表达方式。	能够用欣赏的眼光发现和挖掘同伴的作品，客观的接受同伴间的评价，理解和体会艺术创作无对错。	集体： 在交流过程中发现和挖掘同伴作品中的优点，用欣赏的眼光去评价同伴的作品。

生活活动

目标1：学会独立有序地穿脱衣服和鞋袜并整理好。

目标2：能为他人服务有初步的责任感。

指导建议：

1. 利用环境，把幼儿自己能做的事情展示出来，使他们直观地了解整理过程和要注意的事情。

2. 结合劳动内容开展多种教学活动“我的小手真能干”，鼓励幼儿自我服务。

3. 创设“大带小”的活动，在帮助小弟弟、妹妹的同时使幼儿体会到自己劳动的喜悦。

4. 在角色区提供娃娃衣柜、衣服、鞋，在娃娃的床头贴上整理衣服和鞋袜的示意图，鼓励幼儿在相应的情景中，能把娃娃家整理整齐，帮助娃娃有序地穿脱衣服和鞋袜并整理好。

5. 老师参与的游戏中，对此行为重点提出赞赏。接纳幼儿自己做事的原有水平和个体差异，给每个幼儿提供平等做事情的机会和条件，多给予鼓励与肯定。同时，把照片张贴在“家长园地”，请家长了解幼儿园的要求并进行配合，为幼儿穿舒适、方便穿脱的衣物。

目标3：在日常生活活动中，能用普通话进行交流。

指导建议：

1. 为幼儿创设相应的语言环境或通过游戏提高幼儿讲普通话的兴趣，支持幼儿开展“回音壁”的游戏，利用儿歌、绕口令、语言游戏引导幼儿正确发音。

2. 鼓励幼儿在游戏、生活中用普通话进行交流。

目标4：喜欢阅读各种不同体裁的文学作品作品，尝试多种阅读方式，体验阅读的乐趣。

目标5：养成注意倾听故事的好习惯，并能理解故事中的内容。

指导建议：

1. 在一日活动中定出“故事时间”，在固定的时间给孩子讲故事，尽可能地为幼儿有感情地朗诵作品，使幼儿从中获得美的享受。教师要充分利用生活中的各种时间（如睡前半小时、进餐前、活动区活动等），让幼儿欣赏不同体裁的文学作品。为幼儿提供不同体裁的文学作品（如诗歌、儿歌、故事、散文、童话等）图书、磁带或者光盘，内容要适宜，如简单的、有节奏、有重复语句的诗歌或故事。教师可以指导家长亲子阅读，让幼儿多接触不同体裁的文学作品，欣赏其中的美。附录中的作品可以分几次让幼儿欣赏，引导幼儿感受作者通过语言表达的意境。

2. 通过小组阅读、独自阅读、集体欣赏等方式让幼儿体验不同的阅读方式。在欣赏文学作品的过程中，教师要注意言语、眼神、动作等提醒幼儿注意倾听，并有意识地收集、积累并重点讲解故事中运用的新词汇，关注、讨论故事情节的变化和发展。

附故事：《稻草人》

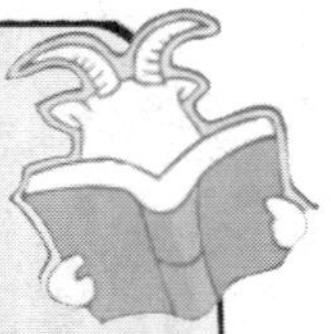

稻草人

田野里白天的风景和情形，有诗人把它写成美妙的诗，有画家把它画成生动的画。到了夜间，诗人喝了酒，有些醉了；画家呢，正在抱着精致的乐器低低地唱，都没有工夫到田野里来。那么，还有谁把田野里夜间的风景和情形告诉人们呢？有，就是稻草人。

稻草人是农人亲手造的。他的骨架子是竹园里的细竹枝，他的肌肉、皮肤是隔年的黄稻草。破竹篮子、残荷叶都可以做他的帽子，帽子下面的脸平板板的，分不清哪里是鼻子，哪里是眼睛。他的手没有手指，却拿着一把破扇子——其实也不能算拿，不过用线拴住扇柄，挂在手上罢了。他的骨架子长得很，脚底下还有一段，农人把这一段插在田地中间的泥土里，他就整天整夜站在那里了。

他不吃饭，也不睡觉，就是坐下歇一歇也不肯，总是直挺挺地站在那里。

以下就讲讲稻草人在夜间遇见的几件事儿。

一个满天星斗的夜里，他看守着田地，手里的扇子轻轻摇动。新出的稻穗一个挨一个，星光射在上面，有些发亮，像顶着一层水珠，有一点儿风，就沙拉沙拉地响。稻草人看着，心里很高兴。他想，今年的收成一定可以使他的主人——一位可怜的老太太——笑一笑了。她以前哪里笑过呢？八九年前，她的丈夫死了。她只有一个儿子，娘儿两个费苦力种这块田，足足有三年，才勉强把她丈夫的丧葬费还清。没想到儿子紧接着得了白喉，也死了。只剩她一个人了，老了，没有气力，还得用力耕种，又挨了三年，总算把儿子的丧葬费也还清了。可是接着两年闹水，稻子都淹了，不是烂了就是发了芽。她的眼泪流得更多了，眼睛受了伤，看东西模糊，稍微远一点儿就看不见。她的脸上满是皱纹，像个风干的橘子，哪里会露出笑容来呢！可是今年的稻子长得好，很壮实，雨水又不多，像是能丰收似的。所以稻草人替她高兴：想到收割的那一天，她看见收下的稻穗又大又饱满，这都是她自己的，总算没有白受累，脸上的皱纹一定会散开，露出安慰的满意的笑容吧。如果真有这一笑，在稻草人看来，那就比星星月亮的笑更可爱、更可珍贵，因为他爱他的主人。

稻草人正在想的时候，一个小蛾飞来，是灰褐色的小蛾。他立刻认出那小蛾是稻子的仇敌，也就是主人的仇敌。

从他的职务想，从他对主人的感情想，都必须把那小蛾赶跑了才是。于是他手里的扇子摇动起来。可是扇子的风很有限，不能够让小蛾害怕。那小蛾飞了一会儿，落在一片稻叶上，简直像不觉得稻草人在那里驱逐他似的。稻草人见小蛾落下了，心里非常着急。可是他的身子跟树木一样，定在泥土里，想往前移动半步也做不到；扇子尽管摇动，那小蛾却依旧稳稳地歇着。他想到将来田里的情形，想到主人的眼泪和干瘪的脸，又想到主人的命运，心里就像刀割一样。但是那小蛾是歇定了，不管怎么赶，他就是不动。

星星结队归去，一切夜景都隐没的时候，那小蛾才飞走了。稻草人仔细看那片稻叶，果然，叶尖卷起来了，上面留着好些小蛾下的子。这使稻草人感到无限惊恐，心想祸事真的来了，越怕越躲不过。可怜的主人，她有的不过是两只模糊的眼睛；要告诉她，使她及早看见小蛾下的子，才有挽救呢。他这么想着，扇子摇得更勤了。扇子常常碰在身体上，发出啪啪的声音。他不会叫喊，这是唯一的警告主人的法子了。

老妇人到田里来了。她弯着腰，看看田里的水正合适，不必再从河里车水进来。又看看她手中的稻子，全很壮实；摸摸稻穗，沉甸甸的。再看看那稻草人，帽子依旧戴得很正；扇子依旧拿在手里，摇动着，发出啪啪的声音；并且依旧站得很好，直挺挺的，位置没有动，样子也跟以前一模一样。她看一切事情都很好，就走上田岸，预备回家去搓草绳。

稻草人看见主人就要走了，急得不得了，连忙摇动扇子，想靠着这急迫的声音把主人留住。这声音里仿佛说："我的主人，你不要去呀！你不要以为田里的一切事情都很好，天大的祸事已经在田里留下根苗了。一旦发作起来，就要不可收拾，那时候，你就要流干了眼泪，揉碎了心；趁着现在赶早扑灭，还来得及。这儿，就在这一棵上，你看这棵稻子的叶尖呀！"他靠着扇子的声音反复地警告，可是老妇人哪里懂得，一步一步地走远了。他急得要命，还在使劲摇动扇子，直到主人的背影都望不见了，他才知道警告是无效了。

除了稻草人以外，没有一个人为稻子发愁。他恨不得一下子跳过去，把那灾害的根苗扑灭了；又恨不得托风带个信，叫主人快快来铲除灾害。他的身体本来很瘦弱，现在怀着愁闷，更显得憔悴了，连站直的劲儿也不再有，只是斜着肩，弯着腰，好像害了病似的。

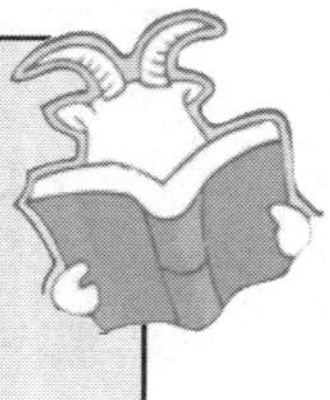

不到几天，在稻田里，蛾下的子变成的肉虫，到处都是了。夜深人静的时候，稻草人听见他们咬嚼稻叶的声音，也看见他们越吃越馋的嘴脸。渐渐地，一大片浓绿的稻全不见了，只剩下光秆儿。他痛心，不忍再看，想到主人今年的辛苦又只能换来眼泪和叹气，禁不住低头哭了。

目标6：在日常生活中，能探究和发现秋季明显的特征（秋天收获各种果实），感知和体验一些天气现象（风、沙尘、雨），初步体验季节变化与动植物及人们生活的关系。

目标7：乐意与同伴交流、分享自己的所见所闻。

指导建议：

1. 教师要以饱满的热情积极投入到寻找和发现的行动中，为幼儿树立榜样。
2. 在日常生活中，注意引导幼儿有目的地观察和描述。如偶然的科学现象，季节中天气、植物、动物、人们服装的变化等。
3. 利用多种途径，丰富幼儿感知的机会和经验。例如，建议家长与幼儿一起收集图片、材料等，通过互联网、图书、图片、采访等。
4. 珍惜幼儿寻找和发现的事物话题，与大家共同分享，使幼儿感到喜悦以至于有更大的热情投入活动。
5. 安排时间与个别幼儿交流，了解幼儿的发现与感受等。
6. 利用家长园地、家长会、家长论坛等多种形式，向家长说明激发和保护幼儿观察兴趣的重要性。

目标8：能够在丰收景象中获得美的感受，发现事物美的特征。

指导建议：

1. 引导幼儿从丰收的景象中获得美的感受，发现美的特征。
2. 利用散步环节，引导幼儿有目的地观察户外种植区的丰收景象。

活动区活动

运动区

目标：尝试跨越低矮的障碍物，落地能屈腿缓冲。

指导建议：

1. 教师为幼儿选择适宜练习跳跃的软场地，提供低矮的障矮物，如纸盒、三角纸板、皮筋等，引导幼儿通过游戏的方式进行练习跨跳，如勇敢的解放军、运送粮食等。
2. 根据幼儿动作发展的不同程度，不断变化宽度和高度，发展幼儿跨跳能力。
3. 教师重点提示幼儿用力蹬地起跳，落地继续向前跑。

角色区：娃娃家

目标1：能与同伴谈论个人的经验。

目标2：学习作选择、计划和决定，并能执行和表达，有初步的独立意识和责任感。

指导建议：

1. 结合以往秋游的经验，构思秋游的情节。引导娃娃家中的家庭成员共同商量，讨论秋游地点、选择交通工具、准备的用品。

2. 引导幼儿在讨论、准备的过程中学会协商，明确角色职能。

表演区

目标1：了解北京的风景名胜、文化，能用表演的形式表达对北京的热爱。

指导建议：

1. 提供具有北京特色的音乐磁带、VCD、北京舞蹈作品盘，各种表演的道具，如纱巾等。听音乐鼓励幼儿用自己喜欢的形式表达对北京的热爱。

2. 播放一些VCD作品供幼儿欣赏，丰富幼儿经验。

目标2：学唱2/4拍雄壮有力（刚强威武）的歌曲，尝试按歌曲节拍特点、速度和情感富有表现力的歌唱。

指导建议：

1. 提供雄壮有力的歌曲或乐曲磁带，如玩具兵进行曲、学做解放军、各种劳动号子。

2. 模仿军人的服装道具、自制的劳动工具模型，如锤子等，鼓励幼儿随歌曲或乐曲表演动作或欣赏并学唱歌曲。

美劳区

目标1：喜欢用绘画和制作的美术方式表达自己的所感、所见对事物的印象与情感体验，获得心理上的满足。

目标2：认识、选择水粉材料和工具，在使用中大胆尝试、设想与创造。

目标3：发现周围事物中美的规律，并能够按照这些规律用剪纸、印染的方式进行装饰或表达。

指导建议：

1. 引导幼儿运用美术方式表达自己的感受。

2. 提供美术背景环境，鼓励幼儿有目的地表达对丰收的喜庆感受。

3. 提供各种纸张、废旧物品及与制作有关的材料。

4. 鼓励幼儿运用建构的方式表达对作品形式美的理解。

5. 引导幼儿尝试运用剪纸、印染等形式掌握对称的表现方法。

重点指导：

1. 投放幼儿用书，引导幼儿阅读图画《稻草人》。

2. 为幼儿介绍稻草人的用途，引导感知其造型特点。

3. 组织幼儿讨论制作稻草人的材料，鼓励从生活中收集。

4. 支持、鼓励幼儿尝试使用各种材料进行丰收主题创作。

5. 提供整版纸张，创设“秋天在哪里”的背景墙面，引导幼儿用绘画的形式大胆表现有关秋天更多的内容，抒发自己的感受。

6. 提供色彩丰富的水粉颜料、水粉笔、调色盘、涮笔筒，鼓励幼儿合作绘画。

7. 引导幼儿尝试运用剪纸、印染等形式掌握对称的表现方法。

建构区

目标1：了解北京的风景名胜文化，能用搭建的形式表达对北京的热爱。

指导建议：

1. 提供具有形式美特征的建筑图片（如四合院、现代建筑等）或VCD光盘，引导幼儿观察、欣赏其美感特点。

2. 提供标准型号的木质积木，引导幼儿根据自己对建筑美的理解自主搭建。

3. 提供表现艺术风格的辅助建筑材料（如不同形状的屋顶、台阶、护栏等），表达建筑特征。

4. 引导使用美术材料对所搭建的建筑物进行装饰。

5. 引导幼儿搭建“小粮仓”，用自制作品丰富搭建内容。

目标2：体会规则在游戏活动中的意义。

指导建议：

1. 通过搭建活动区的游戏活动，使幼儿体验规则（如活动区人数的限定、玩具材料的摆放、游戏中的礼让等）的意义。

2. 教师要有意识地让幼儿进行有无规则的游戏带给他们不同的感受，引导幼儿讨论“在游戏中，没有规则会怎么样?”教师要对幼儿给予适宜的规则提示，如及时用语言、动作、表情等肯定幼儿遵守游戏规则的行为。

沙水区

目标1：会用水、沙和自制工具进行简单的尝试和探索。

目标2：用简单的记录方式交流、分享探索与发现的过程与方法。

指导建议：

1. 根据本班幼儿玩沙、水的游戏水平，提供新的工具使幼儿多角度地了解沙、水流动的特性。

2. 教师带领幼儿进行“喷洒实验”，利用废旧材料制作实验工具。将塑料质地的饮料瓶上戳几排洞，每只瓶子的洞排列形式、大小不一样，引导幼儿观察其变化。

3. 引导、鼓励幼儿在实验过程中与同伴讨论用简单的方式记录探索与发现的过程。

4. 提供玩沙、玩水的设施以及玩沙、玩水的工具，引导幼儿探索玩沙、玩水的方法，使幼儿能够自由选择，尽情发挥。创造宽松、愉快的游戏氛围，鼓励幼儿积极的探索，在游戏中，教师引导幼儿合作、交流、分享。注意安全卫生，鼓励幼儿大胆发挥自己的想象力，对幼儿创作的作品给予激励性的评价。

科学区

目标1：学会按一个维度对生活中常见的事物进行分类，并进行计数。

目标2：能与他人分享观察、探索的乐趣，用多种形式表现、交流探索的过程与方法。

指导建议：

1. 提供磁铁（如马蹄形、条形、字母形等）和能被磁铁吸引的物体（如钉子、回形针等）以及不能被磁铁吸引的物体（如海绵、纸屑、塑料积塑等）。

2. 幼儿自由探索，发现磁铁能吸引磁性物质的物品。

3. 尝试用磁铁对物品进行分类，并计数。

益智区

目标1：在日常生活和游戏中，学会按简单的模式（如大熊、小熊、大熊、小熊……）进行循环规律排序。

指导建议：

1. 提供物品，如两种不同颜色的扣子，不同大小的小熊、串珠等。

2. 根据幼儿的发展水平，阶梯式地发展，如从观察教师制作的循环规律排序卡，发现其中的简单模式，到照样子进行排序，进而自己能够按简单的模式（如大熊、小熊、大熊、小熊……）进行循环规律排序。

3. 指导幼儿进行中班幼儿用书10月第28～29页“小粮仓”的练习。

目标2：学会按一个维度对生活中常见的事物进行分类，并进行计数。

指导建议：

1. 投放实物、卡片等各种材料，如扑克牌、干果、水果图片、树叶、螺母等。

2. 指导幼儿分类并计数。

3. 指导幼儿完成中班幼儿用书10月第14页“分一分”的练习。

目标3：游戏中练习使用筷子进餐。

目标4：在游戏中发展幼儿小肌肉的灵活性、协调性。

指导建议：

1. 游戏“喂小动物进餐”，提供游戏材料。

2. 玩法：幼儿轮流投色子，并根据色子上的数字喂小动物进食。幼儿边喂边说：“小动物吃饭喽，一粒、两粒……”增加游戏趣味性。

3. 规则：

（1）只能用筷子喂小动物进食；

（2）如夹的物品掉了，应放回盘中重新夹；

（3）获胜的幼儿先投色子。

阅读区

目标1：提供各种不同体裁的文学作品书籍，尝试多种阅读方式，体验阅读的乐趣。

指导建议：

1. 提供形象生动、情节易懂、主题突出的童话故事、寓言故事、传说故事等。

2. 提供立体图书、拼插图书、电子图书等，激发幼儿参与阅读的兴趣。

3. 在教师引导下，幼儿运用讲述玩具，如指偶、立体卡片，用不同的形容词描述“稻草人”童话故事中的画面，体验阅读的乐趣。

目标2：从图书、电脑、交谈等途径中感受秋天收获的景象，并获得快乐。

目标3：能够注意倾听同伴的讲述，会清楚地表达自己的感受。

指导建议：

1. 提供有关收获的书籍、图片等，引导幼儿使用较恰当的词汇进行描述硕果累累的景象，鼓励幼儿相互学习优美的词语。

2. 教师及时记录下幼儿讲述过程，鼓励幼儿自己运用绘画的方式来说明内容，装订成书籍——“我眼中的秋天”。

集体活动

活动一　躲避大灰狼

目标1：在体育活动中，养成热爱体育活动的兴趣。

目标2：尝试跨越低矮的障碍物，落地有屈腿缓冲。

目标3：形成初步的规则意识，学会自律。

准备：条形积木人手一块、“大灰狼”头饰4～5个、足球4～5个、录音机及磁带。

过程：

1. 玩积木。

幼儿每人手里拿一块条形积木，随雄壮有力的音乐排队走进活动场地，变队形成四路纵队并以纵队为小组自由拼搭积木成各种形状，如两条平行线、三角形、四方形等，幼儿任选游戏方式，可以练习绕障碍跑、跨越障碍等。教师引导幼儿相互合作，协商解决问题。

2. 游戏“山沟里的狼”。

（1）集体玩游戏：幼儿将手中的积木在场地中间搭成两行长长的直线做“山沟”，每行搭两层积木。

教师首先扮演“狼”站在“山沟”里，幼儿扮演“小羊”从场地一端的“家”出发，当走到“山沟”时，用单脚跨过“山沟”到场地另一端的山上去吃草，“小羊”吃完草后再跨过“山沟”回家。当“小羊”每次跨跳山沟时，“狼”就在“山沟”里阻止“小羊”跨过“山沟”，被“狼”用手碰到身体的“小羊”就算被“狼”吃掉了，要退出游戏一次。教师在幼儿游戏一次后，可引导幼儿讨论“小羊”怎样才能不让“狼”吃掉。

集体游戏1～2次。

（2）分组玩游戏：幼儿可以分成2～3组，在适当的位置上自行搭建“山沟”，推选一名幼儿当“狼”，进行游戏。教师提示幼儿根据自己跨跳的水平搭建“山沟”的高度，跨跳落地要轻。

3. 游戏“滚球入门”。

（1）幼儿继续分组搭建积木成不同形状和大小的门洞。教师提示幼儿所搭球门一定要使球能顺利通过。

（2）分小组练习滚球进入门洞。幼儿自己可以调整射门的距离。

（3）教师小结，自然结束。

建议：

1. 山沟的高度及宽度要根据本班幼儿的实际水平而定。

2. 辅助游戏可以结合幼儿的意愿安排，注意运动量不宜过大。

活动二　欣赏诗歌《秋天》、散文《落叶》

目标1：喜欢欣赏诗歌、散文并从中获得美的感受。

目标2：能大胆、清楚地表达自己的想法和感受。

欣赏诗歌《秋天》

准备：

1. 多媒体课件《秋天》（以诗歌的内容为主）。

2. 户外活动时，引导幼儿注意观察秋天到来之后的景色变化，尤其是颜色的变化。

过程：

1. 教师和幼儿分享交流观察到的秋天的景色。

2. 学习诗歌。

（1）介绍诗歌的名称《秋天》。

（2）老师播放课件，朗诵诗歌。

（3）通过提问，教师引导幼儿理解诗歌内容，注意欣赏诗歌表达的意境。

（4）结合课件，尝试集体朗诵诗歌。

重点：随着活动的进行，引导幼儿在读到“谁”“吹”“让”这些字的时候加入声调的变化。

建议：

1. 户外活动中教师可以有意识地引导幼儿结合诗歌内容观察景色。

2. 组织幼儿到户外写生“美丽的秋天”，还可以根据自己的作品讲述画面内容。

附诗歌：《秋天》

是谁，把花瓣片片吹落？
是谁，让大树脱下了绿衣裳？
是谁，让燕子飞向南方？
是谁，让大地变得金黄？
啊！原来是秋风。
秋风吹呀吹呀，
吹得它们都变了样。
只有勇敢的菊花向着太阳开放，
只有碧绿的老松树长得更加健壮，
只有孩子们的脸还像苹果一样。

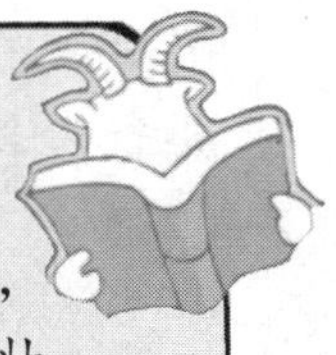

欣赏散文《落叶》

准备：

1. 优美、舒缓的音乐。

2. 活动前在游戏《找落叶》过程中，应注意引导幼儿观察树叶飘落的过程。例如，鼓励幼儿说出树叶落下来的时候是怎么样的，像什么，引导幼儿在捡落叶的过程中提前感知散文诗的意境。

过程：

1. 和幼儿一同回忆看落叶，捡落叶的情景，激发幼儿对大自然的美好情感。

2. 欣赏散文。

（1）配乐欣赏：教师有感情地朗诵散文，引导幼儿注意倾听。

（2）教师通过提问，引导幼儿理解散文的内容，谈谈自己喜欢散文里的哪些词和句子，听完这篇散文的感受是什么样的？教师鼓励幼儿大胆与大家分享自己的感受，对幼儿的表述要给予及时地鼓励和肯定，同时要注意梳理幼儿的经验。

（3）鼓励幼儿用动作表达散文中落叶飘落的过程及其他动作。

3. 和幼儿置身于大自然的情境中，欣赏这首散文诗，感受其中的意境。

附散文：《落叶》

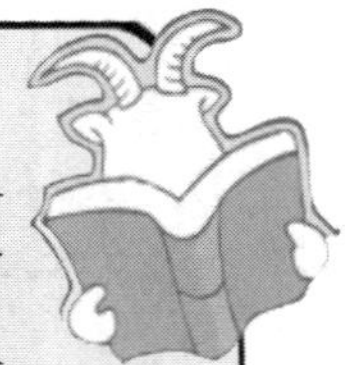

大树是妈妈，小树叶是她的孩子。

春天，小树叶只是绿绿的嫩芽。夏天，小树叶已长大了，在火辣辣的阳光下为人们撑起一把大伞，送来一片片阴凉。秋天到了，小树叶由绿变黄，一个个好像穿着金黄裙子的小姑娘，搀着大树妈妈在秋风中翩翩起舞。

一天，一阵秋风吹来，小树叶告别了大树妈妈。小树叶不停地翻动着身子，飘呀飘，飘到屋顶上，屋顶变得金黄。飘到小河里，水面上像飘动着小船。飘到草地上，草地上像多了一层软软的地毯。飘到大树妈妈脚下，大伙儿抱成一团，好像在说："妈妈，天气渐渐冷起来了，我们给您焐焐脚，让您暖暖和和好过冬。"

小树叶在秋风中飘呀飘，飘向四面八方，一个个都安下了家。他们心里还惦记着大树妈妈，盼望大树妈妈明年春天生出许多小娃娃。

活动三　到丰收乐园去玩

目标1： 有机会感知、体验、欣赏大自然的美景（如秋景）。

目标2： 学习制订活动计划，能解决游戏及活动中遇到的问题。

准备： 中班幼儿用书10月第2～3页。

过程：

1. 学习制订活动计划。

（1）开始：

①激发幼儿出去游玩的兴趣。

②向幼儿介绍游玩前学习制订活动计划的意义。

（2）进行：

①请幼儿依据幼儿用书进行旅游物品的选择。

②请幼儿分别说说自己制订的计划书内容。

③小朋友和老师共同帮助分析制订计划，解决计划书中的问题，并能说明理由。

（3）结束：对幼儿制订的计划给予表扬。

2. 实施计划。

根据幼儿制订的计划，教师带领幼儿外出游玩，感知、体验、欣赏大自然的美景。

建议：

1. 让幼儿将计划书带回家，并根据它做好出游的准备。

2. 没条件的幼儿园也可以请家长带领幼儿完成计划书的任务，感知、体验、欣赏大自然的美景，在执行计划过程中，能解决游戏及活动中遇到的问题。

活动四　循环规律排序

目标1：在日常生活和游戏中，学会按简单的模式（如大熊、小熊、大熊、小熊……）进行循环规律排序。

目标2：发现周围事物中美的规律，并能够按照这些规律用绘画的方式进行装饰或表达。

准备：

1. 自制“十个小朋友”图片（穿裙子、穿裤子）。

2. 在益智区投放两种小动物图片若干，塑料水果图片（苹果、梨等）若干，自制的泡沫小火车车底。

过程：

1. 利用给小人排队游戏，使幼儿理解按循环规律排序。

（1）出示“十个小朋友”，请幼儿数一数数量，说出他们的差异。

（2）请幼儿按照一定规律尝试排序，并说明理由。

（3）请几位有特点的小朋友到前面，教师鼓励大家给他们按循环规律排序。

2. 进行分组活动，幼儿在活动区中尝试用各种材料进行规律排序。

（1）在棋牌区，利用围棋、扑克牌进行排序。

（2）在益智区，利用若干水果图片（苹果、梨等）和自制的泡沫小火车车底，进行水果娃娃上火车排序游戏；利用若干两种小动物图片进行摆图片排序等。

（3）在建构区利用插塑、大型积木进行规律排序。

（4）在美工区利用绘画、粘贴、泥塑等方式进行规律排序。

……

3. 组织幼儿交流，对幼儿的活动进行肯定。

建议：指导家长可利用街边的彩旗、衣服上的花边以及日常物品的摆放，绿化环境中的布置，引导幼儿感受有规律排序带来的美感。

活动五　歌曲《嗨哟！加把劲》

目标1：学唱2/4拍雄壮有力（刚强威武）的歌曲，尝试按歌曲节拍特点、速度和情感富有表现力地歌唱。

目标 2：喜欢随音乐的节奏动作协调优美，表达对音乐的感受。

准备：

1. 幼儿有外出采摘或参与其他劳动的经验。
2. 有关劳动的照片和录像，各种劳动号子的音带。
3. 歌曲音乐磁带。

过程：

1. 随进行曲整齐地进教室，重点指导幼儿动作符合节拍，雄壮有力。
2. 欣赏歌曲：引导幼儿感受和理解劳动号子所特有的音断意连的强烈节奏感。
3. 学唱歌曲。

（1）看录像或照片，了解劳动的场面，同时欣赏各种劳动号子，体会劳动号子的作用。

指导语：什么时候唱劳动号子，为什么唱劳动号子？

（2）用踏脚和拍手的形式，激励幼儿唱出劳动号子的节奏感。

（3）鼓励幼儿将第三句改用新词唱歌，并且边唱边做动作，体会劳动号子的作用。

4. 复习舞蹈“摘果子舞”。

重点复习按节奏较协调地做舞蹈动作。

建议：

1. 可以结合秋游体验活动，同幼儿一起把歌词改编为“我们大家来推车呀”“我们大家拔萝卜呀”等。
2. 集体劳动中可引导幼儿演唱劳动号子。

附歌曲：《嗨哟！加把劲》

1＝D 2/4 劳动号子

6 6 6 5 | 6 3 | 6 6 6 5 | 6 3 |
嗨 哟 加 把 劲 哟，嗨 哟 加 把 劲 哟，

6 6 6 5 | 3 2 | 3 — | 3 — |
嗨 哟 嗨 哟 嗨 哟 嗬 嗬。

2 2 3 | 5 5 6 | 5 6 5 | 3 — |
我 们 大 家 来 劳 动 呀，

2 2 2 3 | 2 1 6̣ | 2 1 6̣ | 1 — | 1 — ||
嗨 哟 嗨 哟 嗨 哟 哟 嗨 哟 嗬 嗬。

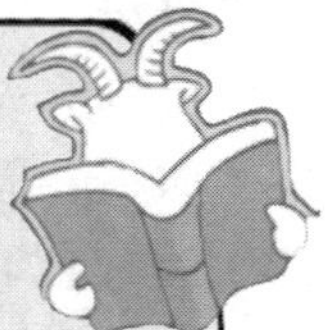

活动六　命题绘画《秋天的印象》

目标 1：能够运用绘画的方式表达对秋天的印象与情感体验，发展艺术表现能力。

目标 2：认识美术作品《秋天的印象》所表现的内容，感受其美感特点，初步了解作品的表现方法。

目标 3：尝试使用两种不同材质的油画棒，表达、再现作品的美感特征，体会作品的艺术魅力。

目标4：能够发现和挖掘同伴作品中的优点，用欣赏的眼光去评价同伴的作品。

准备：

1. 欣赏画《秋天的印象》（高更）。
2. 材料：绘画纸。
3. 工具：油画棒、水溶性油画棒。

秋天的印象（高更）

过程：

1. 感知欣赏。

（1）出示欣赏画《秋天的印象》（高更），引导幼儿感知画面表现的事物。

（2）提问设计：

①你在画上看到了什么？（知识点：引导幼儿说出画面的近景、远景和中景）

②地面、树和天空都用了哪些颜色？（知识点：了解冷色与暖色的对比关系，及冷中有暖、暖中有冷的相互呼应）

③你看到这些颜色后对画面的感受？（知识点：通过色彩感受冷暖色调的搭配，感知傍晚阳光的特点；给人柔美、安静的感觉）

④请你闭上眼睛想象一下傍晚时你在沙滩上会做什么？（知识点：引导幼儿设身处地地用心领悟和感受大自然的美）

2. 鼓励创作：

（1）在美术欣赏的基础上，引导幼儿创作有关秋天的命题作品。

（2）介绍水溶性油画棒使用的方法（蘸水使用，使线条和色彩产生扩散的效果）。

（3）指导幼儿在绘画过程中构图合理，整体和谐。

（4）指导幼儿在作品中表达色彩的对比变化和空间的前后关系。

3. 讲评：

（1）引导幼儿感受水溶性油画棒绘画的效果，体验油画的艺术风格。

（2）教师用积极的语言评价幼儿的作品，使他们对自己有自信。

建议：

将幼儿的作品进行收集、整理，准备举办画展。

（五）第四周目标与落实途径

领域	目标		落实途径
健康	生活、卫生习惯良好，有基本的生活自理能力。	注意保持个人卫生，养成爱清洁、讲卫生的习惯。	生活： 了解指甲长对自己和同伴的害处，养成勤剪指甲的习惯。
	通过感兴趣的方式发展动作，提高动作的协调性、灵活性。	1. 喜欢参加丰富多彩的体育活动，养成热爱体育活动的兴趣与习惯。 2. 大肌肉动作更加协调、灵活。 3. 小肌肉发展更加协调、灵活。	生活： 在修补图书活动中，发展幼儿小肌肉的灵活性。 区域： 1. 探索 1～2 种运动器械的多种玩法，发展幼儿基本动作。 2. 在修补图书活动中，发展幼儿小肌肉的灵活性。 区域、集体： 尝试侧面钻、身体滚动，较协调地进行攀登活动。
语言	乐意与人交谈，讲话时自然礼貌。	在交流过程中学习使用适当的礼貌用语。	区域： 游戏中学习使用适当的礼貌用语。
	注意倾听对方讲话，能理解日常用语。	1. 养成注意倾听的习惯，发展语言理解能力。 2. 能从图书、电视、电脑、口头交谈等多种途径得到与其生活经验相关的语言信息，获得知识和感受快乐。	生活： 1. 注意倾听故事，了解故事中的内容。 2. 能从图书、图片、口头交谈等多种途径得到与生活相关的信息，获得知识和感受快乐。 区域： 与教师和同伴分享从图书、图片、电脑课件、口头交谈等多种途径得到的信息和新闻。
	敢于当众讲话，能清楚地说出自己想说的事。	能大胆、清楚地表达自己的想法和感受。	生活： 生活中大胆、清楚地表达自己的想法和感受。 集体： 鼓励幼儿能大胆想象并清楚地表达自己的想法。

（续表）

语言	喜欢听故事、看图书，有初步的前阅读和前书写能力。	1. 喜欢听儿童文学作品，会复述故事。 2. 对生活中常见的简单标记和文字符号感兴趣，认识自己的名字。 3. 对书籍、阅读和书写感兴趣，有初步的前阅读和前书写能力。 4. 养成良好的阅读习惯。	生活： 认识自己的名字。 区域： 学习有序地观察画面。 集体： 1. 鼓励幼儿大声连贯地讲出画面上的内容，丰富词汇：“惊讶”“大吃一惊”。 2. 学习有序地观察画面。 生活、区域、集体： 引导幼儿爱护图书。
社会	能主动地参与各项活动，有自信心。	1. 能自己选择活动主题，制订、实现自己的计划。 2. 能尝试解决生活、游戏、活动中遇到的问题，获得成功的感受，获得自信。	集体： 1. 根据活动主题，引导幼儿制订、实现自己的计划。 2. 鼓励幼儿尝试解决生活、游戏、活动中遇到的问题，体验自信。
	乐意与人交往，学习互助、合作和分享，有同情心。	1. 能积极主动与同伴交往，初步学会轮流、分享。 2. 对动物有同情心。	区域： 1. 游戏中积极主动与同伴交往，初步学会轮流、分享。 2. 饲养小动物，对动物产生同情心。
	理解并遵守日常生活中基本的社会行为规则。	1. 认识、体验并理解基本的社会行为规则，能体会规则在各种活动中的意义。 2. 形成初步的规则意识，学会自律和控制自己的情绪与行为。	区域： 体会规则在各种活动（游戏活动）中的意义。 集体： 在活动中形成初步的规则意识，学会自律和控制自己的行为。
	能努力做好力所能及的事，不怕困难，有初步的责任感。	愿意做自己力所能及的事（如收拾玩具、整理被褥、擦桌椅等），养成初步的独立意识。	生活： 做力所能及的事（如整理被褥、擦桌椅），产生初步的独立意识。
	爱父母长辈、老师和同伴，爱集体、爱家乡、爱祖国。	了解北京的饮食文化，能用自己喜欢的形式表达对北京的热爱。	区域： 了解北京的饮食文化，开展北京饮食文化的游戏。
科学	能从生活和游戏中感受事物的数	1. 在生活和游戏中，尝试按一个维度进行分类。 2. 在游戏中，学习简单的模式进行循环排序。	区域、集体： 1. 尝试从量的维度进行分类。 2. 尝试按量的差异进行排序，理解序列的规律。

（续表）

科学	量关系，体验到数学的重要和有趣。	3. 在生活和游戏中，尝试按量的差异进行排序，初步理解序列的规律。 4. 运用正在发展的数学观念和方法解决生活和游戏中的问题。	3. 学习按简单模式进行循环排序。 4. 运用正在发展的数学观念和方法解决生活和游戏中的问题。
	爱护动植物，关心周围环境，亲近大自然，珍惜自然资源，有初步的环保意识。	1. 具有初步的关心大自然的情感和保护环境的意识。 2. 以力所能及的方式对待周围事物和环境（主动地维护环境的清洁、爱护花草树木和动物）。	区域： 1. 懂得维护环境的清洁，爱护花草树木和动物。 2. 了解并感受垃圾对环境的危害。
艺术	能初步感受并喜爱生活和艺术中的美。	喜欢木偶剧，感受其艺术美。	集体： 开展木偶剧活动，感受其艺术特征。
	能够大胆地用自己喜欢的方式进行艺术表现和创作，富有个性地表达自己的情感和体验。	1. 能在轻松、和谐的氛围中，随音乐的节奏按自己的想象做模仿动作、律动和简单的舞蹈动作，逐步做到动作协调优美，并尝试表现音乐的力度、速度变化和情感。 2. 喜欢用肢体语言表达感兴趣的事情和自己的生活经历，模仿日常生活或艺术作品中人物的语言、表情、动作，尝试创编与合作表演简单的故事情节。 3. 掌握几种打击乐器正确的敲击方法，会按自己选择的节奏型为歌曲做即兴伴奏。	区域： 随音乐的节奏按自己的想象做模仿动作、律动。 集体： 1. 随音乐的节奏按自己的想象做模仿动作、律动。 2. 用肢体语言模仿日常生活或艺术作品中人物的表情、动作，尝试合作表演简单的故事情节。 3. 学习几种打击乐器正确的敲击方法，会按自己选择的节奏型为歌曲做即兴伴奏。
	能够感受并喜爱生活和环境中的美，发现事物美的特征。	1. 能够感受丰收的喜悦，从丰收的景象中获得深刻印象，发现美的特征。 2. 能够有意识地收集一些带有艺术特点的自然物，丰富活动区的美术创作材料。	生活： 开展采摘的品尝活动，感受丰收的喜悦。 区域： 收集生活环境中有艺术特点的物品，使用中感受事物美的特征。
	认识美术作品所表现的内容，感受作品的美感特点，初步了解作品表现的方法。	喜欢欣赏国画，初步感知和了解作品的不同艺术风格。	区域： 欣赏、认识国画所表现的内容，感受其美感特点，初步了解作品表现的方法。

（续表）

艺术	喜欢用不同风格的美术方式表达对事物的印象与情感体验，获得心理上的满足。	1. 喜欢参加美术活动，乐于用自己喜欢的美术方式宣泄自己的情绪，获得心理上的满足。 2. 尝试用适宜的美术表现手法进行创作，培养良好的美术创作习惯。 3. 能够在美术创作过程中体现独特性，获得想象力、创作力的发展。	区域： 1. 用绘画的方式表达自己的所感、所见与情感体验，获得心理上的满足。 2. 尝试用画案和拓印台肢体舒展地进行创作，培养良好的美术创作习惯。 集体： 在制作过程中鼓励幼儿体现独特性，获得想象力、创作力的发展。
	认识、选择各种美术材料和工具，在使用中大胆尝试、设想与创作。	1. 尝试使用各种美术材料和工具，感受并发现不同材料和工具表现出来的不同美感特征。 2. 能利用身边的物品或废旧材料制作手工艺品，美化自己的生活。	集体： 1. 认识、选择各种秋季干果进行美术创作，感受不同果实表现出的美感特征。 2. 利用身边的自然物制作手工艺品，美化自己的生活。
	能够尊重他人对美的感受和表达方式。	愿意展示和交流自己的作品，理解每个人都可以有自己的表现方式，感受个人艺术风格的不同。	集体： 通过展示、欣赏，感受个人表现风格的不同。
	具有美术活动的良好习惯，能有序使用和收放美术工具、材料。	尝试制定整理美术工具和材料的规则，能够自觉的收放工具和材料。	区域： 能分类收放绘画工具。

生活活动

目标1：知道指甲长对自己和同伴的害处，养成勤剪指甲的良好卫生习惯。

目标2：能从图书、图片、口头交谈等多种途径得到与生活相关的信息，获得知识和感受快乐。

指导建议：

1. 展示与家长、幼儿共同收集的相关图片、图书等资料。

2. 指导幼儿收看有关细菌影响身体的音像资料等。

3. 与幼儿共同讨论：为什么长指甲容易抓伤皮肤？被抓伤的皮肤为什么会红肿？等。

4. 让幼儿在观察、讨论、辨析、交流的过程中，感受体验勤剪指甲的重要性及正确的方法。

5. 请保健医或从事医务工作的家长向幼儿介绍指甲细菌藏在哪里，以什么途径进入身体，对身体健康造成怎样的危害，等。

6. 结合晨检情况，与保健医、家长共同对幼儿进行随机教育。

目标3：知道要爱护图书。

目标4：在修补图书活动中，发展幼儿小肌肉的灵活性。

指导建议：

1. 为幼儿提供收放图书的空间。例如，便于幼儿收放的图书柜；图书区有图书分类摆放的标志；投放修补图书的材料（胶棒、胶条等）；开展与爱护图书有关的活动，如评选爱护图书的小标兵；讨论爱护图书的方法。

2. 参观图书馆，帮助班里和家里整理图书等。

目标5：认识自己的名字。

指导建议：

1. 教师可以和幼儿共同商量并制作一棵“名字树”，每个幼儿自己写名字或者老师代写名字，鼓励幼儿进行个性化的装饰，最终制作成自己的名字卡片。幼儿自行选择位置，将卡片粘贴在树枝上，完成“名字树”的制作。

2. 对于不认识名字的幼儿可以同时呈现标志，辅助幼儿认识自己的名字。也可以以其他的方式呈现幼儿的名字，便于幼儿指认。

目标6：能做力所能及的事（如整理被褥、擦桌椅），有初步的独立意识。

指导建议：

1. 在日常生活中，表扬孩子能做力所能及的事。

2. 结合10月幼儿用书第32页内容，成人、幼儿间共同分享孩子的进步，并在成人的帮助下记录孩子的进步，树立他们的自信，使他们有初步的独立意识。

目标7：懂得关心大自然，具有初步的保护环境的意识（如主动地维护环境的清洁、爱护花草树木和动物）。

目标8：能够注意倾听故事，了解垃圾对环境的危害。

指导建议：

1. 鼓励幼儿以多种方式与适宜的动物游玩，如为小动物带食物，每天去喂它们，抱一抱、摸一摸动物，带小动物回家过周末或模仿它们的动作游戏等，更加亲近小动物。

2. 结合秋季树木的特点，鼓励幼儿查找资料，怎样给树木好的养分来帮助它们做好过冬准备。

3. 和家长取得一致认识，成人要以身作则，有意识地渗透环保教育。如洗手时节约用水；美工活动时，注意节约用纸；鼓励幼儿利用废旧物品进行制作分类活动；外出时随手关灯等。家长重视、接受幼儿提出的环保建议，如不随地吐痰、不乱扔垃圾等。

4. 运用多种途径了解、关注人类垃圾对环境的影响，如观看电视、录像，收听广播，关注幼儿生活周围环境中的垃圾处理。

5. 利用各种时机，注意影响和提高幼儿的节约意识，如节约用水、节约用纸等。

附故事：《窗外的垃圾》

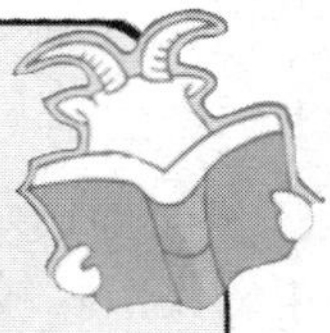

在一幢楼房里，住着四个小动物。小狗住在一层，小猫住在二层，三层住的是小猴子，最高的一层住的是小兔。

一天早晨，红红的太阳升起来了。小兔打开窗子说："天气多好啊，空气真新鲜！"小猴子打开窗户，把香蕉皮朝窗外一扔。小猫打开窗子，把鱼骨头朝窗外一扔。小狗打开窗子，把肉骨头朝窗外一扔。马路上堆起了一堆垃圾。

太阳晒在垃圾上，垃圾发出一阵阵臭味，还招来几只苍蝇。小狗、小猫、小猴子闻到臭味都把窗关上了，小兔闻到臭味，它把头伸出一看，说："啊！原来窗外有一堆垃圾，我去把它扫掉吧！"

小兔拿着扫帚出来扫垃圾。小猴子、小猫和小狗看见后，知道自己错了，它们也赶快跑出来和小兔一起打扫。一会儿就把垃圾扫完了，马路又干净又整齐。小猴子、小猫、小狗说："以后，我们再也不乱扔垃圾了。"它们回到屋里，都打开窗子说："空气多新鲜，多干净啊！"

目标9：能够从丰收的景象中发现美的特征。

目标10：能大胆、清楚地表达自己的想法和感受。

目标11：喜欢用口头语言、肢体语言表现感兴趣的事情和自己的生活经历。

指导建议：

1. 引导幼儿从丰收的景色和分享中获得美的感受，发现美的特征。

2. 利用采摘、品尝活动，让幼儿感受丰收的喜悦。

3. 引导幼儿将自己的发现和感受大胆表达出来，与同伴、老师分享。教师要引导幼儿运用恰当的词汇，可以和幼儿共同收集表达高兴心情的词汇如喜悦、开心、欢喜、美滋滋、心情舒畅等，丰富幼儿表达的词汇。

目标12：随音乐的节奏试按自己的想象自由地做模仿动作、律动。

指导建议：日常播放不同节奏的音乐，鼓励幼儿随音乐创编不同的动作。

活动区活动

运动区

目标1：尝试侧面钻、身体滚动，较协调地进行攀登活动。

目标2：探索1～2种运动器械的多种玩法。

指导建议：

1. 教师为幼儿提供侧面钻的玩具材料，如有一定高度的圆圈、两条不同高度的水平皮筋等，引导幼儿以游戏的方式练习侧面钻。教师重点提示幼儿先迈靠近障碍物的一条腿，然后团身移动重心，再收另一条腿。

2. 教师为幼儿提供适宜滚动的场地或垫子，引导幼儿用游戏的方式练习侧滚，教师重点引导幼儿注意控制身体滚动的方向。

3. 教师为幼儿提供适宜攀登的环境与玩具，如大量的轮胎、大型攀登架等，引导幼儿以游戏的方式练习攀登，教师重点引导幼儿上下肢的交替运动，双手抓劳。

4. 提供开放性的器械，如球、轮胎、棍、圈、沙包等。也可以和幼儿一起利用生活中的废旧材料来代替，如大可乐瓶、报纸、大纸箱等物品。从中使幼儿得到变废为宝及环境保护的教育。

5. 提供器械材料时，要尽量考虑这些材料的质地要多样，如金属的、木质的、皮质的等，使幼儿在玩的过程中充分感知物质的特性。

6. 教师在保证幼儿安全的前提下，鼓励幼儿探索多种玩法，发展幼儿的想象力和创造力。鼓励幼儿将提供的器械进行多种玩法的创新，共同分享，及时表扬幼儿。开展多种玩法的大游戏会，提高幼儿游戏的兴趣。

角色区：购物中心——美食部

目标1：了解北京的饮食文化，开展北京饮食文化的游戏。

目标2：在交流过程中学习使用适当的礼貌用语。

目标3：愿意与教师和同伴分享从图书、电视、电脑、口头交谈等多种途径得到的信息和新闻。

指导建议：

1. 家园合作，共同从网络、电视等途径搜集关于北京小吃的图片、资料等，对幼儿进行讲解和介绍。有条件的还可以让家长和幼儿共同去北京有名的小吃街或小吃城尝尝各种小吃的味道，搜集照片，与大家分享。

2. 引导幼儿开设“北京饮食美食店”，提供各种水果、烤炉、面、各种馅等相关辅料。制作简单的北京小吃，如糖葫芦，使幼儿初步了解北京小吃的制作，加深幼儿对北京饮食文化的了解。请小朋友、老师、家长品尝，使幼儿在其中感受到成功的喜悦。

3. 将幼儿制作食品的过程与成品拍摄成照片，进行展示。

4. 在“北京饮食美食店”的活动中，要注意引导幼儿学习使用礼貌用语。可以让幼儿讨论自己在饭店吃饭时，服务员都说了什么礼貌用语与顾客交流，顾客又如何与服务员交流的等。鼓励幼儿在角色扮演中运用这些用语，让幼儿体会词汇使用的真实情境。

表演区

目标1：随音乐的节奏试按自己的想象自由地做模仿动作、律动。

目标2：学习掌握几种打击乐器正确的敲击方法，会按自己选择的节奏型为歌曲作即兴伴奏。

指导建议：

1. 提供不同的节奏卡片，各种表演的道具，如纱巾、手绢、饰品等，舞蹈 VCD 作品盘。教师引导幼儿依照相关的节奏试按自己的想象自由地做模仿动作、律动。

2. 教师与幼儿一起表演，在幼儿缺乏动作支撑时，可放一些 VCD 作品供幼儿欣赏，如简单的幼儿歌舞等。

3. 投放各种乐器和自制乐器，鼓励幼儿按不同的节奏型为歌曲伴奏。

美劳区

目标1：喜欢用绘画的方式表达自己的所见、所感，获得心理上的满足。

目标2：尝试用画案和拓印台肢体舒展地进行创作，培养良好的美术创作习惯。

目标3：欣赏、认识国画作品所表现的内容，感受其美感特点，初步了解作品表现的方法。

目标4：能分类收放绘画工具。

指导建议：

1. 能有意识地收集一些自然物，丰富活动区的美术材料。

2. 出示拓印画范例和拓印材料（如树叶、干花托、各种蔬菜等），引导幼儿进行拓印游戏，激发幼儿的创作兴趣。

3. 提供写实、明快的果实和花鸟线条画，如齐白石的《蟋蟀与葫芦》，引导幼儿欣赏，从中获得启发和熏陶。

4. 出示各种各样的葫芦和蟋蟀模型，引发幼儿兴趣，谈论对作品的各种感觉，如《蟋蟀与葫芦》给人亲切、有趣的感觉，葫芦的色彩给人清新、舒服的感觉等。

5. 引导幼儿讨论这幅画的垂直构图特点，注意构图的上下空间关系，并提供葫芦和蟋蟀的图片，请幼儿用它们组成一幅画。

6. 提供绘画的主要材料，如毛边纸、颜料、棉签、海绵棒，指导幼儿学会正确使用。

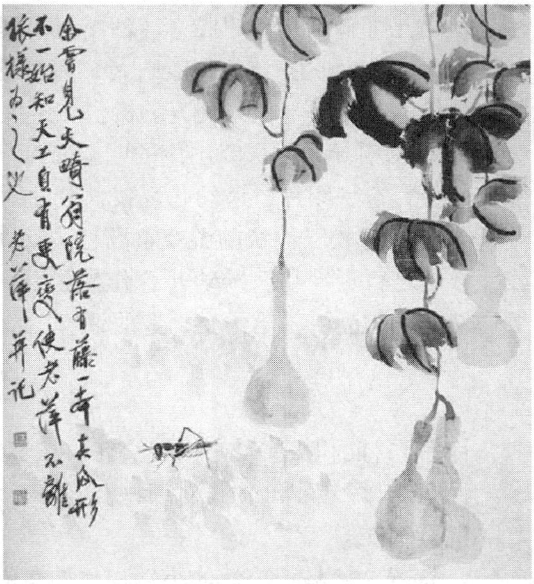

蟋蟀与葫芦（齐白石）

7. 提供塑料台布、垫板、手工布、工作服、晾画和展示作品的设备，指导幼儿用破色法（先用色再勾边）表现对国画艺术风格的感知。

8. 鼓励幼儿充分使用棉签和海绵棒表现线条，大胆创作，并在探索材料的过程中，获得经验和技能。

9. 提供适合分类收放的笔筒和分类隔断的器具，培养幼儿活动后清理环境的习惯。

建构区

目标：体会规则在各种活动（游戏活动）中的意义。

指导建议：

1. 活动过程中，教师帮助幼儿理解规则在各种活动区活动中的重要意义，活动区总结评价过程中，要有针对性地表扬遵守游戏规则的幼儿的活动行为。

2. 比较遵守与不遵守活动区游戏规则的区别，师生共同将规则变成儿歌或绘成图画，也可以用照片的形式提示幼儿遵守游戏活动的规则。

沙水区

目标：尝试将沙分割成垄状，发展幼儿小肌肉的灵活性。

指导建议：

1. 鼓励幼儿收集去郊外游玩的照片等相关资料，结合已有的生活经验，重现农田的情景。

2. 根据搭建需要，引导幼儿与其他区域的幼儿进行初步的互动游戏，如请美劳区合作进行装饰等。

3. 教师带领幼儿观察砖墙，引导幼儿说出砖与砖之间是由混凝土粘贴在一起垒起的墙，使幼儿了解混凝土的成分（沙子、水泥和水），激发幼儿的操作兴趣。

4. 学习筛沙的正确方法，进行“筛沙比赛”，通过游戏的形式，让幼儿掌握基本筛沙技能，给幼儿提供与他人交流的机会和条件，并让幼儿充分感受到游戏的快乐。

5. 教师引导幼儿探究湿沙的明显特征，体会湿沙是可以用来建构的。教师出示湿沙制作的蛋糕造型图片，请幼儿观察，激发幼儿制作的兴趣。

6. 创造宽松、愉快的游戏氛围，请幼儿讨论商量制作蛋糕的方法，鼓励幼儿大胆创作，教师进行指导和鼓励幼儿合作做蛋糕，并引导幼儿使用教师提供的辅助材料，教师关注幼儿的作品，并给予激励性的评价，培养幼儿的自信心，使幼儿在玩沙中体验快乐。

科学区

目标1：能积极主动与同伴交往，初步学会轮流、分享。

目标2：喜欢小动物，对动物有同情心。

指导建议：

1. 饲养一些易于成活的小动物，如乌龟、小鱼、蜗牛等，使幼儿有机会与它们接触。

2. 教师指导幼儿照顾小动物的方法，结合值日生工作，使每个幼儿都有机会轮流照顾小动物。

3. 在节假日，可以让幼儿进行认养活动，萌发幼儿喜欢小动物，对动物有同情心。

益智区

目标1：懂得关心大自然，具有初步的保护环境的意识（主动地维护环境的清洁、爱护花草树木和动物）。

指导建议：利用中班幼儿用书10月分册第16～17页中的“进退棋”活动，结合本班幼儿的实际情况进行更改，或鼓励幼儿进行创新，使幼儿懂得关心大自然，具有初步的保护环境的意识（如主动地维护环境的清洁、爱护花草树木和动物）。

目标2：在生活和游戏中，尝试按量的维度进行分类。

目标3：尝试按量的差异进行排序，理解序列的规律。

目标4：学习按简单模式进行循环排序。

指导建议：

在益智区提供开放性材料，如彩色珠子、环扣等，按照量的维度进行分类、循环排序，有目的地开展游戏。

阅读区

目标 1：逐步学习有序地观察画面。

目标 2：知道要爱护图书。

指导建议：

1. 投放《稻草人》图画书及其他故事书。教师要在阅读区和幼儿共同阅读，和幼儿共同认识书籍的构成（封面、正文、封底）等，认识页码，引导幼儿按照顺序一页一页翻书，在翻书的过程中注意观察画面。

2. 为幼儿提供收放图书的空间，如便于幼儿收放的图书柜，图书区有图书分类摆放的标志。

3. 投放修补图书的材料（胶棒、胶条等），开展与爱护图书有关的活动，如评选爱护图书的小标兵。

4. 讨论爱护图书的方法，参观图书馆，帮助班里和家里整理图书等。

集体活动

活动一　小狗取宝

目标 1：尝试侧面钻、身体滚动，较协调地进行攀登活动。

目标 2：在活动中形成初步的规则意识，学会自律和控制自己的行为。

准备：

1. 幼儿扮成小狗，分成人数相等的 2～4 人站在起点线后。

2. 沙包若干。

3. 场地布置如图：

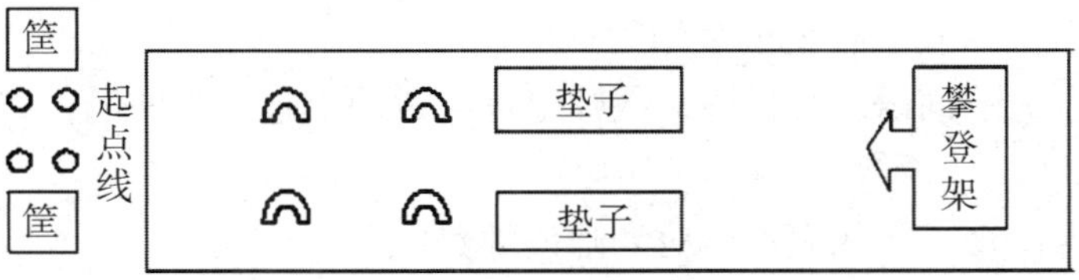

过程：

1. 准备活动。

2. 游戏：小狗取宝。

（1）进入情景，介绍游戏玩法。

（2）重点介绍动作要领和游戏规则。

①动作要领。

钻：钻有多种形式，请幼儿说说都有哪些形式。这次练习的主要是侧钻：团身将一只脚先从圈中伸出，然后低头钻过，身体不能碰到圈。

滚：经过了钻山洞，小狗的毛都脏了，于是，它要在垫子上滚一滚，去掉脏东西。

攀登：注意安全，手脚协调一致。

②游戏规则：每只小狗只能取一块宝石；幼儿鱼贯式进行2～3次。

③游戏过程中要求幼儿遵守游戏规则，违反的幼儿将被罚停止游戏一次。

3. 沙包的多种玩法。

幼儿每人一个沙包，自由在场地上游戏，教师重点引导幼儿用身体的不同部位玩沙包。

4. 体育放松活动。

建议：为完成此目标活动形式多种多样，可以请小朋友当小刺猬，爬过草地，钻过弓形门，去摘果子。还可以，请小朋友当擀面棍，躺在垫子上滚动，扮演炸春卷，鼓励幼儿快速地翻滚，从而加大幼儿的活动量。但建议布单不易过长，能卷住幼儿身体即可，卷布单时放在胸部以下。在滚动动作熟练以后可以加快滚动的速度。在攀登活动中，要注重幼儿的个体差异，多关注胆小的幼儿，多鼓励带动他们积极参加游戏，同时取得家长的配合。

活动二　看图讲述——《爱护图书》

目标1：能大声连贯地讲出画面上的内容，丰富词汇："惊讶""大吃一惊"。

目标2：知道要爱护图书。

准备：照片或课件。（请老师及时用照片记录幼儿在活动中出现的与书中相似的情景，利用电脑或大屏幕呈现给幼儿）

过程：

1. 依次播放相关的画面，通过重点提问引导幼儿观察画面。

提问：

（1）画面中都有谁？他们在干什么？

（2）他们为什么抢书？

（3）发生了什么事情？他们的表情怎样？

鼓励幼儿用合适的词语进行描述，教师也可以帮助丰富相应词汇，如"惊讶""大吃一惊"。

（4）在这时谁出现了？他们怎样对老师说的？

（5）书破了，画面中的两个小朋友在做什么？

（6）当图书破损时，还可以用什么材料修补图书？

（7）两个小朋友最后是怎么做的？

（8）他们的表情是什么样的？为什么笑了？

教师可根据自选照片或画面内容进行灵活提问。

2. 教师指导幼儿根据画面内容连贯地讲述故事。

3. 大家讨论：

（1）这两个小朋友哪些地方是需要大家帮助改正的？

（2）哪些地方需要大家学习的？

（3）小朋友们应该怎么做才能爱护图书？

附相关图片5幅：

活动三　稻草人

目标1：鼓励幼儿能大胆想象并清楚地表达自己的想法。

目标2：逐步学习有序地观察画面。

准备：中班幼儿用书10月第26页“稻草人”。

过程：

1. 教师和幼儿共同认识页码及其标志，打开幼儿用书。

2. 引导幼儿观察故事画面，通过提问，掌握故事情节。

重点：引导幼儿注意观察画面的颜色、人物，并由画面判断情境。

3. 结束。

（1）总结：在观察画面时要注意有顺序的观察，这样讲述出来的内容才容易让别人理解。

（2）对幼儿的进步提出表扬。

建议：

1. 可以在活动区中提供内容类似、情节简单的图片供幼儿进行观察、讲述练习。

2. 美工区投放幼儿用书，引导幼儿阅读图画《稻草人》。

（1）为幼儿介绍稻草人的用途，引导感知其造型特点。

（2）组织幼儿讨论制作稻草人的材料，鼓励从生活中收集。

（3）支持、鼓励幼儿尝试使用各种材料进行制作。

活动四　木偶奇遇记

目标1：喜欢用口头语言、肢体语言表现艺术作品中人物的语言、表情、动作，尝试合作表演简单的故事情节。

目标2：喜欢木偶剧艺术作品，感受其中的美。

准备：《木偶奇遇记》光盘，DVD机。

过程：

1. 看光盘，欣赏木偶剧《木偶奇遇记》。

重点指导幼儿安静欣赏，遵守规则。

2. 讨论交流欣赏木偶剧的感受。
指导语：木偶剧和动画片有什么不同？你喜欢木偶剧吗？为什么？
3. 模仿木偶的动作，激发表演木偶剧的兴趣。
鼓励幼儿模仿木偶的简单动作，如走、笑等，表现出木偶动作的特点。
建议：
1. 有条件的幼儿园请专业木偶剧团来园演出，或欣赏大班幼儿表演的木偶剧。
2. 家长可带幼儿到剧院欣赏木偶剧。

活动五 开商店

目标1：尝试按量的差异进行排序，理解序列的规律。
目标2：能根据活动主题，制订、实现自己的计划。
目标3：能尝试解决生活、游戏、活动中遇到的问题，获得成功的感受，体验自尊自信。
目标4：运用正在发展的数学观念和方法解决生活和游戏中的问题。
准备：
1. 货物架若干。
2. 根据活动前幼儿谈话的内容准备的“商品”。
过程：
1. 和幼儿谈话：开商店摆放物品时要注意的问题。
2. 幼儿自愿组成小组，进行物品的选择和摆放。
3. 每组幼儿分别介绍自己小组的货架。
（1）都选择了什么物品？
（2）怎样使物品摆放整齐（重点分享）？
（3）评选摆放货物最好的小组，并说明原因。
4. 大家一起给物品进行定价。
建议：
1. 在角色区域内开展延伸活动
2. 可和家长配合进行亲子游戏。

活动六 听音乐模仿走

目标1：随音乐的节奏试按自己的想象自由地做模仿动作、律动。
目标2：喜欢用肢体语言模仿日常生活或艺术作品中人物的表情、动作。
准备：律动音乐《听音乐模仿走》、小鼓。
过程：
1. 看图片，学走路，引导幼儿模仿不同人走路的动作。
（1）出示小朋友、解放军、老爷爷三张图片，请幼儿分别模仿他们走路的动作。
（2）说一说，他们走路时有什么不同。
2. 听音乐，学走路，引导幼儿按自己的想象自由地做模仿动作、律动。
（1）教师弹奏三段音乐，请幼儿说出每段音乐表现的是什么人走路。
指导语：仔细听音乐，猜一猜是谁走来了？你是怎么听出来的？

（2）教师弹奏三段音乐，幼儿按自己的想象自由地做模仿动作、律动。

（3）启发幼儿想象，不司的音乐还可以代表什么动物在走路？

3. 复习歌曲：《嗨哟！加把劲》

重点指导幼儿整齐地演唱雄壮有力的歌曲，表达坚定、团结的情绪情感。

建议：在表演区中提供不同节奏的音乐磁带、CD，教师指导幼儿随音乐的节奏试按自己的想象自由地做模仿动作、律动。在其中加入学过的舞蹈脚步和手势，使动作更加优美。

附律动音乐：《听音乐模仿走》

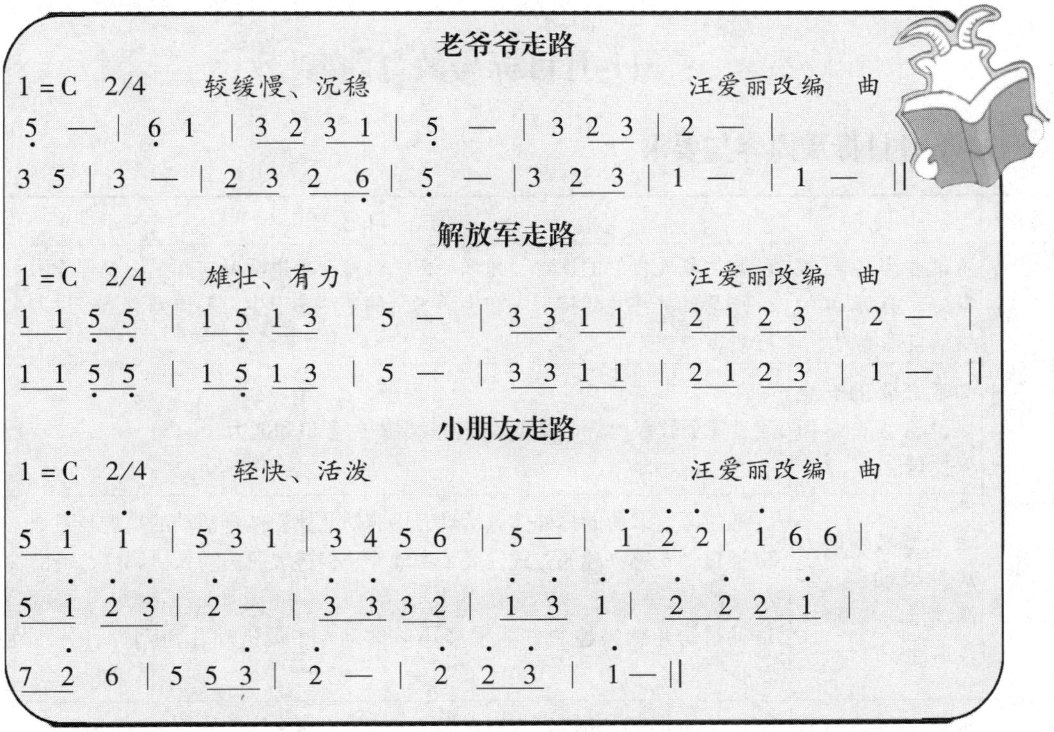

活动七　手工制作——有趣的果壳

目标1：认识、选择各种秋季干果进行美术创作，感受不同果实表现出的美感特征。

目标2：能够在制作过程中体现独特性，获得想象力、创作力的发展。

目标3：能利用身边的自然物制作手工艺品，美化自己的生活。

目标4：通过展示、欣赏，感受个人表现风格的不同。

准备：纸盘、油性橡皮泥、各种干果壳，纸张或半成品图样。

过程：

1. 感知欣赏：

（1）出示自制的作品范例，让幼儿观察作品内容和所使用的材质。

（2）示范操作图中的内容，让幼儿了解制作的程序和要点。

2. 引导创作：

（1）选择需要的材料，进行构图设计。

（2）指导幼儿有目的地进行创作，注意内容与材料搭配的适宜性。

3. 评价：

（1）引导幼儿讨论构图是否美观。

（2）引导幼儿讨论选择的材料是否合适。

建议：

1. 请幼儿到作品展示区互相欣赏，感受制作的乐趣。
2. 将幼儿作品装饰、美化班级环境。
3. 将本活动延伸到活动区，培养幼儿学会有序地收放材料。

三、11 月目标与教育内容

（一）11 月目标及内容与要求

领域	月 目 标	内 容 与 要 求
健康	生活、卫生习惯良好，有基本的生活自理能力。	1. 培养幼儿良好的饮食、睡眠、盥洗、排泄等生活习惯和生活自理能力。 2. 引导幼儿注意保持个人和生活场所的整洁和卫生，养成爱清洁、讲卫生的习惯。
	知道必要的安全保健常识，学习保护自己。	通过安全教育，培养幼儿提高自我保护的意识和能力。
	通过感兴趣的方式发展动作，提高动作的协调性、灵活性。	1. 通过丰富多彩的户外体育活动，培养幼儿热爱体育活动的兴趣与习惯。 2. 通过幼儿感兴趣的方式发展基本动作，促进大肌肉动作协调性、灵活性的发展。 3. 通过幼儿感兴趣的方式发展小肌肉动作，促进动作协调性、灵活性的发展。
语言	乐意与人交谈，讲话时自然礼貌。	1. 鼓励幼儿主动用语言与别人交往，体验语言交流的乐趣。 2. 引导幼儿在交流过程中学习使用适当的礼貌语言。
	注意倾听对方讲话，能理解日常用语。	引导幼儿知道能从图书、电视、电脑、广播、口头交谈等多种途径得到信息，从中获得知识和感受快乐。
	敢于当众讲话，能清楚地说出自己想说的事。	1. 鼓励幼儿愿意表达自己的各种感受和想法。 2. 引导幼儿尝试说明、描述简单的事物或过程。
	喜欢听故事、看图书，有初步的前阅读和前书写能力。	1. 引导幼儿感受优秀儿童文学作品语言的丰富和优美，理解作品中的内容。 2. 鼓励幼儿对书籍、阅读和书写感兴趣，有初步的前阅读和前书写能力。 3. 指导幼儿养成良好的阅读习惯。
	能听懂和会说普通话。	1. 创设良好的语言环境，使幼儿熟悉和听懂普通话. 2. 在日常生活中鼓励幼儿正确运用普通话。

（续表）

社会	能主动地参与各项活动，有自信心。	允许幼儿自己选择活动主题，制订、实现自己的计划。
	乐意与人交往，学习互助、合作和分享，有同情心。	帮助幼儿了解每个人有不同的兴趣爱好，懂得尊重别人的意见。
	理解并遵守日常生活中基本的社会行为规则。	1. 创设机会，引导幼儿认识、体验并理解基本的社会行为规则，体会规则在各种活动中的意义（如爱护玩具和其他物品，爱护公物和公共环境）。 2. 培养幼儿形成初步的规则意识，学会自律和控制自己的情绪与行为。 3. 引导幼儿学会简单地评价自己和他人的行为，初步判断某些行为的对与错。
	能努力做好力所能及的事，不怕困难，有初步的责任感。	鼓励幼儿做自己力所能及的事（如收拾玩具、整理被褥、擦桌椅等），养成初步的独立意识。
	初步了解社会常识。	1. 让幼儿知道北京是中国的首都，是个国际大都市，并了解北京正在发生的大事。 2. 在中秋节、国庆节等节日中，开展丰富多彩的活动，引导幼儿初步了解节日的意义，让每个幼儿充分表现自己，感受节日的快乐气氛。
科学	对周围的事物、现象感兴趣，有好奇心和求知欲。	1. 引导幼儿能认识较多常见的科技生活用品（如微波炉、榨汁机、录音机、洗衣机、空调等），并能初步了解这些用品对人们生活所起的作用。 2. 引导幼儿在生活和游戏中对数学产生兴趣，建立初步的自信心。
	能运用各种感官，动手动脑，探究问题。	1. 引导幼儿有目的地观察周围常见事物，能对某些事物进行比较连续地观察，能发现事物或现象的差异和变化。 2. 引导幼儿运用比较的方法进行科学活动，感受比较的过程和结果，获得初步的比较能力。 3. 引导幼儿感知自然界物质的现象和变化（如感知磁铁、石头、泥土、空气等的特性，物体的溶解和沉浮现象，以及颜色的变化等），并能根据这些现象和变化进行初步的猜想。
	能用适当的方式表达、交流探索的过程和结果。	引导幼儿用多种方式交流、分享探索与发现的过程和方法。
	能从生活和游戏中感受事物的数量关系，体验到数学的重要和有趣。	1. 引导幼儿在较多的机会中接触物体的常见量（如粗细、高矮、厚薄、轻重等），感知其特征，进行分类。 2. 引导幼儿通过各种途径学会手口一致地点数 10 以内物体，说出总数。 3. 利用各种机会，为幼儿了解 10 以内序数中相邻数之间的关系创造较多的条件。

（续表）

科学		4. 以自我为标准正确辨认空间方位（如前、后、上、下等）。 5. 鼓励幼儿运用正在发展的数学观念和方法解决生活和游戏中的问题。 6. 鼓励幼儿在日常生活与活动中，使用相关的数学语言（如“一份”“一些”“5 条”“你见过这样的形状吗”等）。
	爱护动植物，关心周围环境，亲近大自然，珍惜自然资源，有初步的环保意识。	1. 引导幼儿在日常生活中，探究和发现四季明显的特征（秋凉收获各种果实，冬冷动植物冬眠等），感知和体验一些天气现象（风、沙尘、雨、雪），初步体验季节变化与动植物以及人们生活的关系。 2. 引导幼儿谈论自己喜欢与不喜欢的一些环境和事物现象（如喧闹、安静、脏乱、整洁等），以力所能及的方式对待周围事物和环境（如把垃圾扔到指定的地方等）。
艺术	能初步感受并喜爱生活和艺术中的美。	1. 支持、鼓励幼儿在进一步感知、探索和体验音乐音调的高低的变化中获得美的感受。 2. 引导幼儿初步感知生活中的节拍与节奏，从中感受韵律美。 3. 提供内容丰富的简单音乐作品，支持、鼓励幼儿体验这些作品的基本情绪或情感，并尝试用自己喜欢的方式表达对音乐的感受。 4. 初步感知音乐的前奏。
	积极参加表演活动，在活动中获得愉快、丰富的情绪体验。	1. 愿意参加音乐活动，能够从音乐活动中获得愉悦和美感。 2. 通过多种途径引发、支持幼儿模仿舞蹈动作的兴趣。
	能够大胆地用自己喜欢的方式进行艺术表现和创作，富有个性地表达自己的情感和体验。	1. 引导幼儿能基本准确歌唱八度范围内（$c^1 \sim c^2$）的五声音调的优美抒情的歌曲。 2. 学唱优美抒情的 2/4 拍的歌曲，初步尝试按歌曲节拍的特点、速度、力度和情感富有表现力地歌唱。 3. 创设轻松、和谐的氛围，支持幼儿随音乐的节奏尝试按自己的想象自由地做模仿动作、律动和简单的舞蹈动作，逐步做到动作协调优美。 4. 引导幼儿学习掌握几种打击乐器正确的敲击方法，会按简单的固定节奏型为歌曲、乐曲、舞蹈等作即兴伴奏。 5. 喜欢模仿日常生活或艺术作品中人物的语言、表情、动作。
	具有参加表演活动的良好习惯。	提供有序收放表演物品的条件，培养幼儿有序收放的习惯（如乐器等）。
	能够感受并喜爱生活和环境中的美，发现事物美的特征。	1. 引导幼儿从周围环境、四季景色、生活用品中获得美的感受，发现美的特征。 2. 鼓励幼儿有意识地收集一些带有艺术特点的物品，丰富活动区的美术创作材料。

（续表）

艺术	认识美术作品所表现的内容，感受作品的美感特点，初步了解作品表现的方法。	1. 提供风格多样的美术作品（如水墨画、油画、水粉画、装饰作品、剪纸画、民间画等），引导幼儿初步了解作品的表达形式。 2. 在欣赏美术作品的过程中，引导幼儿初步感知美术元素在作品中的运用，从中了解事物的多种表现方法，感受作品的视觉冲击力。
	喜欢用不同风格的美术方式表达自己对事物的印象与情感体验，获得心理上的满足。	1. 提供背景环境，引导幼儿用不同美术形式表达对事物的感受。 2. 鼓励幼儿利用已掌握的艺术表现方法，进行自由创作，支持他们在绘画过程中有奇特的想法（如夸张的色彩、变形的线条、抽象的内容等）。
	认识、选择各种美术材料和工具，在使用中大胆尝试、设想与创作。	1. 提供多种美术材料和工具供幼儿使用，引导幼儿感受不同材料表现出的美感特征。 2. 在美术欣赏的基础上，引导幼儿使用各种材料和工具进行大胆创作。 3. 鼓励幼儿在欣赏美术作品的基础上，尝试用适宜的材料和工具感知、再现其艺术风格，体会作品的魅力。 4. 支持幼儿独特的设想，必要时帮助他们形成作品的最终形式。
	尝试为戏剧表演、主题游戏自制道具和装饰物。	鼓励幼儿为扮演活动自制服装和道具。
	能够尊重他人对美的感受和表达方式。	1. 创设美工作品展示区域，引导幼儿感受和体会美术作品的表达是个人的意愿，体会艺术创作无对错之分。 2. 鼓励幼儿展示自己的作品并相互欣赏，尊重和爱护别人的作品，理解每个人都可以有自己的表现方式。
	具有美术活动的良好习惯，能有序使用和收放美术工具、材料。	1. 提供收放美术工具和材料的条件（如整理箱、分类架、收藏箱、垃圾桶等），鼓励幼儿运用已有经验和规则自觉的收放工具和材料。 2. 帮助幼儿掌握合理选择材料的方法（如充分利用边角料、将废物改造成艺术品等），不浪费美术材料。

（二）第一周目标与落实途径

领域	目　标		落实途径
健康	生活、卫生习惯良好，有基本的生活自理能力。	1. 培养幼儿良好的饮食习惯和生活自理能力。 2. 养成爱清洁、讲卫生的习惯。	生活： 1. 主动饮适量的水。 2. 学会擤鼻涕的正确方法，知道打喷嚏、咳嗽不对人，形成良好的个人卫生习惯。 集体： 学会擤鼻涕的正确方法，知道打喷嚏、咳嗽不对人，形成良好的个人卫生习惯。
健康	通过感兴趣的方式发展动作，提高动作的协调性、灵活性。	1. 喜欢参加丰富多彩的体育活动，养成参加体育活动的兴趣与习惯。 2. 大肌肉动作更加协调、灵活。 3. 小肌肉发展更加协调、灵活。	生活： 在幼儿园及家庭日常生活中，逐步发展小肌肉的协调性、灵活性。 区域： 1. 尝试绳子的多种玩法，发展跳、抛、接等基本动作且动作较灵活、协调。 2. 在游戏中发展小肌肉，动作较灵活、协调。 3. 体验冬季运动的乐趣。 区域、集体： 1. 尝试多种姿势的爬行活动，动作较灵活、协调。 2. 参加体育游戏，活动中坚强、勇敢、不怕寒冷。
语言	乐意与人交谈，讲话时自然、礼貌。	1. 能运用语言与别人交流，体验语言交流的乐趣。 2. 在交流过程中学习使用适当的礼貌语言。	生活： 正确使用礼貌用语与周围人交流。 区域： 1. 与同伴交流购物的经验。 2. 主动与同伴交往，学习商讨与合作。
语言	注意倾听对方讲话，能理解日常用语。	1. 养成注意倾听的习惯，发展语言理解能力。 2. 尝试说明、描述简单的事物或过程。	生活： 在一日生活中听懂教师的指令，并按照要求做事情。 区域： 与同伴交流购物的经验。
语言	清楚地说出自己想说的事。	1. 能大胆、清楚地表达自己的想法和感受。 2. 能够积极提问，乐于回答问题。	区域： 能清楚地表达自己的愿望和要求。 集体： 1. 乐意扮演文学作品中的角色，将重复对白进行复述。

（续表）

语言		3. 尝试说明、描述简单的事物或过程。	2. 清楚地表达自己对鼻子的了解与保护方法。 3. 认真倾听故事，积极回答有关问题。 4. 清楚地描述物体的特点和分类的方法。
	喜欢听故事、看图书，有初步的前阅读和前书写能力。	1. 能感受优秀儿童文学作品语言的丰富和优美，理解作品中的内容。 2. 喜欢听儿童文学作品，会复述故事、续编故事，学习和仿编儿歌。	区域： 阅读、欣赏不同体裁的文学作品。 集体： 听故事，理解其中的内容。
	能听懂和会说普通话。	1. 熟悉和听懂普通话。 2. 能正确运用普通话。	生活： 正确运用普通话进行交流。
社会	能主动地参与各项活动，有自信心。	能制订、实现自己的计划。	集体： 能自己制订活动计划。
	乐意与人交往，学习互助、合作和分享，有同情心。	1. 知道别人有与自己不同的兴趣爱好，懂得尊重别人的意见。 2. 积极主动与同伴交往，学习商讨与合作。	生活、集体： 了解别人有与自己不同的兴趣爱好，懂得尊重别人的意见。 区域： 主动与同伴交往，学习商讨与合作。
科学	对周围的事物、现象感兴趣，有好奇心和求知欲。	主动感知生命、亲近自然，有好奇心和求知欲。	生活、区域： 发现深秋明显的特征（大树落叶、天气变冷等），感知和体验季节变化与动植物及人们生活的关系，并从中体会到愉快。
	能运用各种感官，动手动脑，探究问题。	对身边的常见事物、现象大胆猜想和主动探索。	区域： 对身边的常见事物、现象大胆猜想和主动探索。

（续表）

科学	能用适当的方式表达、交流探索的过程和结果。	用多种方式交流对事物探索与发现的方法，与他人分享观察、探索的乐趣。	区域： 1. 自己选择主题进行有目的的搭建，并与同伴交流自己搭建的感受。 2. 与他人分享观察、探索的乐趣，并用多种形式表现、交流探索的过程与方法。
	能从生活和游戏中感受事物的数量关系，体验到数学的重要和有趣。	1. 在各种机会中接触物体大小、厚薄、宽窄等常见量，感知其特征，进行分类。 2. 在生活和游戏中，学习简单的模式进行循环排序。	区域： 寻找5～6种不同的叶子，描述树叶的特征并进行分类排序。 集体： 在活动中接触物体厚薄、轻重等常见量，感知其特征，进行分类、比较和排序。
	爱护动植物，关心周围环境，亲近大自然，珍惜自然资源，有初步的环保意识。	在日常生活中，感知和体验一些天气现象（风、雨等），初步体验季节变化与动植物及人们生活的关系。	生活： 探究和发现深秋气温的变化，感知和体验一些天气现象（刮北风），初步体验季节变化与动植物及人们生活的关系。 区域： 通过观察记录，感知季节变化与动植物及人们生活的关系。
艺术	能初步感受并喜爱生活和艺术中的美。	尝试感知歌谣、歌曲和生活中的节拍与节奏，从中感受韵律美。	生活、区域： 感知歌谣、歌曲和生活中的节拍与节奏。
	积极参加表演活动，在活动中获得愉快、丰富的情绪体验。	能在轻松、和谐的氛围中参加各种音乐活动，并从活动中获得愉悦和美感。	集体： 从音乐活动中获得愉悦和美感。
	能够大胆地用自己喜欢的方式进行艺术表现和创作，富有个性地表达自己的情感和体验。	1. 能够基本准确歌唱八度范围内（c^1～c^2）的五声音调歌曲。 2. 喜欢模仿艺术作品中人物的语言、表情、动作，愿意尝试创编与合作表演简单的故事情节。	集体： 1. 学唱八度范围内（c^1～c^2）的五声音调歌曲。 2. 扮演文学作品中的角色，将重复对白进行复述。

（续表）

艺术	能够感受并喜爱生活和环境中的美，发现事物美的特征。	能够从四季景色中获得美的感受，发现自然美的特征。	生活、集体： 感知、观察自然界中美好的景象和因季节更替而发生的变化，获得深刻印象，发现自然美的特征。 区域： 1. 感受并喜爱生活和环境中的美，发现事物美的特征。 2. 寻找周围环境、生活中感兴趣的事物，发现基本特征。
	认识美术作品所表现的内容，感受作品的美感特点，初步了解作品表现的方法。	1. 喜欢欣赏各种风格的美术作品，了解作品所表现的内容。 2. 在欣赏过程中感受美术元素的运用，初步了解其表达方法。	集体： 1. 认识、欣赏绘画大师的作品，从中获得启发和熏陶。 2. 感知线条和色彩在作品中的运用，从中了解事物的多种表现方法，感受作品强烈的视觉效果。
	喜欢用不同风格的美术方式表达对事物的印象与情感体验，获得心理上的满足。	1. 喜欢参加美术活动，乐于用自己喜欢的美术方式宣泄自己的情绪，获得心理上的满足。 2. 能够运用不同美术方式（绘画、雕塑、手工制作等）表达对事物的印象与情感体验，发展艺术表达力。	区域： 用已掌握的绘画方法，进行有奇特想法的自由创作（如夸张的色彩、变形的线条、抽象的内容等）。 集体： 用美术方式表达自己的所感、所见、所知、所想和对事物的印象与情感体验，获得心理上的满足。
	认识、选择各种美术材料和工具，在使用中大胆尝试、设想与创作。	1. 使月各种美术材料和工具进行大胆创作。 2. 能利用身边的物品或废旧材料制作玩具、手工艺品，美化自己生活或开展其他活动。	区域： 利用身边的物品或废旧材料制作玩具，开展游戏活动。 集体： 在美术欣赏的基础上，引导幼儿使用各种材料和工具进行大胆创作。

生活活动

目标1：学会擤鼻涕的正确方法，知道打喷嚏、咳嗽不对人，形成良好的个人卫生习惯。

目标2：能在幼儿园及家庭日常生活中，逐步发展小肌肉的协调性、灵活性。

指导建议：

1. 在生活区中投放擤鼻涕、咳嗽、打喷嚏时的正确行为的图片，鼓励幼儿在观察的基础上进行模仿学习，并通过家园联系册请家长鼓励幼儿在家和在幼儿园表现一样。

2. 在盥洗室中找一个适当的位置投放卫生纸，方便幼儿取放，提醒感冒的幼儿随时取手纸进行清洁；教师在户外活动中携带手纸、手绢，以供幼儿需要时使用。

目标3：能主动饮适量的水。

目标4：能在一日生活中听懂教师的指令，并按照要求做事情。

指导建议：

1. 在集体喝水环节加强监督与提醒，保证幼儿定时定量饮水。

2. 鼓励幼儿观察自然角的植物、小朋友的嘴唇和自己的小便的颜色，了解缺水以后的结果，并在班级里的饮水桶旁制作一个“猴子爬树”的饮水自评记录表，鼓励幼儿自己记录每天的饮水量（幼儿饮一杯水，让“猴子”爬一格树）。

目标5：能够正确使用礼貌用语与周围人交流。

目标6：知道自己有与别人不同的兴趣爱好，懂得尊重别人的意见。

指导建议：

1. 引导幼儿在过渡环节开展“电话开心聊”的小游戏，投放各种废旧物制作的小电话，鼓励幼儿自选喜欢的电话，用礼貌用语与同伴、老师聊天。随着活动的深入，还可配备一个班级通讯录，引导幼儿对电话、数字感兴趣，还可以运用图示的方式为幼儿提供一些谈话的内容。

2. 在来园、离园环节引导幼儿和老师、周围人用礼貌用语进行交流，同时，教师指导家长注意在不同场合鼓励幼儿运用礼貌用语与周围人交流。

目标7：能听懂和正确运用普通话进行交流。

指导建议：

1. 教师注意引导幼儿在生活中用普通话进行交流，注意区分普通话与方言发音的区别。

2. 教师在日常的言语中要用普通话，对于发音不正确的幼儿，教师要选择适宜的时机给予纠正。同时，注意家园合作，鼓励家人在家中为幼儿创设规范的普通话环境，必要时，对个别幼儿进行个案分析和追踪指导。

目标8：在日常生活中，能探究和发现深秋明显的特征（大树落叶、天气变冷等），感知和体验一些天气现象（刮北风），初步体验季节变化与动植物及人们生活的关系。大胆猜想和主动探究，并从中体会到愉快。

指导建议：户外活动时，教师引导幼儿观察深秋大树的变化，并与落叶做各种游戏，如踩叶子听声音、拔根等，并拾捡落叶，将落叶带回班后开展穿叶子项链、制作树叶拓印画、叶子书签等活动。见中班幼儿用书11月分册“叶子的联想”。

目标9：能初步感知歌谣、歌曲和生活中的节拍与节奏。

指导建议：

1. 引导幼儿倾听和模仿自然界中的声音与节奏，如动物叫声、风声、雨声。

2. 寻找生活中的各种声音，并用不同节奏进行模仿，如大街上汽车鸣笛的声音、厨房里妈妈切菜的声音等。

目标10：能够观察自然界中美好的景象和因季节更替而发生的变化，获得深刻印象，发现并感受自然美的特征。

指导建议：

1. 引导幼儿观察自然界中因季节更替而发生的变化，获得深刻印象，发现并感受自然美的特征。

2. 利用散步、户外活动等生活环节，引导幼儿有目的地探究和发现季节更替时明显的特征，初步体验季节变化与动植物及人们生活的关系。

活动区活动

运动区

目标1：尝试绳子的多种玩法，发展跳、抛、接等基本动作且动作较灵活、协调。

目标2：尝试多种姿势的爬行活动，动作较灵活、协调。

目标3：体验冬季运动的乐趣。

指导建议：

1. 教师引导幼儿讨论绳子的用途，鼓励幼儿自由选择不同的绳子，自由玩耍，探索绳子的玩法。

2. 提供材质、粗细、长短不同的绳子，为幼儿不同的兴趣提供物质准备。

3. 绳子的几种玩法：

（1）变蛇：可以一人持绳在地上甩动，使绳子呈蛇状，幼儿边走边踩晃动着的绳；也可以两人相对而站持绳在地上左右甩动，幼儿在“大蛇”两边左右跳，躲避“大蛇”。

（2）变绳梯：将绳子摆放成梯子状进行跳、跨、跑等游戏。

（3）变尾巴：将绳子编成“尾巴”，玩“揪尾巴”游戏。

（4）变绳索：教师帮助幼儿将绳端固定在两棵树上，幼儿练习两脚离地，将绳索套在两边腋下向前行走。

4. 教师在为幼儿创设适宜爬行的环境，投放多种练习爬行活动的材料，如在户外准备较多的垫子、钻爬筒，也可投放手套或爬行手板，多种爬行动物的头饰、背饰或胸饰，如小猴、小乌龟、大青虫等。

5. 教师通过游戏的方法引导幼儿练习手脚着地爬、匍匐爬、跪爬等，还可以引导幼儿创造性地进行地面爬行活动。

6. 教师重点把握好幼儿的不同爬行距离，启发幼儿上下肢体协调用力。

角色区：购物中心——百货部

目标1：能与同伴交流自己对购物的经验。

目标2：积极主动与同伴交往，学习商讨与合作。

目标3：能清楚地表达自己的愿望和要求。

指导建议：

1. 与幼儿共同讨论、协商，鼓励幼儿说出自己和家人购物的所见所闻，如“百货部”柜台的摆放，商品的分类、整理，并进行装饰，向美劳区“加工厂”提供生产信息。

2. 在活动过程中，教师要鼓励和引导幼儿发现游戏中出现的问题（如活动区人数多，幼儿扮演的角色不能坚持表演等），并对这些问题进行讨论、解决，鼓励幼儿自主解决问题。

表演区

目标1：能初步感知歌谣、歌曲和生活中的节拍与节奏。

目标2：愿意参加音乐活动，能够从音乐活动中获得愉悦和美感。

目标3：基本准确歌唱八度范围内（$c^1 \sim c^2$）的五声音调歌曲。

指导建议：

1. 投放不同节奏型的动物节奏卡（如用一只母鸡，两只小鸡表示节奏型：× ×× | × ××；用四个小马头和两个大马头表示节奏型：×××× | × ×），鼓励幼儿按照节奏卡用各种自制乐器（小鼓、沙瓶）进行表演。

2. 投放歌谣《玉米公公》的图片和自制的诗歌录音磁带，引导幼儿欣赏、跟读。在幼儿熟悉歌谣后，可鼓励幼儿用不同的节奏朗诵歌谣，如：

×××× | ×××   ×. ××× | ×××

玉米公公 年老了，   玉 米公公 年老了，

附歌谣：《玉米公公》

玉米公公年老了，长长胡子胸前飘，石榴娃娃瞧见了，咧开嘴巴笑他老，香蕉娃娃懂礼貌，上前弯腰问声好。

美工区

目标1：能够感受并喜爱生活和环境中的美，发现事物美的特征。

目标2：能用已掌握的绘画表现方法，进行有奇特想法的自由创作。

指导建议：

1. 提供中班11月幼儿用书《动物世界》、一些动物的图片和不同内容、层次的动物家园添画图片（如农场、森林、草原等秋季背景图），让幼儿感知动物的外形特征。

2. 提供折纸材料和步骤图，指导幼儿学习折纸“老虎”。重点：不同形式的对折和内折；难点：第四步剪出部分缺口摊开和第五步反复折。

3. 引导幼儿为所折作品添画背景，指导他们注意所添画内容与动物生活习性的相似性，所添画色彩与秋季自然景象的一致性。

4. 鼓励幼儿运用已掌握的艺术表现方法进行自由创作，支持他们在绘画过程中采用夸张的色彩、变形的线条、抽象的内容等。

附老虎折纸步骤示意图：

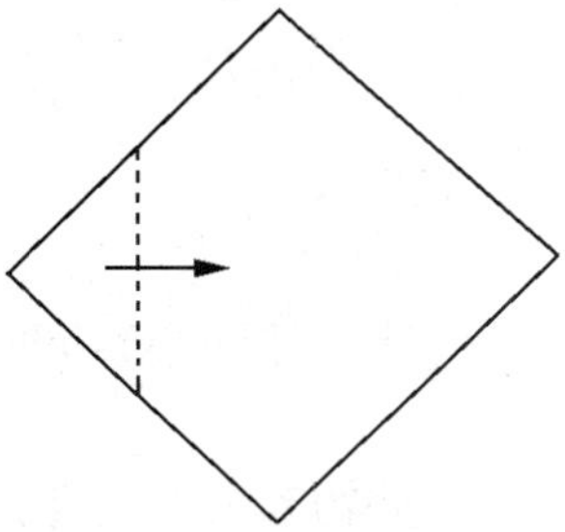

1. 正方形一角向中折

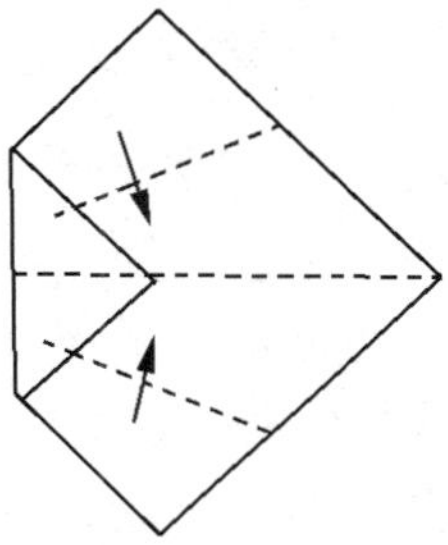

2. 依虚线两角向中折成图3

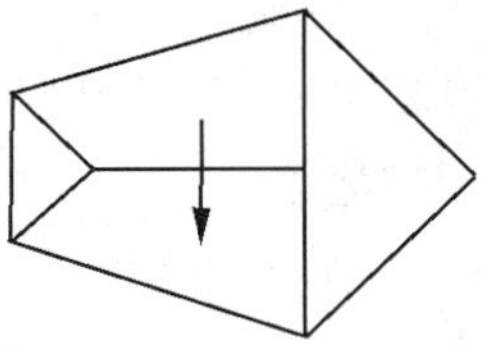

3. 对折

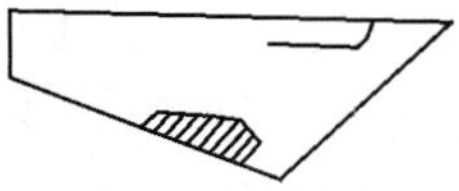

4. 沿黑线剪开再摊开

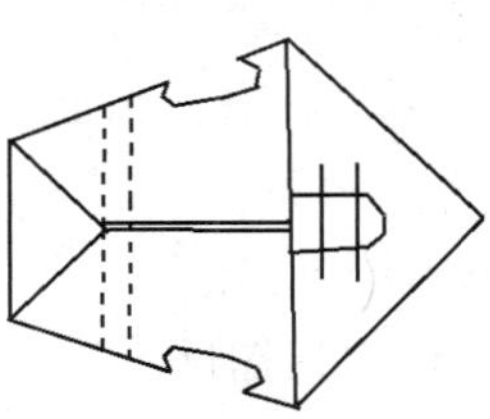

5. 依虚线复折成图6

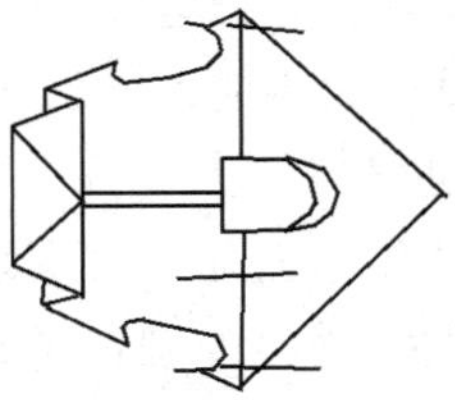

6. 两小三角形依虚线向内折，大三角形向左折

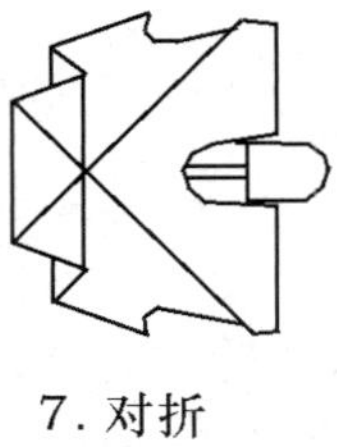

7. 对折

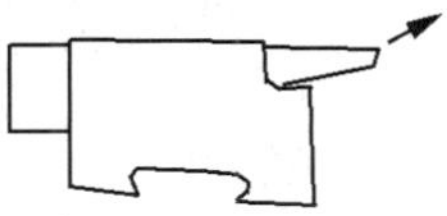

8. 把尾巴向上稍拉，画上面部和身上条纹

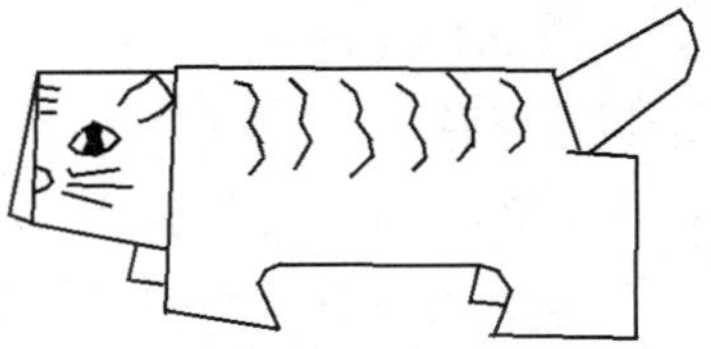

9. 老虎

目标3：能利用身边的物品或废旧材料制作玩具，开展游戏活动。

目标4：能在游戏中发展小肌肉，动作较灵活、协调。

指导建议：

1. 收集生活中购物中心的各种图片或照片，丰富幼儿的创作经验。

2. 收集各种废旧材料，利用瓶、盒、袋等材料制作百货部的商品。

建构区

目标1：能够主动寻找和发现周围环境、生活中感兴趣的事物。

目标2：能自己选择主题进行有目的地搭建，并与同伴交流自己搭建的感受。

指导建议：

1. 引导幼儿对生活中、周围环境中感兴趣的事物（如居住的楼房）进行观察，收集建筑资料（如照片或图片）布置在活动区，为有目的地搭建提供参考资料。

2. 设置区域活动计划表，鼓励幼儿预先设计自己喜欢的搭建主题，能够参考搭建资料搭建出有特点的建筑物。

科学区

目标1：在日常生活中，初步体验季节变化与动植物及人们生活的关系。

指导建议：

1. 教师在科学区的一角开辟一个可以活动的天气记录专栏，请幼儿仔细观察天气情况后进行记录，并在每天游戏后轮流向全班小朋友汇报天气情况。

2. 随着活动的深入，教师可在此环节鼓励幼儿自主观察植物、动物和人的变化，并用自己喜欢的方式表达，如做“穿衣备忘录”等。

目标2：能对身边的常见事物、现象进行大胆猜想和主动探索。

目标3：能与他人分享观察、探索的乐趣，并能大胆提出问题，用多种形式表现、交流探索的过程与方法。

指导建议：教师在科学区投放大小不同的球、盒子、滑道、棒、颜料、线，以及各种利用球的滚动原理制作的玩具，引导幼儿感知球的滚动，并探索、记录生活中还有哪些滚动的物体，它们和球的滚动有什么相同和不同之处。

益智区

目标：寻找5~6种不同的叶子，描述树叶的特征并进行分类排序。

指导建议：

1. 请幼儿在户外寻找5~6种不同的树叶（每种6片）带到班上。

2. 幼儿与同伴交流自己捡的树叶，并比较树叶的不同。

3. 把自己的树叶分一分、排一排，说一说是怎样分和排的。可以按树叶的种类、大小、颜色、厚薄、宽窄等进行分类和排序，也可用各种树叶进行有规律的排序。

4. 请家长配合，让幼儿在家里分一分瓜果、蔬菜，协助分放各种物品，如整理自己的图书、玩具、衣物，摆放鞋子等。

阅读区

目标1：能够正确使用礼貌用语与周围的人交流。

指导建议：

1. “礼貌用语对对碰”——在语言角投放各种生活场景的小卡片（如小朋友和老师在幼儿园门口打招呼；大哥哥帮助小弟弟系鞋带；不小心踩了伙伴的脚抱歉摆手等），鼓励幼儿自取图片使用礼貌用语进行正确讲述，并引导幼儿将学会的礼貌用语使用在一日生活的真实场景中。

2. 与幼儿共同阅读的过程中引导幼儿发现并积累故事中的礼貌用语及其用法。

目标 2：喜欢欣赏不同体裁的文学作品。

指导建议：

1. 教师可以争取家长的合作，在班级内开展“我最喜欢的故事（诗歌、散文……）”活动，让幼儿接触各种体裁的文学作品。鼓励幼儿将自己喜欢的文学作品进行不同方式的展示，如朗诵、简单复述、表演、绘画等，激发幼儿对文学作品的热爱。

2. 在欣赏文学作品过程中，教师要注意引导幼儿体会作品中的语言美，感受文字表达的魅力（如留给人们的想象……），以及文学作品带给人们的财富和价值（如作品传递的感情、揭示的道理等）。

集体活动

活动一　有用的鼻子

目标 1：学会擤鼻涕的正确方法，知道打喷嚏、咳嗽不对人，形成良好的个人卫生习惯。

目标 2：能清楚地表达自己对鼻子的了解与保护方法。

准备：

1. 请幼儿在日常生活中与父母一起收集有关动物鼻子的各种资料，为活动积累经验。

2. 教师准备两组有关保护鼻子的图片，一组是鼻子在各种情况下的反应，另一组是在这些情况下正确保护鼻子的方法。具体设计如下：

一个小朋友感冒了，鼻涕泡泡直往外冒。	幼儿拿纸正确擤鼻涕的画面。
一个小朋友对着另一个小朋友打喷嚏。	一个小朋友打喷嚏时，用手帕捂着嘴。
一个小朋友看到一簇野花，想上去闻。	幼儿拿手轻轻地扇动花朵，并闻。
一个小朋友经过一个散发气体的物体。	幼儿捂住鼻子，往旁边跑。
一个小朋友正在往鼻子里塞小豆豆。	一名大夫拿长夹子正在从幼儿的鼻子里往外夹东西。

3. 中班幼儿用书 11 月《动物世界》第 16 ~ 17 页“有用的鼻子”。

指导：

1. 教师引导幼儿翻看幼儿用书，将不同动物的鼻子和它们的主人用线连上，帮助幼儿了解不同动物鼻子的外形特征和作用。

2. 教师请幼儿玩情境游戏“鼻子作用大”，引导幼儿了解鼻子的重要作用。

（1）教师准备几瓶不同种类的液体（液体装在不透明的瓶子里，包括白水、汽水、苹果汁、橘汁）请幼儿用闻的办法猜出这些液体是什么。

重点：教师鼓励幼儿大胆尝试，并随机渗透闻东西的正确方法。

（2）请幼儿根据自己的生活经验说一说鼻子除了闻东西还有哪些作用。

3. 游戏：图片配对。教师请幼儿观察两组图片，并尝试配对，说说在这些情况下应该怎样保护鼻子。

（1）指导语：请小朋友看一看图片上的人怎么了？小朋友应该怎么保护自己的鼻子？

（2）教师引导幼儿讨论：感冒时，鼻子有什么感觉，应该怎么做。

重点：引导幼儿用体验的方式了解感冒时护理鼻子的常见方法，如用正确的方式擤鼻涕；用干净水清理鼻腔等。

建议：

教师要加强日常生活中的指导。

活动二　小青虫，爬爬爬

目标 1：尝试多种姿势的爬行活动，动作较灵活、协调。

目标 2：乐于参加体育游戏，培养幼儿坚强、勇敢、不怕寒冷的品质。

准备：

1. 了解小青虫的蠕动过程和生长方式。

2. 草地（软垫）、斜坡，装扮小青虫的头饰和布口袋（中空），各种动物的图片。

过程：

1. 教师出示各种动物的图片，请幼儿说说哪些动物会爬，怎么爬。

2. 请幼儿自选喜欢的动物分散模仿（如小乌龟、小蚂蚁、小蛇等）。

重点：引导幼儿在爬行过程中相互比较姿势的异同。

3. 请幼儿重点探究小青虫的爬行动作。

（1）引导幼儿说一说小青虫的外形，它的爬行姿势有什么特点。（蠕动：用腰部拱动，不用手脚）。

（2）幼儿自由练习，尝试向前、向后、向不同的方向拱动。

4. 教师和幼儿玩游戏："小青虫变蝴蝶"。

（1）幼儿套上口袋（将身子装进一个中空的布口袋，口袋的一个口在肩上和脖子处固定，另一个口在脚踝处束上），扮成小青虫到花园里玩，并根据教师的指令做相应的动作：

① 爬山坡：幼儿模仿小青虫蠕动着从低处往高处爬。

② 吃青草：幼儿模仿小青虫在平地里爬，并将纸做的青草塞进口袋里。

③ 慢爬、快爬：幼儿熟悉动作后可根据教师口令控制爬行速度。

④ 结茧：幼儿听到口令后，将身子蜷在一起不动了。

⑤ 化成蝴蝶：幼儿从口袋里钻出来，模仿蝴蝶飞舞。

（2）幼儿模仿蝴蝶，随音乐在花园里翩翩起舞。

建议：

1. 在爬行过程中，注意提醒幼儿保护好自己的下巴不受伤害。

2. 教师可继续引导幼儿总结其他爬行动物的爬行方式，并举办一个小小的爬行运动会。

活动三　金色的房子

目标1：喜欢听故事，理解其中的内容。

目标2：乐意扮演文学作品中的角色，能够将重复对白进行复述。

目标3：能够认真倾听故事，积极回答有关问题。

目标4：喜欢模仿艺术作品中人物的语言、表情和动作。

准备：

1. 教师准备故事《金色的房子》的相关资料，如故事图书、录音带或自制挂图。

2. 小姑娘的蝴蝶结发卡若干个，小动物的头饰若干。

3. 请家长带幼儿到生活中去认识各种各样的房屋，并引导幼儿用简单的语言去描述房子的外形特点。

过程：

1. 教师引导幼儿欣赏故事《金色的房子》。

（1）教师提问，并引导幼儿讨论、分享交流见过的漂亮房子的样子。

（2）请幼儿说说故事中金色的房子是什么样的，引导幼儿讨论房子的各种特征。

（3）幼儿完整欣赏一遍故事，尝试重复小动物夸金色房子的一句话："小姑娘，您早！您那金色的房子真好，红的墙，绿的窗，金色的屋顶亮堂堂！"

重点：引导幼儿感受如何用礼貌的语气与人交流。

2. 教师引导幼儿理解故事的主要内容及情节线索。

（1）幼儿再次欣赏完整的故事，并互相说一说：故事里有哪些小动物，他们的愿望是什么？

（2）教师提问：小姑娘为什么不愿意让他们进房子里玩。

重点：引导幼儿用故事的原话回答问题。如小狗说："小姑娘，让我进去玩玩吧！"小姑娘说："不行，你汪汪汪地乱叫，会闹得我睡不着觉的！"

（3）教师提问：小姑娘不让小动物进金色的房子玩，最后她开心吗？为什么？

3. 教师请幼儿扮演自己喜欢的故事角色，并尝试复述故事里的主要对话。

（1）教师请幼儿自选自己喜欢的故事角色，戴上头饰，分组表演小动物们与小姑娘的对话。

重点：引导幼儿说出重复的对白，并表现出小动物渴望的心情和小姑娘不乐意的语气。

（2）表演结束，幼儿自由进入房子与小姑娘游戏。

建议：

1. 在幼儿熟悉故事语言后，教师可在表演区投放故事的录音带和头饰，请幼儿完整地表演故事《金色的房子》。

2. 可以在后续活动中引导幼儿画一画"不一样的房子"，谈一谈"如果我有一座金色的房子，我要让它做什么"。

附故事：《金色的房子》

田野里有一座小房子，红的墙，绿的窗，金色的屋顶亮堂堂，太阳一出来，照得一闪一闪的，漂亮极了。

金色的房子里，住着一个小姑娘。每天早晨，她提着一只花篮，到草地上去采花。

一天，小姑娘正在采花，一只小羊跑来对她说："小姑娘，您早！您那金色的房子真好，红的墙，绿的窗，金色的屋顶亮堂堂！"

一只小鸟飞来对她说："小姑娘，您早！您那金色的房子真好，红的墙，绿的窗，金色的屋顶亮堂堂！"

一只小狗跑来对她说："小姑娘，您早！您那金色的房子真好，红的墙，绿的窗，金色的屋顶亮堂堂！"

一只小猴跑来对她说："小姑娘，您早！您那金色的房子真好，红的墙，绿的窗，金色的屋顶亮堂堂！"

小姑娘听到小羊、小鸟、小狗、小猴都说她的房子好，心里真高兴，就带着他们一起唱歌、跳舞。

快到中午了，小姑娘要回家了。小羊、小鸟、小狗和小猴，给她采了许多花，一直把她送到金色的房子跟前。

小鸟说："小姑娘，让我进去玩玩吧！"小姑娘说："不行，你扑棱扑棱地乱飞，会把我的房子弄脏的。"

小狗说："小姑娘，让我进去玩玩吧！"小姑娘说："不行，你汪汪汪地乱叫，会闹得我睡不着觉的！"

小猴和小羊说："小姑娘，让我们一起进去玩玩吧！"小姑娘说："那更不行，你们啪嗒啪嗒地乱跑，会把我家的地板踩坏的。"

小姑娘说完了话，就走进房子里去，嘭的一声，关上了大门。

小姑娘在家里唱了一会儿歌，可是没有人听她的，跳了一会儿舞，可是没人看她的。她觉得闷极了。

她打开窗子一瞧，小羊、小鸟、小狗、小猴在草地上玩得正热闹呢！小鸟飞着，叫着，小狗跳着，唱着，小猴骑在小羊的背上，像个小猎人，多神气。

小姑娘悄悄打开了门，悄悄地走进草地。小羊、小鸟看见她说："小姑娘，快来，快来，跟我们一起玩吧！"小狗和小猴也都欢迎她。

小姑娘把他们带到金色的房子跟前，说："请你们到我家去玩吧！"

"你不怕我们弄脏你的房子？"小姑娘摇摇头。

大伙儿高兴极了，跟着小姑娘到金色的小房子里去。他们一起唱歌：

"红的墙，绿的窗，金色的屋顶亮堂堂！"

活动四　周末有约

目标1：能自主制订周末旅游计划。

目标2：知道自己有与别人不同的兴趣爱好，懂得尊重别人的意见。

准备：

1. 幼儿有参与谈话活动的经验。
2. 水彩笔、白纸若干（与幼儿人数相符）。

过程：

1. 教师引导幼儿大胆表达自己的周末愿望。

（1）教师背着一个小旅行包进教室，引发幼儿的讨论。

指导语：周末快到了，我计划去爬山，你们周末想干什么去？

（2）教师鼓励幼儿大胆畅想自己的周末愿望，如去动物园、去买衣服、去吃比萨饼等。

重点：引导幼儿在同伴面前清楚地说出自己的想法，并能认真地倾听他人的讲述。

2. 教师鼓励幼儿用图表的形式记录下自己的周末计划。

指导语：记录表应该怎样设计才能让别人看得清楚？（能有顺序地体现出计划中出现的时间、事件和人物）怎样能在短时间内把自己要干的事表达出来？（采用简笔画）

提示：对于能力弱的幼儿，可提供一些预先备好的小图片（如去游乐场、去动物园、吃饭等），引导幼儿用图片粘贴的方式表现自己的计划。

3. 教师引导幼儿分享自己的周末计划，知道自己有与别人不同的兴趣爱好，懂得尊重别人的意见。

（1）教师请幼儿与同伴自由交流自己的活动主题计划表。

（2）教师请一些周末计划做得有特点的幼儿到集体面前来介绍自己的活动主题。

（3）请幼儿将活动主题计划带回家，让家长帮助实施。

建议：

1. 此活动最好在周五或周四进行，让幼儿感受真实的活动环境。
2. 请家长积极协助幼儿实施自己的周末计划，帮助幼儿体验自主选择活动主题的快乐。

活动五　叶子大家庭

目标1：在活动中接触物体厚薄、轻重等常见量，感知其特征，进行分类、比较和排序。

目标2：能清楚地描述叶子的特点和分类的方法。

准备：

1. 在户外捡树叶的活动中，引导幼儿按照一定特征对捡来的树叶分类整理。
2. 在班级环境里布置三棵不同种类的树、若干不同大小的树叶（包含三个种类）和若干不同大小的盒子。

过程：

1. 请幼儿观察、描述不同种类的树叶，从而了解树叶的基本特征。

（1）教师出示一个装满不同树叶的小框子，请幼儿挑选一片自己最喜欢的树叶。

（2）请幼儿仔细观察树叶，并与同伴相互介绍自己的树叶。

重点：引导幼儿用不同的方式观察、探索自己手里的叶子，如看看叶子是什么形状、什么颜色；摸摸叶子的边缘是光滑还是粗糙；闻闻叶子有没有香味。

2. 幼儿通过游戏“送小树叶回家”，尝试按一种维度对小树叶进行分类。

（1）教师为幼儿手中的小树叶准备大、中、小三个盒子和三个种类的大树（布置在墙饰中）六个家。

（2）幼儿在操作过程中可以按树叶形状的不同，将其送到三个种类的大树上去，也可以按大小的不同将其放回不同大小的盒子里。

3. 幼儿讨论：为什么要把树叶送到某一种类大树家中。

4. 幼儿分组操作，探索对小树叶不同的分类方法，培养初步的合作意识。

（1）引导幼儿在小组内讨论：除了按大小、形状以外，还可以从哪些方面对小树叶进行分类如按颜色。

（2）鼓励每组幼儿按总结出来的分类方法对小树叶进行分类。

重点：引导幼儿相互检验每种分类方法是否适宜（每一种分类方法都能将树叶分光）。

建议：

1. 在后续活动中，引导幼儿进一步了解叶子的内在特征，如叶子喝水吗，叶子身上的颜色从哪儿来等。

2. 在数学区投放一些不同形状、颜色和大小的盒子，让幼儿按照一定的规律把收集来的树叶进行分类，并在记录纸上记录。

3. 在美工区为自己最喜欢的一片树叶制作叶子身份证，将树叶的形状、大小、树种等基本信息以一定的方式呈现在身份证上。

活动六　歌曲《粉刷匠》

目标1：愿意参加音乐活动，能够从音乐活动中获得愉悦和美感。

目标2：基本准确歌唱八度范围内（$c^1 \sim c^2$）的五声音调歌曲。

准备：

1. 欣赏过动画片中刷房子的情景（如动画片《三只小猪》）。

2. 表演道具：塑料房子（大纸盒子）、刷子若干。

过程：

1. 幼儿结伴进行刷房子的表演，并用语言描述自己是怎么刷房子的。

2. 欣赏歌曲《粉刷匠》，说一说，听完这首歌有什么感觉，从歌曲里听到了什么？

重点：引导幼儿体会歌曲欢快的情绪特点，并大胆说出听到的歌词内容。

3. 幼儿再次欣赏歌曲，并尝试边做动作边学唱歌曲。

重点：引导幼儿在学唱过程中注意听琴调整自己的音准和节奏。

4. 幼儿跟琴独立演唱，引导幼儿思考用怎样的声音表现粉刷匠快乐的情绪。

5. 请幼儿分组进行歌表演——“刷房子”。

重点：引导幼儿按照歌曲节奏，用夸张的体态动作表现刷房子的情景。

建议：

1. 在表演区投放刷子等道具供幼儿进行歌表演。

2. 在美工区投放大纸盒子、大彩笔刷等材料，让幼儿体验刷房子的乐趣。

附歌曲：《粉刷匠》

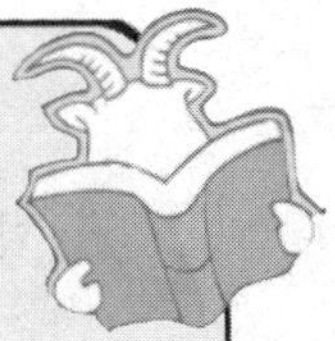

波兰歌曲

1 = 2/4　　　　　　　　　　　　　　　许国屏　编配

5 3 5 3 | 5 3 1 | 2 4 3 2 | 5 – |

我是一个　粉刷匠，粉刷本领　强。

5 3 5 3 | 5 3 1 | 2 4 3 2 | 1 – |

我要把那　新房子，刷得更漂　亮。

5 3 5 3 | 5 3 1 | 2 4 3 2 | 5 – |

刷了房顶　又刷墙，刷子飞舞　忙。

5 3 5 3 | 5 3 1 | 2 4 3 2 | 1 – |

哎呀我的　小鼻子，变呀变了　样。

活动七　绘画创作——动物

目标1：体会不同风格油画作品所带来的不同视觉感受。

目标2：在欣赏美术作品过程中，感知线条和色彩在作品中的运用，从中了解事物的多种表现方法，感受作品的视觉冲击力。

目标3：喜欢用美术方式表达自己的所见、所知、所感、所想和对事物的印象与情感体验，获得心理上的满足。

目标4：在美术欣赏的基础上，引导幼儿使用各种材料和工具进行大胆创作。

准备：

1. 欣赏画《奇袭！热带飓风与虎》（亨利·卢梭）

2. 提供绘画的主要材料：纸张、水粉；可擦的画板、粉笔；素描纸、油画棒和彩色铅笔。

过程：

1. 感知欣赏：

（1）出示欣赏画《奇袭！热带飓风与虎》，运用联想法引导幼儿初步感知画面。（知识点：动物与植物的画面关系，自然界浓烈的色彩和画面的动感）

（2）提问设计

①你在画面上看到了什么？（知识点：引导幼儿说出画面的近景、远景和中景，初步了解画面的层次）

②画面表现出什么样的天气？（知识点：画面中的长短、虚实不一的斜线，感知暴雨

奇袭！热带飓风与虎（亨利·卢梭）

伴随着闪电倾斜在这片热带雨林之中的情景）

③你有什么感觉？（知识点：流动感、寒冷感、电闪雷鸣、雷雨交加的感觉）

④你看到老虎在做什么？有什么样的感受？（知识点：老虎的神情：瞪大眼睛、紧张地注视，一步步在向猎物逼近，一场残酷的断杀就在眼前）

⑤进一步讨论让幼儿用心领悟和感受作品表达的内容并作小结。（知识点：作品名称和作者，画面景象中散发出的紧张感和危险感，自然界美的特征）

2. 鼓励创作：

（1）教师具体示范每种材料的绘画表达方式，观察使用后的效果，为幼儿选择绘画材料提供感性的认识。

（2）请幼儿自主选择喜欢的材料，进行分组活动。

（3）教师在幼儿绘画过程中鼓励他们运用夸张的色彩、变形的线条，表达自己的认识与情感。

（4）教师巡回指导，必要时帮助幼儿形成作品的最终形式，提升其美感，鼓励幼儿对自己有自信。

3. 讲评：

（1）请幼儿分组欣赏，感受不同材料体现不同艺术风格，丰富创作经验。

（2）通过分享活动，体会艺术创作的多样性。

建议：

1. 教师还可以把作品创作成简短的小故事，提高幼儿欣赏的积极性。

2. 将欣赏画内容运用手工制作的方式，制作成简单的面具和道具进行表演活动。

附故事：

暴雨伴随着闪电倾斜在这片热带雨林之中。密林深处，一只老虎正在寻找可以捕捉的猎物。看，它瞪大眼睛、紧张地注视着前方，一步步在向猎物逼近，一场残酷的断杀就在眼前。

（三）第二周目标与落实途径

领域	目标		落实途径
健康	生活、卫生习惯良好，有基本的生活自理能力。	有良好的生活习惯和生活自理能力。	生活： 1. 能独立叠被子。 2. 能主动饮适量的水。
	通过感兴趣的方式发展动作，提高动作的协调性、灵活性。	1. 增强体质，提高对环境的适应能力。 2. 大肌肉动作更加协调、灵活。 3. 小肌肉发展更加协调、灵活。	区域、集体： 1. 通过体育锻炼增强体质，提高对环境的适应能力。 2. 在一定范围内进行四散追逐跑，较灵活地控制跑步的方向和速度。
语言	注意倾听对方讲话，能理解日常用语。	能从图书、电视、电脑、口头交谈等多种途径得到与其生活经验相关的语言信息，获得知识和感受快乐。	生活： 从电视、电脑等多种途径获得信息。
	喜欢听故事、看图书，有初步的前阅读和前书写能力。	1. 能感受优秀儿童文学作品的语言丰富和优美，理解作品中的内容。 2. 对生活中常见的文字符号感兴趣。	生活： 观察和发现日常生活中的常见标记。 区域、集体： 1. 欣赏不同体裁的文学作品。 2. 在教师引导下注意欣赏文学作品中的文字、情节、画面美等。
社会	乐意与人交往，学习互助、合作和分享，有同情心。	养成对他人、社会亲近和合作的态度，学习初步的人际交往技能。	区域： 在角色游戏区中学习初步的与人交往的技能。
	能努力做好力所能及的事，不怕困难，有初步的责任感。	愿意做自己力所能及的事（如收拾玩具、整理被褥、擦桌椅等），养成初步的独立意识。	生活： 能做力所能及的事（如收拾玩具柜、整理被褥），有初步的独立意识。
科学	能运用各种感官，动手动脑，探究问题。	1. 能对事物进行比较连续的观察，发现事物或现象的差异和变化。 2. 尝试运用比较的方法进行科学活动，感受比较的过程和结果，获得初步的比较能力。	生活： 对周围的植物进行比较连续的观察，发现事物或现象的差异和变化。 区域： 运用比较的方法进行科学活动，感受比较的过程和结果，获得初步的比较能力。

（续表）

科学	能用适当的方式表达、交流探索的过程和结果。	1. 能用多种方式表达对事物探索与发现的方法。 2. 能使用表示比较的语言（如更多、更少等）。	区域： 用自己喜欢的方式表达分类的方法（如绘画、符号等）。 集体： 尝试使用比较的词汇（如更多、更少）。
	能从生活和游戏中感受事物的数量关系，体验到数学的重要和有趣。	1. 能手口一致地点数10以内的物体数量并能说出总数。 2. 认读10以内阿拉伯数字，初步理解10个数的意义。	区域： 手口一致地点数10以内的物体，说出总数。 集体： 认读阿拉伯数字1～5，理解这5个阿拉伯数字的实际意义。
艺术	能初步感受并喜爱生活和艺术中的美。	1. 能够感知和体验音调的高低变化，并从中获得美的感受。 2. 喜欢皮影戏、小歌剧等文学艺术作品，感受其中的美。 3. 初步感知音乐的开始、结束、前奏。	生活： 1. 进一步感知和体验音调的高低变化，从中获得美的感受。 2. 欣赏小歌剧、皮影戏等艺术作品，感受其中的美。 集体： 初步感知音乐的前奏。
	参加表演活动，在活动中获得愉快、丰富的情绪体验。	乐于在轻松、和谐的氛围中参加各种音乐活动，并从活动中获得愉悦和美感。	集体： 参加节奏乐的演奏活动，并从活动中获得愉悦和美感。
	能够大胆地用自己喜欢的方式进行艺术表现和创作，富有个性地表达自己的情感和体验。	1. 能够基本准确歌唱八度范围内（c^1～c^2）的五声音调歌曲。 2. 能够学习掌握几种打击乐器正确的敲击方法，会按简单的固定节奏型为歌曲、乐曲、舞蹈等作即兴伴奏。	集体、区域： 1. 基本准确歌唱八度范围内（c^1～c^2）的五声音调歌曲。 2. 学习掌握几种打击乐器正确的敲击方法，会按自己选择的节奏型为歌曲伴奏。
	具有表演活动的良好习惯。	能正确使用乐器并会有序收放乐器。	集体、区域： 养成能正确使用乐器并会有序收放乐器的习惯。

（续表）

艺术	能够感受并喜爱生活和环境中的美，发现事物美的特征。	能够从生活中美好的人和事（如四季景色、生活用品、环境布置、节日装饰等）中获得深刻印象，发现事物美的特征。	生活： 能够感受并喜爱生活和环境中的美，发现事物美的特征。
	认识美术作品所表现的内容，感受作品的美感特点，初步了解作品表现的方法。	1. 喜欢欣赏各种类型的美术作品，初步感知和了解作品的不同艺术风格。 2. 在欣赏、创作美术作品的过程中感受美术元素（色彩、线条、结构）在作品中的运用，感受作品的美和视觉感染力。	集体： 1. 认识美术作品《秋景》所表现的内容，初步感知作品的绘画风格。 2. 初步感知美术元素在作品中的运用，感受作品的美和视觉感染力。
	喜欢用不同风格的美术方式表达对事物的印象与情感体验，获得心理上的满足。	1. 喜欢用装饰画、手工制作的方式表达对事物的印象与情感体验，发展艺术表达能力。 2. 喜欢用搭建方式表达自己对节日的感受，获得心理上的满足。	区域： 1. 用添画和粘贴制作方式表达自己的所见、所感、所想和对事物的印象与情感体验，获得心理上的满足。 2. 用搭建的方式表达自己的所见、所知、所感、所想和对事物的印象与情感体验，获得心理上的满足。
	认识、选择各种美术材料和工具，在使用中大胆尝试、设想与创作。	1. 尝试使用表达色彩的工具和材料，感受不同材料表现出的美感特征，在使用中有独特的设想。 2. 尝试用适宜的材料和工具感知、再现优秀作品的艺术风格，体会作品的魅力。	区域： 认识、选择水粉材料和海绵工具表达和创作，感受材料的美感特点，在使用中大胆尝试、设想与创作。 集体： 尝试用水溶性绘画材料感知、再现欣赏画的艺术风格，体会作品的美。
	具有美术活动的良好习惯，能有序使用和收放美术工具、材料。	1. 能够运用已有经验和规则自觉地收放工具和材料。 2. 学会掌握合理选择材料的方法，不浪费美术材料。	区域： 具有美术活动的良好习惯，能将废料及时清理干净。 集体： 掌握合理选择材料的方法，不浪费美术材料。

生活活动

目标1：能独立叠被子。

指导建议：

1. 在叠完被子后，引导幼儿相互检查，比一比谁叠的被子更整齐，并一起探索将被子叠整齐的方法。

2. 引导家长在家对幼儿提一致的要求并进行个别辅导。

目标2：能主动饮适量的水。

指导建议：

1. 教师引导幼儿在运动后尝试喝不同量的水，并说一说自己的感受，从而了解一次喝多少水适宜。

2. 在带班过程中主动饮水，通过自己的行为提示幼儿，并鼓励家长和幼儿共同去购置一个可爱的水杯，激发幼儿主动喝水的兴趣。

目标3：喜欢观察和发现日常生活中的常见文字符号。

指导建议：

教师在生活中可以和幼儿共同发现常见的文字符号，如班级的班牌、幼儿园的名称、家庭所在社区的名称等，教师可以和幼儿共同说说认认，让幼儿了解文字符号的构成。

目标4：能够从电视、电脑等多种途径获得信息。

指导建议：

1. 结合当前活动的主题或者幼儿用书的内容，与幼儿一起在环境中开辟一个“动物之最”的专栏。

2. 鼓励幼儿在家长的协助下，从多个渠道收集相关信息，在环境中分享、交流。

目标5：能做力所能及的事（如收拾玩具柜、整理被褥），有初步的独立意识。

指导建议：

1. 与幼儿一起讨论收拾玩具柜和整理被褥的常规和方法。如明确物品摆放的合理性，从哪儿拿放回哪儿，提供可供参考的收拾整理图或标记。

2. 在日常生活中，教师鼓励幼儿自己做力所能及的事。重点培养幼儿收拾玩具柜、整理被褥等能力。在活动区活动中，指导幼儿自己收拾玩具柜，在起床时指导幼儿自己整理被褥。

3. 确定一种明确的信号（音乐或摇铃等），提示幼儿收拾整理玩具物品。

目标6：能对周围的树叶进行比较连续的观察，能发现树叶之间的差异和发展变化。

指导建议：在班级环境里开辟一个“秋叶是什么颜色的？”猜想专栏，鼓励幼儿对秋天叶子颜色的变化以及影响因素进行猜想，并将观察到的信息进行记录。

目标7：欣赏小歌剧、皮影戏等艺术作品，感受其中的美。

指导建议：

1. 在离园环节为幼儿播放一些经典小歌剧或皮影戏的录像片（如《马兰花》）供幼儿欣赏。

2. 请家长带幼儿到剧院进行欣赏活动。

目标8：进一步感知、探索和体验音调的高低变化，从中获得美的感受。

指导建议：

1. 在过渡环节引导幼儿欣赏一些不同性质的音乐，引导幼儿根据音乐的强弱、音调的高低来做出相应的行为，如用强音提示幼儿收玩具，玩“回声”的游戏等，帮助幼儿感知音调的强弱和高低。

2. 在进餐环节及睡前播放一些轻柔的音乐，帮助幼儿感受音乐的特点。

3. 回声游戏：教师或一名幼儿大声说一句话或发出一种声音，其他幼儿模仿这句话的回音（声音渐弱）。

目标9：能够感受并喜爱生活和环境中的美，发现事物美的特征。

指导建议：

1. 鼓励幼儿有意识地收集一些带有艺术特点的自然物，丰富活动区的美术创作材料。

2. 利用户外活动环节，引导幼儿收集一些带有艺术特点的自然物，丰富美术区的创作材料。

活动区活动

运动区

目标1：通过体育锻炼增强体质，提高对环境的适应能力。

目标2：能在一定的范围内进行四散追逐跑，较灵活地控制跑步的方向和速度。

指导建议：

1. 教师为幼儿提供宽敞、安全、有一定范围的奔跑场地，提供适宜的玩具材料，如尾巴、马缰绳等，幼儿之间可以玩捉尾巴及赶马车的游戏。

2. 教师可以组织幼儿在一定范围内玩追逐跑的游戏，如狡猾的狐狸、捉尾巴等。

3. 教师重点提示幼儿注意相互躲闪，避免碰撞。

4. 教师提示幼儿要遵守游戏规则，在奔跑时不跑出规定的范围。

5. 四散跑动的范围要随着幼儿水平的提高逐渐缩小。

角色区：购物中心——百货部

目标：在角色游戏区中学习初步的与人交往的技能。

指导建议：

1. 引导幼儿运用合理的方式吸引同伴参与游戏，如制作、宣传打折信息；收集各区域作品进行直销活动等。

2. 开展“最佳营业员”活动，评选一名好营业员，如客人购买商品后要求退货，营业员要耐心听取客人的意见，态度和蔼地解决问题等。

3. 提供“意见簿”和“投票箱”，引导幼儿用自己的方式表达对营业员的评价，鼓励幼儿设计“最佳营业员”标志。

表演区

目标1：欣赏小歌剧、皮影戏等艺术作品，感受其中的美。

目标2：积极参加节奏乐的演奏活动，并从活动中获得愉悦和美感。

目标3：学习掌握几种常见打击乐的正确敲击方法，会按自己选择的节奏型为歌曲伴奏。

目标4：养成正确使用乐器、有序收放乐器的习惯。

指导建议：

1. 投放一些小歌剧的光盘供幼儿欣赏，如《小熊请客》等。

2. 在表演区投放白布、手电筒和各种动物的头饰、房子等道具，引导幼儿操作相关材料，自己尝试表演皮影戏《金色的房子》。

3. 投放各种常见乐器（如撞钟、沙锤、三角铁、铃鼓、木鱼等）及节奏图谱，鼓励幼儿按自己选择的节奏型进行打击乐表演，并引导幼儿探索收放乐器的好方法。

美工区

目标1：喜欢用添画和粘贴制作方式表达自己的所感、所见、所想和对事物的印象与情感体验，获得心理上的满足。

目标2：认识、选择水粉材料和海绵工具，在使用中大胆尝试、设想与创作。

目标3：具有美术活动的良好习惯，能将废料及时清理干净。

指导建议：

1. 创设宽松、自由的精神氛围，鼓励幼儿用喜欢的美术方式表达自己的情绪，获得心理上的满足。

2. 创设“秋天的联想”背景环境，激发幼儿的创作愿望，引导幼儿用不同美术形式表达对秋天的感受。

3. 提供可添色的花草树木绘画半成品，可观赏和制作落叶画的作品与材料，提供三原色水粉颜料和海绵棒，供幼儿探索和表达对深秋自然景象的认识。

4. 提供可用于粘贴的服装、生活、运动等卡片，鼓励幼儿探索装饰画的表现方式，表达对入冬生活的认识。

5. 提供折纸材料和步骤图，学习折“凸眼金鱼”，进行主题版面粘贴活动。

重点：一角与边的同时折、翻；难点：第三、第四步剪开部分翻折展开。

6. 引导幼儿制作完作品后将废料及时清理干净。

附：“凸眼金鱼”折纸步骤示意图

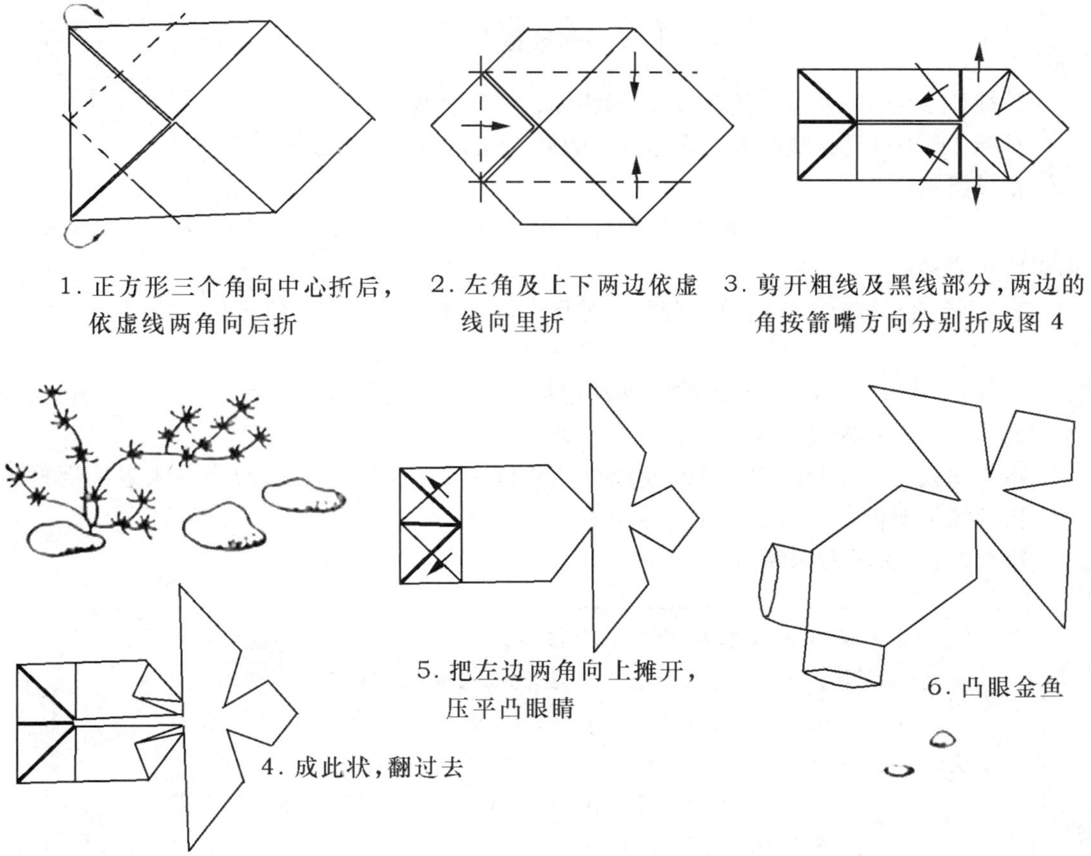

1. 正方形三个角向中心折后，依虚线两角向后折

2. 左角及上下两边依虚线向里折

3. 剪开粗线及黑线部分，两边的角按箭嘴方向分别折成图 4

4. 成此状，翻过去

5. 把左边两角向上摊开，压平凸眼睛

6. 凸眼金鱼

建构区

目标：喜欢用建构的方式表达自己的所见、所知、所感、所想和对事物的印象与情感体验，获得心理上的满足。

指导建议：

1. 提供背景环境，引导幼儿用建构的方式表现对生活美的认识与感受。

2. 提供动物过冬的参考图片，鼓励幼儿用建构形式表达对动物过冬方式的认识，满足他们对动物的情感需求。

3. 提供必要的搭建辅助材料（鼓励幼儿根据需要自己制作），丰富搭建情景。

4. 必要时指导幼儿按照动物过冬的习性合理搭建。

科学区

目标：学会运用比较的方法进行科学活动，感受比较的过程和结果，获得初步的比较能力。

指导建议：在自然角开展“种子的家”种植活动，投放深碟子、水杯、绿豆种子、水碗、纸巾等物品，创设种子发芽的三个场景：一个碟子里每天倒一点水，让种子保持湿润；一个碟子里的水将种子淹没；一个碟子里不浇水。将三个碟子在暖和的地方放五天后，请幼儿观察、记录，比较不同碟子里绿豆的生长差异。

益智区

目标1：手口一致地点数10以内的物体，说出总数。

目标2：用自己喜欢的方式表达分类的方法（如绘画、符号等）。

指导建议：

1. 引导幼儿完成中班幼儿用书11月《动物世界》第2页“动物有多少”，将点数的结果填入表格。

2. 引导幼儿将收集来的落叶分类后进行点数，并记录下来。

目标3：能对周围的某些事物（如动植物、人物、道路、石、沙、土地等）进行比较连续的观察，能发现事物或现象的差异和变化。

指导建议：在益智区中引导幼儿翻阅中班11月幼儿用书，欣赏故事《大老虎啊呜》，并为树叶涂上颜色，了解四季气候的变迁。

附故事：《大老虎啊呜》

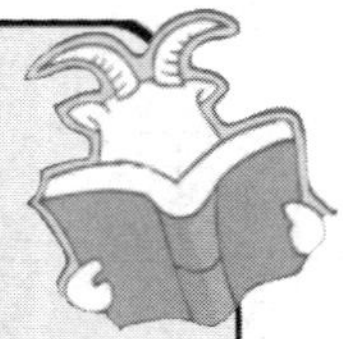

森林里有一座木房子，里面住着三只小兔。看见小兔，大老虎啊呜馋得直流口水，他说：“我要把他们全吃掉！啊呜——”

春天，山坡绿了，树叶绿了，三只小兔穿上了绿衣服。大老虎啊呜找不到小兔……

夏天，山坡上开满了花，树上开满了花，三只小兔穿上了花衣服。大老虎啊呜找不到小兔……

秋天，山坡上的草变成了金黄色，树上的果实变成了金黄色，三只小兔穿上了金黄色的衣服。大老虎啊呜找不到小兔……

冬天，下了大雪，山坡和森林一片白茫茫，三只小兔穿上了白色的棉衣。大老虎啊呜找不到小兔……

一年四季，春夏秋冬，大老虎啊呜总也找不到小兔！

（根据原著改编）

阅读区

目标1：喜欢欣赏不同体裁的文学作品，在教师引导下能注意欣赏文学作品文字、情节、画面的美等。

指导建议：

1. 引导幼儿欣赏并完成中班幼儿用书11月《动物世界》第14页《颠倒歌》，引导幼儿从画面上找一找《颠倒歌》里有哪些颠倒了的地方。

2. 随着活动的深入，教师还可鼓励幼儿在家长的帮助下搜集颠倒歌，体会文字的诙谐幽默，引导幼儿认识颠倒歌这种文学体裁。鼓励幼儿用美术的方式把颠倒歌画出来，投放在阅读区进行分享。

3. 提供反映秋天主题的图片和作品，供幼儿在美术创作时欣赏和借鉴。

附：《颠倒歌》

小鱼高高天上飞，
小鸟展翅水里游。
老鼠抓住大花猫，
兔子吓跑恶老雕。
蚂蚁踩死大公鸡，
山羊追着老虎跑。
可笑的事情真不少，
小朋友们接着找。

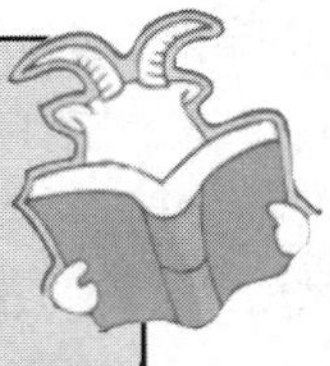

目标2：对生活中常见的文字符号和交通标志感兴趣，认识自己的名字。

指导建议：

1. 在阅读区投放关于交通标志的工具书，供幼儿阅读，教师可以和幼儿共同指认，也可以鼓励幼儿进行同伴之间的交流和分享。

2. 家园合作，指导家长和幼儿外出时，注意发现和观察常见的交通标志，并和幼儿共同说说标志的含义。

沙水区

目标1：能选择用游戏的方式发展小肌肉，动作较灵活、协调。

目标2：用多种方式表达对事物探索与发现的方法。

指导建议：

1. 提供沙箱，创设海底世界的游戏背景。

2. 提供海底世界的图片、鱼的图片和各种小鱼的印模、铲子、小桶等。

3. 引导幼儿观察图片，丰富对海底环境的认识，如了解海底有珊瑚礁、岩洞、山丘等丰富的地貌，还有许多海洋生物。

4. 鼓励幼儿用湿沙建设神秘的海底世界，并结合美术活动为各种海洋生物建设美丽的家。

集体活动

活动一　发响的尾巴

目标1：能在一定的范围内进行四散追逐跑，较灵活地控制跑步的方向和速度。

目标2：通过体育锻炼增强体质，提高对环境的适应能力。

准备：

红、黄、蓝、绿布条各为幼儿人数的四分之一，布条长短比肩略宽，在布条的一端缝制一个发响的小铃；录音机及磁带。

过程：

1. 布条操。

幼儿双手拿着布条随音乐走进活动场地，切断分队变成四纵队。做自编操一遍，要求动作到位。

2. 任意组合玩布条。

可单人、双人、小组自由结合，利用布条玩各种游戏，如甩、放地下跳、组成不同形状跳、双人翻饼、双人开汽车等。引导幼儿动脑筋想出与别人不同的玩法。教师重点引导幼儿向同一个方向用力甩布条。

3. “揪尾巴”游戏。

（1）游戏玩法：幼儿自己将布条的一端塞放在裤子腰间做尾巴，手拉手围成圆圈站好，大家一齐说儿歌：“我们有条小尾巴，红黄蓝绿各一家，要问谁来把它揪，快把小手放下吧。”说完儿歌后，教师说：“红色！”有红色尾巴的小朋友追捉其他小朋友的尾巴。游戏结束后对不同颜色布条的数量进行比较。

（2）教师做发令员，组织幼儿做一次集体游戏，游戏前提示幼儿要注意躲闪，避免相互碰撞。待幼儿充分跑动后，结束游戏，大家一起数一数共揪到几条尾巴，哪种颜色的尾巴多，哪种颜色的尾巴少？

（3）幼儿做发令员，再进行一次集体游戏，游戏前提示幼儿互相比一比，哪种颜色的尾巴最少。教师注意把握幼儿追逐的时间，结束后，请幼儿比较不同颜色尾巴的数量。

4. 快乐彩条舞。

幼儿随舒缓的音乐手持布条一端的小铃做各种挥舞动作，启发幼儿动作节拍准确，优美协调，可以跳单人舞，也可以跳双人舞。

建议：

1. 每次活动前教师适当提示幼儿知道自己尾巴的颜色。

2. 日常户外体育游戏时，可以引导幼儿小组进行“揪尾巴”的游戏。

活动二　儿歌《小蚂蚁，坐大船》

目标1：喜欢欣赏不同体裁的文学作品，在教师引导下能注意欣赏文学作品文字、情节、画面的美等。

目标2：学会运用比较的方法进行科学活动，感受比较的过程和结果，获得初步的比较能力。

准备：

1. 了解一些动物明显的大小特征。

2. 自制儿歌《小蚂蚁，坐大船》的挂图：

第一幅：小蚂蚁撑着竹篙站在一艘大船上。

第二幅：一艘小船在溪流里飘荡。

第三幅：小船的特写（原来是一片花瓣）。

3. 各种大小不同动物的图片卡。

过程：

1. 教师引导幼儿欣赏自制挂图，理解并学习儿歌《小蚂蚁，坐大船》。

（1）幼儿欣赏儿歌《小蚂蚁，坐大船》的挂图，说一说每幅图上有什么？蚂蚁的大船有多大？

重点：引导幼儿用儿歌中的语言回答（原来是片小花瓣）。

（2）幼儿看着挂图与教师一起朗诵儿歌《小蚂蚁，坐大船》。

重点：引导幼儿表现出儿歌诙谐的特点。

2. 教师引导幼儿探索儿歌的主要线索，并尝试一起来说说“动物乘船歌”。

（1）请幼儿思考：如果小老鼠去旅行，会坐什么样的船？如果小狗去旅行，又会坐什么样的船？为什么？

重点：引导幼儿发现船的大小与动物身体大小之间的关系。

（2）请幼儿自取喜欢的动物卡片，尝试说出“动物乘船歌”。

如取小青虫卡片的幼儿可以编为：小青虫，坐大船，顺着溪流驶向前。要问大船有多大？原来是片芭蕉叶。

重点：引导幼儿思考，是所有的东西都可以做船吗？为什么？

3. 教师引导幼儿相互比较，谁说的句子最好听。

（1）教师鼓励幼儿在集体前面朗诵自己编的好听的句子。

（2）教师引导幼儿比一比，谁编的句子用了好听的词语，谁编的句子合理。

建议：请幼儿在后续的活动中，以自己说的“动物乘船歌”为题，创作一幅美术作品，并在美工区进行展览。

附儿歌：《小蚂蚁，坐大船》

小蚂蚁，坐大船，顺着溪流驶向前。要问大船有多大？原来是片小花瓣。

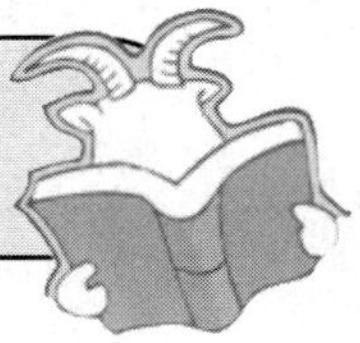

活动三　动物王国里的数字

目标1：认读阿拉伯数字1～5，理解这5个阿拉伯数字的实际意义。

目标2：尝试使用比较的词汇（如更多、更少）。

准备：

1. 大的数字卡片（1～5）一套；小的数字卡片（1～5）若干套。

2. 各种动物园常见动物的小玩偶（如狮子、大象、长颈鹿等）若干。

3. 中班幼儿用书11月《动物世界》第2～3页。

过程：

1. 数字宝宝大集合。

（1）教师出示大的数字卡片1～5，并请幼儿说一说它们都是谁。

（2）幼儿在教室里寻找散放着的小的数字卡片，并将它们贴在黑板上相应的大数字卡片后面，如找到数字5的小朋友，将其贴到黑板上大卡片5的后面，找到4的小朋友，将其放在4的后面。

2. 与小动物捉迷藏。

（1）教师将动物玩具散放在教室里的不同地方。请幼儿把它们找出来，并数一数动物有几个，并将动物和数字卡片对应起来摆在一起。

（2）教师再次将小动物藏起来，请幼儿找到后，自己点数统计，并比较哪种动物多，哪种动物少。

3. 动物世界动物多。

（1）请幼儿翻开中班幼儿用书11月《动物世界》第2页，找一找有哪些小动物藏了起来。

（2）请幼儿将这些找到的动物进行点数，并填写在幼儿用书上。

建议：

1. 引导幼儿在各种生活环节进行点数游戏，巩固对数的实际意义的理解。

2. 引导家长在日常生活中引导幼儿认识各种数字，如车牌号、产品标号、公交车路线等。

活动四　打击乐《粉刷匠》

目标1：养成正确使用乐器、有序收放乐器的习惯。

目标2：学习掌握几种打击乐器正确的敲击方法，会按自己选择的节奏型为歌曲伴奏。

目标3：积极参加节奏乐的演奏活动，并从活动中获得愉悦和美感。

准备：

1. 用小刷子表示四分节奏的节奏卡片，包括三种节奏型：× 0 × 0 | × 0 × 0；× × × × | × × × × ；× — | × —。

2. 响板、手铃、三角铁三种乐器若干（与幼儿人数相符）。

过程：

1. 复习歌曲《粉刷匠》，感受三种基本的节奏型。

（1）教师引导幼儿复习歌曲《粉刷匠》，表现出歌曲活泼、欢快的情绪。

（2）教师出示用小刷子表示的节奏卡片，请幼儿自选一种喜欢的节奏型，用各种身体动作为幼儿伴奏。

（3）打节奏× 0 × 0时，引导幼儿在空拍处跺脚或拍腿或嘴里发出“嘘”声，开始时速度放慢后，逐渐加快速度。

2. 幼儿自由选择一种喜欢的乐器进行练习。

（1）教师引导幼儿听琴有序取乐器。

（2）幼儿操作乐器并探索乐器的使用方法。

重点：用怎样的方式敲击手中的乐器更合适？手中乐器适合选择哪种节奏型进行敲击？

3. 幼儿用手中乐器为歌曲《粉刷匠》配伴奏。

（1）教师指导幼儿分组为歌曲配伴奏。

重点：引导幼儿探索如何将节奏型与歌曲旋律配上。

（2）幼儿熟悉后，合起来为歌曲伴奏，提示幼儿既要与大家协调，又要保持自己的节奏型，体验合作演奏的乐趣。

建议：教师可在表演区投放相应的乐器、节奏卡和歌曲磁带，供幼儿表演。

附打击乐：《粉刷匠》

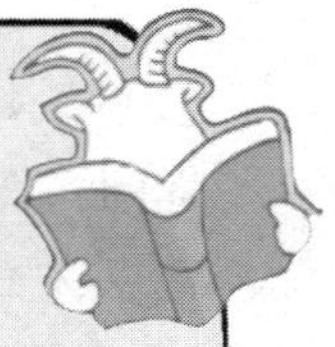

波兰歌曲

许国屏　编配

1 = C　2/4

5 3 5 3 | 5 3 1 | 2 4 3 2 | 5 - |

我是一个　粉刷匠，粉刷本领　强。

响板×× ×× | ×× × | × × × × | × - |

手铃×0 ×0 | ×0 × | ×0 ×0 | × - |

三角铁 × - | × - | × - | × - |

5 3 5 3 | 5 3 1 | 2 4 3 2 | 1 - |

我要把那　新房子，刷得更漂　亮。

响板×× ×× | ×× × | × × × × | × - |

手铃×0 ×0 | ×0 × | ×0 ×0 | × - |

三角铁 × - | × - | × - | × - |

5 3 5 3 | 5 3 1 | 2 4 3 2 | 5 - |

刷了房顶　又刷墙，刷子飞舞　忙。

响板×× ×× | ×× × | × × × × | × - |

手铃×0 ×0 | ×0 × | ×0 ×0 | × - |

三角铁 × - | × - | × - | × - |

5 3 5 3 | 5 3 1 | 2 4 3 2 | 1 - |

哎呀我的　小鼻子，变呀变了　样。

响板×× ×× | ×× × | × × × × | × - |

手铃×0 ×0 | ×0 × | ×0 ×0 | × - |

三角铁 × - | × - | × - | × - |

活动五　歌曲《在农场》

目标1： 基本准确歌唱八度范围内（$c^1 \sim c^2$）的五声音调歌曲。

目标2： 初步感知音乐的前奏。

准备：

1. 教师准备小猪、小鸡、小羊、小牛等头饰若干。
2. 在活动室里布置农场背景：鸡窝、羊圈、牛棚等。

指导：

1. 开始部分。

幼儿听着歌曲，自由选择角色，模仿农场里小动物的动作进入教室。

重点：教师带领幼儿听到前奏时，在原地拍手，从而感受歌曲的前奏。

2. 教师引导幼儿在游戏中跟唱歌曲《猪儿在农场》。

3. 引导幼儿参加音乐游戏“农场找朋友”，尝试对歌曲进行仿编。

（1）教师带领幼儿以唱游的形式来到布置好的鸡窝边，鼓励幼儿将小鸡编到歌曲中。

提问：在农场里，你找到猪儿的好朋友了吗？它是谁？你能把它的好朋友唱出来吗？

重点：引导幼儿根据图示卡将新歌词套用到原曲的节奏中。如：

1 12 3 1 | 2 2 | 2 23 4 2 | 3 3 |
鸡 儿在 农场 叽 叽，鸡 儿在 农场 叽 叽，
3 34 5 3 | 4 4 6 | 5 5 4 2 | 1 — ||
鸡 儿在 农场 叽叽叫，鸡儿 叽叽 叽。

（2）引导幼儿继续到其他的农场背景中去寻找“农场好朋友”，并尝试自己仿编歌曲，与同伴进行分享。

指导语：在农场猪儿还有其他的好朋友吗？让我们一起去找找吧。然后把它唱给你的好朋友听听吧。

重点：教师引导幼儿感知各段音乐之间的间奏。

建议：

1. 请幼儿在后续活动中翻看中班幼儿用书 11 月《动物世界》第 11 页《在农场》，并根据图片的提示继续续编歌曲《在农场》。

2. 引导幼儿在表演角运用自制的乐器为歌曲《在农场》配打击乐。

3. 引导幼儿在家长的帮助下进一步了解农场动物其他的生活习性和特征。

附歌曲：《在农场》

佚名 词曲

||: 3345 3 | 446 | 5542 | 1 — |
1 1 2 31 | 2 2 | 223 4 2 | 3 3 |
猪 儿在 农场 噜 噜，猪儿在 农 场 噜 噜，
3 3 4 53 | 44 6 | 5 5 4 2 | 1 — :||
猪 儿在 农场 噜噜 叫，猪儿 噜 噜 噜。

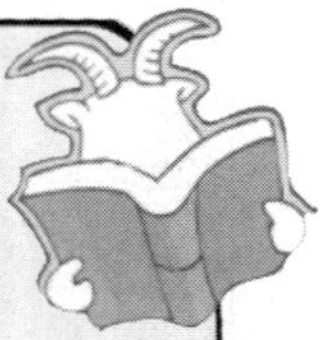

活动六　命题绘画《秋景》

目标1：认识美术作品《秋景》所表现的内容，初步感知美术元素在作品中的运用，了解事物的表现方法，感受作品的美感和视觉冲击力。

目标2：在欣赏大师作品的基础上，尝试用水溶性绘画材料感知、再现其艺术风格，体会作品的魅力。

目标3：掌握合理选择材料的方法，不浪费美术材料。

美术目标：

1. 认识不同类型美术作品所表现的内容，感受美术作品的美感特点，初步了解和体

验美术作品表现的方法。

2. 认识、选择各种美术材料和工具，在使用中大胆尝试、设想与创作。

3. 具有美术活动的良好习惯，能有序使用和收放美术工具、材料。

内容与要求：

1. 在欣赏美术作品的过程中，引导幼儿初步感知美术元素在作品中的运用，从中了解事物的多种表现方法，感受作品的视觉冲击力。

2. 引导幼儿欣赏大师级画家的作品，从中获得启发和熏陶。

3. 鼓励幼儿在欣赏大师作品的基础上，尝试用适宜的材料和工具感知、再现其艺术风格，体会作品的魅力。

4. 帮助幼儿掌握合理选择材料的方法，不浪费美术材料。

准备：

1. 欣赏画《秋景》。

2. 绘画材料：绘画纸、水粉纸。

3. 绘画工具：水溶性油画棒、水溶性彩色铅笔。

过程：

1. 感知欣赏：

（1）出示欣赏画《秋景》，引导幼儿感知画面表现的事物。

（2）提问设计（从颜色、线条上欣赏讨论）：

①请你仔细看一看，画面上画了什么，表现了什么季节？（知识点：引导幼儿说出画面的主要色彩）

②你在画面上看到了哪些线条？（引导幼儿感受树干线条的粗细）

③看了这幅画你有什么感觉？（知识点：通过色彩感知舒服、明朗、喜悦，秋天的景色及线条粗细的变化）

④画面上有哪些颜色？这些颜色是鲜艳的还是灰暗的？（知识点：了解冷色与暖色的

对比、呼应关系）

⑤你看到这些颜色后对画面的感受？（知识点：树的色彩：跳动感、兴奋感、让人激动；天空色彩：安静、深远、让人幻想等）

⑥让幼儿进一步用心领悟和感受作品表达的内容。（知识点：理解季节与色彩的关系和感受作品表现大自然美的特征）

2. 鼓励创作：

（1）介绍水溶性油画棒、水溶性彩色铅笔的使用方法。

（2）指导幼儿运用水溶性油画棒大面积涂色，表达画面的主色调，运用水溶性彩色铅笔表达画面的细节。

（3）指导幼儿在作品中表达色彩的对比变化和空间的前后关系。

（4）帮助幼儿掌握合理选择材料的方法，不浪费美术材料。

指导重点：引导幼儿使用新的绘画工具，表达色彩的渐变和晕染，感受水溶性画笔的表达效果。

3. 讲评：

（1）引导幼儿感受水溶性油画棒绘画的效果，体验油画的艺术风格。

（2）教师用积极的语言评价幼儿的作品，使他们有自信。

建议：将幼儿的作品进行收集、整理，准备举办画展。

（四）第三周目标与落实途径

领域	目 标		落 实 途 径
健康	知道必要的安全保健常识，学习保护自己。	通过安全教育，提高自我保护的意识和能力。	区域： 在生活及游戏中保护自己不受伤害，也注意不伤害他人。
	通过感兴趣的方式发展动作，提高动作的协调性、灵活性。	1. 喜欢参加丰富多彩的体育活动，养成热爱体育活动的兴趣与习惯。 2. 大肌肉动作更加协调、灵活。 3. 小肌肉发展更加协调、灵活。	区域： 1. 探索1～2种运动器械的多种玩法。 2. 在制作活动中发展小肌肉的灵活性。 区域、集体： 1. 体验双人协同运动，发展动作的协调性。 2. 体验合作游戏的乐趣。
语言	注意倾听对方讲话，能理解日常用语。	1. 养成注意倾听的习惯，发展语言理解能力。 2. 能从图书、电视、电脑、口头交谈等多种途径得到与其生活经验相关的语言信息，获得知识和感受快乐。	生活： 从电视、电脑等多种途径获得信息。 集体： 注意倾听，理解教师的操作要求。

（续表）

语言	喜欢听故事、看图书，有初步的前阅读和前书写能力。	1. 喜欢听故事、看图书，有初步的前阅读和前书写能力。 2. 养成良好的阅读习惯。	区域： 1. 有序收放图书。 2. 从前至后有顺序地阅读，认真观察和理解画面内容，了解故事的情节线索。 集体： 从前至后有顺序地阅读，认真观察和理解画面内容，了解故事的情节线索。
社会	乐意与人交往，学习互助、合作和分享，有同情心。	1. 积极主动与同伴交往，学会分享、谦让与合作。 2. 学会简单地评价自己和他人的行为，初步判断某些行为的对与错。	区域： 学会解决娃娃家活动中的“争吵”现象，学会与同伴分享与合作。 生活： 讨论排队的规则。
	理解并遵守日常生活中基本的社会行为规则。	1. 认识、体验并理解基本的社会行为规则，能体会规则在各种活动中的意义。 2. 形成初步的规则意识，学会自律和控制自己的情绪与行为。	生活、区域： 1. 体会规则在各种活动中的意义。 2. 形成初步的规则意识，学会控制自己的情绪和行为。
科学	对周围的事物、现象感兴趣，有好奇心和求知欲。	在生活和游戏中对数学产生兴趣，建立初步的自信心。	集体： 在游戏中对数学产生兴趣，建立初步的自信心。
	能运用各种感官，动手动脑，探究问题。	尝试运用比较的方法进行科学活动，感受比较的过程和结果，获得初步的比较能力。	区域： 1. 运用比较的方法进行科学活动，感受比较的过程和结果，获得初步的比较能力。 2. 说出自己喜欢和不喜欢的一些环境和事物现象，如整洁、杂乱等。
	能从生活和游戏中感受事物的数量关系，体验到数学的重要和有趣。	1. 认读10以内阿拉伯数字，初步理解10以内数的意义。 2. 了解10以内数的相邻数之间的关系。 3. 运用正在发展的数学观念和方法解决生活和游戏中的问题。	生活： 认读阿拉伯数字1～5，理解这5个阿拉伯数字的实际意义。 区域、集体： 1. 了解5以内数的相邻数之间的关系。 2. 运用5以内的数学经验解决游戏中的问题。

（续表）

科学	爱护动植物，关心周围环境，亲近大自然，珍惜自然资源，有初步的环保意识。	以力所能及的方式对待周围事物和环境。	生活： 以力所能及的方式对待周围事物和环境，如把垃圾扔到指定的地方，收拾活动后的材料等。
艺术	能初步感受并喜爱生活和艺术中的美。	1. 感知和体验音乐的快慢，音调的高低和强弱的变化，从中获得美的感受。 2. 欣赏内容丰富的简单音乐作品，尝试用动作表演的方式表达对音乐的感受。	生活： 进一步感知、探索和体验音调的强弱、快慢、高低的变化，从中获得美的感受。 区域、集体： 提供简单的音乐作品，支持鼓励幼儿体验作品的基本情绪和情感，并尝试用自己喜欢的方式（如语言、绘画、动作表演等）表达对音乐的感受。
	能够大胆地用自己喜欢的方式进行艺术表现和创作，富有个性地表达自己的情感和体验。	1. 能够基本准确歌唱八度范围内（$c^1 \sim c^2$）的五声音调歌曲，初步尝试按歌曲节拍的特点、速度、力度和情感富有表现力地歌唱。 2. 学习几种打击乐器正确的敲击方法，会按简单的固定节奏型为歌曲作即兴伴奏。	区域： 学习掌握几种打击乐器正确的敲击方法，会按自己选择的节奏型为歌曲作即兴伴奏。 集体： 基本准确歌唱八度范围内（$c^1 \sim c^2$）的五声音调歌曲，并尝试按歌曲节拍的特点、速度、力度和情感，富有表现力地歌唱（2/4 拍优美抒情）
	能够感受并喜爱生活和环境中的美，发现事物美的特征。	1. 能够从生活中美好的人和事中获得深刻印象，发现事物美的特征。 2. 能够有意识地收集一些带有艺术特点的生活用品和自然物，丰富活动区的美术创作材料。	生活： 1. 能够感受并喜爱生活和环境中的美，发现事物美的特征。 2. 能够有意识地收集一些带有艺术特点的生活用品和自然物，丰富活动区的美术创作材料。
	认识美术作品所表现的内容，感受作品的美感特点，初步了解作品表现的方法。	1. 喜欢欣赏不同风格的美术作品，在欣赏过程中感受美术元素的运用，初步了解其表达方法，感受作品的视觉效果。 2. 在美术欣赏环境中受到艺术感染，提升审美情趣。	生活： 从欣赏环境布置中感受雕塑艺术的美，发展审美情趣。 区域： 认识各种泥塑作品所表现的内容，感受作品美感特点，初步了解和体验其表现方法。 集体： 认识、欣赏艺术大师的雕塑作品，从中受到启发和熏陶。

（续表）

艺术	喜欢用不同风格的美术方式表达对事物的印象与情感体验，获得心理上的满足。	能够用不同的美术方式（绘画、雕塑、手工制作等）表达对事物的印象与情感体验，发展艺术表达能力。	区域： 用泥塑方式表达自己的所见、所知、所想和对事物的印象与情感体验，美化班级环境，获得心理上的满足。
	认识、选择各种美术材料和工具，在使用中大胆尝试、设想与创作。	1. 认识、选择多种美术材料和工具，在使用中有独特的设想，感受不同材料表现出的美感特征。 2. 尝试用适宜的材料和工具感知、再现优秀作品的艺术风格，体会作品的魅力。 3. 能利用身边的物品或废旧材料制作成手工艺品，美化自己的生活。	区域： 认识、选择彩绘材料和工具，在使用中大胆尝试、设想与创造。 集体： 1. 尝试用适宜的材料和工具感知、再现作品的艺术风格，体会作品的魅力。 2. 利用身边的物品或废旧材料制作成手工艺品，美化自己的生活。
	能够尊重他人对美的感受和表达方式。	1. 乐于展示自己的作品并相互欣赏，感受个人表现风格的不同。 2. 能够尊重和体会美术作品的表达是个人的意愿，体会艺术创作无对错。	集体： 1. 能够展示和相互欣赏各自的作品，理解每个人都可以有自己的表现方式。 2. 懂得尊重和爱护别人的作品。
	具有美术活动的良好习惯，能有序使用和收放美术工具、材料。	能够运用已有经验和规则自觉的收放工具和材料。	区域： 具有美术活动的良好习惯，运用已有经验和规则收放材料和工具。

生活活动

目标 1：能够从电视、电脑等多种途径获得信息。

指导建议：

1. 在环境里开辟一个“动物妈妈和宝宝”的分享专栏，引导幼儿和家长一起收集有关动物妈妈如何照顾宝宝的信息，并利用每天的环节时间请幼儿讲述自己收集到的新信息。

2. 引导幼儿在探索一段时间后，完成中班幼儿用书 11 月《动物世界》第 18 页“找妈妈”内容。

目标2：体会规则在各种活动中的意义。

目标3：形成初步的规则意识，学会控制自己的情绪和行为。

目标4：引导幼儿学会简单地评价自己和他人的行为，初步判断某些行为的对与错，做错了事能承认，并愿意改正。

指导建议：

1. 引导幼儿讨论在生活环节什么时候需要排队？排队的时候需要注意什么？将喝水、如厕、取玩具等活动的排队方式和要求以图画的形式展现出来，起到提示幼儿行为的作用。

2. 在日常生活中，教师引导幼儿感受和体会轮流和有秩序地进行集体活动给小朋友带来的益处，没有规则和不能控制自己的情绪带来的坏处。

附儿歌：《守纪律的小松鼠》

森林里，小溪边，铁树开花真稀奇。
小动物，溪边赶，大家一起来排队。
小松鼠，来晚了，轻轻站在队后面。
小狐狸，眯眯眼，偷偷拉住小松鼠。
小松鼠，你最小，大象前面把队排。
小松鼠，摇摇头，先来后到守纪律！

目标5：能以力所能及的方式对待周围事物和环境（如把垃圾扔到指定的地方，收拾活动后的材料等）。

指导建议：在户外环节，引导幼儿去观察小区里大树的落叶情况，并思考如何处理这么多的落叶，探索用哪种方法（如把落叶作为垃圾送到垃圾处理站，将落叶掩埋在土壤里……）最清洁、最卫生。

目标6：认读阿拉伯数字1～5，理解这5个阿拉伯数字的实际意义。

指导建议：教师带领幼儿在早报到环节点数每组小朋友到园的人数、在午点环节点数水果，帮助幼儿感受5以内数的实际意义。

目标7：进一步感知、探索和体验音乐快慢、音调高低的变化，从中获得美的感受。

指导建议：

1. 带领幼儿在户外环节或收完玩具后的过渡环节玩音乐游戏《跟着我走》，幼儿随着歌曲在演唱过程中快慢、高低的变化改变走路的速度和姿势，如唱的音高了就踮着脚走，唱的音低了就蹲下走等。

2. 游戏玩法：幼儿排成一纵队按照音乐的节奏行进，排头幼儿根据音乐快慢、高低的变化变换动作，其他幼儿模仿他做动作。

附歌曲：《跟着我走》

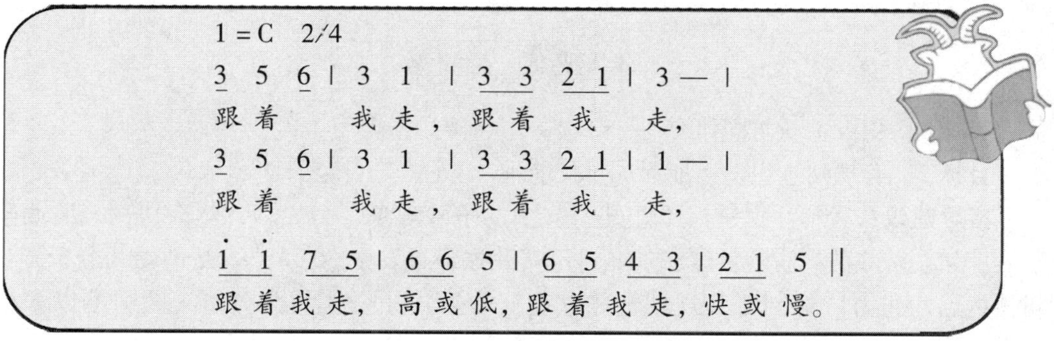

目标8：能够感受并喜爱生活和环境中的美，发现事物美的特征。

目标9：从欣赏环境布置中感受雕塑艺术的美，发展审美情趣。

目标10：能够有意识地收集一些带有艺术特点的生活用品和自然物，丰富活动区的美术创作材料。

指导建议：

1. 创设有特点的雕塑作品欣赏环境，通过环境布置的美感染幼儿，提升他们的审美情趣。

2. 鼓励幼儿有意识地收集一些带有艺术特点的生活用品和自然物，丰富活动区的美术创作材料。

3. 利用家庭、社会资源，引导幼儿收集生活中的雕塑作品和带有艺术特点的自然物，丰富美术区的创作材料。

活动区活动

运动区

目标1：探索1～2种运动器械的多种玩法。

目标2：学会在游戏中保护自己不受伤害，也注意不伤害他人。

目标3：体验双人协同运动，发展动作协调性。

目标4：体验合作游戏的乐趣。

指导建议：

1. 提供可以进行一物多玩的玩具材料，如球、轮胎、布袋、纸箱、平衡木等。

2. 引导幼儿探索球的多种玩法：用身体的不同部位与球做游戏，如踢球、扔球、拍球、顶球等；尝试与其他小朋友共同玩球，如多人传球、两人滚球等。

3. 在户外自选游戏区，教师引导幼儿探索如何在运动中保护自己。如奔跑时要注意不往人多的地方跑，跳绳游戏要和其他幼儿保持距离等。

4. 教师适当为幼儿提供一些供双人协同游戏的玩具材料，如马缰绳、轿子等。

5. 教师可以组织幼儿玩双人协同的主题游戏，如《双人运西瓜》《双人搬运轮胎》等。

6. 教师重点引导幼儿注意相互配合，步调一致。

角色区：娃娃家

目标 1：积极主动与同伴交往，学会分享、谦让与合作。

目标 2：有规则意识，逐渐形成自控能力。

指导建议：教师注意观察“娃娃家”中的争吵现象，引导幼儿学会协商，明确角色职能。如在游戏前或游戏后组织幼儿讨论“我家最近发生的争吵”，帮助幼儿分析游戏的问题焦点，利用讨论制订新规则，并以表演的形式让全体幼儿分享，教师给以积极的肯定。

表演区

目标 1：学习掌握几种打击乐器正确的敲击方法，会按自己选择的节奏型为歌曲作即兴伴奏。

指导建议：投放手铃、响板、三角铁等幼儿熟悉的打击乐器，幼儿熟悉的的各种节奏卡，幼儿学过歌曲的磁带或录音（如《粉刷匠》《在农场》等），鼓励幼儿自选节奏卡，尝试为这些歌曲作即兴伴奏。

目标 2：欣赏内容丰富的简单音乐作品，尝试用动作表演的方式表达对音乐的感受。

指导建议：

1. 提供歌曲《树叶》的背景音乐。

2. 游戏玩法：请每一个幼儿扮演大树及叶子，在音乐的氛围里，根据老师的语言提示做动作，鼓励幼儿做出与众不同的动作。

（1）大树在阳光下站立，树叶一动不动。

（2）微风吹过来了，树叶轻轻地摇晃。

（3）风越来越大，大树摇晃得更厉害了，树叶也一片片地落了下来。

（4）突然，吹来了一阵龙卷风。

（5）大树被刮倒了，树叶被压在下面，救命呀！

美工区

目标 1：喜欢用泥塑方式表达自己的所见、所知、所想和对事物的印象与情感体验，美化班级环境，获得心理上的满足。

目标 2：认识各种泥塑作品所表现的内容，感受作品美感特点，初步了解和体验其表现方法。

目标 3：认识、选择彩绘材料和工具，在使用中大胆尝试、设想与创造。

目标 4：具有美术活动的良好习惯，能有序使用和收放美术工具、材料。

目标 5：在制作活动中发展小肌肉的灵活性。

指导建议：

1. 提供适宜泥塑创作的操作台，使幼儿能够放松地进行美术创作。

2. 引导幼儿制作各种装饰物，师幼共同美化班级生活环境。

3. 提供适宜幼儿欣赏的雕塑作品和与美术创作有关的书籍供幼儿欣赏，从中感受其美感。

4. 提供泥塑材料和工具供幼儿使用，引导幼儿尝试雕塑的表达方式。

5. 鼓励幼儿运用已有经验和规则自觉地收放工具和材料。

重点指导：

1. 提供幼儿用书和收集的雕塑作品（造型、色彩、图案各异的人物、动物），供幼儿有目的地欣赏。

2. 提供油性橡皮泥、黄泥、水彩颜料等辅助材料，指导幼儿进行主题泥塑创作“龟兔赛跑”和彩绘泥塑动物。

3. 培养使用水粉的正确方法（如蘸色、调色、涂色、涮笔的方法）。

建构区

目标 1：体会规则在搭建活动中的意义。

目标 2：形成初步的规则意识，学会控制自己的情绪和行为。

指导建议：教师和幼儿共同归纳活动区容易出现的问题，如争抢积木、幼儿互相干扰、参加游戏人数太多等不利于幼儿游戏的行为，鼓励幼儿一起制订“活动区游戏公约”，并在游戏过程中遵守规则约定，体验规则给自己带来的益处。

科学区

目标 1：学会运用比较的方法进行科学活动，感受比较的过程和结果，获得初步的比较能力。

目标 2：说出自己喜欢和不喜欢的一些环境和事物现象（如整洁、杂乱等）。

指导建议：

1. 教师引导幼儿在种植区为同一种植物（如大蒜、吊兰）测量身长，比较它们的生长情况。

2. 幼儿在图书区阅读中班幼儿用书 11 月《动物世界》，并完成第 26 页《你喜欢哪个家》中的问题，并与小朋友讨论：为什么第二个家会变成那样了？小朋友应该怎样保护自己的家园？

3. 利用中班儿童用书第 28 ~ 29 页《奇妙的海底世界》的内容，发展幼儿细致的观察能力和比较能力。

益智区

目标 1：了解 5 以内数的相邻数之间的关系。

目标 2：运用数数和数字 1 ~ 5、5 以内相邻数以及分类、排序等经验解决一些生活中或游戏中的问题。

指导建议：

1. 在益智区投放画有不同数量的水果卡片，引导幼儿玩水果宝宝配对的游戏，请幼儿根据卡片上的水果数量，为他们找到这个数的相邻数所对应的水果。

2. 投放中班幼儿用书，玩“小动物找家”的游戏。

阅读区

目标1：能从前至后有顺序地阅读，认真观察和理解画面内容，了解故事的情节线索。

指导建议：教师在语言区里投放一些画面清晰、页码明显的图书，引导幼儿认真阅读，并在分享环节向其他幼儿讲述自己阅读的内容，在分享过程中，教师注意引导幼儿观察画面的人物、背景、情节等。

目标2：能有序收放图书，知道爱惜图书。

指导建议：

1. 在语言区游戏时间，开展“小小书店”的游戏，引导幼儿有序收放图书，并通过在书柜上贴小标志的方法引导幼儿学会分类摆放图书。

2. 在美工区开展“图书医院”的游戏，引导幼儿在修补图书的过程中培养爱书的意识，掌握保护书籍的方法。

集体活动

活动一　好朋友，力量大

目标1：体验双人协同运动，发展动作的协调性。

目标2：体验合作游戏的乐趣。

准备：

1. 幼儿在环节活动或户外活动有过合作玩游戏的体验。

2. 各种常见运动器械如球、绳等，成人的开襟衬衣。

3. 各种小奖牌（上面画有不同的奖励项目）。

过程：

1. 请幼儿自由结伴做双人模仿操练习。

（1）幼儿手拉手跑步进入场地，寻找好自己的合作伙伴。

（2）教师鼓励幼儿想办法与同伴一起活动身体，可以玩跷跷板、翻饼烙饼、划船等小游戏。

2. 请幼儿合作玩双人竞赛游戏。

下面三种游戏可请幼儿练习后，自己选择喜欢的项目参加比赛。

（1）连体人比赛：两名幼儿拿一件大衣服穿在身上（外侧穿袖子，内侧手臂互相挽着），一起推打球或捡东西，比比哪组跑得快。

（2）运鸡蛋：两名幼儿面对面抱在一起，中间夹一个球，一起走到目的地，看哪组走得快，球还掉不下来。

（3）背对背跑：幼儿背对背，胳膊挽在一起向前跑，看谁能以最快的速度跑到目的地。

3. 最佳拍档颁奖典礼。

教师根据幼儿表现的不同，给幼儿颁发不同的奖牌，如可以设最佳合作奖、最佳创意奖、最快速度奖。

建议：

1. 引导幼儿将创编出来的游戏带到家中与父母一起玩，体验亲子运动的快乐。

2. 双人游戏玩法：

（1）跷跷板：两名幼儿面对面双手拉在一起，轮流蹲下起来，锻炼腿部肌肉。

（2）翻饼烙饼：两名幼儿面对面拉手站好，一起摇晃胳膊，然后旋转成背对背的状态。

（3）划船：两名幼儿面对面或背对背坐在地上，前后摇晃。

活动二　龟兔赛跑

目标1：能从前至后有顺序地阅读，认真观察和理解画面内容，了解故事的情节线索。

目标2：喜欢模仿艺术作品中人物的语言、表情、动作，愿意合作表演简单的故事情节。

准备：中班幼儿用书11月《动物世界》，兔子、乌龟头饰若干，《龟兔赛跑》故事磁带。

过程：

1. 教师引导幼儿翻看幼儿用书第20～21页，尝试自己阅读故事。

（1）请幼儿数一数书上共有几幅画，谁在前，谁在后，并逐一阅读。

（2）教师提问：你看到了哪些动物？发生了什么事？从哪儿看出来的？

2. 教师请幼儿边看书边听录音，尝试跟读故事。

（1）教师播放与画面配套的故事录音，幼儿边指认、观察画面，边倾听。

（2）鼓励幼儿看着图片，用自己的话将故事讲出来。

3. 教师鼓励幼儿大胆表演故事《龟兔赛跑》。

（1）教师做旁白，幼儿自选动物，大家一起讲故事。

重点：支持幼儿模仿动物的语言、表情。

（2）请幼儿戴上头饰到布置好的龟兔赛跑的场景中进行表演。

建议：

1. 鼓励幼儿到语言区续编龟兔第二次赛跑的情节。

2. 引导幼儿到美工区制作《龟兔赛跑》小图书。

附故事：《龟兔赛跑》

兔子长了四条腿，一蹦一跳，跑得可快啦。乌龟也长了四条腿，爬呀，爬呀，爬得真慢。有一天，兔子碰见乌龟，笑眯眯地说："乌龟，乌龟，咱们来赛跑，好吗？"乌龟知道兔子在开他玩笑，瞪着一双小眼睛，不理也不睬。兔子知道乌龟不敢跟他赛跑，乐得摆着耳朵直蹦跳，还编了一支山歌笑话他：乌龟，乌龟，爬爬，一早出门采花；乌龟，乌龟，走走，傍晚还在门口。乌龟生气了，说："兔子，兔子，你别神气活现的，咱们这就来赛跑。""什么，什么？乌龟，你说什么？""咱们这就来赛跑。"兔子一听，差点笑破了肚子："乌龟，你真敢跟我赛跑？那好，咱们从这儿跑起，看谁先跑到那边山脚下的大树下。预备！一，二，三！——"兔子撒开腿就跑，跑得真快，一会儿就跑得很远了。他回头一看，乌龟才爬了一小段路呢，心想：乌龟敢跟兔子赛跑，真是天大的笑话！我呀，在这儿睡上一大觉，让他爬到这儿，不，让他爬到前面去吧，我三蹦二跳地就追上他了。"啦啦啦，啦啦啦，胜利准是我的嘛！"兔子把身子往地上一歪，合上眼皮，真的睡着了。再说乌龟，爬得也真慢，可是他一个劲儿地爬，爬呀，爬呀，爬，等他爬到兔子身边，已经累坏了。兔子还在睡觉，乌龟也想休息一会儿，可他知道兔子跑得比他快，只有坚持爬下去才有可能赢。于是，他不停地往前爬、爬、爬。离大树越来越近了，只差几十步了，十几步了，几步了……终于到了。兔子呢？他还在睡觉呢！兔子醒来后往后一看，唉，乌龟怎么不见了？再往前一看，哎呀，不得了了！乌龟已经爬到大树底下了。兔子一看可急了，急忙赶上去可已经晚了，乌龟已经赢了。乌龟胜利了。兔子跑得快，乌龟跑得慢，为什么这次比赛乌龟反而赢了呢？

活动三　数的邻居

目标1：了解5以内数的相邻数之间的关系。

目标2：在游戏中对数学产生兴趣，建立初步的自信心。

准备：

1. 自制大挂图《丰收的果实》：上有一列运货的小火车，共有5节车厢。第一节车厢里有1个大南瓜，第二节车厢里有2个大鸭梨，第三节车厢里有3个苹果，第四节车厢里有4个石榴，第五节车厢里有5根香蕉，每节车厢的下部有相对应的数字。

2. 幼儿在此前活动中能准确点数1~5，认识数字。

3. 1~5的圆点卡片和数字卡。

4. 相邻数卡片：卡片的一面为5以内的某个数字，另一面为这一数字的相邻数。幼儿人手一套。

过程：

1. 丰收的果实。（引入相邻数的定义）

（1）教师出示《丰收的果实》大挂图（挂图上车厢的数字被遮住），请幼儿数一数每节车厢里有几个果实，教师揭开覆在数字上的纸，帮助幼儿检验点数的结果。

（2）教师请幼儿观察挂图，并提问：苹果在火车上的邻居是鸭梨和石榴，那数字3在火车上的邻居是谁？数字4在火车上的邻居是谁？

重点：引导幼儿了解数字也有邻居，数字的邻居叫相邻数。

2. 数字宝宝大排队。（认识相邻数多1少1的规律）

（1）教师引导幼儿按从少到多的顺序为圆点卡片排队，并说说为什么这么排？（后面的卡片比前面的卡片多1个点）

（2）教师取出3个圆点的卡片，请幼儿说说谁不见了，得出结论：3的相邻数是比3少1（2）和多1（4）的数。

（3）教师引导幼儿继续操作圆点卡片发现一个数的好朋友是比它多1（大邻居）或少1（小邻居）的数。

重点：此环节需要幼儿充分操作点数卡，不断迁移相邻数多1少1的规律。

3. 数字邻居欢乐多。（玩相关游戏，巩固幼儿对相邻数之间关系的理解）

（1）游戏："变脸小卡片"。

教师请幼儿取一张相邻数卡片，根据卡片上的数量取相应的物品，翻转小卡片后，再根据卡片上的数将物品送回一个或添加一个，从而感受相邻数多1少1的规律。

（2）游戏："找朋友"。

每个幼儿胸前戴一个数字卡（5以内），随音乐跳舞，音乐停，教师说："戴数字4的小朋友找朋友。"戴数字4的小朋友就和戴数字3和戴数字5的小朋友手牵手，教师可变换数字继续玩游戏。

建议：

1. 教师在活动过程中可根据幼儿掌握的情况将内容分成几次来完成。

2. 在益智区投放画有不同数量的水果卡片，引导幼儿玩水果宝宝配对的游戏，请幼儿根据卡片上的水果数量，为他们找到这个数的相邻数所对应的水果。

活动四　小动物找家

目标1：运用数数和数字1～5、5以内相邻数以及分类、排序等经验解决一些生活中或游戏中的问题。

目标2：养成注意倾听的习惯，理解教师的操作要求。

准备：

1. 在家园活动中，请家长带幼儿认识自己家的门牌号。

2. 教师带领幼儿自制"我的家"门牌卡片，每人一张。（门牌卡片分两部分：我自己的头像、我家的门牌号）

3. 自制"我的家"楼房平面图。（根据班上幼儿的居住情况合理设计）

4. 中班幼儿用书11月《动物世界》第12～13页《小动物找家》。

过程：

1. 教师鼓励幼儿说说自己家的门牌卡，引导幼儿发现门牌号的用途。

（1）教师请幼儿出示自制的门牌卡。

指导语：请你说一说你家的门牌号是什么？

（2）教师引导幼儿讨论：我们的门牌号有什么用？它们都有什么不同？

2. 教师引导幼儿发现门牌号正确的使用方法。

（1）教师出示自制的“我的家”楼房平面图。

指导语：这座楼房有多少单元？怎样表示？有多少层？你是怎么知道的？（鼓励幼儿手口一致地点数）

（2）鼓励幼儿将自制的门牌卡粘贴在合适的位置上。

重点：教师引导幼儿尝试按照门牌卡找到正确的位置。

（3）教师引导幼儿讨论：这个门牌卡为什么放在这里？

3. 教师引导幼儿辨别多种不同的方位，尝试使用不同的门牌号为小动物找家。

（1）教师出示小动物图片与幼儿共同玩游戏：小动物串门。

玩法1：教师以小动物的口吻边出示小动物图片边说出小动物串门的地点，请幼儿根据指令找到合适的位置。例如：小狗要去丁丁家玩，丁丁住在明明家的下面，小狗应该去哪儿？

玩法2：幼儿自己将小动物放在×单元×层后，请其他幼儿判断小动物的正确位置（比比谁住得高，谁住得矮）。

（2）引导幼儿完成幼儿用书《小动物的家》中的活动，将封底的小动物剪下来贴在合适的楼层上。

重点：鼓励幼儿按门牌号为小动物找到合适的家。

（3）教师引导幼儿同伴之间相互检查，进一步提高幼儿正确分辨方位的能力。

指导语：小动物的家在哪里，你和别的小朋友找得一样吗？为什么？

建议：

1. 活动后启发幼儿思考：在日常生活中还有哪些地方是对号入座的？

2. 引导幼儿在美工区尝试制作不同图案的门牌号，投放在建筑区供幼儿使用。

活动五　歌曲《树叶》

目标1：学唱歌曲《树叶》。

目标2：尝试按歌曲节拍的特点、速度、力度和情感，富有表现力地歌唱。

目标3：尝试用动作表演的方式表达对音乐的感受。

准备：

1. 幼儿在日常生活中观赏叶子从树上飘落的情景。

2. 红、黄、绿三种树叶和相应的筐子，树叶头饰。

过程：

1. 欣赏歌曲，模仿树叶的飘动。

（1）幼儿戴上树叶头饰，在《树叶》的乐曲声中，模仿随风飘散的叶子“飘”进教室。

（2）教师引导幼儿在欣赏歌曲的基础上表现出树叶飘来飘去的感觉。

重点：教师注意鼓励幼儿做出与其他小朋友不一样的动作。

2. 学习歌词，体会歌词中树叶飘落的优美情景。

（1）在歌曲的背景音乐中，欣赏散文诗《我是一片树叶》，熟悉歌词。

（2）请幼儿与教师一起朗诵歌词。

3. 学习歌曲《树叶》。

（1）教师带领幼儿分段学习歌曲。

重点：引导幼儿学习在句与句之间提气、换气。

（2）教师请幼儿分组进行歌表演，巩固所学歌曲。

提问：你唱这首歌时有什么感觉？

重点：启发幼儿思考用怎样的声音演唱“秋风吹落我呀，飘呀飘呀飘——”。

4. 游戏：“送小树叶回家”。

请幼儿一人选一片树叶，边唱边模仿树叶飘落的姿态飞来飞去，当歌曲结束时，将手中的树叶按颜色送到对应的筐中。

建议：利用学习的歌曲在表演角开展歌表演或玩律动游戏。

附歌曲：《树叶》

1 = C　2/4

1 2 3 4 | 3 2 1 | 5 6 5 6 | 5 - | 5 6 5 4 |
我 是 一 片 树 叶，一 片 树 叶， 秋 风 吹 落

3 1 | 2 3 2 3 | 2 — | 1 2 3 4 | 3 2 1 |
我 呀，飘 呀 飘 呀 飘， 一 片 一 片 树 叶

5 6 6 | 6 - | 5 6 5 4 | 3 1 | 2 4 3 2 | 1 — ||
吹 在 一 起， 变 成 许 多 树 叶 许 多 树 叶。

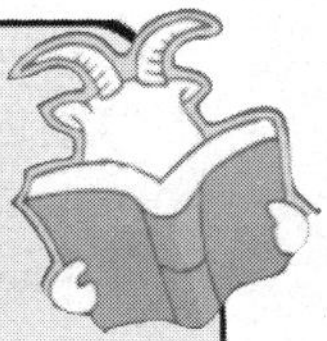

活动六　欣赏雕塑《鸟的爱抚》

目标 1：认识、欣赏艺术大师的雕塑作品，从中获得启发和熏陶。

目标 2：尝试用适宜的材料和工具感知、再现其艺术风格，体会作品的魅力。

目标 3：能利用身边的物品或废旧材料制作成手工艺品，美化自己的生活。

目标 4：能够展示和相互欣赏各自的作品，理解每个人都可以有自己的表现方式。

目标 5：懂得尊重和爱护别人的作品。

准备：

1. 欣赏雕塑《鸟的爱抚》（米罗）的图片。

2. 自制的模仿作品。

鸟的爱抚（米罗）

3. 制作材料：硬纸板、硬木板、彩泥、旧光盘、玻璃瓶、瓶盖、果冻盒等。

4. 辅助材料：颜料、毛笔、垫板、剪刀、胶水等。

过程：

1. 感知欣赏：

（1）出示雕塑《鸟的爱抚》的图片和教师制作的仿制作品，简单介绍作品。（知识点：属于造型艺术中综合材料装饰雕塑作品）

（2）引导幼儿感知作品造型、构思的独特和美感。

（3）提问设计：

①你看到这件作品有什么感觉？（知识点：造型上诙谐、有趣的感觉，色彩上跳跃、明快、喜悦的感觉等）

② 你感觉这件作品表达了什么意思？（引导点：表情童趣化，期待拥抱的感觉，飞翔前的准备等）

③让幼儿进一步用心领悟和猜想作品表达的内容，感受作品表现的美感特征。

2. 鼓励创作：

（1）出示仿制作品让幼儿观察具体构成方法。

（2）引导幼儿猜想可以用什么材料制作。（引导点：讨论材料的选择，卡通趣味的表现等）

（3）介绍准备的材料和基本的使用方法。（知识点：材料的质感特点和对比使用，色彩与造型的搭配方法，作品的表现性和趣味性等）

（4）教师巡回指导，必要时帮助幼儿形成作品的最终形式，提升其美感，鼓励幼儿对自己有自信。

3. 讲评：

（1）组织幼儿轮流介绍自己作品的名称或表达的内容，肯定幼儿的创作。

（2）引导幼儿讨论使用的材料是否合适，今后还有什么更好的表达方式。

建议：

1. 记录下幼儿创造作品的想法，用合适的方法保存下来。

2. 提供收藏箱，引导幼儿经常补充和更换所需材料。

3. 鼓励幼儿在活动区进行作品展示并继续开展创作。

4. 提供有关装饰雕塑的画册，让幼儿进行更多的了解，丰富创作经验。

（五）第四周目标与落实途径

领域	目标		落实途径
健康	生活、卫生习惯良好，有基本的生活自理能力。	养成爱清洁、讲卫生的习惯。	生活： 学会擤鼻涕的正确方法，知道打喷嚏、咳嗽不对人，形成良好的个人卫生习惯。
	知道必要的安全保健常识，学习保护自己。	通过安全教育，提高自我保护的意识和能力。	区域、生活： 学会在生活及游戏中保护自己不受伤害，也注意不伤害他人。
	通过感兴趣的方式发展动作，提高动作的协调性、灵活性。	1. 用感兴趣的方式发展基本动作，提高动作的协调性、灵活性。 2. 用感兴趣的方式发展小肌肉，提高动作的协调性、灵活性。	区域： 1. 探索 1 ~2 种运动器械的多种玩法。 2. 在搭建游戏中发展幼儿小肌肉的灵活性、协调性。 集体： 尝试立定跳远，能双脚用力蹬地。
语言	能清楚地说出自己想说的事。	能大胆、清楚地表达自己的想法和感受。	区域： 能清楚地表达自己的需要。
	喜欢听故事、看图书，有初步的前阅读和前书写能力。	1. 养成良好的阅读习惯。 2. 对书写感兴趣，有初步的前书写能力。	区域： 能从前至后有顺序地阅读，认真观察和理解画面内容，了解故事的情节线索。 集体： 对书写感兴趣，有初步的前书写能力。
社会	能努力做好力所能及的事，不怕困难，有初步的责任感。	愿意做自己力所能及的事（如收拾玩具、整理被褥、擦桌椅等），养成初步的独立意识。	区域： 学会收拾、整理玩具物品。
	初步了解社会常识。	知道北京是中国的首都，是个国际大都市，并了解北京正在发生的大事。	生活： 关心、了解北京正在发生的大事。
科学	能运用各种感官，动手动脑，探究问题。	能认识较多常见的科技生活用品，初步感知它们对人们生活的作用。	生活： 能认识较多常见的科技生活用品（微波炉、榨汁机、录音机、洗衣机、空调等），并能初步知道这些用品对人们生活的作用。
	能用适当的方式表达、交流探索的过程和结果。	用多种方式表达对事物探索与发现的方法，与他人分享观察、探索的乐趣。	集体： 能与他人分享观察、探索的乐趣，用多种形式表现、交流探索的过程与方法。

（续表）

科学	能从生活和游戏中感受事物的数量关系，体验到数学的重要和有趣。	1. 运用正在发展的数学观念和方法解决生活和游戏中的问题。 2. 在日常生活与活动中，使用相关的数学语言。 3. 正确辨认前、后方位，发展空间知觉。	生活、区域、集体： 运用数数和数字 1 ~ 5、5 以内相邻数以及分类、排序等经验解决一些生活中或游戏中的问题。 区域： 运用木板等辅助材料建造马路天桥，学习垒高、架空、平衡的技能，发展空间知觉。 集体： 使用相关的数学语言，如“一份”“一些”“5 条”“你见过这样的形状吗？”等。
艺术	能初步感受并喜爱生活和艺术中的美。	1. 初步尝试按歌曲节拍的特点、速度、力度和情感富有表现力地歌唱。 2. 喜欢欣赏内容丰富的简单音乐作品，尝试体验这些作品的基本情绪和情感，并用自己喜欢的方式表达对音乐的感受。 3. 喜欢故事、诗歌、木偶剧、动画片、皮影戏、小歌剧等文学艺术作品，感受其中的美。	生活： 欣赏木偶剧、儿童剧，通过尝试扮演表达对音乐的感受。 区域： 唱不同节拍、不同内容的歌曲，尝试按歌曲节拍的特点、速度、力度和情感富有表现力地歌唱。 集体： 1. 进一步感知、探索和体验音乐的快慢、高低变化，从中获得美的感受。 2. 喜欢欣赏内容丰富的简单音乐作品，尝试体验这些作品的基本情绪和情感，并用动作表演表达对音乐的感受。
	积极参加表演活动，在活动中获得愉快、丰富的情绪体验。	乐于模仿舞蹈动作，激发表演的兴趣。	区域： 对模仿舞蹈动作感兴趣。
	能够大胆地用自己喜欢的方式进行艺术表现和创作，富有个性地表达自己的情感和体验。	能够基本准确歌唱八度范围内（$c^1 \sim c^2$）的五声音调歌曲，初步尝试按歌曲节拍的特点、速度、力度和情感富有表现力地歌唱。	区域： 唱不同节拍、不同内容的歌曲，尝试按歌曲节拍的特点、速度、力度和情感富有表现力地歌唱。

（续表）

艺术	能够感受并喜爱生活和环境中的美，发现事物美的特征。	能够从生活中美好的人和事（如四季景色、生活用品、环境布置、节日装饰）中获得深刻印象，发现事物美的特征。	生活： 感受并喜爱日常生活中和环境中的美，发现事物美的特征。
	认识美术作品所表现的内容，感受作品的美感特点，初步了解作品表现的方法。	喜欢欣赏各种风格的美术作品，在欣赏过程中感受美术元素的运用（色彩、线条、结构），初步了解其表达方法，感受作品的视觉冲击力。	集体： 认识、感受美术作品《夕阳下的柳树》所表现的内容，感知色彩在作品中的运用，初步了解事物的表现方法。
	认识、选择各种美术材料和工具，在使用中大胆尝试、设想与创作。	1. 认识、选择多种美术材料和工具，在使用中有独特的设想，从中感受不同材料表现出的美感特征。 2. 尝试用适宜的材料和工具感知、再现优秀作品的艺术风格，体会作品的魅力。	区域： 选择各种有艺术特点的自然物，在创作中大胆尝试、设想与创造。 集体： 选择适宜的彩砂纸和油画棒再现作品的艺术风格，体会作品的魅力。
	尝试为戏剧表演、主题游戏自制道具和装饰物。	喜欢为扮演活动自制简单的服装和道具。	集体： 尝试用自然物为戏剧表演、主题游戏自制道具和装饰物。
	能够尊重他人对美的感受和表达方式。	能够体会和尊重美术作品的表达是个人的意愿，了解艺术创作无对错。	集体： 通过分享活动，感受美术作品的表达是个人的意愿，了解艺术创作无对错。
	具有美术活动的良好习惯，能有序使用和收放美术工具、材料。	养成收放美术作品的良好习惯，懂得尊重和爱护别人的作品。	区域： 具有美术活动的良好习惯，能有序使用和收放美术工具、材料。

生活活动

目标1：学会擤鼻涕的正确方法，知道打喷嚏、咳嗽不对人，形成良好的个人卫生习惯。

指导建议：

1. 请保健大夫进班为幼儿讲解打喷嚏、咳嗽对着人的危害，并引导幼儿探索除了用手遮挡以外，还有哪些避免传染的好办法。

2. 引导幼儿在教师的帮助下，到小班去教弟弟妹妹正确的擤鼻涕的方法，并在这个过程中掌握正确的方法。

目标2：学会在生活及游戏中保护自己不受伤害，也注意不伤害他人。

指导建议：

1. 引导幼儿寻找日常生活中有哪些不安全的地方，并想办法提示大家注意，如绘制标志进行粘贴。

2. 在上、下楼环节，引导幼儿通过制订楼道公约的方式提示幼儿注意在楼道中不做出打闹、推搡等不安全的行为。

目标3：关心、了解北京正在发生的大事。

指导建议：

1. 在班级环境中布置“北京大事我知道”板块，鼓励幼儿通过电视、报纸、电脑等多种途径获得北京正在发生的大事信息。将幼儿收集的图片或报纸新闻等材料，布置在“北京大事我知道”板块中。

2. 利用过渡环节自由结合讲述或集体讲述的时间，或在参观和交谈中，大家一起分享北京正在发生的大事信息。

目标4：能认识较多的和常见的科技生活用品（如微波炉、空调等），并能初步感知这些用品对人们生活的作用。

指导建议：

1. 教师在生活环节中引导幼儿认识周围常见的电器（如空调、加湿器等），并演示这些物品的正确使用方法，帮助幼儿体验它们的作用。

2. 在过渡环节中开辟“我家的新发现”小小论坛活动，请幼儿轮流向大家介绍家里新添置的科技用品（如手机、平板电脑等）。

目标5：运用数数和数字1～5、5以内相邻数以及分类、排序等经验解决一些生活中或游戏中的问题。

指导建议：

1. 在进餐结束后，引导幼儿将碗筷分类摆放在餐车上，请值日生点数碗的数量，并将它们5个一摞码放整齐。

2. 在户外集体操环节，引导幼儿按由高到矮或由矮到高的顺序站队。

目标6：欣赏木偶剧、儿童剧，通过尝试扮演表达对音乐的感受。
指导建议：
1. 在过渡环节请幼儿欣赏班级教师合作表演的小木偶剧。
2. 在亲子开放日，请家长和幼儿一起编排一些小的儿童剧表演给大家看。

目标7：能够感受并喜爱生活和环境中的美，发现事物美的特征。
指导建议：

1. 引导幼儿从秋季变化的景色中获得美的感受，并有意识地收集一些带有艺术特点的物品，丰富活动区的美术创作材料。

2. 利用户外散步环节观察秋季自然景象的变化，有目的地收集一些带有艺术特点的自然物。

活动区活动

运动区

目标1：学会在生活及游戏中保护自己不受伤害，也注意不伤害他人。
目标2：探索1～2种运动器械的多种玩法。
目标3：尝试立定跳远，能双脚用力蹬地。
指导建议：

1. 教师有意识提示幼儿在探索户外体育玩具玩法时，注意如何保护自己，玩具如何玩更加安全。

2. 教师在运动区投放大小不同的沙包、皮球等，引导幼儿探索沙包和球的不同玩法，并总结怎样用身体的不同部位与沙包做游戏。

3. 教师还可引导幼儿做滚球、传球、赶球走、抛接球、运球走等游戏。

4. 教师还可以引导幼儿玩轮胎游戏，通过滚、推、拉、跳、走等多种活动，发展幼儿动作的协调性。

5. 教师为幼儿练习立定跳远提供适宜的场地，最好选择沙坑或有弹性的地面。

6. 教师通过游戏的方式引导幼儿练习立定跳远，如小青蛙跳荷叶、小袋鼠跳等。

7. 教师重点指导幼儿的预备起跳动作，双脚蹬地要用力，落地时后脚跟先着地，屈膝缓冲。

8. 可以组织幼儿结合立定跳远进行测量，比一比谁跳得最远。

角色区：购物中心——百货部

目标1：能清楚地表达自己的需要。
目标2：学会收拾、整理玩具物品。
指导建议：
1. 引导幼儿解决如何要求别人在游戏结束时返回售出商品，如与幼儿共同讨论与别人沟通的策略。

2. 引导幼儿讨论如何快速进行整理工作，如利用工具（购物车、购物篮等）进行快速回收商品，同伴分配任务进行分类整理。

3. 教师给幼儿一定时间收拾、整理玩具。

表演区

目标1：唱不同节拍、不同内容的歌曲，尝试按歌曲节拍的特点、速度、力度和情感富有表现力地歌唱。

指导建议：在表演区投放自制小麦克风及幼儿自制的歌曲节目单，引导幼儿回忆并演唱学过的各种歌曲如《树叶》《在农场》等。

目标2：对模仿舞蹈动作感兴趣。

指导建议：

1. 投放各种表现小动物的舞蹈动作的图片，引导幼儿模仿图片上表现小动物的各种舞蹈造型，和着熟悉的音乐进行即兴表演。

2. 图片设计可参照下表：

画面上：一个小女孩学小蜜蜂的样子，两只手臂放在大腿两侧，手上下扇动。	一群小蜜蜂在花丛里飞来飞去。
画面上：两个小男孩学大象的样子，双手在身前握住，胳膊伸直，模仿大象甩鼻子的样子。	一群大象在河边漫步。
画面上：两个小女孩模仿鸟的动作，一个小女孩将胳膊上举后，手腕靠在一起；另一个小女孩低头模仿小鸟梳理羽毛。	两只布谷鸟在林中歌唱。

3. 教师进活动区表演一些特点突出的民族舞蹈片段，并投放相关基本舞蹈动作的图片和相关音乐（如投放歌曲《摘葡萄》的音乐和维族舞蹈的典型造型图片，如动脖子等），激发幼儿在模仿的基础上尝试即兴表演的兴趣。

美工区

目标1：喜欢用绘画、制作等方式表达自己的所感、所见和对事物的印象，获得心理上的满足。

目标2：选择各种有艺术特点的自然物进行美术活动，在创作中大胆尝试、设想与创造。

目标3：尝试为戏剧表演、主题游戏自制道具和装饰物。

目标4：具有美术活动的良好习惯，能有序使用和收放美术工具、材料。

指导建议：

1. 参见中班幼儿用书11月第6～7页“叶子的联想”，提供各种叶贴画作品和各种动物图片，引导幼儿制作各种装饰物，师幼共同美化班级生活环境。

2. 投放各种落叶和适宜的工具，引导幼儿在创作中感受落叶表现出的美感特征。

3. 引导幼儿为艺术表演和游戏参与制作道具的活动。

4. 引导幼儿有创造性地将废物改造成艺术品。

重点指导：

1. 引导幼儿收集各种落叶，制作表演道具（如舞台情景、服装、配饰等）。

2. 投放中班 11 月幼儿用书，指导幼儿制作树叶贴画和主题绘画“我喜欢的动物”。

3. 提供多幅树叶画作品，各种颜色、形状、大小的秋叶，胶水、胶带、衬纸。

4. 根据树叶形状的特点，引导幼儿发挥想象设计造型和拼摆图案。

5. 根据幼儿不同的兴趣和能力水平，指导幼儿对作品进行不同程度的添画。

建议：

1. 举办树叶画沙龙，引导幼儿通过他评和自评，提高制作技巧。

2. 评价环节中评选“最有创意作品”“最佳小解说员”等奖项，鼓励幼儿大胆参与评价。

建构区

目标 1：运用木板等辅助材料建造马路天桥，学习垒高、架空、平衡的技能。

目标 2：在搭建游戏中发展幼儿小肌肉的灵活性、协调性。

指导建议：

1. 与幼儿共同收集各种天桥的图片资料，丰富幼儿的感性经验；

2. 引导幼儿有顺序地观察天桥的基本构造和特点，鼓励幼儿选择适宜的材料进行探索和搭建活动。

3. 提供基本积木，引导幼儿使用它们表现出台阶的造型，体会桥的架空特点和物体的平衡、稳固等搭建要素。

科学区

目标：能与他人分享观察、探索的乐趣，用多种形式表现、交流探索的过程与方法。

指导建议：

1. 提供别着回形针的纸制小动物、大块磁铁、硬纸板（或纸板迷宫），激发幼儿参与磁铁探索游戏。

2. 引导幼儿探索如何让小动物跑起来，比一比不同的磁铁动物跑得有何区别。

3. 磁力钓鱼游戏。

4. 沙中取物。将小钉子、回形针、螺帽等藏在沙箱里，请小朋友利用磁铁取出。

益智区

目标：运用数数和数字 1 ~ 5、5 以内相邻数以及分类、排序等经验解决一些生活中或游戏中的问题。

指导建议：

1. 投放套筒、套环等玩具（在每个玩具上按从小到大的顺序标上数字），引导幼儿对它们进行排序。

2. 投放标有数字的扑克牌，引导幼儿玩相邻数配对的游戏。

阅读区

目标：能从前至后有顺序地阅读，认真观察和理解画面内容，了解故事的情节线索。

指导建议：

1. 在阅读区投放一些画面完整、页码清晰的故事书和幼儿熟悉的自制故事书（如《鸭妈妈找蛋》《龟兔赛跑》），供幼儿阅读。

2. 本周可继续欣赏中班幼儿用书11月《动物世界》第14～15页《颠倒歌》。

集体活动

活动一　小青蛙，捉虫子

目标1：尝试立定跳远，能双脚用力蹬地。

目标2：运用数数和数字1～5、5以内相邻数以及分类、排序等经验解决一些生活中或游戏中的问题。

准备：

1. 在地上用粉笔画出或用即时贴围出荷叶的轮廓（如图所示，圆圈表示荷叶），荷叶之间的距离由近及远，各不相同。

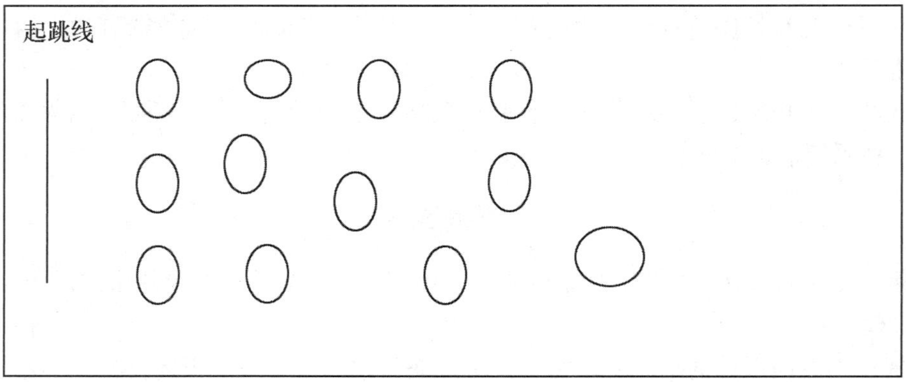

2. 用皱纹纸做的小虫子若干，教师自备一段欢快的音乐。

3. 幼儿完成中班幼儿用书11月《动物世界》第4～5页“跳远比赛”中的活动，了解不同动物的跳跃方法。

过程：

1. 热身部分：欢乐的池塘。

（1）教师带领幼儿来到画着荷叶的场地，引导幼儿想一想池塘里有哪些可爱的小动物，他们是怎样运动的。

例如：小螃蟹：两个小朋友的胳膊挽在一块，横着往前走。

小鱼：扭动着身体，在荷叶间钻来钻去。

小鸭子：半蹲着身体，摇晃着走路。

小青蛙：蹲下又跳起来，在荷叶间跳来跳去。

（2）教师播放一段欢快的音乐，引导幼儿模仿自己喜欢的小动物在池塘里活动。

2. 探索部分：开心跳跳。

（1）教师请幼儿模仿青蛙跳一跳，并用儿歌总结青蛙是怎么跳的？（儿歌摘自：中国教育门户网）

“我是一只小青蛙，捉虫本领大，手儿伸一伸，腿儿蹬一蹬，蹲下——找一找小虫，跳起来——吃掉它！”（活动四肢，巩固向上跳的动作）

（2）教师引导幼儿互相模仿学习小青蛙的跳跃动作，说一说哪一只小青蛙跳得远，他是怎样跳的？（请幼儿个别示范）

（3）幼儿集体探索弹跳的动作，并归纳弹跳的规律：

①手臂和腿的动作要配合才能跳得远。

②腿要用力蹬地才跳得远。

3. 游戏部分：小青蛙，捉虫子。

（1）教师在荷叶上放一些纸做的小虫子，请幼儿听口令跳到荷叶上去捉虫子。引导幼儿比一比哪只小青蛙跳得远，能捉到更多的虫子。

（2）引导幼儿五人一组，进行蛙跳比赛，并将跳的距离用粉笔标出来，比一比谁跳得远。

4. 游戏结束后，可引导幼儿模仿青蛙游泳进行放松。

建议：幼儿在跳的过程中，教师可根据幼儿跳的情况随机调整荷叶间的距离。

活动二　开饭喽

目标1：在日常生活和游戏中，会使用相关的数学语言，如“一份”“一些”“5条”“你见过这样的形状吗”等。

目标2：对书写感兴趣，有初步的前书写能力。

准备：

1. 幼儿能够点数，并认识数字1～5。

2. 每个幼儿一份“给娃娃分餐”的游戏材料：筷子、纸做的食品（蛋糕）、画在纸上的小餐盘（操作单）。

操作单设计如下：

1号狗宝宝	2号狗宝宝	3号狗宝宝	4号狗宝宝
一个大餐盘	一个大餐盘	一个大餐盘	一个大餐盘

3. 教师准备两张大挂图，一张是狗宝宝吃饭之前的，一张是狗宝宝吃饭之后的。

吃之前的图：

1号狗宝宝	2号狗宝宝	3号狗宝宝	4号狗宝宝
一个大餐盘里有4块蛋糕	一个大餐盘里有4块蛋糕	一个大餐盘里有4块蛋糕	一个大餐盘里有4块蛋糕

吃之后的图：

1号狗宝宝	2号狗宝宝	3号狗宝宝	4号狗宝宝
一个大餐盘里有2块蛋糕	一个大餐盘里有3块蛋糕	一个大餐盘里有1块蛋糕	一个大餐盘里没有蛋糕

4. 中班幼儿用书11月《动物世界》第24～25页。

过程：

1. 游戏：狗妈妈分餐。

（1）教师请幼儿当狗妈妈为自己的狗宝宝分餐，用筷子将“蛋糕”分到每个狗宝宝的餐盘里。

重点：引导幼儿思考怎样分能让每个狗宝宝都高兴。

（2）教师请幼儿用语言表述自己是怎样为狗宝宝分餐的。

重点：引导幼儿说出，狗宝宝一人一份饭，每份有几块蛋糕。

2. 教师请幼儿观察对比图，并判断哪只狗宝宝吃得多，哪只狗宝宝吃得少。

（1）出示吃饭之前的图片让幼儿仔细观察。

指导语：狗宝宝的餐盘有几块蛋糕？

（2）出示吃饭之后的图片让幼儿仔细观察。

指导语：狗宝宝吃完后，每个餐盘还剩几块蛋糕？

（3）请幼儿想一想：哪只小狗吃得多？哪只小狗吃得少？为什么？

重点：引导幼儿操作手中的材料，感知吃得多、剩得少的规律。

3. 请幼儿打开幼儿用书，按照小狗吃得多少的顺序给它们排队，并在方框里贴上正确的序号。

建议：在娃娃家投放分餐工具和角色卡供幼儿玩分餐游戏。

活动三　可爱的玩具

目标1：进一步感知、探索和体验音乐的强弱、快慢、高低的变化，从中获得美的感受。

目标2：喜欢欣赏内容有趣的音乐作品，尝试体验这些作品的基本情绪和情感，并用动作表演表达对音乐的感受。

准备：

1. 幼儿常见的玩具若干，如布娃娃、皮球、小汽车等。

2. 幼儿玩过表现声音高低的音乐游戏（如回声游戏）。

过程：

1. 教师请幼儿找一找，可爱的玩具藏在哪里。

教师将幼儿常见的玩具藏在活动室里，请幼儿听着歌曲《可爱的玩具》的音乐去找这些玩具，并说一说是怎么找到的。

2. 教师引导幼儿学习演唱歌曲《可爱的玩具》。

（1）教师请幼儿边拍手边跟音乐哼唱歌曲《可爱的玩具》。

（2）幼儿取一个布娃娃，请幼儿尝试看着教师的动作变换演唱歌曲的强弱，如教师高举布娃娃时，幼儿大声唱歌，教师放低布娃娃时，幼儿轻声唱歌，通过这种游戏帮助幼儿感受并控制自己声音的强弱。

3. 教师引导幼儿探索音乐游戏《可爱的玩具》的玩法。

（1）教师向幼儿介绍游戏《可爱的玩具》的玩法：全体幼儿席地而坐围成一圈，给一个幼儿蒙上眼睛演找玩具的人，老师当着其余小朋友的面将玩具藏在一个幼儿身后。游戏开始，幼儿一起唱歌，找玩具的小朋友远离玩具的时候，幼儿轻声唱，离玩具近的时候，幼儿大声唱。可以唱两遍，如果找到了，大家给他鼓掌，换人重新游戏。如果没有找到，请幼儿说一说为什么找不着。

（2）教师根据第一遍游戏的情况，引导幼儿探索：

①唱歌的小朋友如何控制音量，给找的小朋友明确的提示。（声音要逐渐地变化）

②找的小朋友如何认真、仔细地倾听其他小朋友的声音。

（3）幼儿调整后再次进行游戏。

建议：在刚开始游戏时，教师可适当减少幼儿人数，以降低游戏难度。

附歌曲：《可爱的玩具》

1＝F 4/4　　　　林大春译配

1 1 1 1 1 1 | 3 5 5 3 1 | 2 2 2 2 2 2 |
哪里有哪里有 可爱的玩具， 哪里有哪里有

7 2 2 7 5 | 1 1 1 1 1 1 | 3 5 5 3 1 |
可爱的玩具，哪里有哪里有 可爱的 玩具，

5 5 5 5 | 1 - - 0 ||
请你找一 找。

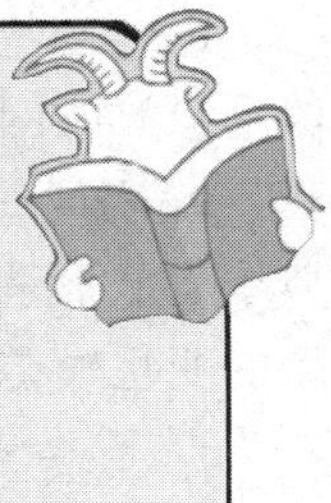

活动四 欣赏圣桑《动物狂欢节》

目标1：进一步感知、探索和体验音乐的强弱、快慢、高低的变化，从中获得美的感受。

目标2：喜欢欣赏内容丰富的简单音乐作品，尝试体验这些作品的基本情绪和情感，并用自己喜欢的方式（如语言、绘画、动作表演等）表达对音乐的感受。

准备：

1. 表现动物狂欢的图画，《动物狂欢节》节选的磁带，动物头饰。
2. 图画设计为：

背景画面为夜晚的森林，森林里萤火虫提着小灯笼飞来飞去，月光下小动物们高兴地开联欢会：天鹅、大象在拉大提琴，公鸡在拉小提琴，狮子在弹钢琴，布谷鸟在吹长笛，鸭子在打镲，其他小动物（如小猴子、小兔、小鹿、小山羊、小狐狸等）在围着篝火跳舞。

过程：

1. 教师出示表现动物狂欢的图画，请幼儿欣赏。

重点：通过欣赏与乐曲相关的图画，使幼儿从视觉上直观地对动物狂欢有初步了解。

指导语：看到这幅画你感觉怎么样？你都看到了谁？它们在干什么？

2. 欣赏节选后的乐曲《动物狂欢节》，使幼儿通过听觉来感受不同乐器表现出的不同乐曲风格，结合图画猜猜分别表现的是哪种动物。

（1）完整欣赏，体会不同段落曲风的不同，感受动物狂欢的气氛。

指导语：猜猜这里都来了哪些动物？它们都表演了什么？

（2）分段欣赏，进一步感受不同乐器的表现风格，还可以请幼儿根据想象即兴表演。

指导语：猜猜这是什么乐器？表现的是哪种动物？谁来演演？

重点：引导幼儿根据动物特点采用不同的方式表达自己对乐段的理解，如听到天鹅的乐段时，可以用身体动作表示天鹅高贵的形象；听到大象的乐段时，可以用沉重、稳定的声音表达自己的理解。

3. 请幼儿自选角色，戴上动物头饰跟随相应的乐曲即兴表演。

建议：

1. 《动物狂欢节》中的音乐形象较多，教师可以根据幼儿的经验和学习情况截选几段形象鲜明的乐章进行欣赏。

2. 引导幼儿在表演区继续欣赏《动物狂欢节》的音乐（将几个乐章里表现动物的经典乐句截下录在一盘磁带里 ）和一些模仿动物的经典舞蹈动作的图片，引导幼儿根据音乐的变化模仿不同动物的动作，鼓励幼儿按照音乐中稳定的节拍做动作。

3. 圣桑《动物狂欢节》中主要的乐章和动物形象的表现方式。

蝴蝶 钢琴 中速 优雅	蜜蜂 小提琴 快速 热烈	母鸡和公鸡 小提琴，钢琴 快速 活力
天鹅 大提琴 较慢 高贵	大象 大提琴 中速 坚定有力	布谷鸟 长笛 中速 清脆
鸭子 镲 中快 俏皮	狮子 大提琴，钢琴 中速 威武	

活动五　欣赏、创作——《夕阳下的柳树》

目标1：认识、感受美术作品《夕阳下的柳树》中浓烈的色彩对比。

目标2：选择适宜的彩砂纸和油画棒再现作品的艺术风格，体会作品的魅力。

目标3：通过分享活动，感受美术作品的表达是个人的意愿，了解艺术创作无对错。

准备：

1. 欣赏画《夕阳下的柳树》（凡·高）。

2. 提供绘画的主要材料：彩砂纸、油画棒。

夕阳下的柳树（凡·高）

过程：

1. 感知欣赏：

（1）出示欣赏画《夕阳下的柳树》，引导幼儿讨论画面中色彩的运用以及色彩与时间的关系。

（2）提问设计（从色彩、构图和线条上欣赏、讨论）：

①观察画面上画了什么？（知识点：引导幼儿说出画面的近景、远景）

②讨论对作品的感觉？（知识点：秋天夕阳下的景色，色彩上温暖、希望的感觉，冷色与暖色的对比、呼应关系等）

③画面中线条的运用？（知识点：太阳的放射线、树枝的交叉线、荒草的直线）

④讨论对线条的感觉？（知识点：力量感、激奋感、被风吹过的感觉）

⑤让幼儿进一步用心领悟和感受作品表达的内容。（知识点：体会作品的象征意义）

2. 鼓励创作：

（1）引导幼儿利用特殊的材料和笔触创作“秋天里夕阳下的树”，表达出秋天里夕阳下的自然景象。

（2）鼓励幼儿大胆运用线条和色彩表达心中的愿望，必要时协助幼儿完成创作。

3. 讲评：

（1）请幼儿分组观赏，相互介绍各自作品表达的内容、形式，丰富创作经验。

（2）通过分享活动，引导幼儿体会艺术创作的无对错。

活动六 猜一猜

目标1：能用适当的方式表达、交流探索的过程和结果。

目标2：引导幼儿知道能从图书、电视、电脑、广播、口头交谈等多种途径得到信息，从中获得知识和感受快乐。

准备：

1. 请家长和幼儿从图书、电视、电脑等不同途径收集一些常见动物的资料，包括动物的外形特点、生活习惯和居住地等，并和教师共同布置一面“看看我藏在哪里”的背景墙饰。

2. 教师自制“不同的家园”游戏背景（与幼儿用书背景图内容相同）。包括：

一棵有树洞的大树：树下面隐藏着七星瓢虫、猴子、猫头鹰等动物图片。

一个有水草的池塘：池塘下面隐藏着小鱼、青蛙、河马等动物图片。

一座立体的大山：下面隐藏着老虎、狮子等动物图片。

一片高低不同的草地：上面藏着袋鼠、刺猬等动物图片。

3. 提供自制的动物挂饰：小鸟、小兔、小鸭、小鹿等。

4. 中班幼儿用书11月《动物世界》第11～12页“猜一猜”。

过程：

1. 在“我演小动物”的游戏情景中，引导幼儿了解不同生活环境中的动物。

（1）教师投放多种不同的动物挂饰供幼儿自由选择。

指导语：这些都是什么动物？请你选择自己喜欢的动物戴好。

（2）教师鼓励幼儿在不同性质的音乐的伴奏下，模仿动物的不同动作。

2. 游戏：“我和动物捉迷藏”。引导幼儿进一步了解动物特征，并用简练的语言表达。

（1）在“不同的家园”游戏背景下（树洞、池塘、大山、草地等），教师和幼儿共同寻找隐藏在中间的小动物。

指导语：请你找找动物朋友藏在了什么地方？你是怎么看出来它是××的（动物的名称）？

重点：引导幼儿在寻找过程中抓住动物的特征大胆地表达，如小刺猬身上有很多刺，能够保护自己；猫头鹰有大大的眼睛等。

（2）当幼儿找到所有动物后，教师鼓励幼儿小组之间相互交流对动物的认知。

建议：找到池塘里动物的小朋友可以结成一组，相互说说动物的特征，如青蛙穿着绿衣服，长着大大的嘴。

3. 游戏：“我为动物找个家”。鼓励幼儿根据动物的特征，为小动物找到合适的家。

（1）教师朗读幼儿用书上有关动物的谜语。

（2）鼓励幼儿仔细倾听谜语中对动物的描述，并将幼儿用书封底上的小动物贴剪下来，贴在相关背景上。

建议：

1. 活动后教师可在日常生活中开展“小小侦探家”的游戏，引导幼儿能够抓住事物的特征进行大胆的归纳和推理。

2. 引导幼儿在建筑区尝试搭建不同动物的家。

附谜语：猜一猜

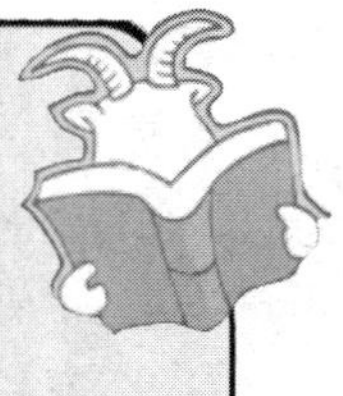

一物生来真奇怪，
肚上长着皮口袋，
袋里孩子吃又睡，
跑得不快跳得快。
谜底：袋鼠

蹲着像只猫，
飞起像只鹰，
夜间捉田鼠，
眼亮嗅觉高。
谜底：猫头鹰

小时黑衣尾巴长，
长大无尾换绿装，
捕捉害虫呱呱叫，
水中游泳它最棒。
谜底：青蛙

身体虽不大，
钢针满身插，
遇敌蜷一团，
老虎没办法。
谜底：刺猬

叫马不像马，
短耳小尾巴，
四腿粗又矮，
游泳是行家。
谜底：河马

身体半园形，
背上七颗星，
棉花喜爱它，
捕虫最著名。
谜底：七星瓢虫

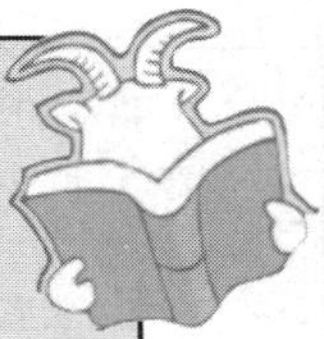

四、12 月目标与教育内容

（一）12 月目标及内容与要求

领域	月目标	内容与要求
健康	生活、卫生习惯良好，有基本的生活自理能力。	引导幼儿注意保持个人和生活场所的整洁和卫生，养成爱清洁、讲卫生的习惯。
	知道必要的安全保健常识，学习保护自己。	1. 通过安全教育，提高幼儿自我保护的意识和能力。 2. 通过保健教育，使幼儿养成健康的生活习惯。
	通过感兴趣的方式发展基本动作，提高动作的协调性、灵活性。	1. 通过体育锻炼增强幼儿体质，提高他们对环境的适应能力。 2. 通过丰富多彩的户外体育活动，培养幼儿热爱体育活动的兴趣与习惯。 3. 通过幼儿感兴趣的方式发展基本动作，促进大肌肉动作协调性、灵活性的发展。 4. 通过幼儿感兴趣的方式发展小肌肉动作，促进动作协调性、灵活性的发展。
语言	乐意与人交谈，讲话时自然礼貌。	1. 鼓励幼儿主动用语言与别人交往，体验语言交流的乐趣。 2. 鼓励幼儿大胆运用词汇，体验语言交流对自己的意义。 3. 引导幼儿在交流过程中学习使用适当的礼貌用语。敢于当众众讲话，能清楚地说出自己想说的事。
	注意倾听对方讲话，能理解日常用语。	引导幼儿养成注意倾听的习惯，发展语言理解能力。能清楚地表达自己的想法和感受。
	敢于当众讲话，能清楚地说出自己想说的事。	能清楚地表达自己的想法和感受。
	喜欢听故事、看图书，有初步的前阅读和前书写能力。	1. 鼓励幼儿对书籍、阅读和书写感兴趣，有初步的前阅读和前书写能力。 2. 引导幼儿听儿童文学作品，学习复述故事、续编故事和仿编诗歌。 3. 指导幼儿养成良好的阅读习惯。
	能听懂和会说普通话。	1. 创设良好的语言环境，使幼儿熟悉和听懂普通话。 2. 在日常生活中鼓励幼儿正确运用普通话。

（续表）

社会	能主动地参与各项活动，有自信心。	1. 通过谈话、对比等方法，使幼儿感受自己在长大，会做许多事情。 2. 允许幼儿自己选择活动主题，制订、实现自己的计划。
	乐意与人交往，学习互助、合作和分享，有同情心。	1. 鼓励幼儿积极主动与同伴交往，使用礼貌用语，初步学会轮流、分享、谦让、互助与合作。 2. 捕捉教育契机，培养幼儿的同情心。
	理解并遵守日常生活中基本的社会行为规则。	1. 创设机会，引导幼儿认识、体验并理解基本的社会行为规则，体会规则在各种活动中的意义（如爱护玩具和其他物品，爱护公物和公共环境）。 2. 培养幼儿形成初步的规则意识，学会自律和控制自己的情绪与行为。 3. 引导幼儿学会简单地评价自己和他人的行为，初步判断某些行为的对与错，做错了事能承认，并愿意改正。
	初步了解社会常识。	1. 在新年等节日中，开展丰富多彩的活动，引导幼儿初步知道节日的意义，让每个幼儿充分表现自己，感受节日的快乐气氛。 2. 认识周围环境中常见标志，知道爱护公共设施。
科学	对周围的事物、现象感兴趣，有好奇心和求知欲。	1. 引导幼儿主动感知生命、亲近自然，有好奇心和求知欲。 2. 引导幼儿注意观察周围常见事物的特性（如感知磁铁、石头、泥土、空气等），从中体会到愉快。 3. 引导幼儿能认识较多的和常见的科技生活用品（如微波炉、榨汁机、录音机、洗衣机、空调等），并能初步知道这些用品对人们生活的作用。 4. 引导幼儿在生活和游戏中对数学产生兴趣，建立初步的自信心。
	能运用各种感官，动手动脑，探究问题。	1. 支持幼儿对身边的常见事物、现象大胆猜想和主动探索。 2. 引导幼儿有目的地观察周围常见事物，能对某些事物进行比较、连续地观察，能发现事物或现象的差异和变化。 3. 引导幼儿运用比较的方法进行有关冰、磁等科学活动，感受比较的过程和结果，获得初步的比较能力。
	能用适当的方式表达、交流探索的过程和结果。	引导幼儿用多种方式交流、分享探索与发现的过程和方法。
	能从生活和游戏中感受事物的数量关系，体验到数学的重要和有趣。	1. 引导幼儿通过各种途径学会手口一致地点数10以内物体，说出总数。 2. 引导幼儿在日常生活和游戏中，认读10以内阿拉伯数字，初步理解10以内数的意义。 3. 利用各种机会，为幼儿了解10以内数中相邻数之间的关系创造较多的条件。 4. 鼓励幼儿运用正在发展的数学观念和方法解决生活和游戏中问题。

（续表）

科学	爱护动植物，关心周围环境，亲近大自然，珍惜自然资源，有初步的环保意识。	1. 支持、引导幼儿在照顾小动物过程中，感知动物的生活习性，初步了解小动物的生长变化过程，激发幼儿爱动物的情感。 2. 引导幼儿在日常生活中，探究和发现四季明显的特征（春暖花开树木生长、动物复苏，夏热树木花草茂盛，秋凉收获各种果实，冬冷动植物冬眠、水结冰），感知和体验一些天气现象（风、沙尘、雨、雪），初步体验季节变化与动植物以及人们生活的关系。 3. 引导幼儿在感知、欣赏、体验大自然美景中，萌发关心大自然的情感，具有初步的保护环境的意识（如主动维护环境的清洁、爱护花草树木和动物等）。
艺术	能初步感受并喜爱生活和艺术中的美。	1. 引导幼儿初步感知歌谣、歌曲和生活中的节拍与节奏，从中感受韵律美。 2. 进一步感知、探索和体验音乐音色的变化，从中获得美的感受。 3. 体验简单音乐作品的情绪和情感，并尝试用动作表演来表达对音乐的感受。 4. 整体感知音乐的开始、结束和前奏。 5. 初步感知二拍子和三拍子的不同。 6. 欣赏木偶剧感受其中的美。
	积极参加表演活动，在活动中获得愉快、丰富的情绪体验。	1. 创设轻松、和谐的氛围，支持、鼓励幼儿参加各种音乐活动，并从活动中获得愉悦和美感。 2. 愿意参加音乐活动，能够从音乐活动中获得愉悦和美感。
	能够大胆地用自己喜欢的方式进行艺术表现和创作，富有个性地表达自己的情感和体验。	1. 引导幼儿基本准确地歌唱八度范围内（$c^1 \sim c^2$）的五声音调歌曲。提供学唱不同节拍（如二拍子、三拍子）、不同内容的歌曲，初步尝试按歌曲节拍的特点、速度、力度和情感富有表现力地歌唱。 2. 创设轻松、和谐的氛围，支持幼儿随音乐的节奏尝试按自己的想象自由地做模仿动作、律动和简单的舞蹈动作，逐步做到动作协调优美，并尝试表现音乐的力度、速度变化和情感。 3. 支持、鼓励幼儿喜欢用口头语言、肢体语言表现感兴趣的事情和自己的生活经历，喜欢模仿日常生活或艺术作品中人物的语言、表情、动作，愿意尝试创编与合作表演简单的故事情节。 4. 引导幼儿学习掌握几种打击乐器正确的敲击方法，会按简单的固定节奏型为歌曲、乐曲、舞蹈等做即兴伴奏，充分表达自己的情感和想象。 5. 尝试表演不同节拍、不同内容的歌曲。
	具有表演活动的良好习惯。	1. 提供表演活动所需的物品（如各种乐器、道具、设备），教给幼儿正确使用的方法； 2. 提供有序收放表演物品的条件，培养幼儿有序收放的习惯。
	能够感受并喜爱生活和环境中的美，发现事物美的特征。	1. 引导幼儿从周围环境、四季景色、生活用品、节日装饰中获得美的感受，发现美的特征。 2. 鼓励幼儿有意识地收集一些带有艺术特点的物品，丰富活动区的美术创作材料。

（续表）

艺术	认识美术作品所表现的内容，感受美术作品的美感特点，初步了解美术作品表现的方法。	1. 提供适宜幼儿欣赏的美术作品（如建筑、绘画、雕塑、摄影等）和与美术创作有关的书籍供幼儿欣赏，从中感受其美感特点。 2. 提供风格多样的美术作品，如水墨画、油画、水粉画、装饰作品、剪纸画、民间画等，引导幼儿初步了解作品的表达形式。
	喜欢用不同风格的美术方式表达自己对事物的印象与情感体验，获得心理上的满足。	1. 提供适宜美术创作的设施，使幼儿能够肢体舒展地进行美术创作。 2. 鼓励幼儿利用已掌握的艺术表现方法，进行自由创作，支持他们在绘画过程中有奇特的想法（如夸张的色彩、变形的线条、抽象的内容等）。
	认识、选择各种美术材料和工具，在使用中大胆尝试、设想与创作。	1. 在美术欣赏的基础上，引导幼儿使用各种材料和工具进行大胆创作。 2. 支持幼儿独特的设想，必要时帮助他们形成作品的最终形式。
	发现周围事物中美的规律，并能够按照这些规律用美术方式进行表达。	1. 提供能够启发幼儿进行有规律制作的艺术欣赏作品和范例。 2. 提供不同品种和层次的创作材料，提供能够启发幼儿按规律进行制作的艺术欣赏作品和范例，引导幼儿尝试运用绘画、手工制作及装饰的形式表达对规律美的理解（如对称、重复、韵律、呼应、和谐、变化等规律）。
	尝试为戏剧表演、主题游戏自制道具和装饰物。	1. 引导幼儿在艺术表演活动和游戏中参与舞台背景的制作。 2. 鼓励幼儿为扮演活动自制服装和道具。
	能够尊重他人对美的感受和表达方式。	鼓励幼儿展示自己的作品并相互欣赏，尊重和爱护别人的作品，理解每个人都可以有自己的表现方式。
	具有美术活动的良好习惯，能有序使用和收放美术工具、材料。	1. 提供收放美术工具和材料的条件（如整理箱、分类架、收藏箱、垃圾桶等），鼓励幼儿运用已有经验和规则自觉地收放工具和材料。 2. 帮助幼儿掌握合理选择材料的方法（如充分利用边角料、将废物改造成艺术品等），不浪费美术材料。

（二）第一周目标与落实途径

领域	目　标		落实途径
健康	生活、卫生习惯良好，有基本的生活自理能力。	有良好的饮食、睡眠、盥洗的生活习惯和生活自理能力。	生活： 有良好的饮食、睡眠、盥洗的生活习惯和生活自理能力。
	知道必要的安全保健常识，学习保护自己。	形成健康的生活方式。	生活： 了解冬季自我保护的方法，形成健康的生活方式。
	通过感兴趣的方式发展基本动作，提高动作的协调性、灵活性。	1. 通过体育锻炼增强体质，提高对环境的适应能力。 2. 大肌肉动作更加协调、灵活。 3. 小肌肉发展更加协调、灵活。	生活： 能在日常生活中发展动作，动作较灵活、协调。 区域： 能用游戏的方式发展小肌肉，动作较灵活、协调。 区域、集体： 1. 能不怕寒冷，积极勇敢地参加体育活动。 2. 能在一定范围内较灵活地往返跑，追逐跑时能较灵活地躲闪。
语言	乐意与人交谈，讲话时自然礼貌。	1. 能运用语言与别人交往，体验语言交流的乐趣。 2. 在交流过程中学习使用适当的礼貌语言。	生活： 乐意与教师和同伴进行语言交流。 区域： 在交流中会使用礼貌用语。
	注意倾听对方讲话，能理解日常用语。	能从口头交谈等途径得到与其生活经验相关的语言信息，从中获得知识和感受快乐。	区域： 从图书、电脑、口头交谈等多种途径得到冬季锻炼的语言信息，从中获得知识和感受快乐。
	敢于当众讲话，能清楚地说出自己想说的事。	能大胆、清楚地表达自己的想法和感受。	生活、区域： 能清楚表达自己的想法和感受。 集体： 能大胆、清楚地表达自己的想法和感受。
	喜欢听故事、看图书，有初步的前阅读和前书写能力。	1. 感受优秀儿童文学作品的语言丰富和优美，理解作品中的内容。 2. 喜欢听儿童文学作品，会复述故事。 3. 养成良好的阅读习惯。	生活： 1. 能感受优秀儿童文学作品语言的丰富和优美，理解作品中的内容。 2. 喜欢听儿童文学作品，能简单复述故事的主要情节。 区域： 喜欢阅读各种关于冬季活动的书籍，激发幼儿参加体育活动的兴趣。 区域、集体： 能按照共同制定的方法正确收放图书。
	能听懂和会说普通话。	能正确运用普通话。	区域： 能正确运用普通话进行交流。

（续表）

社会	乐意与人交往，学习互助、合作和分享，有同情心。	1. 能正确认识自己和他人，养成对他人、社会亲近、合作的态度，学习初步的人际交往技能。 2. 对他人有同情心。	生活： 培养幼儿对他人有同情心。 区域： 形成对他人亲近、合作的态度，与同伴建立良好的关系。
	理解并遵守日常生活中基本的社会行为规则。	认识、体验并理解基本的社会行为规则，能体会规则在各种活动中的意义。	集体： 1. 认识、制定图书收放的规则，体会规则在活动中的意义。 2. 认识、理解基本的社会行为规则，体会规则在生活中的意义。
	初步了解社会常识。	认识周围环境中常见标志，知道爱护公共设施。	集体： 认识周围环境中常见标志，知道爱护公共设施。
科学	能运用各种感官，动手动脑，探究问题。	1. 有目的地观察周围常见事物，能对事物进行比较、连续的观察，发现事物或现象的差异和变化，根据这些现象的差异进行初步的猜想。 2. 尝试运用比较的方法进行科学活动，感受比较的过程和结果，获得初步的比较能力。	区域： 1. 能对自然界中的植物与结冰现象，进行比较、连续的观察，发现事物或现象的差异和变化，根据这些现象的差异进行初步的猜想。 2. 学会运用比较的方法进行有关冰的探索活动，感受比较的过程和结果，获得初步的比较能力。 集体： 能对自然界中的水与冰，进行连续地观察与比较，发现其差异和变化。
	能用适当的方式表达、交流探索的过程和结果。	用多种方式表达对事物探索和发现的过程。	集体： 用记录的方式表达点数的过程。
	能从生活和游戏中感受事物的数量关系，体验到数学的重要和有趣。	1. 能手口一致地点数10以内的物体数量并能说出总数。 2. 运用正在发展的数学观念和方法解决生活和游戏中的问题。	区域： 1. 会手口一致地点数10以内的物体，说出总数。 2. 用各类插塑材料拼插各种图形。
	爱护动植物，关心周围环境，亲近大自然，珍惜自然资源，有初步的环保意识。	尝试在种植活动中体验照料植物的方法，感知植物的生长变化。	区域： 尝试在种植活动中体验照料植物的方法，感知植物的生长变化。

（续表）

科学	积极参加表演活动，在活动中获得愉快、丰富的情绪体验。	1. 能在轻松、和谐的氛围中参加各种音乐活动，并从活动中获得愉悦和美感。 2. 初步感知二拍子、三拍子的不同。	区域、集体： 1. 参加音乐活动，从中获得愉悦和美感。 2. 在音乐活动中初步感知二拍子、三拍子的不同。
艺术	能够大胆地用自己喜欢的方式进行艺术表现和创作，富有个性地表达自己的情感和体验。	1. 能够基本准确地歌唱八度范围内（$c^1 \sim c^2$）的五声音调歌曲。 2. 能够掌握几种打击乐器正确的敲击方法，会按简单的固定节奏型为歌曲伴奏，表达情感和体验，并具有初步的协调配合能力。	区域、集体： 基本准确地歌唱八度范围内（$c^1 \sim c^2$）的五声音调歌曲。 集体： 掌握几种打击乐器正确的敲击方法，按简单的固定节奏型为歌曲伴奏，表达情感和体验，并具有初步的协调配合能力。
	能够感受并喜爱生活和环境中的美，发现事物美的特征。	能够从冬季景色中获得深刻印象，发现事物美的特征。	生活： 感受并喜爱冬季景色的美，发现自然界美的特征。
	认识美术作品所表现的内容，感受美术作品的美感特点，初步了解美术作品表现的方法。	1. 喜欢阅读各种类型的美术资料，初步了解美术作品的不同种类和艺术风格，从中获得启发和熏陶。 2. 喜欢欣赏各种风格的美术作品，了解作品所表现的内容。 3. 在欣赏过程中感受美术元素的运用（色彩、线条、结构），初步了解其表达方法，感受作品的视觉冲击力。	区域： 认识剪纸作品所表现的内容，感受其美感特点，初步了解和体验作品的表现方法。 区域、集体： 1. 喜欢阅读、欣赏各种类型的美术资料，初步了解美术作品的不同种类。 2. 欣赏、认识美术作品所表现的冬日景象。 3. 感受美术作品的美感特点，初步了解作品表现的方法。
	喜欢用不同风格的美术方式表达自己对事物的印象与情感体验，获得心理上的满足。	能够运用手工制作的方式表达对事物的印象与情感体验，发展艺术表现能力。	区域： 能用剪纸的方式表达自己对事物的印象与情感体验，发展艺术表现能力。

（续表）

艺术	认识、选择各种美术材料和工具，在使用中大胆尝试、设想与创作。	1. 尝试使用不同的美术工具和材料再现美术欣赏作品的艺术风格，体会作品的艺术魅力。 2. 在美术创作过程中能有独特的设想，敢于大胆尝试。 3. 能利用身边的物品或废旧材料制作玩具、手工艺品，美化自己的生活或开展其他活动。	区域： 尝试使用剪纸材料和工具进行美术创作。敢于有独特的设想。 集体： 1. 能利用身边的自然物制作成手工艺品，美化自己生活和开展观察活动。 2. 尝试用适宜的材料和工具感知、再现美术欣赏作品的艺术风格，体会其创作魅力。
	发现周围事物中美的规律，并能够按照这些规律用美术方式进行表达。	尝试运用手工制作及装饰的形式表达对对称和重复美的理解。	区域： 尝试运用剪纸的形式表达对对称和重复美的理解。
	尝试为戏剧表演、主题游戏自制道具和装饰物。	能够在艺术表演游戏中参与舞台背景的制作。	区域： 能够在艺术表演游戏中参与舞台背景的制作。
	能够尊重他人对美的感受和表达方式。	愿意展示和交流自己的作品，理解每个人都可以有自己的表现方式，感受个人艺术风格的不同。	集体： 尊重他人对美的感受，理解每个人都可以有自己的表现方式。

生活活动

目标1：了解冬季自我保护的方法，形成健康的生活方式。

目标2：有良好的饮食、睡眠、盥洗的生活习惯和生活自理能力。

目标3：能在日常生活中发展小肌肉动作的协调性、灵活性。

指导建议：教师结合各种生活环节，如盥洗、饮水、户外活动等，引导幼儿讨论冬季如何保护自己的身体。

指导建议：

1. 提供幼儿用书，引导幼儿阅读“我会保护自己”，学习冬季保护自己的办法。

2. 利用各种生活环节培养幼儿正确擦手、饮水、进餐、整理衣裤等生活习惯和自理能力，如洗手后手要擦干勤抹油，防止皮肤皲裂；饮水、进餐时要趁热喝水、吃饭肚子暖；盥洗后要整理衣裤不露小肚皮。

3. 将各种保护身体的好办法制作成图例布置到墙面上，帮助幼儿养成健康的生活方式，如整理衣服步骤图，洗手后擦手和抹护手霜步骤图等。

4. 结合晨检情况，请保健医和家长共同对幼儿进行随机教育。

目标4：乐意与教师和同伴进行语言交流。

目标5：能够感受冬季景色中的美，发现自然美的特征。

指导建议：

1. 在户外活动中，教师要有意识地引导幼儿观察冬天的景象、树木、建筑、人们的穿着等发生的变化以及自己的感受，例如，可以确定主题“我眼中的冬天”“冬天在这里”“我怎么过冬天”等，鼓励幼儿和同伴进行交流。

2. 将有秋天、冬天明显季节特征的景象照下来，随着季节的推移，把照片展示出来，让幼儿通过照片直观地感受冬天，讲述季节的变化。

目标6：能感受优秀儿童文学作品语言的丰富和优美，理解作品中的内容。

目标7：喜欢听儿童文学作品，能简单复述故事的主要情节。

指导建议：

1. 在安静活动或过渡环节中，教师为幼儿讲述童话故事，如《北风爷爷你吹吧》《雪孩子》等。

2. 重点引导幼儿注意倾听故事的情节，故事中人物的情感、性格、对白；介绍童话体裁的特点，如拟人化、虚拟的场景，人物、夸张、有完整的故事情节等。

3. 为幼儿提供交流的机会，引导幼儿向同伴介绍自己以前听过哪些童话故事，并鼓励幼儿讲述简单的故事情节。

目标8：对他人有同情心。

目标9：能清楚地表达自己的想法和感受。

指导建议：

1. 抓住生活中的教育契机，引导幼儿讨论：遇到不幸的人你该怎么办。

2. 运用语言引导或榜样示范作用，引导幼儿对周围人的不幸表示同情，并给幼儿提供表达同情心的机会与条件，如看望生病的小朋友，关心周围受伤的人等。

目标10：能够感受并喜爱冬季景色的美，发现自然界美的特征。

指导建议：

1. 引导幼儿观察自然界中初冬的景象，获得深刻印象，发现并感受自然美的特征。

2. 利用幼儿来园、散步等环节，引导幼儿有目的地观察景色的变化，发现美的特点。

活动区活动

运动区

目标1：能不怕寒冷，积极勇敢地参加体育活动。

目标2：能在一定范围内较灵活地往返跑，追逐跑时能较灵活地躲闪。

指导建议：

1. 提供“北风爷爷”“老狼”“太阳公公”等头饰，引导幼儿在不同范围内玩往返跑和追逐跑的游戏。

附录：

（1）往返跑游戏：“小孩小孩真爱玩”。

游戏玩法：幼儿集体拍手说儿歌：“小孩小孩真爱玩，摸摸这儿，摸摸那儿。”教师说：“摸摸滑梯（柿子树、张老师……）跑回来。”幼儿按指令跑去摸相应的物体后迅速跑回。

（2）往返跑游戏：“北风爷爷你吹吧”。

游戏玩法：见集体教学活动。

（3）追逐跑游戏：“老狼老狼几点了”。

游戏玩法：幼儿站在起点线后，教师扮老狼，背对幼儿站在几米远的地方。游戏开始，幼儿和“老狼”一同往前走，幼儿问：“老狼老狼几点了？”老狼回答：“×点了。”这样边走边问，直到老狼回答“天黑了”时，幼儿迅速转身往回跑，老狼转身追逐，但不能越过起点线，被拍到的幼儿为失败者。

规则：幼儿与老狼要边问答边往前走，不能停留。

老狼回答几点钟时，不能回头看。

老狼只有说“天黑了”时，才能转身追。

（4）追逐跑游戏：“小雪花”。

游戏玩法：教师扮太阳（追逐者），幼儿扮小雪花（被追逐者）。

集体说儿歌：“小雪花，飘呀飘，落在地上一片白，不怕大风吹，就怕太阳晒。”

幼儿边说儿歌边自由做雪花飘落的动作。当听到教师说“太阳出来了”，幼儿迅速四散跑，教师追逐，被拍到的幼儿为失败者。当听到“太阳落山了”，幼儿停止奔跑。

2. 根据幼儿的体力和灵活程度恰当地选择追跑的速度和往返跑的距离。运动后交流分享游戏体验，增强不怕寒冷积极锻炼的快乐感。同时增加自主游戏时间和户外玩具的种类及数量，满足幼儿的游戏需求。

角色区：购物中心——百货部

目标1：形成对他人亲近、合作的态度，与同伴建立良好的关系。

目标2：在交流中会使用礼貌语言。

目标3：能正确运用普通话进行交流。

指导建议：

1. 引导幼儿与同伴一起商量“营业”的内容和角色，不争抢，不霸道。

2. 愿意和同伴共同使用物品，如称、购物车等。

3. 在角色扮演中，鼓励幼儿运用礼貌用语。可以和幼儿共同收集和讨论百货商店的营业员使用的礼貌用语有哪些（您好、欢迎光临、欢迎下次再来、我能帮您吗等），顾客使用的礼貌用语有哪些（谢谢、麻烦您等）。活动还可以评选出“最有礼貌服务员”和“最有礼貌顾客”等。

4. 引导幼儿用普通话交流。可以共同讨论并设计“推广普通话”的宣传画，张贴在百货商店显眼的地方。

表演区

目标1：愿意参加音乐活动，能够从音乐活动中获得愉悦和美感。

目标2：基本准确歌唱八度范围内（$c^1 \sim c^2$）的五声音调歌曲。

目标3：能够在表演游戏中参与舞台背景的制作。

目标4：初步感知二拍子和三拍子的不同。

指导建议：

1. 开展“冬季歌曲演唱会”，与美劳区结合，通过剪纸游戏，剪雪花、剪雪人等制作活动布置冬季背景，鼓励、引导幼儿设计、制作舞台背景及参与歌曲表演。

2. 教师和幼儿一起挑选本学期学习并喜欢的歌曲，提供节目单，允许幼儿自由选择内容进行演唱，教师对幼儿的演唱给予积极的鼓励和肯定。

3. 教师引导幼儿将同伴的演唱和录音机里的声音进行对比，并通过评选“小百灵”的方式，引导幼儿注意音准情况，教师也可通过参与幼儿的表演进行指导。

4. 播放歌曲《堆雪人》供幼儿欣赏和自由学唱。

美劳区

目标1：能用剪纸的方式表达自己对事物的印象与情感体验，发展艺术表现能力。

目标2：认识剪纸作品所表现的内容，感受其美感特点，初步了解和体验作品的表现方法。

目标3：尝试使用剪纸的材料和工具进行创作并有独特的设想。

目标4：尝试运用剪纸的形式表达对对称和重复美的理解。

目标5：在手工制作中发展幼儿小肌肉的灵活性、协调性。

指导建议：

1. 提供背景环境，引导幼儿制作各种装饰物，师幼共同美化班级生活环境。

2. 提供不同品种和层次的创作材料，引导幼儿尝试运用手工制作的形式表达对对称、重复规律美的理解。

3. 提供冰雕、雪雕的图片或照片，放在活动区供幼儿自由欣赏。

重点指导：

1. 提供四瓣花、六瓣花的作品图片和制作步骤图例，引导幼儿剪出各种各样的窗花和雪花，美化班级环境。

2. 出示剪窗花的过程图例：先将正方形对角折或对边折两次，再在边上剪出小三角

形、小半圆形等图案。（知识点：提醒幼儿剪刀口不要张大，要多挖孔）

3. 投放中班幼儿用书（第8~9页）和不同层次的半成品材料，引导幼儿参照图例，剪手拉手的雪人，完成幼儿用书的内容。（注意：提供的纸张要薄，重点强调连接点不要剪断）

4. 引导幼儿仔细观察冰雕、雪雕的图片，鼓励幼儿用语言描述作品并表达自己的感受。

建构区

目标1：用各类插塑材料拼插雪花，表现出雪花六角形的主要特征。

目标2：在插接游戏中发展幼儿小肌肉的灵活性、协调性。

指导建议：

1. 提供雪花的图片，引导幼儿有序观察雪花的基本形状，了解雪花六角形特征。

2. 提供插接类玩具，鼓励、引导幼儿运用插接技能感知六角形，发展幼儿空间知觉能力。

3. 教师结合故事《雪孩子》的情境，启发幼儿尝试有目的地插接，创造性地开展主题插接活动。

科学区

目标1：能对自然界中的植物、水与冰，进行比较、连续地观察，能发现事物或现象的差异和变化，根据这些现象的差异进行初步的猜想。

目标2：尝试在种植活动中体验照料植物的方法，感知植物的生长变化。

目标3：学会运用比较的方法进行有关冰的探究活动，感受比较的过程和结果，获得初步的比较能力。

目标4：能清楚地表达自己的想法和感受。

指导建议：

1. 在科学区提供大小相同的冰块、温水、冷水、布、毛巾、试验记录纸等物品，引导幼儿猜想：将冰块分别放在温水和冷水中，哪个融化得快？将冰块分别用布和毛巾包裹，哪个融化得快？并记录猜想结果。然后进行操作实验，感受比较的过程和结果，验证自己的猜想，并记录实验结果。

附记录表：

幼儿姓名：　　　　　　　　　　　　　　记录日期：____年__月__日

	温水（画冒热气的杯子）	凉水（画不冒热气的杯子）
我的猜想		
实验结果		

	布（画布）	毛巾（画毛巾）
我的猜想		
实验结果		

2. 教师和幼儿一起种植水发蒜和土栽蒜，观察、猜想两种不同种植方法下，蒜发芽的时间、长势等。

3. 在相应的位置粘贴标志线，比较蒜的高度。指导语：谁种的蒜先发芽，谁种的蒜长得高？

4. 在猜想活动中，要鼓励幼儿大胆说出猜想的理由，教师要对幼儿的猜想表示肯定，并鼓励幼儿进行验证。

益智区

目标 1：会手口一致地点数 10 以内的物体，说出总数。

目标 2：在游戏中发展幼儿动作和小肌肉的灵活性。

指导建议：

1. 学说拍手儿歌。

2. 提供拍手儿歌挂图（1 ~ 10 数字及相应数量的实物图片。例如：数字“1”对应一只孔雀，“2”对应两只鸭子，“3”对应三只大雁），鼓励幼儿点数挂图中的物品，说出总数。

3. 给小动物喂饼干：提供不同形状、不同颜色的“饼干”，数一数喂了几块饼干。

附儿歌：《拍手歌》

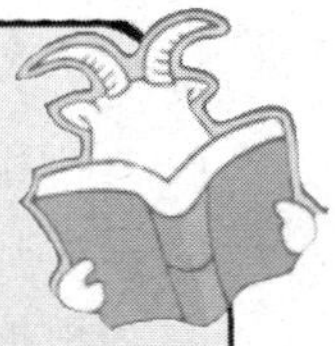

你拍一，我拍一，一只孔雀穿花衣。
你拍二，我拍二，两只小鸭上河沿。
你拍三，我拍三，三只大雁飞上天。
你拍四，我拍四，四只熊猫吃竹子。
你拍五，我拍五，五只小猫抓老鼠。
你拍六，我拍六，六只小猴荡悠悠。
你拍七，我拍七，七只山羊笑嘻嘻。
你拍八，我拍八，八只青蛙叫呱呱。
你拍九，我拍九，九只公鸡一起走。
你拍十，我拍十，十只燕子把蚊吃。

（选自廖丽英、范佩芬主编《蒙氏数学教师用书 3》，湖北美术出版社，第 22 页）

阅读区

目标 1：喜欢阅读各种关于冬季活动的书籍，激发幼儿参加体育活动的兴趣。

目标 2：能从图书、电脑、广播、口头交谈等多种途径得到冬季锻炼的语言信息，从中获得知识和感受快乐。

目标 3：喜欢阅读、欣赏各种类型的美术资料，初步了解美术作品的不同种类。

目标 4：能按照共同制订的方法正确收放图书。

指导建议：

1. 在阅读区提供各种冬季体育运动的图书、图片、幼儿游戏时的照片、影像等阅读材料，供幼儿欣赏并引导幼儿用语言描述，丰富幼儿对冬季体育活动的了解与认识，激发参加体育活动的兴趣。

2. 提供民间剪纸画册和有关制作的书籍，鼓励幼儿从生活中收集相关的图片等资料，丰富对剪纸作品的了解。

3. 引导幼儿将资料进行分类摆放，制定收放图书的规则或标记，教师帮助幼儿将规则用图画的形式记录下来，贴在图书区。活动区结束时，提醒幼儿自己检查收放图书的情况。也可以鼓励幼儿轮流担任图书区管理员，逐渐形成按照规则收放图书的习惯。

4. 布置“我爱锻炼”专栏，引导幼儿用自己喜欢的方式进行自我评价，如画小花、小旗，粘小亮贴等。

集体活动

活动一　北风爷爷你吹吧

目标1：能不怕寒冷，积极参加体育活动。

目标2：能在一定范围内较灵活地往返跑，追逐跑时能较灵活地躲闪。

准备：故事磁带，录音机，“北风爷爷”头饰一个，两条相距30米的平行线。

过程：

1. 室内讲故事《北风爷爷你吹吧》，使幼儿了解运动能使人暖和的道理。

（1）教师生动地讲述或播放录音故事，吸引幼儿认真倾听。

（2）根据故事的主要情节提问，使幼儿了解运动能使人暖和的道理。

重点：引导幼儿思考小红是怎样战胜北风爷爷的？你准备怎样战胜北风爷爷？

2. 户外游戏“和北风爷爷赛跑”。

（1）热身运动：随音乐做韵律操，或沿场地周围慢跑。

（2）介绍新游戏的名称、玩法、规则，学说游戏儿歌。

（3）组织幼儿游戏。

（4）游戏玩法：教师扮演北风爷爷。幼儿集体说儿歌：“冬天到，天冷啦，小朋友，别害怕，跑跑跳跳暖和啦，北风爷爷你吹吧。”教师发出口令“北风爷爷来了”，幼儿听到口令迅速在画好的平行线间往返跑。教师边发出“呼呼”的声音，边和幼儿一起往返跑。当听到口令“北风爷爷认输啦”，幼儿停止奔跑，走回到起跑线。

游戏规则：听口令起跑和停止，在规定的范围内往返跑。

指导重点：

1. 每次游戏结束，引导幼儿说出自己身体的感受，体验运动使人暖和的过程。

2. 在反复练习的基础上，引导幼儿总结出快速转身的方法。

3. 复习游戏：锻炼上肢的力量。

4. 放松整理活动。

建议：

1. 本活动可根据场地和幼儿人数分组进行，避免相互碰撞。
2. 生活活动中欣赏或学习诗歌——《不怕冷的大衣》。

附故事：《北风爷爷你吹吧》

冬天到了，天气很冷，北风爷爷来了，它"呼—呼—呼"大声地叫着，树上的叶子落了下来，树枝变得光秃秃的，水缸里的水也结成了冰，几只小虫在院子里飞来飞去，北风爷爷朝着小虫吹，吹呀吹，一会儿，小虫就冻死了。一只爱玩的小黑猫，走到院子里，北风爷爷朝着小黑猫吹，吹呀吹，小黑猫冷得浑身发抖，打了个喷嚏连忙往屋子里钻，蹲在炉子边，再也不敢到院子里去了。北风爷爷笑着说："哈，我的本领多大！大家见了我就害怕，谁也不敢到院子里来玩了。"

北风爷爷话还没说完，一扇门"吱"的一声打开了，一个胖胖的女孩子，走到院子里来了。她名叫小红，小红身穿棉袄，头戴帽子，脖子上围着一条红围巾，手里还抱着一个大皮球。北风爷爷呼呼地吹着，大声地对小红说："嘿，小红！你不怕我吗？我要把你吹得发抖，快回家去！"小红说："不，我不怕你！"北风爷爷发火了，朝着小红"呼呼呼"地吹，吹呀吹，把小红的围巾吹得飘了起来，帽子也差点被刮走，可是小红一点也不害怕，她伸伸腿，弯弯腰，蹦蹦跳跳地做早操，一、二、三、四，做得真有劲，小红越做身上越暖和，两只小手也热乎乎的。

北风爷爷看到小红不怕冷，就用足了力气，朝着小红吹，吹呀吹，它想：这下，小红一定怕冷了。可是，小红绕着院子跑了几圈，跑呀跑，头上冒汗了，她把帽子围巾脱了下来，挂在树枝上，拍起皮球来了。北风爷爷吹呀吹，越吹越没劲，可是小红呢？却越拍越有劲，身体更暖和了，脸蛋也变得红彤彤的。小红高声喊："北风爷爷你吹吧，我可不怕你。"

正在这时候，院子里几扇门都打开了。玲玲、刚刚和强强也出来了，他们有的跑，有的跳，有的拍皮球，身上都是热乎乎的，他们跳着、笑着说："北风爷爷，你吹吧！我们不怕你！"

北风爷爷比输啦，它再也吹不动了，只得闭上了嘴，偷偷地溜走了。

附诗歌：《不怕冷的大衣》

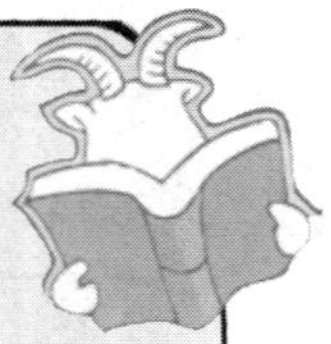

刮着风，下着雪，
好冷好冷的天气，
小兔不敢出门去，
奶奶打电话——
她有不怕冷的大衣，
要小兔自己来取。

戴上帽子，穿上棉衣，
小兔往奶奶家跑去，
甩开胳膊大步跑去，
小兔身上直冒热气。

跑到奶奶家里，
小兔就要大衣，
奶奶笑得岔了气：
“哈哈哈，你瞧你——
浑身上下冒热气，
哪里还用不怕冷的大衣。”

刮着风，下着雪，
小兔已经有勇气，
只要出门去——
运动运动身体，
浑身就会冒热气，
有了勇气，
用不着不怕冷的大衣。

（选自《建构式课程》）

活动二　整齐的阅读区

目标1：能按照共同制订的方法正确收放图书。
目标2：认识、制订图书收放的规则，体会规则在活动中的意义。
准备：
1. 参观大班阅读区。
2. 教师、幼儿、家长共同收集的安全教育和冬季锻炼的图书、图片、照片等。
3. 分类册（文件夹、相册等）。
4. 美工材料（供幼儿制作标志用）。
过程：
1. 交流参观感受，激发阅读兴趣和创建整齐阅读区的愿望。
重点引导幼儿分享参观大班阅读区的感受。
2. 呈现资料，提出问题，引导幼儿讨论解决办法。
（1）出示收集的图书、资料，看看、说说有什么。
重点：引导幼儿说出资料的主要内容和类型，引发幼儿阅读资料的兴趣。
（2）组织幼儿讨论新资料投放的位置、方法等。鼓励幼儿大胆说出自己的想法。教师用简易图随时归类、记录幼儿的想法。
重点引导幼儿思考：旧图书资料怎么办？新资料放在哪儿？怎么放？
3. 教师引导幼儿分析同伴的想法，筛选出适宜的方法。
（1）分析每种方法的优点和不足。
（2）教师帮助梳理，如按内容分类（安全教育、冬季体育锻炼）、按材料的类型分类

（图书、图片、照片）。

4. 明确讨论结果，确定图书收放规则，带领幼儿共同创设整齐的阅读区。

分组活动：

（1）一组：制作规则标志，选出代表作品，贴在图书区相应的位置。

（2）二组：按规则分类整理资料。

5. 鼓励幼儿在活动区游戏时能够遵守规则，收放图书。

建议：

1. 集体活动前，教师应对收集的材料进行筛选，选择画面清晰，主题明确的图片或照片，供幼儿分类摆放。

2. 第一次呈现材料不宜过多，可根据图书架的空间和本班幼儿的实际水平选择种类和数量。

3. 每天活动区结束时，提醒幼儿自己检查收放情况。

4. 本活动可结合本班阅读区存在的问题，组织幼儿讨论解决。

活动三　小标志 大作用

目标1：认识周围环境中常见标志，知道爱护公共设施。

目标2：认识、理解基本的社会行为规则，在活动中体会规则在生活中的意义。

准备：

1. 教师、幼儿、家长共同收集交通标志、安全标志、生活标志。

2. 与标志有关的案例。

过程：

1. 出示标志图片并提问，引导幼儿说出图片上各种标志的名称及其含义。

重点明确每个标志的含义。

2. 将标志图片进行分类，分为交通标志、安全标志、生活标志。

3. 组织讨论，引导幼儿明确标志的作用。

（1）教师提问，并与幼儿讨论标志的作用。

如：为什么要有这些标志？没有这些标志会发生什么事？小朋友应该怎样做？

（2）讲述或观看与标志有关的案例。引导幼儿进一步认识标志在人们日常生活中的作用。

（3）小结：我们的生活离不开标志，小朋友要学会使用标志，还要爱护标志。

4. 带幼儿到户外进行实践活动。

（1）找一找有哪些标志？说一说它们表示的意义。

（2）找一找还有哪些地方需要标志？教师用照片记录下来。

建议：

1. 将拍下的照片粘贴在美工区，引导幼儿在活动区游戏时设计、制作标志。

2. 将收集的标志分类粘贴，幼儿担当“讲解员”给家长或其他班的幼儿介绍。

3. 继续收集标志。

4. 从正反两方面选择案例故事（如利用标志解决问题、违反标志要酿成事故）。

5. 请家长在元旦期间，带孩子外出时，观察理解各种标志的作用，并认真遵守各种标志要求。

重点：

交通标志：人行横道、机动车道、非机动车道、禁止停车、禁止行人通行、中国铁路、中国民航、残疾人专用；

安全标志：禁止吸烟、禁止烟火、易燃物品、易爆物品、当心中毒、当心触电、火警电话、匪警电话；

生活标志：公用电话、男性生活设施、女性生活设施。

活动四　当一次盲人

目标1：通过亲身体验，培养幼儿对残疾人的同情心。

目标2：能大胆、清楚地表达自己的想法和感受。

准备：

1. 体验盲人生活的盲带（眼罩）。

2. 故事《眼睛》。

3. 教师用的故事书一本（随故事情节发展变化进行添画）。

4. 每人一份黑色水笔、纸。

过程：

1. 讲故事《眼睛》。通过故事中宝宝失明前后的对比，体会眼睛在人生活中的重要作用，体会失明后生活的难处，萌发幼儿对盲人的同情心。

（1）根据故事情节的发展变化与幼儿交流，将幼儿的想法充实在故事内容中（师幼互动）。

（2）随即将幼儿听故事时的各种想法来丰富故事内容。

重点：知道眼睛在生活中重要作用；了解失明人在生活中的痛苦。

2. 体验活动：当一次盲人。

（1）通过当盲人，体验和感受盲人生活的难处。

将幼儿一对一分成两组：

盲人组：戴眼罩，在班里完成一件日常生活的事情。体验和感受盲人生活的不便。

观察组：观察“盲人”的活动。发现“盲人”做事与正常人做事有哪些不同。

（2）讨论：通过讨论，理解盲人，懂得关爱和同情他们。

盲人组的感受：当盲人时心里有什么感受？做事有什么难处？

观察组的发现：当“盲人”做事与正常人做事一样吗？有什么不一样？

大家能为盲人做些什么？

3. 操作活动：通过绘画，表达自己乐于帮助盲人的愿望。

幼儿介绍自己的办法，教师鼓励和赞赏幼儿关爱的做法，以及对盲人的同情心。

附故事：《眼睛》

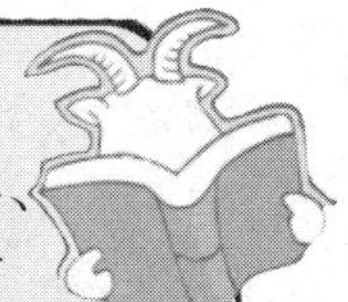

有一天，小宝宝在妈妈的精心抚育下终于要降生了，一家人别提有多高兴了。爸爸妈妈准备了舒服的小床、柔软的被褥、好玩的玩具、好看的小人书，为小宝宝成长准备了很多很多的东西。爸爸想我要好好培养我的孩子，让他将来有很多很多本领。妈妈想，我要好好照顾我的孩子，让他将来身体健健康康的。爸爸妈妈对宝宝充满期望。

小宝宝终于降生了，可爱极了。眼睛眯成一条线，哦，他大概还不会睁开眼睛吧。过了两天，小宝宝终于睁开了眼睛，你们猜他看到了谁？（根据幼儿的发言充实故事内容，并添画故事书）

小宝宝的眼睛都不够用了，他躺在床上，看啊看啊，瞧啊瞧啊，你们猜他都看到了什么？（根据幼儿的发言充实故事内容，并添画故事书）

再过几天，小宝宝长大一些了，两只圆溜溜的大眼睛，忽闪忽闪的，可明亮了，爸爸妈妈乐得连嘴都合不上了，他看到家里的一切。猜猜他都看到了什么？（根据幼儿的发言充实故事内容，并添画故事书）

爸爸妈妈一有时间就带着宝宝看世界，不看不知道，一看真奇妙。

宝宝看到了天空，猜他看到什么？（根据幼儿发言充实故事内容，快速添画书）

宝宝来到草地上，猜他看到什么？（根据幼儿发言充实故事内容，快速添画书）

宝宝来到动物园，猜他看到什么？（根据幼儿发言充实故事内容，快速添画书）

宝宝来到公园里，猜他看到什么？（根据幼儿发言充实故事内容，快速添画书）

宝宝来到大街上，猜他看到什么？（根据幼儿发言充实故事内容，快速添画书）

渐渐地，宝宝又长大一些了，他不停地用大大的眼睛看着爸爸妈妈做事，还学着爸爸妈妈的样子，学会了好多本领。你们猜他都学会了什么本领？（根据幼儿发言充实故事内容，快速添画书）

爸爸妈妈看到宝宝的本领，心里乐开了花，一家人过着特别幸福快乐的日子。

正当一家人过着特别幸福特别快乐的日子的时候，不幸的事情发生了。宝宝得了一场大病，等病好后，两只眼睛怎么也看不到了，他成了一个盲人。那一年他才不到5岁。

宝宝抬起头，仰望天空，猜他看不到了什么？（将刚添画的内容涂黑）

宝宝来到草地上，猜他看不到了什么？（将刚添画的内容涂黑）

宝宝来到动物园，猜他看不到了什么？（将刚添画的内容涂黑）

宝宝来到公园里，猜他看不到了什么？（将刚添画的内容涂黑）

宝宝来到大街上，猜他看不到了什么？（将刚添画的内容涂黑）

宝宝痛苦极了，爸爸妈妈悲伤极了。

他想画画，他会遇到什么困难？为什么？

他想看书，他会遇到什么困难？为什么？

他想写字，他会遇到什么困难？为什么？

他想出去玩，他会遇到什么困难？为什么？

他想拿水碗喝水，他会遇到什么困难？为什么？

他想做的事情太多了，可是他大大的眼睛看不见了，他无论做什么事情都太难了，他太痛苦了，这可怎么办啊？

（许美琳）

活动五　美丽的冰花

目标1：能对自然界中的水与冰，进行连续地观察与比较，发现其差异和变化。

目标2：能利用身边的自然物制作成手工艺品，美化自己生活和开展观察活动。

准备：

1. 中班幼儿用书12月分册。
2. 制作冰花的材料：不同形状的广口容器、饰物、毛线、水。

过程：

1. 引导幼儿欣赏冰花，激发制作兴趣。

（1）观察冰花的形状，颜色，鼓励幼儿用语言描述冰花的样子。

（2）想一想，冰花是怎么制成的，里面的饰物怎样进去的？

2. 鼓励幼儿看图制作。

（1）引导幼儿看图，了解制作过程。

（2）鼓励幼儿自由选容器和饰物进行制作。

重点：提醒幼儿将饰物放在容器的中间。

3. 利用户外活动的时间，带孩子们观察容器中水的变化。

4. 巧取冰花。

待水变成冰后，请幼儿尝试自己取出冰花，相互欣赏不同容器制作出的不同形状的冰花。

重点：引导幼儿了解冰遇热融化，容易取出。

5. 挂冰花。

在教师的帮助下，用冰花装饰幼儿园的户外环境。

建议：

1. 本活动分两次进行，第一次冻冰花，第二次取冰花和挂冰花。
2. 鼓励幼儿在家和父母一起制作冰花，装饰院子或窗子。
3. 家长和幼儿一起收集冰灯的照片或图片，在阅读区分享。

活动六　数一数

目标1：会手口一致地点数10以内的物体，说出总数。

目标2：用记录的方式表达点数的过程。

准备：幼儿每人一张图卡，上面并排画有10条“彩色项链”。第一条画有1个红色圆形、第二条画有2个黄色圆形，第三条画有3个蓝色圆形……

过程：

1. 创设情境，引导幼儿点数图卡上的“彩色项链”。

（1）鼓励幼儿数一数共有几条项链。

（2）请幼儿分别点数不同颜色的项链。

重点：练习点数5以上的数（如粉色项链上有几个珠子）。

要求幼儿手口一致地点数，并说出总数，教师将相应的数字卡片放在每条彩色项链前面。

2. 分组活动，鼓励幼儿大胆点数并说出总数。

（1）看谁说的对：两人一组，一名幼儿任意指一格，另一名幼儿点数后说出此格内圆点的数量。

…	……	…	……	…
……	…	…	…	…

（2）按数取物：两人一组，一人说数字，另一人取相应数量的玩具插片

建议：

1. 将学具投放到益智区，供幼儿反复练习。
2. 在日常生活中点数10以内物品，帮助幼儿积累相关经验。
3. 家长有意识地引导幼儿点数物品，如数一数家里的桌椅、门窗等。

活动七　堆雪人

目标1：能基本准确地歌唱八度范围内（$c^1 \sim c^2$）的五声音调歌曲。

目标2：愿意参加音乐活动，能够从音乐活动中获得愉悦和美感。

目标3：感知二拍子、三拍子的不同。

准备：

1. 表演区中播放过本歌曲。
2. 幼儿堆雪人的录像（背景音乐为《堆雪人》）。
3. 录音机、歌曲磁带，雪人的头饰或服装 、道具。
4. 与歌词内容相匹配的简笔画若干。

过程：

1. 引导幼儿欣赏一段堆雪人的录像（背景音乐为《堆雪人》），用语言描述堆雪人的情景和快乐的感受。

重点：通过语言描述，唤起“堆雪人”游戏时的快乐情感体验。

2. 引导幼儿学唱歌曲，体会歌曲所表达的情绪情感。

（1）欣赏歌曲《堆雪人》，感受歌曲表达的欢快情绪。

指导语：听了歌曲你有什么感受？

（2）出示简笔画，请幼儿按歌曲的内容给简笔画排序，帮助幼儿记忆歌词。

（3）引导幼儿在简笔画的提示下，按节拍边拍手边说歌词，掌握3/4拍的节拍特点。

（4）完整教唱歌曲，引导幼儿看着教师的口形和面部表情，唱准音，不喊唱。

重点：引导幼儿唱好三拍子，突出强拍。

3. 通过游戏形式，巩固对歌曲的演唱。

请一名幼儿扮演雪人，站在场地中间，全班幼儿围成圆圈，边唱边自由表演。

4. 复习打击乐《粉刷匠》。

重点：巩固几种打击乐器的正确敲击方法，按自己选择的节奏型为歌曲伴奏。

建议：

1. 抓住下雪的机会，成人和幼儿一起堆雪人，亲身体验其中的乐趣。

2. 在表演区提供堆雪人的服装道具、音乐磁带，供幼儿即兴歌唱、表演。并提供自制的打击乐器，为歌曲做即兴伴奏。

附歌曲：《堆雪人》

1＝D 3/4　　　　佚名　词曲

5 3 3 | 5 3 3 | 4 4 3 2 | 3 3 2 1 | 5 6 5 4 3 | 5 6 5 4 3 |

大雪天 真有趣，堆 雪 人 做游 戏，圆 脑 袋 大 肚 皮，

小弟弟 小妹妹，你 牵着我 我牵着你，围着雪 人 团 团 转，

4 5 4 3 2 | 3 1 1 ||

白 胖的脸 笑 嘻 嘻。

多 么 欢 喜。

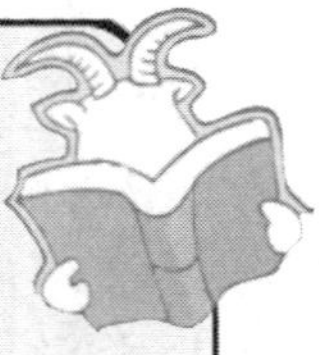

活动八　命题绘画《冬日的景象》

目标1：欣赏、认识美术作品所表现的冬日景象，感受美术作品的美感特点，初步了解作品表现的方法。

目标2：尝试用适宜的材料和工具感知、再现美术欣赏作品的艺术风格，体会其创作魅力。

目标3：尊重他人对美的感受，理解每个人都可以有自己的表现方式。

准备：

1. 欣赏画《冬日的景象》（高更）。

2. 绘画材料：彩砂纸、油画棒。

冬日的景象　（高更）

过程：

1. 感知欣赏：

（1）出示欣赏画《冬日的景象》，引导幼儿讨论画面中白色的运用以及白色与景象的关系。

（2）提问设计：

①画面给人的感觉是什么样的？（知识点：寒冷感、流动感、寒风凛冽的感觉）

②画面上都表现了什么？（知识点：画面的近景、远景和中景，初步了解画面的层次）

③画面中冬日的景象是用什么方式表达出来的？（知识点：天空中寒风吹过的斜线，树枝、地面覆盖的白雪等）

④让幼儿进一步用心领悟作品表达的内容并小结。（知识点：引导幼儿观察画面中色彩、线条的运用以及表达方式，感受作品的写实意义）

2. 鼓励创作：

（1）引导幼儿大胆创作，表达自己心目中的“冬日景象”。

（2）重点指导幼儿运用色彩表达冬日里雪天的景象。

3. 讲评：

（1）请幼儿相互欣赏、介绍各自作品表达的内容，体会艺术创作的乐趣。

（2）引导幼儿在分享中发现新问题，激发他们进行延伸活动的兴趣。

（三）第二周目标与落实途径

领域	目标		落实途径
健康	身体健康，在集体生活中情绪安定、愉快。	能以合理的方式宣泄自己的情绪。	生活： 以合理的方式宣泄自己的情绪。
	知道必要的安全保健常识，学习保护自己。	能通过保健教育，养成科学的生活态度。	生活、区域： 知道保护嗓子，不大声喊叫。
	通过感兴趣的方式发展动作，提高动作的协调性、灵活性。	1. 喜欢参加丰富多彩的体育活动，养成热爱体育活动的兴趣与习惯。 2. 大肌肉动作更加协调、灵活。 3. 小肌肉发展更加协调、灵活。	区域： 1. 尝试双脚连续侧跳，落地较轻。 2. 以游戏的方式发展小肌肉，动作较灵活、协调。 集体： 1. 尝试双脚连续侧跳，落地较轻。 2. 能不怕寒冷，积极勇敢地参加体育活动。
	乐意与人交谈，讲话时自然礼貌。	能运用语言与别人交往，体验语言交流的乐趣。	生活： 乐意与教师、同伴进行语言交流。
语言	注意倾听对方讲话，能理解日常用语。	养成注意倾听的习惯，发展语言理解能力。	区域： 在活动中注意倾听，发展语言理解能力。
	敢于当众讲话，能清楚地说出自己想说的事。	能大胆、清楚地表达自己的想法和感受。	生活、区域： 大胆、清楚地表达自己的想法和感受。
	喜欢听故事、看图书，有初步的前阅读和前书写能力。	1. 喜欢听儿童文学作品，会复述故事。 2. 对书籍和阅读感兴趣，有初步的前阅读能力。	区域： 喜欢听故事，理解故事情节，尝试用生动的语言进行表述以及简单的复述。 集体： 从前至后有顺序地阅读，认真观察和理解画面内容，了解故事的情节线索。

（续表）

社会	能主动地参与各项活动，有自信心。	1. 能通过谈话感受自己在长大，会做许多事情，体验自我价值感。 2. 能解决游戏、活动中遇到的问题，获得成功的感受，体验自尊自信。	生活： 通过谈话感受自己在长大，会做许多事情，体验自信。 区域： 用小组讨论或集体讨论的方式解决游戏中遇到的问题，获得成功的感受，体验自尊自信。 生活、集体： 学习按轮流的方式解决游戏及生活中出现的问题。
	理解并遵守日常生活中基本的社会行为规则。	1. 体会规则在各种活动中的意义。 2. 形成初步的规则意识，学会自律和控制自己的情绪与行为。	生活： 1. 体会规则在生活、游戏中的意义。 2. 形成初步的规则意识，学会自律。 区域、集体： 1. 体会规则在户外活动中的意义。 2. 形成初步的规则意识，学会控制自己的情绪和行为。
科学	对周围的事物、现象感兴趣，有好奇心和求知欲。	在游戏中对数学产生兴趣，建立初步的自信心。	集体： 在游戏中对数学产生兴趣，建立初步的自信心。
	能运用各种感官，动手动脑，探究问题。	1. 尝试运用比较的方法进行科学活动，感受比较的过程和结果，获得初步的比较能力。 2. 能感知磁铁的特性。	区域： 1. 感受比较的过程和结果，获得初步的比较能力。 2. 能通过尝试，感知磁铁能隔着不同材料吸住铁制品的特性。
	能用适当的方式表达、交流探索的过程和结果。	1. 在游戏中，面对问题大胆提问，积极思考。 2. 用多种方式表达对事物探索和发现的过程。	区域： 1. 在游戏中大胆猜想和主动探究，勇于提出问题。 2. 用多种方式表达对事物探索和发现的过程。
	能从生活和游戏中感受事物的数量关系，体验到数学的重要和有趣。	1. 在生活和游戏中，初步理解序数含义，能在活动中简单使用或运用。 2. 了解10以内数中相邻数之间的关系。 3. 正确辨认前、后方位。	区域： 1. 学会上下一致和前后一致的搭建。 2. 在游戏中理解序数含义。 区域、集体： 了解6～10的相邻数，发现数与数之间的关系。

（续表）

艺术	能初步感受并喜爱生活和艺术中的美。	喜欢欣赏内容丰富的简单音乐作品，尝试体验这些作品的基本情绪和情感，并用自己喜欢的方式表达对音乐的感受，初步感知音乐的开始、结束、间奏。	区域、集体： 欣赏内容丰富的简单音乐作品，尝试体验这些作品的基本情绪和情感，并用动作表演来表达对音乐的感受，初步感知音乐的开始、结束、间奏。
	积极参加表演活动，在活动中获得愉快、丰富的情绪体验。	1. 乐于模仿舞蹈动作，激发表演的兴趣。 2. 愿意参加音乐游戏活动，从中获得愉悦和美感。	集体： 1. 乐于模仿舞蹈动作，激发表演的兴趣。 2. 愿意参加音乐游戏活动，从中获得愉悦和美感。
	能够大胆地用自己喜欢的方式进行艺术表现和创作，富有个性地表达自己的情感和体验。	1. 能在轻松、和谐的氛围中，喜欢随音乐的节奏尝试按自己的想象自由地做模仿动作、律动和简单的舞蹈动作，逐步做到动作协调优美。 2. 喜欢用口头语言、肢体语言模仿艺术作品中人物的语言、表情、动作，愿意尝试创编与合作表演简单的故事情节。	区域、集体： 随音乐的节奏自由地做模仿动作、律动和简单的舞蹈动作，动作基本协调。 集体： 用口头语言、肢体语言模仿艺术作品中人物的语言、动作，愿意尝试合作表演简单的故事情节。
	具有表演活动的良好习惯。	能有序收放表演物品。	区域： 能有序收放表演物品。
	能够感受并喜爱生活和环境中的美，发现事物美的特征。	1. 能够从冬季生活用品中获得美的感受，发现事物美的特征。 2. 能够有意识地收集一些带有艺术特点的生活用品和自然物，丰富活动区的美术创作材料。	生活： 1. 能够感受并喜爱冬季用品中的美，发现事物美的特征。 2. 能够有意识地收集一些带有艺术特点的生活用品和自然物，丰富活动区的美术创作材料。

（续表）

艺术	喜欢用不同风格的美术方式表达自己对事物的印象与情感体验，获得心理上的满足。	喜欢参加美术活动，乐于用自己喜欢的美术方式宣泄自己的情绪，获得心理上的满足。	区域： 乐于用喜欢的美术方式表达自己的所见、所知和对事物的情感体验，获得心理上的满足。
	认识、选择各种美术材料和工具，在使用中大胆尝试、设想与创作。	1. 尝试使用各种美术材料和工具，感受并发现不同材料和工具表现出来的不同美感特征。 2. 能利用身边的物品或废旧材料制作玩具、手工艺品，美化自己生活或开展其他活动。	区域： 能利用身边的物品或废旧材料制作玩具、手工艺品，美化自己生活，开展表演活动。 集体： 尝试使用各种绘画材料和工具，感受不同材料表现出的美感特征。
	发现周围事物中美的规律，并能够按照这些规律用美术方式进行表达。	能够从艺术欣赏作品范例和不同品种与层次的创作材料中感知和表达对规则美的理解。	区域、集体： 能够从欣赏作品范例和不同品种与层次的创作材料中表达对规则美的理解。
	尝试为戏剧表演、主题游戏自制道具和装饰物。	能够为扮演活动自制简单的道具。	区域： 能够为扮演活动自制简单的道具。
	能够尊重他人对美的感受和表达方式。	愿意展示和交流自己的作品，理解每个人都可以有自己的表现方式，感受个人艺术风格的不同。	集体： 能够尊重他人对美的感受和表达方式。
	具有美术活动的良好习惯，能有序使用和收放美术工具、材料。	尝试制定整理美术工具和材料的规则，能够自觉收放工具和材料。	区域、集体： 具有美术活动的良好习惯，能有序使用和分类收放美术材料。

生活活动

目标 1：知道保护嗓子，不大声喊叫。

目标 2：能以合理的方式宣泄自己的情绪。

指导建议：

1. 引导幼儿用手感知自己声带的震动，告诉幼儿大声喊叫会损坏声带。和幼儿一起设计、制作“爱嗓标志”或“轻声”标志，以及保护嗓子的示意图，例如：不在寒冷有风的空气中唱歌、喊叫；嗓子发热时，不吃冷饮；感冒时不唱歌、喊叫；唱歌时，不大声喊唱等。将图粘贴在班级醒目的位置和各个活动区中。

2. 教师做轻声讲话的榜样，并在生活或游戏中随时提醒幼儿轻声讲话。

3. 引导幼儿总结适宜宣泄情绪的方法。如果高兴或生气时想大声喊叫，可以用力地做一个动作，如鼓掌、攥拳、做手势等。

目标3：乐意与教师和同伴进行语言交流。

目标4：能通过谈话的方法感受自己在长大，会做许多事情，体验自信。

指导建议：

1. 在生活环节中，教师可以和幼儿围绕《萝卜回来了》中的故事情节来表达互相帮助的情感，共同讨论“我能做些什么来帮助爸爸妈妈（老师、好朋友、小班弟弟妹妹等）”。

2. 鼓励幼儿大胆表述，教师要给予及时的鼓励。

目标5：学习按轮流的方式解决游戏及生活中出现的问题。

目标6：在与同伴的交流中能清楚表达自己的想法和感受。

目标7：体会规则在生活、游戏中的意义。

目标8：形成初步的规则意识，学会自律。

指导建议：

1. 在日常生活中抓住幼儿产生冲突的场面，如饮水或如厕时产生拥挤的现象进行分析，帮助幼儿找出拥挤的原因（没有轮流）和解决的办法（轮流）。

2. 引导幼儿开展讨论：针对游戏及生活中出现的问题，小朋友应该怎么办？鼓励幼儿用语言大胆表达自己的想法和感受。

3. 看到幼儿轮流做事的行为，教师要及时给予表扬。使幼儿感受到轮流做事的好处，初步学会使用轮流的方法解决问题。

4. 引导幼儿根据需要自己制定规则，如游戏规则、等待规则等。鼓励幼儿用自己喜欢的方式制作规则标志，布置到相应区域帮助幼儿建立规则意识，学会自律。

目标9：能够感受并喜爱冬季用品中的美，发现事物美的特征。

目标10：能够有意识地收集一些带有艺术特点的生活用品，丰富活动区的美术创作材料。

指导建议：

1. 引导幼儿观察冬季服装的变化，发现美的特征。

2. 利用来园、睡眠更衣等生活环节，引导幼儿有目的地观察冬季服饰的变化与特点。

3. 鼓励幼儿收集一些带有艺术特点的生活用品，丰富美术区的创作材料。

区域活动

运动区

目标 1：尝试双脚连续侧跳，落地较轻。

目标 2：体会规则在户外活动中的意义。

目标 3：形成初步的规则意识，学会控制自己的情绪和行为。

指导建议：

1. 在集体学习的基础上，玩游戏“萝卜回来了”（详见“集体活动”中的体育游戏“萝卜回来了”。提醒幼儿遵守规则，落地要轻。或提供小螃蟹头饰或胸饰，场地中画横向的小脚印，引导幼儿扮演小螃蟹按脚印的方向连续侧跳，提醒幼儿前脚掌先着地，膝盖放松。

场地布置如图：

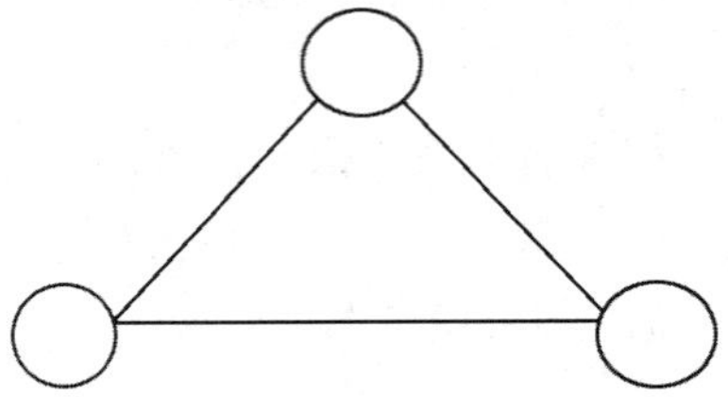

2. 游戏前强调规则，加深幼儿对规则的记忆。活动中，及时肯定遵守规则的幼儿。对违反规则的幼儿进行恰当的指导，如语言提醒、表情动作暗示、暂时停止游戏等。对幼儿不易遵守的规则可绘制规则图或创编规则儿歌，帮助幼儿理解规则。当幼儿在户外活动中发生冲突时，引导幼儿讨论，制定相应的规则。

角色区

目标 1：在活动中能注意倾听，发展语言理解能力。

目标 2：能用小组讨论或集体讨论的方式解决游戏中遇到的问题，获得成功的感受，树立自信心。

指导建议：

1. 教师在幼儿活动中做“认真倾听”的榜样，并在幼儿中树立榜样，及时肯定幼儿的倾听行为。

2. 教师在区域活动评价中，鼓励幼儿分享活动中的经验，说出活动中遇到的问题，引导幼儿注意倾听，让幼儿习惯用小组讨论或集体讨论的方式解决游戏中遇到的问题，获得成功的感受，树立自信心。

表演区

目标 1：喜欢欣赏内容丰富的简单音乐作品，尝试体验这些作品的基本情绪和情感，并用动作表演来表达对音乐的感受，初步感知音乐的开始、结束、间奏。

目标2：随音乐的节奏自由地做模仿动作、律动和简单的舞蹈动作，动作基本协调。

目标3：能够为扮演活动自制简单的道具。

目标4：在活动中能注意倾听，发展语言理解能力。

目标5：能有序收放表演物品。

指导建议：

1. 将表演区布置成动物联欢会的场景，提供扮演活动的各种动物头饰（小兔、袋鼠、鸟、大象、老虎）和饰品。

2. 引导幼儿根据自己选择的头饰在听到相应的律动曲时进行表演，做模仿动作。提醒幼儿可在每段音乐结束后更换头饰。

3. 播放《小鸟和大象》的音乐磁带，幼儿熟悉音乐，自由做动作，为集体活动做准备。

4. 在游戏讲评时，组织幼儿分享同伴的经验，也可以说出活动中遇到的问题，引导幼儿注意倾听，让幼儿习惯用小组讨论或集体讨论的方式分享经验，解决问题。教师做“认真倾听”的榜样，并在幼儿中树立榜样，及时肯定幼儿的倾听行为。

美劳区

目标1：乐于用喜欢的美术方式表达自己的所见、所知和对事物的情感体验，获得心理上的满足。

目标2：能够从欣赏作品范例和不同品种与层次的创作材料中表达对规则美的理解。

目标3：能利用身边的物品或废旧材料制作手工艺品，美化自己生活和开展表演活动。

目标4：具有美术活动的良好习惯，能有序使用和分类收放美术材料。

目标5：能选择游戏的方式发展小肌肉动作，动作较灵活、协调。

指导建议：

1. 提供适宜美术创作的专用操作台和材料分类架，使幼儿能够肢体舒展地进行美术创作。

2. 提供能够启发幼儿进行有规律制作的艺术欣赏作品和范例。

3. 提供不同品种和层次的创作材料，引导幼儿尝试运用绘画、手工制作及装饰的形式表达对规律美的理解（如对称、重复、韵律、呼应、和谐、变化等规律）。

4. 引导幼儿有创造性地将废物改造成艺术品。

重点指导：

1. 在美工区提供有对称和重复等规律的物品或图片（如围巾、手套、帽子、装饰物等）以及各种装饰花纹的纹样卡（如波浪纹、折线纹、螺旋纹、羊角纹等），完成幼儿用书内容。

2. 提供不同的装饰材料，如粘贴、绘画、印章、制作等。

3. 提供各种装饰纸样（如装饰花瓶、服装等）引导幼儿在观察物品的基础上自由选择纸样进行装饰。（知识点：图案和花纹）

4. 提供制作项链、手镯材料，如各种形状、颜色的吸管、扣子、珠子、贝壳等。引

导幼儿有规律地穿。（知识点：重复规律——颜色、形状、材质等）

5. 引导幼儿在使用细小装饰材料过程中，注意随拿随放，避免丢失。

建议：提供专用操作台和材料分类架，按标记进行收放。

建构区

目标1：学会上下一致和前后一致的搭建。

目标2：能大胆、清楚地表达自己的想法和感受。

目标3：能选择游戏的方式发展小肌肉动作，动作较灵活、协调。

指导建议：

1. 提供对称特点的建筑图片，引导幼儿观察、发现上下和前后对称的建筑特点，根据其特点选择适宜的材料进行搭建活动。

2. 幼儿进行对称搭建活动初期，教师在提供的辅助材料（如正方形或长方形板材隔板）上标注出对称符号，帮助幼儿理解和掌握对称搭建的方法。

3. 教师可以和幼儿一起说说对称的美以及特点，作品搭建完成后，鼓励幼儿对自己作品中的对称做介绍，说说什么是对称，作品的哪些地方是对称的，要搭建对称的作品需要注意的事情是什么等。

4. 鼓励幼儿大胆进行表述，教师要予以提醒和指导。

科学区：磁力的探索

目标1：能通过尝试，感知磁铁能隔着不同材料吸住铁制品的特性。

目标2：感受比较的过程和结果，获得初步的比较能力。

目标3：能在游戏中大胆猜想和主动探究，能大胆提出问题。

目标4：用多种方式表达对事物探索和发现的过程。

目标5：能选择游戏的方式发展小肌肉动作，动作较灵活、协调。

指导建议：

1. 指导幼儿探索磁力能否穿透各种材料。

2. 提供各种磁铁、回形针、纸板、塑料板、积木块、布片等材料，记录纸。

3. 指导幼儿将回形针放在不同的材料上（纸板、塑料板、积木块、布片等），探索磁铁能否透过材料吸引回形针。

4. 鼓励幼儿用不同质地、不同厚度的材料做实验。

5. 鼓励幼儿相互交流探索的过程和结果，并用自己喜欢的方式进行记录。

6. 教师协助幼儿将实验记录装订成册，投放到阅读区进行分享活动。

益智区

目标1：初步学会轮流，能尝试解决游戏及生活中出现的问题。

目标2：形成初步的规则意识，学会控制自己的情绪和行为。

指导建议：

1. 投放新玩具或到其他班借来新颖有趣的玩具，组织幼儿讨论大家都想玩怎么办？

指导幼儿制定轮流玩玩具的规则（如谁先玩、谁后玩，什么时候交给下一个小朋友等）。根据幼儿的实际情况给予适当的引导，但不要过多干涉，允许幼儿不断调整轮流的规则，对幼儿积极的行为及时给予肯定。

2. 组织幼儿分享轮流做事的好经验，如用碰丁壳的方式决定谁先玩，把“玩几次”或“数到数字几”等作为轮换的规则，引导幼儿体会轮流玩的乐趣，尝试解决游戏及生活中出现的问题。

目标3：了解数6～10的相邻数，发现数与数之间的关系。

目标4：在游戏中，理解序数含义。

指导建议：

1. 在益智区提供数字6～10，及对应数量的小玩具。教师根据提供的学具创设问题情景，如：小花猫钓了7条鱼，小黑猫比它多钓1条，小黄猫比它少钓1条，小黑猫钓几条，小黄猫钓几条？引导幼儿先用一一对应的方式摆小鱼，然后摆放相应的数字，体会相邻数之间多1、少1的关系。

2. 提供相应的练习卡。

按序盖点：10厘米×10厘米的塑封方格纸2～3张，在第一、第二、第三列分别印上1个点、2个点、3个点，幼儿印后面的点。

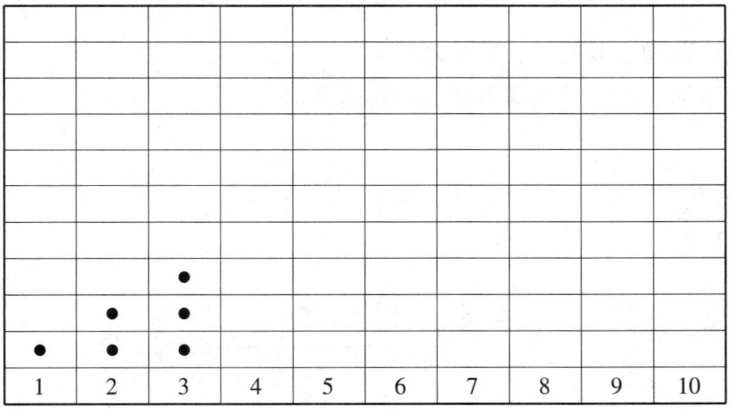

接数补漏：

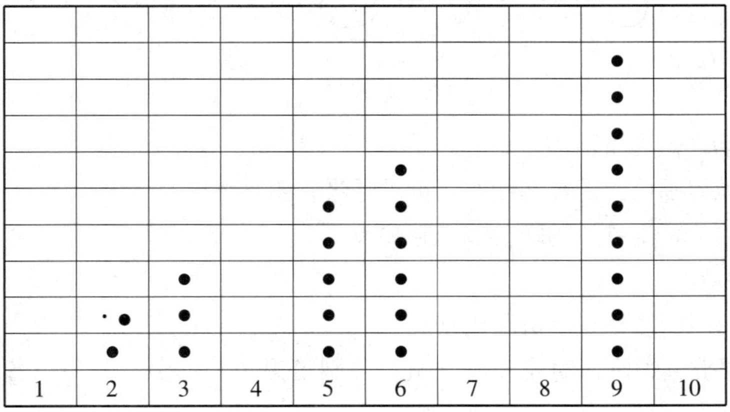

3. 提供序数练习卡：塑封的方格卡片若干，每张卡片标有数字和对应圆点。请幼儿在空格处摆放相邻数并用水彩笔添画对应数量的圆点。

	●●●●● ●●	
	7	

阅读区

目标：喜欢听故事，理解故事情节，尝试用生动的语言进行表述以及简单的复述。

指导建议：

1. 提供故事《萝卜回来了》的各种资料，如故事书、图片、桌面表演台、指偶、电子图书等，激发幼儿阅读的兴趣。

2. 鼓励幼儿运用桌面表演台、指偶、磁带进行合作讲述，教师将幼儿讲述活动进行录像、录音，让幼儿进行分享活动。

集体活动

活动一　体育游戏“萝卜回来了”

目标1：尝试双脚连续侧跳，落地较轻。

目标2：能不怕寒冷，积极勇敢地参加体育活动。

准备：

1. 萝卜卡片若干。

2. 场地布置如图：

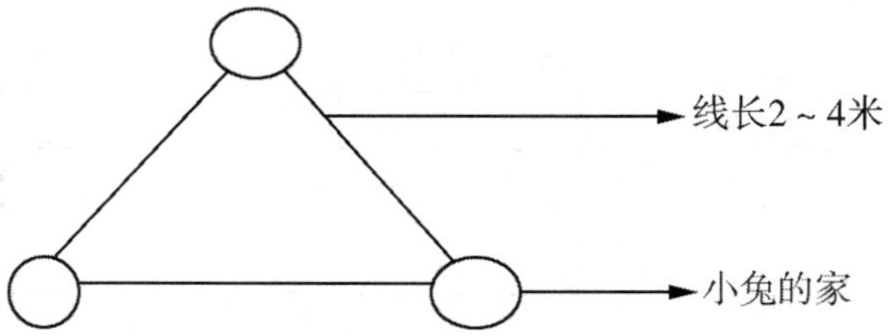

过程：

1. 热身运动，做准备活动。

（1）沿场地周围慢跑。提醒幼儿用鼻子呼吸，闭紧嘴巴。

（2）活动关节，重点活动踝关节、膝关节。

2. 学习新游戏。

（1）介绍游戏的名称、玩法和规则。

玩法：教师扮兔妈妈，幼儿分成3组，分别扮黑兔、白兔、灰兔，各组在各自的家中，每人拿一个萝卜。

游戏开始，幼儿一齐说："天这么冷，雪这么大，小×兔在家一定没有吃的，我把萝卜送给它吃吧。"说完，3组幼儿同时按顺时针方向连续侧跳，把萝卜送给小×兔后，在顺原路跳回自己家。小兔跳回家中发现萝卜，又按逆时针方向送给小×兔，当它们再次回到家中发现萝卜，都表示惊讶："咦，萝卜怎么回来了？"这时，兔妈妈说："你们都懂得关心别人，真是好孩子。咱们现在一起吃萝卜吧！"幼儿都跳到场地中，模仿吃萝卜的动作。

规则：

① 小兔在送萝卜时，本组幼儿要一个跟着一个，双脚横着沿线跳（即侧跳），落地要轻。

② 只有当本组小兔都送完萝卜后，才能顺原路跳回家。

（2）示范讲解"连续侧跳"。

（3）幼儿游戏，教师观察指导，提醒幼儿前脚掌先着地，膝盖放松。

（4）随时讲评幼儿的动作和遵守规则的情况。

3. 放松整理活动。

放松下肢，并将萝卜送到指定的地方。

4. 拍球练习，运动上肢。

5. 收拾整理。

建议：

1. 可根据幼儿人数分成2～4组，同时进行，避免拥挤。

2. 线的长度不同，根据幼儿体力进行分组练习。

活动二　故事《萝卜回来了》

目标1：能从前至后有顺序地阅读，认真观察和理解画面内容，了解故事的情节线索。

目标2：喜欢用口头语言、肢体语言模仿艺术作品中人物的语言、动作，愿意尝试合作表演简单的故事情节。

准备：

1. 故事磁带《萝卜回来了》。

2. 故事中的动物头饰（小兔、小猴、小鹿、小熊）和食物图片（萝卜、花生、青菜、白薯）。

3. 中班幼儿用书12月分册。

过程：

1. 提出问题，引发幼儿听故事的兴趣。

（1）教师出示"萝卜"：这个萝卜是小兔的，可是它却到过小猴家、小鹿家、小熊家，最后又回到小兔家，这是怎么回事呢？

（2）幼儿看幼儿用书，按照教师提供的线索，仔细观察画面，按自己的理解讲述故事。

2. 播放录音故事，引导幼儿了解故事线索。重点引导幼儿认真倾听。

3. 幼儿看图书，教师提问，帮助幼儿理解故事线索。

（1）按故事情节提问。

（2）学说故事中的主要语言，教师用图片进行提示："雪这么大，天这么冷，小猴（鹿、熊）在家一定也很饿，我找到了东西，去和它一起吃。"

4. 听故事，有序阅读。

重点：幼儿边听故事，边从前至后有顺序地阅读图书。

5. 引导幼儿理解故事的含义。

提问：故事里的小动物有了好吃的东西，怎么办？

如果妈妈给你买了好吃的点心、好玩的玩具，你会怎么办？

如果你带来一本好看的图书，很多小朋友想看，你会怎么办？

6. 鼓励幼儿尝试表演故事，再现故事线索。

教师请能力强的幼儿扮演故事中的角色，其他幼儿和教师一起旁白。重点说故事中重复语句。

建议：

1. 将头饰、图片和故事磁带放到表演区，幼儿游戏活动时自由表演。

2. 鼓励幼儿到美工区制作故事道具。

3. 阅读区提供幼儿用书，供幼儿阅读、讲述故事《萝卜回来了》。

附故事：《萝卜回来了》

雪这么大，天气这么冷，地里、山上都盖满了雪。小白兔没有东西吃了，饿，它跑出门去找。

小白兔一面找一面想：雪这么大，天气这么冷，小猴在家里，一定也很饿。我找到了东西，去和它一起吃。

小白兔扒开雪，嘿，雪底下有两个萝卜。它多高兴呀！

小白兔抱着萝卜，跑到小猴家，敲敲门，没人答应。小白兔把门推开，屋子里一个人也没有。原来小猴不在家，也去找东西吃了。

小白兔就吃掉了小萝卜，把大萝卜放在桌子上。

这时候，小猴在雪地里找呀找，它一面找一面想："雪这么大，天气这么冷，小鹿在家里，一定也很饿。我找到了东西，去和它一起吃。

小猴带着花生，向小鹿家跑去。经过自己的家，看见门开着。它想：谁来过啦？它走进屋子，看见萝卜，很奇怪，说："这是从哪儿来的？"它想了想，知道是好朋友送来给它吃的，就说："把萝卜也带去和小鹿一起吃！"

小猴跑到小鹿家，门关得紧紧的。它跳上窗台一看，屋子里一个人也没有。原来小鹿不在家，也去找东西吃了。

小猴就把萝卜放在窗台上。

这时候，小鹿在雪地里找呀找，它一面找一面想：雪这么大，天气这么冷，小熊在家里，一定也很饿。我找到了东西，去和它一起吃。

小鹿扒开雪，嘿，雪底下有一棵青菜。它多高兴呀！

小鹿提着青菜，向小熊家跑去。经过自己的家，看见雪地上有许多脚印，它想：谁来过啦？

它走近屋子，看见窗台上有个萝卜，很奇怪，说“这是从哪儿来的？”它想了想，知道是好朋友送来给它吃的，就说：“把萝卜也带去，和小熊一起吃！”

小鹿跑到小熊家，在门外叫：“开门！开门！”屋子里没有人答应。原来小熊不在家，也去找东西吃了。

小鹿就把萝卜放在门口。

这时候，小熊在雪地里找呀找，它一面找一面想：雪这么大，天气这么冷，小白兔在家里，一定也很饿。我找到了东西，去和它一起吃。

小熊扒开雪，嘿，雪底下有一个白薯。它多高兴呀！

小熊拿着白薯，向小白兔家跑去。经过自己的家，看见门口有个萝卜，它很奇怪，说：“这是从哪儿来的？”它想了想，知道是好朋友送来给它吃的，就说：“把萝卜也带去，和小白兔一起吃！”

小熊跑到小白兔家，轻轻推开门。这时候，小白兔吃饱了，睡得正甜哩。小熊不愿吵醒它，把萝卜轻轻放在小白兔的床边。

小白兔醒来，睁开眼睛一看：“咦！萝卜回来了！”它想了想，说：“我知道了，是好朋友送来给我吃的。”

（方轶群）

活动三　小小裁判员

目标1：体会规则在体育活动中的意义。
目标2：形成初步的规则意识，学会控制自己的情绪和行为。
目标3：学习按轮流的方式解决游戏及生活中出现的问题。

准备：

1. 裁判员角色卡：胸卡、黄牌、红牌各3个。
2. 器械：球若干、圈6个。

过程：

1. 热身运动。

（1）通过慢跑、变速跑、徒手操等活动热身。

（2）做好专项准备活动。重点活动踝关节、膝关节、腕关节等。

2. 集体游戏——小小裁判员。

（1）出示裁判员胸卡和黄牌、红牌，引起幼儿兴趣。

介绍裁判员的任务和黄牌、红牌的用法。

（2）教师佩戴胸卡，扮裁判员，组织幼儿玩球游戏“快跑快拍”。

3. 游戏玩法：

（1）将幼儿分成人数基本相同的3组：每组排成两队，分别站在起跑线后，场地另一端放上圈，圈内放一个球。

（2）裁判员发出游戏开始的口令，各队的第一名幼儿迅速跑到场地另一端，从圈内取出球，按规定的次数拍球，然后，将球放回圈内，跑回出发地，拍第二个小朋友的手后，排到队尾。最后一名幼儿跑回后，游戏结束，先完成者为胜。

4. 游戏规则：

（1）幼儿必须按照规定的次数拍球。

（2）排队等待的幼儿必须拍到手后才能跑。

（3）第一次违反规则黄牌警告，第二次违反规则红牌罚下，停止游戏一次。

（4）幼儿集体游戏，教师随时讲评遵守规则的情况。

5. 请幼儿担任裁判员，分组游戏。

（1）引导幼儿选出裁判员并商定轮换规则。

（2）小组游戏：快跑快拍，提醒幼儿遵守规则。

6. 分散活动。每人自取一球，鼓励幼儿用多种玩法游戏。

7. 收拾整理活动，引导幼儿将游戏材料放回指定地方。

建议：

1. 可根据幼儿人数分组，拍球的数量可根据本班幼儿实际水平而定。

2. 活动要重点强调让幼儿体会规则在户外活动中的意义。形成初步的规则意识，学会控制自己的情绪和行为，初步学会轮流，能尝试解决游戏及生活中出现的问题。

活动四　快乐火车

目标1：了解数6～10的相邻数，发现数与数之间的关系。

目标2：在游戏中对数学产生兴趣，树立自信心。

准备：

1. 幼儿会点数6～10。

2. 中班幼儿用书12月分册。

3. 操作材料：一列有10节车厢的火车，车厢上分别有1～10个圆点；1～10的数字卡片若干。

过程：

1. 游戏“拍手问答”，复习巩固5以内的相邻数。

（1）出示火车头和排好的5节车厢（每节车厢上分别有1～5个圆点），玩拍手问答游戏。

教师提问：小朋友我问你，2的朋友是几和几？

幼儿回答：老师，我回答您，2的朋友是1和3。

（2）教师将相应的数字贴在对应的车厢旁边。

2. 游戏“快乐火车钻山洞”，学习6~10的相邻数。

（1）组装快乐火车：出示散乱的5节车厢，请幼儿按车厢上的圆点数排列。

点数每节车厢上的圆点，再排列。说一说，为什么这样排。

（2）快乐火车钻山洞：幼儿闭上眼睛，教师用“山洞”遮挡。

教师用“山洞”遮挡车厢6，请幼儿根据露出的车厢，猜一猜山洞里的车厢上有几个圆点。得出结论：6个圆点。

教师用山洞遮挡车厢5和车厢7，请幼儿根据露出的车厢6，猜一猜山洞里的车厢上有几个点。得出结论：6的朋友是5和7

3. 小动物去旅行：打开中班幼儿用书12月分册第22~23页，完成书上的内容。

4. 巩固练习。

（1）数字宝宝找朋友：每人一张数字卡片，别在胸前。一起说儿歌：“找找找朋友，数字宝宝找朋友，谁是我的好朋友，快快和我手拉手。”教师发出口令：“数字6找朋友”。戴数字5、6、7的幼儿迅速找到一起拉起手。游戏反复进行。

（2）快乐火车出发了：继续找朋友的游戏，从2开始，找到的朋友不松开手，一直找到9的朋友是8和10。成为1~10的火车。

5. 随音乐玩开火车的游戏，感受游戏的快乐。

建议：

1. 活动根据本班幼儿对2~5的相邻数的掌握情况，可分为2~3次进行。

2. 将教具和学具投放在益智区，供幼儿练习。

活动五　音乐游戏“小鸟和大象”

目标1：愿意参加音乐游戏活动，从中获得愉悦和美感。

目标2：乐于模仿舞蹈动作，激发表演的兴趣。

目标3：随音乐的节奏自由地做模仿动作、律动和简单的舞蹈动作，动作基本协调。

目标4：喜欢欣赏内容丰富的音乐作品，尝试体验这些作品的基本情绪和情感，并用动作表演来表达对音乐的感受，初步感知音乐的开始、结束、间奏。

准备：

1. 幼儿基本熟悉音乐。

2.《小鸟与大象》音乐游戏磁带，小鸟、大象的图片。

过程：

1. 律动：“森林里的动物”，听音乐模仿走。

重点：鼓励幼儿听音乐模仿不同动物，用动作表现音乐的特点。

指导语：看哪个小朋友做的和别人不一样。

2. 学习新游戏：“小鸟和大象”。

（1）出示小鸟和大象的图片，请幼儿观察它们的典型特征。

（2）欣赏音乐《小鸟和大象》，引导幼儿从乐曲的高低、节奏变化上感受小鸟和大象的音乐形象及乐曲表现的内容。

（3）教师分别弹奏乐段，启发幼儿想象动作，随音乐节奏自由模仿。

小鸟：鼓励幼儿设计鸟飞的动作，大胆表现小鸟游戏的情景。

大象：鼓励幼儿设计大象走路、吃草、喷水等动作，并交替进行。

小鸟和大象一起游戏：幼儿两人一组分别扮演小鸟和大象一起游戏，设计共同游戏的动作，如拍手、点头、拉手转圈等。

结束动作：鼓励幼儿设想结束的动作，如天黑了，做睡觉状；或做各自的动作“回家”。

3. 听音乐做游戏。鼓励幼儿随音乐的节奏自由地做模仿动作、律动和简单的舞蹈动作。

（1）教师用配乐讲故事的方法，将三段音乐内容串联起来，交代玩法。例如：小鸟高兴地、自由自在地飞着，忽然来了几只大象，小鸟马上飞到大树后面躲起来不出声，看着大象慢慢地走。忽然，小鸟又从大树后面飞出来，和大象一起做游戏。它们玩得真高兴啊！天快黑了，大象和小鸟睡着了（回家了）。

（2）教师和幼儿一起游戏，提高兴趣。

4. 复习歌曲《堆雪人》，用歌声表达情感。

重点：引导幼儿唱准音和节拍。

建议：

1. 运用多种方法游戏。如男孩扮演大象、女孩扮演小鸟。

2. 可根据场地和幼儿人数分组游戏，或到室外游戏。

3. 将音乐磁带和图片放在表演区，供幼儿游戏使用。

附音乐游戏：《小鸟和大象》

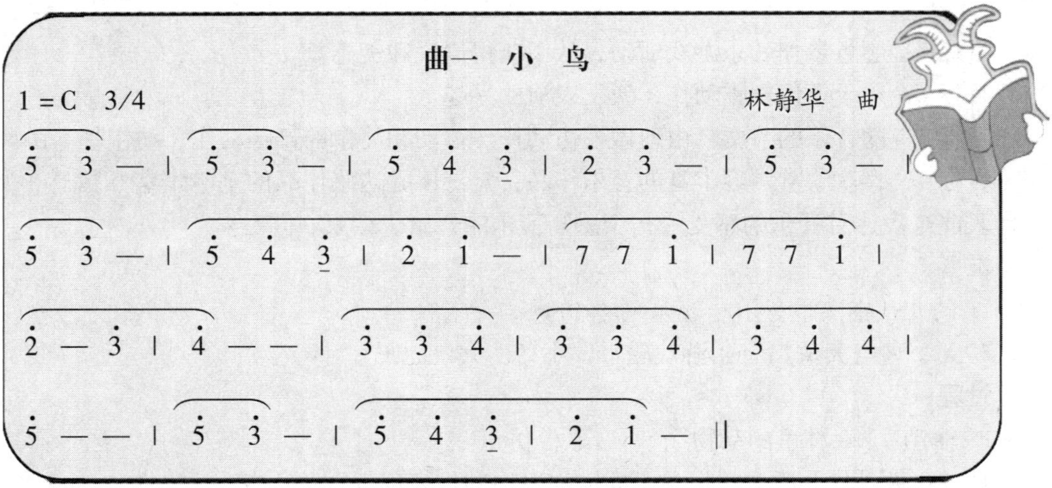

曲二　大　象

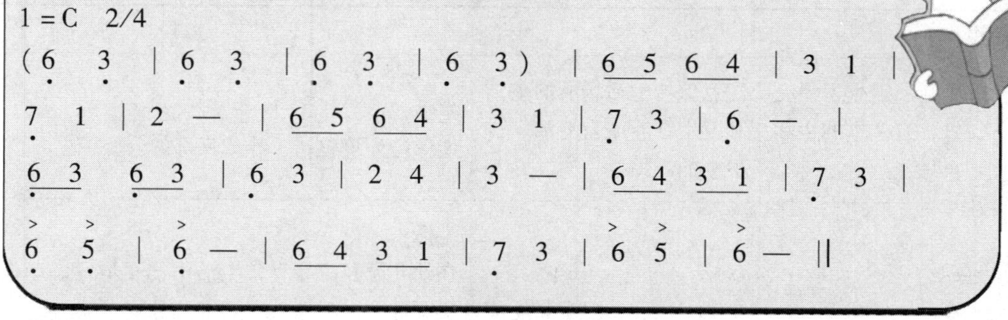

活动六　冬装设计展览会

目标1： 能够从欣赏作品范例和不同品种与层次的创作材料中感知和表达对规则美的理解。

目标2： 尝试使用各种绘画材料和工具，感受不同材料表现出的美感特征。

目标3： 能够尊重他人对美的感受和表达方式。

目标4： 具有美术活动的良好习惯，能有序使用和分类收放美术材料。

准备：

1. 创设“冬装设计展览会”的主题背景。

2. 提供体现规律美、装饰美特征的（如对称美、韵律美、呼应美、和谐美、夸张美等）服装服饰欣赏物及图片。

3. 提供绘画的基本材料，如纸张、服饰半成品。

4. 提供绘画的基本工具：各种彩笔（如水彩笔、油画棒、彩色珠光笔、荧光笔、贺卡笔）、海绵笔（如海绵碳、海绵棒）、印章等。

过程：

1. 感知欣赏：

（1）欣赏体现规律美、装饰美特征（如对称美、韵律美、呼应美、和谐美、夸张美等）的服饰及图片，引导幼儿感知其特点。

（2）引导幼儿观察服饰装饰的特点（如装饰的部位、形式），感知美在生活中的体现。

2. 鼓励创作：

（1）引导幼儿自主选择材料，进行服饰的装饰。

（2）重点引导幼儿按照对称和重复的规律装饰服饰，必要时协助幼儿完成创作。

3. 讲评：

（1）请幼儿相互介绍、欣赏各自作品，体会艺术美在生活中的体现。

（2）引导幼儿在分享中发现新问题，激发他们进行延伸活动的兴趣。

（四）第三周目标与落实途径

领域	目标		落实途径
健康	生活、卫生习惯良好，有基本的生活自理能力。	注意保持生活场所的整洁和卫生，养成爱清洁、讲卫生的习惯。	生活： 能保持环境整洁，养成良好的公共卫生习惯。
健康	通过感兴趣的方式发展基本动作，提高动作的协调性、灵活性。	1. 能在日常生活中发展动作，提高动作的协调性、灵活性。 2. 能在幼儿园生活中发展动作，提高动作的协调性、灵活性。	生活： 在幼儿园及家庭日常生活中，逐步发展动作的协调性、灵活性。 区域、集体： 1. 探索2～3种运动器械的多种玩法，在运动中初步表现出一定的创造性。 2. 能用感兴趣的方式发展基本动作，动作较协调、灵活。 3. 能选择游戏的方式发展小肌肉动作，动作较灵活、协调。
语言	乐意与人交谈，讲话时自然礼貌。	大胆运用词汇，体验语言对自己的意义。	生活： 大胆运用词汇，与同伴进行语言交流。
语言	注意倾听对方讲话，能理解日常用语。	养成注意倾听的习惯，发展语言理解能力。	区域、集体： 在活动中能注意倾听，逐步学习理解别人的见解。
语言	敢于当众讲话，能清楚地说出自己想说的事。	1. 能大胆、清楚地表达自己的想法和感受。 2. 尝试说明、描述简单的事物或过程。	生活： 能大胆、清楚地表达自己的想法和感受。 区域、集体： 愿意与同伴分享自己的所见所闻，尝试描述简单的事物或过程。
语言	喜欢听故事、看图书，有初步的前阅读和前书写能力。	喜欢听儿童文学作品，会复述故事。	生活： 愿意欣赏儿童文学作品，乐意复述。 区域、集体： 学习单独讲述简短的故事。
社会	能主动地参与各项活动，有自信心。	1. 能通过谈话、对比等方法感受自己在长大，会做许多事情。 2. 能自己选择活动主题，制订、实现自己的计划。	生活、集体： 通过谈话、对比等方法感受到自己在长大，能做许多事情，体验自信。 区域： 尝试根据游戏的需要制订计划，并能执行和表达，有独立意识和责任感。

（续表）

社会	能努力做好力所能及的事，不怕困难，有初步的责任感。	能为他人服务（如学做值日生等），有初步的责任感。	生活： 能为他人服务（如学做值日生等），有初步的责任感。
科学	能用适当的方式表达、交流探索的过程和结果。	在生活和游戏中，面对问题大胆提问，积极思考。	区域、集体： 大胆猜想和主动探究，能大胆提出问题。
	能从生活和游戏中感受事物的数量关系，体验到数学的重要和有趣。	认读10以内阿拉伯数字，初步理解10以内数的意义。	区域、集体： 认读6～10阿拉伯数字，理解这5个阿拉伯数字的实际意义。
	爱护动植物，关心周围环境，亲近大自然，珍惜自然资源，有初步的环保意识。	1. 尝试照顾小动物，在活动中感知动物的生活习性，初步了解小动物的生长变化，产生爱动物的情感。 2. 在日常生活中，感知和体验一些天气现象（风、雪），探究和发现四季明显的特征（冬冷动植物冬眠、水结冰），初步体验季节变化与动植物及人们生活的关系。	集体： 感知动物的生活习性，了解小动物的生活变化，产生热爱动物的情感。 生活、区域： 在日常生活中探究和发现冬季明显的特征（冬冷动植物冬眠、水结冰等），感知和体验一些天气现象（风、雪），初步体验季节变化与植物及人们生活的关系。
艺术	能初步感受并喜爱生活和艺术中的美。	1. 尝试按简单的固定节奏型为儿歌做即兴伴奏，表达情感和体验，并具有初步的协调配合能力。 2. 喜欢用口头语言、肢体语言表现感兴趣的事情和自己的生活经历。	区域： 1. 尝试按简单的固定节奏型为儿歌做即兴伴奏，表达情感和体验，并具有初步的协调配合能力。 2. 喜欢用口头语言、肢体语言表现感兴趣的事情和自己的生活经历。
	能够大胆地用自己喜欢的方式进行艺术表现和创作，富有个性地表达自己的情感和体验。	1. 会按简单的固定节奏型为歌曲、乐曲、舞蹈等做即兴伴奏，表达情感和体验，并具有初步的协调配合能力。 2. 喜欢用口头语言、肢体语言表现感兴趣的事情和自己的生活经历。	区域： 喜欢用口头语言、肢体语言表现感兴趣的事情和自己的生活经历。 集体： 尝试按简单的固定节奏型为儿歌做即兴伴奏，表达情感和体验，并具有初步的协调配合能力。

（续表）

艺术	认识美术作品所表现的内容，感受作品的美感特点，初步了解作品表现的方法。	喜欢欣赏各种类型的美术作品，初步感知和了解作品的不同艺术风格。	集体： 欣赏大师作品，认识家具艺术所表现的内容，感受其美感特点，了解作品的表现方法，从中获得启发和熏陶。
	喜欢用不同风格的美术方式表达自己对事物的印象与情感体验，获得心理上的满足。	喜欢参加美术活动，乐于用自己喜欢的美术方式宣泄自己的情绪，获得心理上的满足。	区域： 喜欢用美术方式表达自己对新年的所感、所想，获得心理上的满足。
	认识、选择各种美术材料和工具，在使用中大胆尝试、设想与创作。	1. 尝试使用各种美术材料和工具，感受并发现不同材料和工具表现出来的不同美感特征。 2. 尝试使用不同的美术工具和材料再现美术欣赏作品的艺术风格，体会作品的艺术魅力。 3. 能利用身边的物品或废旧材料制作玩具、手工艺品，美化自己的生活或开展其他活动。	区域： 1. 能利用身边的物品或废旧材料制作玩具，开展角色游戏。 2. 尝试使用各种美术材料和工具，在使用中大胆尝试，感受不同的美感特征。 集体： 1. 用自制装饰物为节日布置。 2. 尝试用适宜的美术材料和工具感知、再现家具的艺术风格，体会艺术的魅力。
	发现周围事物中美的规律，并能够按照这些规律用美术方式进行表达。	1. 尝试运用绘画、手工制作及装饰的形式表达对规律美的理解（如对称、重复、韵律等规律）。 2. 能够从艺术欣赏作品范例和不同品种与层次的创作材料中表达对规则美的理解。	区域： 尝试运用绘画、手工制作及装饰的形式表达对规律美的理解（如对称、重复、韵律等规律）。 集体： 从艺术欣赏作品范例和不同品种与层次的创作材料中表达对规则美的理解。
	尝试为戏剧表演、主题游戏自制道具和装饰物。	能够为扮演活动自制简单的服装和道具。	区域： 尝试为戏剧表演、主题游戏自制道具和装饰物。
	具有美术活动的良好习惯，能有序使用和收放美术工具、材料。	学会掌握合理选择材料的方法，不浪费美术材料。	集体： 掌握合理选择材料的方法，不浪费美术材料。

生活活动

目标1：能保持环境整洁，养成良好的公共卫生习惯。

目标2：能为他人服务（如学做值日生等），有初步的责任感。

指导建议：

1. 教师引导幼儿寻找班级环境中不够整洁的地方，讨论怎样使它变整洁，以及保持整洁的方法。鼓励幼儿将讨论的方法画出来，并粘贴在对应的环境里。生活游戏中随时提醒幼儿保持环境整洁。

2. 每个活动区提供垃圾筐和小抹布，班级中提供适合幼儿使用的小簸箕、笤帚等，要求幼儿随时整理班级的环境。同时教师以身作则，起表率作用。

3. 充分发挥值日生的作用，明确值日生的任务，做好每日的保洁工作。同时定期组织“班级卫生大扫除活动”，教师带领幼儿一起分工合作，整理班级环境。

4. 创设墙饰：“小红花找朋友”或“我是环保小卫士”。

5. 生活或游戏中发现幼儿有保持环境整洁，爱护公共卫生的行为，及时给予肯定，奖励一朵小红花，贴在专栏中。

附故事：《小红花找朋友》

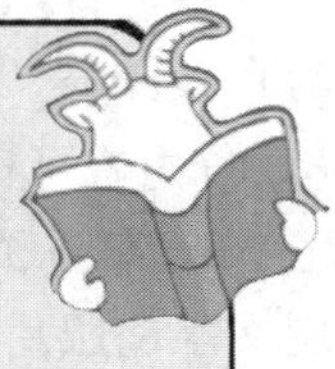

有一朵漂亮的小红花，脸蛋儿圆圆的，红红的，小朋友们都很喜欢她。

一天，小红花悄悄地飞起来。飞呀，飞呀，她想找好朋友，找她最喜欢的孩子做朋友。

这时候，活动区游戏结束了，建构区里的小朋友把积木一块一块地排放在积木柜（盒）里，又轻又快，小红花看见了，真高兴啊，就想找积木区的孩子们做好朋友。

忽然，小红花发现积木区的地面上散落着几片碎纸，一定是孩子们玩游戏时，不小心掉落的。小红花真着急呀！心想，谁主动把碎纸捡起来，我就和谁交朋友。可是积木区的孩子们就像没看见一样，穿上鞋子，就去洗手了。小红花不高兴了，她不愿意找这些孩子们做好朋友了。

小红花飞呀，飞呀，看见一个梳小辫儿的女孩儿，手里提着一把水壶，正在给自然角的植物浇水，她浇得可认真了，小红花心里非常高兴，就想找这个小辫子姑娘做好朋友。正在这时，老师招呼小朋友上厕所了，只见小辫子姑娘把水壶往窗台上一扔就跑了，水壶里的水滴答滴答流了一地，把地板都弄湿了，抹布、水瓶乱放在自然角里。唉！小红花叹了口气，她不愿意找小辫子姑娘做好朋友了。

小红花正着急呢，一个大眼睛男孩儿走过来，他不声不响地捡起建构区的碎纸，扔进墙角的纸篓里，又把小水壶摆好，用抹布把地板上的水擦干净，把抹布烤在暖气上，自然角里又变得整整齐齐了。小红花高兴地说：“我就是要找这样的好朋友。”

看，小红花和大眼睛男孩儿紧紧地抱在一起，他俩都高兴地笑了。

目标3：通过谈话、对比等方法感受到自己在长大，能做许多事情，体验自信。

指导建议：

1. 生活环节中播放儿歌《妈妈您别说我小》《原来是你》，鼓励幼儿做力所能及的事情，并及时给予积极的评价。

2. 设计专栏：“我的本领大”。感受自己在长大，能做许多事情，体验自我价值感。

我的本领（文字配图标） 幼儿姓名（可配上自画像）	自己整理被褥	爱锻炼/不怕冷	会做值日生	不乱发脾气
明明				
安安				
……				

根据目标和本班实际情况，将幼儿能够做的事情用图表的形式画下来，幼儿随时进行自我评价。哪件事情能做到，就在自己姓名后面相应的方格中画上自己喜欢的标记（评价内容可逐渐增加或更换）。

3. 家园联系栏中，开辟“夸宝宝”专栏，教师和家长共同参与对幼儿的评价。可采用文字和照片的形式进行。

附儿歌：《妈妈您别说我小》

妈妈您别说我小，
我会穿衣和洗脚。
奶奶您别说我小，
我会种花把水浇。
爸爸您别说我小，
我会擦桌把地扫。
爸爸妈妈工作忙，
我会做的事也不少。

附诗歌：《原来是你》

妈妈不在家，
我把地来扫，
我把桌子擦。
听，好像是妈妈的脚步声，
我赶快躲到门后偷偷地看：
妈妈进来了，
看看地上，
看看桌上，
妈妈问：
“是谁把屋子收拾得这样好？”
“喵喵喵”，
我在学猫叫。
妈妈把门拉开瞧，
高兴地说：
“哦，原来是你，
爱劳动的好宝宝！”

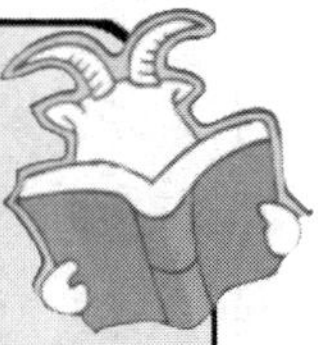

目标4：能大胆运用词汇，与同伴进行语言交流。

目标5：能通过谈话方法感受自己在长大，会做许多事情，体验自信。

指导建议：

1. 教师可以鼓励幼儿围绕“长大一岁”的主题进行谈话或者讨论活动，鼓励幼儿说说自己在中班学习到了哪些本领，爸爸妈妈和老师对自己有哪些帮助等，鼓励幼儿大胆表述。

2. 围绕《雪孩子》中表达的情感，和幼儿展开讨论，“小朋友应该向雪孩子学习什么”，鼓励幼儿和同伴交流自己的想法。

目标6：愿意欣赏儿童文学作品，愿意复述。

指导建议：

1. 教师在生活环节中可以说儿歌《妈妈您别说我小》《原来是你》《数九歌》等。

2. 帮助、引导幼儿理解儿歌内容，鼓励幼儿进行复述，回家可以和父母一起说儿歌。

目标7：喜欢欣赏动画片，感受其中的美。

目标8：能大胆、清楚地表达自己的想法和感受。

目标9：进一步感知歌谣、歌曲和生活中的节拍和节奏，从中感受韵律美。

指导建议：

1. 利用生活环节播放动画片《雪孩子》《黑猫警长》等，播放过程中，要注意引导幼儿理解故事情节，感受动画片中的人物造型、动作的美。

2. 在播放过程中，教师可以有意识地将动画片停顿，和幼儿展开简短的讨论，如猜想主人公会怎么样等，帮助幼儿梳理故事情节的发展。

3. 投放歌曲、歌谣的磁带，鼓励幼儿欣赏，并能随歌曲、歌谣的节奏拍手做动作。

目标10：在日常生活中，能探究和发现冬季明显的特征（冬冷动植物冬眠、水结冰等），感知和体验一些天气现象（风、雪），初步体验季节变化与植物及人们生活的关系。

目标11：大胆运用词汇，体验语言对自己的意义。

指导建议：

1. 引导幼儿关注“天气预报”，提供天气标志（雨加雪、小雪、大雪、风等），提醒幼儿做好气象记录。教师抓住有明显气象特征的天气，进行观察、体验活动，如观察狂风中的植物、体验在狂风中行走、堆雪人、打雪仗等。

2. 在观察、体验过程中鼓励幼儿大胆运用丰富的词汇，表达自己的感受。

3. 观察来园路上或幼儿园院子里植物和人的变化，引导幼儿随时用语言、绘画或动作表现对冬天的感受。

活动区活动

运动区

目标1：探索2～3种运动器械的多种玩法，在运动中初步表现出一定的创造性。

目标2：能用感兴趣的方式发展基本动作，动作较协调、灵活。

指导建议：

1. 结合冬季特征，提供跳绳、皮筋、皮球、报纸、纸箱等运动器械，鼓励幼儿玩出花样。对幼儿的创造性玩法及时给予肯定，教师可以和幼儿一起玩，引导幼儿迁移其他器械的玩法。如用身体的不同部位玩，改变器械的摆放方法、与其他器械组合玩、根据器械特征玩等。

2. 教师及时捕捉幼儿创造性的玩法，提供交流分享经验的机会，并引导幼儿完成幼儿用书的内容："我会这样玩"。

3. 也可以提供圈和绳，幼儿自由探索圈和绳的玩法。

（1）转圈：将圈套在身体的不同部位（胳膊、腿、腰），使圈转动。

（2）滚圈：用力向前推，使之向前滚动，边走边滚圈。

（3）跳圈：将圈平放在地上，双脚跳进跳出。

（4）钻圈：将圈从头顶套下，从脚下拿出。

（5）跳绳：在绳子两侧行进跳；把绳子当做起跳线。

（6）抡绳：将绳子折短些，幼儿原地转圈，两臂侧平举，使绳子随身体转动。

……

角色区：购物中心——百货部

目标1：尝试根据游戏的需要制订计划，并能执行和表达，有独立意识和责任感。

目标2：能利用身边的物品或废旧材料制作玩具，开展角色游戏。

指导建议：

1. 引导幼儿更换部分商品，增添冬天的防寒用品，如羽绒服、取暖炉等。

2. 引导幼儿根据顾客的需要补充商品，与美工区的同伴交流，共同进行商品的制作。

表演区

目标1：喜欢用口头语言、肢体语言表现感兴趣的事情和自己的生活经历。

目标2：进一步感知歌谣、歌曲和生活中的节拍与节奏，从中感受韵律美。

目标3：尝试按简单的固定节奏型为儿歌做即兴伴奏，表达情感和体验，并具有初步的协调配合能力。

指导建议：

1. 鼓励幼儿将自己和家人的生活照片或录像资料带到表演区，引导幼儿先讲述自己的生活经历，然后进行表演。如和妈妈一起逛超市、堆雪人、吃糖葫芦等。或提供《幼儿用书》和故事图片（如《萝卜回来了》《雪孩子》等），鼓励幼儿利用故事道具和背景，进行故事表演。

2. 播放节奏鲜明，生动有趣的儿歌《三轮车》《小猴子》《数九歌》，教师引导幼儿进行多种形式的节奏活动：①手拍固定拍，口诵儿歌；②手拍节奏，口诵儿歌；③尝试将①②结合，进行两个声部的节奏活动。

3. 组建打击乐队，制作并投放打击乐队员的头饰或胸卡。鼓励幼儿按意愿选择胸卡，并使用相应的打击乐器为学过的儿歌敲击节拍与节奏。

附儿歌：

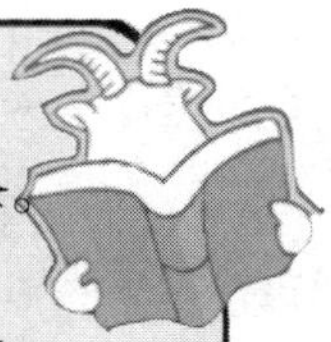

三轮车

三轮车，跑得快，上面坐个老太太。要五毛，给一块，你说奇怪不奇怪。

小猴子

小猴子，吱吱叫，肚子饿了不能跳。给香蕉，还不要，你说可笑不可笑。

数九歌

一九二九不出手，三九四九冰上走，五九六九，沿河看柳，七九河开，八九雁来，九九加一九，耕牛遍地走。

美劳区

目标1：喜欢用美术方式表达自己对新年的所感、所想，获得心理上的满足。

目标2：尝试使用各种美术材料和工具，在使用中大胆尝试，感受不同的美感特征。

目标3：尝试运用绘画、手工制作及装饰的形式表达对规律美的理解（如对称美、重复美、韵律美等规律）。

目标4：尝试为戏剧表演、主题游戏自制道具和装饰物。

目标5：能选择游戏的方式发展小肌肉动作，动作较灵活、协调。

指导建议：

1. 鼓励幼儿利用已掌握的艺术表现方法，进行自由创作，支持他们在绘画过程中有奇特的想法（如夸张的色彩、变形的线条、抽象的内容等）。

2. 提供多种美术材料和工具供幼儿使用，引导幼儿感受不同材料表现出的美感特征。

3. 提供不同品种和层次的创作材料，引导幼儿尝试运用绘画、手工制作及装饰的形式表达对对称、重复规律美的理解。

4. 鼓励幼儿为表演的舞蹈或童话剧，制作演出背景、服装和道具。

5. 提供小镜子，鼓励幼儿尝试画自画像。

重点指导：

1. 提供不同形状的邀请卡范例和制作材料（如剪贴、绘画、撕贴、拓印等），引导幼儿为节日演出设计和制作邀请卡。

2. 提供有对称和重复装饰的新年老人范例帽、制作步骤图例、各种装饰材料和纹样卡。

3. 幼儿看图或拆折范例帽，自己制作新年老人帽，并用各种材料进行装饰。（知识点：用绘画、手工制作及装饰的形式表达对对称、重复规律美的理解）

4. 提供幼儿用书，引导幼儿在绘画过程中注意观察表情，大胆表现。

建构区

目标1：大胆猜想和主动探究，能大胆提出问题。

目标2：在活动中能注意倾听，逐步学习理解别人的见解。

目标3：能选择游戏的方式发展小肌肉动作，动作较灵活、协调。

指导建议：

1. 游戏活动中，鼓励幼儿大胆探索，积极表达自己的见解，提供“问题板”，鼓励幼儿将游戏中发现的问题（如缺少材料）用符号记录在问题板上。

2. 每天在固定时间进行集体或小组分享，请幼儿将自己的问题读给大家听，鼓励同伴间认真倾听、主动猜想和积极探究。

3. 教师做“认真倾听”的榜样，并在幼儿中树立榜样，及时肯定幼儿倾听行为。

沙水区

目标：能选择游戏的方式发展小肌肉，动作灵活、协调。

指导建议：

1. 提供各种各样的沙数字实例，通过观看实例作品引起幼儿对玩沙活动的兴趣。

鼓励幼儿积极思索并大胆尝试教师提供的材料，使幼儿能够根据需要不断地进行探索自己设计的数字。

给幼儿提供展示自我的机会，使幼儿体会成功的快乐。

2. 建议沙水区活动在室内进行。

科学区

目标：在日常生活中，能探究和发现冬季明显的特征（冬冷动植物冬眠、水结冰等），感知和体验温度的变化，初步体验季节变化与动植物及人们生活的关系。

指导建议：

1. 测量气温：在科学区提供温度表、记录本和幼儿用书。在观察认识温度计的基础上，教师选择游戏时间带部分幼儿到户外测量气温，并将结果记在幼儿用书或记录本上。

2. 在科学区提供日历，引导幼儿认识日历，和教师一起数九，并给每个九做相应的标志。

3. 逐渐感受“数九寒天”的天气变化，并利用幼儿用书学习儿歌《数九歌》。

4. 在自然角养乌龟，观察乌龟的变化，帮助幼儿了解动物冬眠。

益智区

目标1：认读6～10阿拉伯数字，理解这5个阿拉伯数字的实际意义。

目标2：在操作游戏中发展幼儿小肌肉的灵活性。

指导建议：

1. 提供多种材料，引导幼儿在游戏中通过与材料互动认读数字并理解数的实际意义。

（1）点数计数：提供6～10的数字卡片及5种物品，数量分别为6～10个。幼儿点数后，摆出相应的数字。

（2）看数字，别别针：提供标有数字的硬纸卡，幼儿在纸卡别上相应数量的曲别针。

（3）提供“数物拼板”，供幼儿拼摆。如右图：

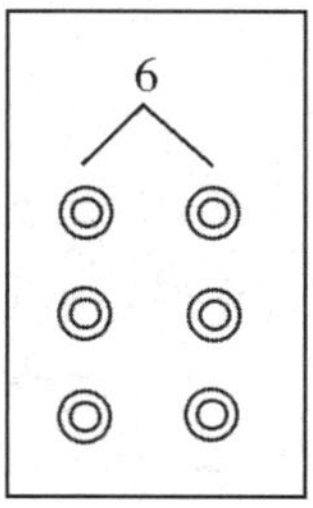

（4）提供教师自制的简单挂图（1～10数字及对应数量的图片，如“1”对应一个苹果）。鼓励幼儿点数挂图中的物品，说出总数，并指认相应的数字。

2. 学习《数字歌》。

附：《数字歌》

“1”像铅笔细又长，
“2”像小鸭水上漂，
“3”像耳朵听声音，
“4”像小旗迎风展，
“5”像钩子挂东西，
“6”像哨子嘟嘟响，
“7”像镰刀割青草，
“8”像麻花拧一拧，
“9”像勺子来盛饭，
“10”像油条加鸡蛋。

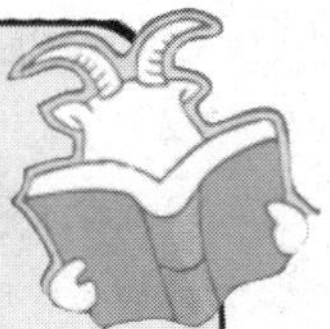

阅读区

目标1：学习单独地讲述简短的故事。

目标2：愿意与同伴分享自己的所见所闻，尝试描述简单的事物或过程。

指导建议：

1. 在阅读区提供玩具话筒、录音机、空白磁带、手偶等，以及学过的故事《小动物过冬》等。通过录音的形式提高幼儿讲故事的兴趣，教师可用语言、动作或手偶表演，帮助幼儿讲述。

2. 指导幼儿制作表演所用的道具和场景，作为讲述故事的辅助材料，激发幼儿讲述故事的积极性。

3. 为幼儿提供在小组或集体面前单独讲述故事的机会，如开展“故事大王”等活动。

4. 投放关于动物冬眠、过冬相关知识的书籍和图片，可以让幼儿和家长共同收集整理。鼓励幼儿将动物冬眠、过冬的知识与同伴一起分享。

集体活动

活动一　冬天的游戏“好玩的罐”

目标1：探索2～3种运动器械的多种玩法，在运动中初步表现出一定的创造性。

目标2：能选择游戏的方式发展基本动作，动作较灵活、协调。

准备：

1. 中班幼儿用书12月分册第20～21页。

2. 硬度较高的红牛或旺仔饮料罐每人一个。

过程：

1. 引导幼儿利用幼儿用书，了解易拉罐的几种玩法，知道利用废旧物可以进行体育运动。

（1）看图说一说易拉罐的玩法。

（2）想一想易拉罐还可以怎样玩。

2. 鼓励幼儿尝试易拉罐的多种玩法，体验利用废旧物品进行体育运动的乐趣。

（1）热身运动：随音乐做徒手操，要求动作用力。充分活动各个活动关节。

（2）试一试书上介绍的玩法，鼓励幼儿探索新的玩法。

3. 组织幼儿交流分享有创意的玩法，相互学习，相互启发。

（1）请有创意的幼儿展示自己的玩法，教师帮助幼儿概括梳理。如用身体的不同部位玩，与其他器械组合玩，与同伴合作玩等。

（2）幼儿互相模仿、尝试同伴创造的玩法。

4. 收拾整理活动，将罐整齐地放在指定地点，养成良好的习惯。

建议：

1. 给幼儿充分的自由探索时间。

2. 将易拉罐放在运动探索区，鼓励幼儿每天探索新的玩法。

3. 教师可随时用相机记录幼儿创造性的玩法。

4. 将自己最喜欢的玩法画在幼儿用书中。

活动二　雪孩子

目标1：学习单独讲述简短的故事。

目标2：尝试从故事、动画片中感受其中的美。

准备：《雪孩子》DVD光盘或图书、故事图片。

过程：

1. 教师有感情地讲述故事《雪孩子》，引导幼儿认真倾听，了解故事的主要情节。

提问故事的主要情节，帮助幼儿记忆故事线索。

2. 欣赏DVD影片《雪孩子》，引导幼儿感受动画片的美感特点。

（1）播放动画片《雪孩子》，引导幼儿安静欣赏。

（2）引导幼儿用语言表达欣赏动画片的感受。

提问：你喜欢这部动画片吗？为什么？

（3）小结动画片的美感特点。

①情节美：这部动画片讲了一个很好听的故事。

②形象美：里面的小白兔、雪孩子和小动物们都画得非常可爱。

③颜色美：表现了冬天雪后洁白的景色。

④声音美：声音很好听。

⑤内容美：告诉小朋友要勇敢地帮助别人。

（4）安全教育：不玩火，发现火情拨打119。

3. 请幼儿尝试讲述简单的故事，体验单独讲故事的乐趣。

幼儿两人一组，互相讲述故事。

建议：

1. 在过渡环节播放 DVD 光盘《雪孩子》。
2. 可以用简易图帮助幼儿记忆故事线索。

附故事：《雪孩子》

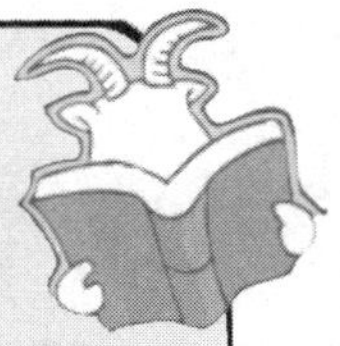

雪下个不停，一连下了好几天。

一天，天晴了，兔妈妈要出门去。小白兔嚷着："妈妈，我也要去！"兔妈妈说："好孩子，妈妈有事，你不能跟我去。"兔妈妈给小白兔堆了个雪孩子，小白兔有了小伙伴，心里真高兴，就不跟妈妈去了。

小白兔跳舞给雪孩子看，唱歌给雪孩子听。它玩累了，就回家去睡午觉。哎呀！屋子里真冷，赶快往火堆里添把柴！小白兔添了柴，把火烧得旺旺的，屋子里就暖和了，它躺在床上，合上眼睛，一会儿就睡着了。

火越烧越旺。哎呀，火把旁边的柴堆烧着了。可是小白兔睡得正甜，它一点儿也不知道。

"不好啦，小白兔家着火了！"雪孩子看见小白兔家的窗子里冒出黑烟，冒出火星，它一边喊，一边向小白兔家奔去。

"小白兔，小白兔，你在哪里？"雪孩子冲进屋子去，冒着呛人的烟，烫人的火，找呀，找呀，找到小白兔，连忙把小白兔抱起来，跑出了屋子。

小白兔得救了，可是雪孩子融化了，浑身水淋淋的。这时候，树林里的小猴子、小刺猬都赶来救火了，不一会儿就把火扑灭了。

兔妈妈回来了，她说："谢谢大家来救火，谢谢大家！"小刺猬说："是谁救了小白兔？真得谢谢它呢！"

是谁救了小白兔？是雪孩子。可是雪孩子不见了，它已经化成水了。

不，雪孩子还在呢！瞧，太阳晒着晒着，它变成很轻很轻的水蒸气，飞呀，飞呀，飞到天空里去，变成一朵白云，一朵美丽的白云。

活动三　长大一岁了

目标 1： 感受到自己在长大，能做许多事情。

目标 2： 愿意与同伴分享自己的所见所闻，尝试描述简单的事物或过程。

准备：

1. 每名幼儿准备几张从小到大的照片，整理成册。

2. 家长为幼儿准备小班时穿的一件衣服 、鞋袜，发生的一个故事或说话录音，几张小班时拍的照片。

3. 录音机，《送给我们一岁》 歌曲磁带和《妈妈您别说我小》 儿歌磁带。

4. 中班 12 月幼儿用书。

过程：

1. 欣赏歌曲《送给我们一岁》，激发新年长一岁的自豪感。

2. 引导幼儿通过看、讲、做，了解“小班的我”。

（1）鼓励幼儿根据照片提示，讲述小班趣事。

（2）相互看成长册，分享同伴的成长。

（3）试穿小班时穿过的衣服，感受自己长大了。

3. 通过游戏“小记者”，鼓励幼儿总结一年来的进步，认识“现在的我”。

（1）教师扮演记者采访，鼓励幼儿说一说自己一年来的进步。

（2）幼儿两人一组，分别扮演小记者，相互介绍或表演自己现在的本领。

（3）引导幼儿相互评价，进一步增强自我价值感。

重点：引导幼儿说出同伴的进步。

4. 利用幼儿用书，进行积极的自我评价：“我给自己戴红花”。

（1）集体朗诵儿歌《妈妈您别说我小》。

（2）引导幼儿完成幼儿用书的内容。

图上小朋友在做什么事，如果你也会做，就把图片旁边的花朵涂成红色奖励自己。

建议：

1. 布置专栏“我的本领大”，鼓励幼儿用美术的形式表现我能做的事。

2. 鼓励幼儿将自己能做的事编入儿歌。

3. 可在家园联系栏中开辟“夸宝宝”栏目，请家长自愿分享自己孩子的进步。也可将孩子的进步写在幼儿用书“长大一岁了”上。

活动四　小动物过冬

目标 1：感知动物的生活习性，了解小动物的生活变化，产生热爱动物的情感。

目标 2：能与他人分享观察、探索的乐趣。大胆猜想和主动探究，能大胆提出问题。

准备：

1. 幼儿与家长、老师一起收集不同动物的过冬方式的资料图片。

2. 墙饰“小动物过冬”包括四个板块：迁徙、冬眠、换毛、储粮。

3. 中班幼儿用书 12 分册 、投影仪。

过程：

1. 鼓励幼儿大胆猜想动物的过冬方式。

冬天来到了，天气这么冷，小动物怎样过冬天呢？

2. 讲述故事《小动物过冬》，了解动物过冬的主要方式。

（1）教师利用幼儿用书，或投影仪生动地讲述故事《小动物过冬》。提问：故事里讲到了哪些小动物？它们是怎样过冬的？

（2）小结：动物过冬的主要方式——换毛、迁徙、冬眠、储粮。

3. 引导幼儿经验迁移，运用学到的知识进行猜想。

（1）教师分别出示兔子、燕子、蛇、蚂蚁四种动物图片。

（2）引导幼儿根据四种动物的身体特征，猜想它们的过冬方式。

4. 游戏："小动物过冬"。

（1）介绍"小动物过冬"主题墙饰，包括四个板块，分别为冬眠、迁徙、换毛、储粮。

（2）玩游戏"小动物过冬"，鼓励幼儿用肢体语言表现动物，抒发对动物的喜爱。

玩法1：幼儿自选一张收集到的动物图片，听音乐做动物的模仿动作。音乐结束，将图片贴到"小动物过冬"主题墙饰相应的板块中。例如，将蛇的图片放在"冬眠"的板块里；将大雁放到"迁徙"的板块里……

重点：检查幼儿粘贴的是否正确。将不正确的归类进行更正。

玩法2：幼儿自选一张收集到的动物图片，教师带领幼儿说儿歌："冬天到，北风叫，小动物，过冬了。你冬眠，我迁徙，你储粮，我换毛，盼呀盼，春来到。"教师发出口令："冬天来到了！"幼儿根据自己选择的动物图片，用动作表现相应的冬眠方式，如蹲在地上做睡觉状表示冬眠等。

建议：

1. 将幼儿用书放在阅读区，供幼儿讲述小动物过冬。

2. 区域活动时鼓励幼儿继续寻找动物的过冬方式，并粘贴到主题墙上。

3. 在建构区为小动物搭建温暖的家。

4. 播放动物冬季生活的录像片等。

附故事：《小动物过冬》

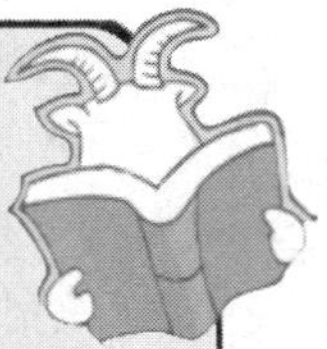

寒冷的冬天来到了，小兔子脱下秋天的服装，换上厚厚的、软软的冬装出门去玩儿，它蹦蹦跳跳地来到河边，想和青蛙哥哥比赛跳远。它看见河水冻了冰，不见青蛙哥哥的踪影。小兔子大声喊："青蛙哥哥你在哪儿？"可是喊了很久也没人答应。小兔子去问妈妈，妈妈说："青蛙哥哥冬眠了，它正在泥洞里睡大觉，不吃也不动，一直睡到明年春天才醒来。"

小兔子蹦蹦跳跳地来到树林里，看到树上的叶子都落光了，变得光秃秃的。它来到小松鼠家，边敲门边说："小松鼠，出来和我一起玩儿吧。"小松鼠从树洞里探出身子说："外面太冷了，出去会冻死的，我家里储存了很多食物，足够吃一个冬天的，等明年春天暖和了，我再和你玩儿。"

小兔子孤单地往前走，忽然看到母鸡大婶和公鸡大叔在院子里散步，它跳过去问："母鸡大婶，公鸡大叔好，你们看到我的好朋友小燕子了吗？"母鸡大婶亲切地回答："北方的冬天太冷了，小燕子飞到南方去过冬了，等春天暖和了，它们就回来了。”小兔子点点头，又奇怪地问：“小青蛙睡大觉了，小松鼠躲藏起来了，小燕子飞到南方去了，你们怎么不怕冷呢？”公鸡大叔笑笑说：“孩子，我们和你一样，冬天来到时，就换上暖和的新毛，像穿上厚厚的棉袄，所以不怕冷。”听了公鸡大叔的话，小兔子高兴地说：“我知道了，我知道了，小动物们都有自己过冬的好办法。”

（杨秀英）

活动五　歌曲《恭喜恭喜》

目标1：体验简单音乐作品的情绪与情感。

目标2：并尝试用动作表演表达对音乐的感受。

准备：

1. 歌曲音乐盘或磁带，红绸带、手巾花、锣鼓镲等。
2. 幼儿接触过红绸带、手巾花、锣鼓镲等，并初步会使用。
3. 幼儿学习过汉族的基本舞步和动作，如手挽花、进退步等。

过程：

1. 教师播放歌曲《恭喜恭喜》，引导幼儿感受歌曲的喜庆气氛。

（1）听一听，跳一跳：

鼓励幼儿在欣赏歌曲的同时用动作表现自己对歌曲的理解。

（2）说一说：这首歌曲听起来有什么感觉？

请幼儿用语言表达自己对歌曲的感受（欢快的、喜庆的）。

2. 学习歌曲《恭喜恭喜》，感受歌曲所表达的喜悦的情绪情感。

（1）教师有感情地范唱歌曲，并提示幼儿仔细听听歌曲中唱了些什么。

（2）请幼儿说歌词。

（3）幼儿跟唱几遍歌曲。

3. 鼓励幼儿借助道具或乐器表现对歌曲的理解。

（1）教师出示红绸带、手巾花、锣鼓镲等，幼儿自选道具或乐器。

（2）教师播放歌曲，幼儿借助道具和乐器表现对歌曲的理解。

4. 引导幼儿讨论通过什么样的动作最能表达对音乐的感受。

（1）教师鼓励幼儿分别将自己的表现方式展现给大家。

（2）请幼儿说一说小朋友编的动作或节奏能不能表达节日到来时的欢快和喜庆。

（3）鼓励全班幼儿对编得好的动作进行模仿。

建议：教师在表演区投放一些民族喜庆的音乐或歌曲磁带，鼓励幼儿在游戏时听音乐创编相应的舞蹈动作。

附歌曲：《恭喜恭喜》

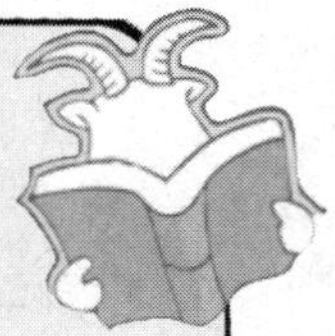

佚名　词曲

1 = ♭E　4/4

(1.3　1.3　73　63 | 2.3　1.3　73　6 |)

6 7 1 2 4 3 3　| 3 6 6 3 3 2 2 |

每条大街小　巷，每个人的嘴　里

2 4 3 2 2 1 1　| 1 7 6 5　6　6 |

见面第一句　话，就是恭喜　恭　喜，

1. 3 1. 3　7 3 6 3 | 2. 3　1. 3　7 3 6 ||

恭喜恭喜　恭喜你呀，恭喜　恭喜　恭喜你。

活动六　漂亮的吉祥钟

目标1：认读数字6，理解数的实际意义。

目标2：用自制装饰物为节日布置。

准备：

1. 幼儿事先剪好的彩色吉祥钟，正面写有数字“6”，反面写有“1～5”任意数字。数量多于幼儿人数。

2. 各种装饰材料，如小印章、小贴画、彩色图形、水彩笔、彩纸球等。

3. “6”的数字卡和实物卡。

4. 《过新年》歌曲磁带。

过程：

1. 通过自选吉祥钟，引导幼儿表达新年愿望。

（1）介绍吉祥钟。红色、粉色、橙色、绿色分别代表幸福钟、快乐钟、平安钟、健康钟 。

（2）幼儿根据自己的愿望自选吉祥钟。

2. 创设游戏情境，引导幼儿认读数字6，并理解其实际意义。

（1）出示数字卡“6”。认读“6”，并说说“6”像什么，可以代表什么。

（2）敲吉祥钟：请幼儿找到写有数字“6”的一面，按照吉祥钟上的数字，敲6下，边敲边数数。

重点：“6”代表敲了6下。

（3）装饰吉祥钟：请幼儿按吉祥钟上的数字进行装饰，是数字几，就装饰几个饰物。

重点：提醒幼儿先按数字找出装饰物，再进行装饰。可引导能力强的幼儿有规律地装饰。

（4）挂吉祥钟：请幼儿自己将吉祥钟别在曲别针上。6个吉祥钟为一串，挂在活动室内。

3. 跳圆圈舞。

(1) 完成作品的幼儿，6 人一组围成圆圈，随歌曲《过新年》进行自由表演。

(2) 歌曲结束后，幼儿重新组合 6 人，继续表演。没有组合的幼儿在旁边拍手跟唱歌曲。

4. 带领幼儿欣赏集体作品，体验装饰环境的成功感。

建议：

1. 提供的装饰材料与吉祥钟的大小比例适当。

2. 将材料投放美工区，幼儿利用区域活动时间，自由装饰吉祥钟。

活动七　喜庆的桌子

目标 1：欣赏大师作品，认识家具艺术所表现的内容，感受其美感特点，了解作品的表现方法，从中获得启发和熏陶。

目标 2：尝试用适宜的美术材料和工具，感知、再现家具艺术的风格，体会艺术的魅力。

目标 3：能够从艺术欣赏作品范例和不同品种与层次的创作材料中表达对规则美的理解。

目标 4：掌握合理选择材料的方法，不浪费美术材料。

准备：

1. 欣赏画《桌子》（康定斯基）和教师制作的装饰范例。

2. 绘画材料：绘画纸、彩纸、油画棒、水彩笔、海绵棒、海绵磙子、棉签、水粉颜料等。

3. 制作材料：硬纸板、PVC 板。

4. 辅助材料：艺术绒球、亮片、彩色扣子、各种造型的小图样（利用压图机制作）。

5. 辅助工具：花边剪刀、印章、胶棒等。

桌子　（康定斯基）

过程：

1. 感知欣赏：

(1) 出示欣赏画《桌子》，引导幼儿感知作品的美感和喜庆的特征。

(2) 出示教师的装饰范例，丰富幼儿的感性经验，引发创作热情。

(3) 提问设计：

①你看到的桌子是什么样的？它给你什么感觉？（知识点：色彩上鲜艳、华丽、喜庆的感觉；造型上简洁、温馨的感觉等）

②桌子上的图案有什么特点？（知识点：对称、重复）

③你在画面中都看到了哪些线条？（知识点：曲线、折线、变形的羊角线等）

④这些线条使你有什么感觉？（知识点：流动感、跳跃感）

⑤让幼儿进一步用心领悟作品表达的内容。（知识点：通过色彩、线条与造型的关系

感受作品表现出的美感特征）

2. 鼓励创作：

（1）出示仿制作品让幼儿观察作品的具体构成方法。

（2）引导幼儿为迎接新年布置教室，开展环境设计活动。

（3）引导幼儿讨论用什么材料可以进行创作。（知识点：材料的硬度，表现性）

（4）介绍准备的材料和基本的使用方法。（知识点：材料对比、结构对比，充分显示不同材料的质感美和色彩美，使装饰作品更具有表现性和装饰性）

（5）教师巡回指导，必要时帮助幼儿形成作品的最终形式，提升其美感，鼓励幼儿对自己有自信心。

（6）指导幼儿合理使用材料，注意节约资源。

3. 讲评：

（1）组织幼儿互相介绍各自的作品，交流经验，加深对装饰美的理解。

（2）鼓励幼儿根据作品的不足进行修改，装饰班级环境。

（五）第四周目标与落实途径

领域	目　标		落实途径
健康	知道必要的安全保健常识，学习保护自己。	能通过安全教育，提高自我保护的意识和能力。	区域： 能通过安全教育，提高自我保护的意识和能力。
	通过感兴趣的方式发展基本动作，提高动作的协调性、灵活性。	1. 用感兴趣的方式发展基本动作，动作较协调、灵活。 2. 能在各种游戏活动中发展动作，小肌肉较协调、灵活。	区域： 在各种游戏活动中发展动作，小肌肉较协调、灵活。 区域、集体： 用单手向前上方做快速挥臂的肩投动作。
语言	乐意与人交谈，讲话时自然礼貌。	能运用语言与别人交流，体验语言交流的乐趣。	生活： 愿意主动与别人交往，体验语言交流的乐趣。
	注意倾听对方讲话，能理解日常用语。	1. 养成注意倾听的习惯，发展语言理解能力。 2. 能从图书、电脑、口头交谈等多种途径得到与其生活经验相关的语言信息，从中获得知识和感受快乐。	生活、区域： 从图书、电脑等途径获得有关服装的信息，并获得美的体验。 集体： 按教师的指令进行活动。
	敢于当众讲话，能清楚地说出自己想说的事。	能大胆、清楚地表达自己的想法和感受。	生活、集体： 大胆、清楚地表达自己的想法和感受。 区域： 积极主动地与同伴交往，用恰当的方式向他人表达自己的想法与感受。

（续表）

社会	能主动地参与各项活动，有自信心。	能自己选择活动主题，制订、实现自己的计划。	集体： 学习制订活动计划，实现自己的计划。
	理解并遵守日常生活中基本的社会行为规则。	1. 认识、体验并理解基本的社会行为规则，能体会规则在各种活动中的意义。 2. 形成初步的规则意识，学会自律和控制自己的情绪与行为。	集体： 1. 体会规则在各种活动中（户外活动）的意义。 2. 形成初步的规则意识，学会控制自己的情绪和行为。
	爱父母长辈、老师和同伴，爱集体、爱家乡、爱祖国。	能用简单的方式表达自己对同伴、老师、家人的爱。	生活： 能用简单的方式表达自己对同伴、老师、家人的爱。
	初步了解社会常识。	知道新年的意义，感受节日的快乐气氛。	生活、集体： 在新年开展丰富多彩的活动，引导幼儿初步知道节日的意义，让每个幼儿充分表现自己，感受节日的快乐气氛。
科学	对周围的事物、现象感兴趣，有好奇心和求知欲。	认识较多和常见的科技生活用品（电暖气、空调等），初步知道它们对人们生活的用处。	区域： 认识较多和常见的科技生活用品（电暖气、空调等），初步知道它们对人们生活的用处。
	能运用各种感官，动手动脑，探究问题。	会用各种常见的材料（水、沙、泥、颜料、石头和废旧材料等）和工具（剪刀、漏斗、筛子、各种容器等）进行简单的尝试和探索。	区域： 会用各种常见的材料和工具进行简单的尝试和探索。
	能用适当的方式表达、交流探索的过程和结果。	1. 用多种方式表达对事物探索和发现的过程。 2. 在小组讨论中培养合作的意识和能力。	区域： 1. 用多种方式表达对事物探索和发现的过程。 2. 小组讨论中培养合作的意识和能力。

（续表）

科学	能从生活和游戏中感受事物的数量关系，体验到数学的重要和有趣。	1. 了解10以内数中相邻数之间的关系。 2. 运用正在发展的数学观念和方法解决生活和游戏中的问题。	生活、区域： 能运用已认识的10以内数字、相邻数等数学经验解决生活和游戏中的问题。 集体： 认读数字7、8、9、10，理解其实际意义。
艺术	能够大胆地用自己喜欢的方式进行艺术表现和创作，富有个性地表达自己的情感和体验。	1. 初步尝试按歌曲节拍的特点、速度、力度和情感富有表现力地歌唱。 2. 能够学习掌握几种打击乐器正确的敲击方法，会按简单的固定节奏型为歌曲、乐曲、舞蹈等做即兴伴奏。 3. 喜欢模仿艺术作品中人物的语言、表情、动作，愿意尝试创编与合作表演简单的故事情节。	区域： 1. 尝试表演不同节拍、不同内容的歌曲。 2. 正确使用打击乐器，按简单的固定节奏型为歌曲、乐曲等做即兴伴奏。 3. 乐意欣赏文学作品，在老师的指导下愿意表演故事情节。 集体： 正确使用打击乐器，按简单的固定节奏型为歌曲、乐曲等做即兴伴奏。
	具有表演活动的良好习惯。	能有序收放表演物品。	集体： 能有序收放乐器。
	能够感受并喜爱生活和环境中的美，发现事物美的特征。	1. 能够从生活中美好的人和事中获得深刻印象，发现事物美的特征。 2. 能够有意识地收集一些带有艺术特点的生活用品和自然物，丰富活动区的美术创作材料。	生活： 1. 从环境布置、节日装饰中获得深刻印象，发现事物美的特征。 2. 有意识地收集一些带有艺术特点的生活用品和自然物，丰富活动区的美术创作材料。
	认识美术作品所表现的内容，感受作品的美感特点，初步了解作品表现的方法。	1. 喜欢阅读、欣赏各种类型的美术资料，初步了解美术作品的不同种类。 2. 喜欢阅读、欣赏各种类型的美术作品，初步感知和了解作品的不同艺术风格。	区域： 喜欢阅读、欣赏各种类型的美术资料，初步了解美术作品的不同种类。 集体： 认识、感知仿生设计作品中造型、色彩、图案的运用，感受作品形象的生动。

（续表）

艺术	喜欢用不同风格的美术方式表达自己对事物的印象与情感体验，获得心理上的满足。	能够运用不同的美术方式（绘画、雕塑、手工制作等）表达对事物的印象与情感体验，发展艺术表现能力。	区域： 喜欢用制作方式表达自己的所感、所想和对节日的情感体验，发展艺术表现能力。 集体： 能够运用绘画、手工制作等不同的美术方式，表达对新年的情感体验，发展艺术表现能力。
	认识、选择各种美术材料和工具，在使用中大胆尝试、设想与创作。	1. 尝试使用各种美术材料和工具，感受并发现不同材料和工具表现出来的不同美感特征。 2. 在美术创作过程中能有独特的设想，敢于大胆尝试。 3. 能利用身边的物品或废旧材料制作玩具、手工艺品，美化自己生活或开展其他活动。	区域： 1. 能利用身边的物品或废旧材料制作玩具、手工艺品，美化自己生活或开展其他活动。 2. 在美术创作过程中能有独特的设想，敢于大胆尝试。 集体： 选择各种自然物材料和美术工具，在使用中大胆尝试、设想与创作。
	尝试为戏剧表演、主题游戏自制道具和装饰物。	能够为扮演活动自制简单的服装和道具。	集体： 尝试为戏剧表演、主题游戏自制道具和装饰物。
	能够尊重他人对美的感受和表达方式。	愿意展示和交流自己的作品，理解每个人都可以有自己的表现方式，感受个人艺术风格的不同。	集体： 愿意展示和交流自己的作品，理解每个人都可以有自己的表现方式，感受个人艺术风格的不同。
	具有美术活动的良好习惯，能有序使用和收放美术工具、材料。	学会合理选择材料的方法，不浪费美术材料。	区域： 学会合理选择材料的方法，不浪费美术材料。

生活活动

目标1：知道新年的意义，感受节日的快乐气氛。

目标2：能够从环境布置、节日装饰中获得深刻印象，发现事物美的特征。

指导建议：

1. 生活环节中采用倒计时的方式，教师和幼儿一起翻过一年中最后几天的日历，感受旧的一年即将过去，新的一年即将来临的过程。激发幼儿期盼新年到来的热切心情。

2. 引导幼儿在生活中观察小区、幼儿园、街道等周围环境的节日装饰，感受新年的欢乐气氛。同时在生活中播放歌曲《新年好》以及欢快活泼、喜气洋洋的歌曲或乐曲，营造欢乐的新年气氛。

目标3：愿意主动与别人交往，体验语言交流的乐趣。

目标4：会用简单的方式表达自己对同伴、老师、家人的爱。

指导建议：

1. 在生活环节中，教师可以和幼儿共同谈论过元旦的事情，鼓励幼儿说说新年到了，应该用什么样的方式向家人、老师、同伴表达自己的祝福。

2. 鼓励幼儿尝试给同伴或者邻班的老师、小朋友送去祝福，表达对他们的爱。

目标5：能大胆、清楚地表达自己的想法和感受。

指导建议：

1. 围绕“长大一岁”的主题，鼓励幼儿谈谈自己的新年愿望。

2. 教师将幼儿的谈论记录下来，并鼓励幼儿用自己的方式表达出来，张贴起来。

目标6：能运用已认识的10以内数字、相邻数等数学经验解决生活和游戏中的问题。

指导建议：

1. 利用午点环节，请幼儿根据教师的要求自取一定数量的食物（如每人取7粒草莓等）。

2. 请值日生按教师的数量要求分发学具（如每桌6张卡片等）。

目标7：能够感受并喜爱生活和环境中节日装饰的美，发现事物美的特征。

目标8：能够有意识地收集一些带有艺术特点的生活用品和自然物，丰富活动区的美术创作材料。

指导建议：

1. 引导幼儿观察周围环境中为迎接节日而发生变化的景象，抓住主要特征，感受节日气氛的美。

2. 鼓励幼儿有意识地收集一些带有艺术特点的物品，丰富活动区的美术创作材料。

3. 利用幼儿在回家路上，有目的地观察街道、商店为迎接节日而发生的变化。

活动区活动

运动区

目标1：能用单手向前上方做快速挥臂肩投动作。

目标2：能通过安全教育，提高自我保护的意识和能力。

指导建议：

1. 投掷区提供足够数量的投掷物，如流星球、沙包、纸球、纸飞机等。画好测量远近的标志线，标上1号、2号……便于幼儿了解自己每次的投掷距离，看到自己的进步，幼儿之间也可进行比赛。

2. 游戏前教师向幼儿讲解注意事项，幼儿开始游戏前必须看到安全牌举起时才可以开始游戏，游戏过程中幼儿不得随意穿行，避免打伤自己，提高自我保护意识，邀请一名教师或幼儿担任安全员。

角色区：购物中心——百货部

目标1：能积极主动地与同伴交往，能用恰当的方式向他人表达自己的想法与感受。

目标2：能利用身边的物品或废旧材料制作玩具、手工艺品，开展游戏活动。

指导建议：

1. 引导幼儿结合生活经验，扩展游戏内容，例如，结合迎新年活动装饰商店，增设“新年用品专卖区”活动，协助、鼓励幼儿制作宣传海报。

2. 收集幼儿制作的各种邀请卡、贺年卡和各种礼物，营业员主动向顾客介绍新年专卖品。

表演区

目标1：乐意欣赏文学作品，尝试表演故事情节。

目标2：尝试表演不同节拍、不同内容的歌曲。

目标3：正确使用打击乐器，按简单的固定节奏型为歌曲、乐曲等做即兴伴奏。

指导建议：

1. 师幼共同准备《萝卜回来了》《雪孩子》《小动物过冬》的故事情节图片和道具等，布置冬季的背景图。教师引导幼儿分配角色，按故事情节大胆表演。教师可扮演角色，参与幼儿的表演。重点进一步激发和保持幼儿的表演兴趣，鼓励幼儿大胆表现。同时为幼儿提供展示表演故事的机会和条件，如为班上幼儿、家长或大班、小班幼儿表演等。

2. 教师将学过的固定节奏的节奏谱卡片（二拍子、四拍子）投放在表演区，鼓励幼儿在区域里将节奏卡随意组合后，为喜欢的歌曲进行打击乐伴奏。

美劳区

目标1：喜欢用制作方式表达自己的所感、所想和对节日的情感体验，发展艺术表现能力。

目标2：在美术创作过程中能有独特的设想，敢于大胆尝试。

目标3：能利用身边的物品或废旧材料制作玩具、手工艺品，美化自己生活或开展其他活动。

目标4：学会合理选择材料的方法，不浪费美术材料。

目标5：能在美术游戏活动中发展动作，小肌肉较协调、灵活。

指导建议：

1. 提供背景环境，引导幼儿制作各种装饰物，师幼共同美化班级生活环境。

2. 提供多种美术材料和工具供幼儿使用，引导幼儿感受不同材料表现出来的美感特征。

3. 提供感谢树装饰背景，制作各种装饰物，师幼共同美化班级生活环境。

重点指导：

1. 名称：感恩的心——我们的感谢树。

2. 与幼儿讨论礼物的形式：可以剪纸、绘画、泥工、手工、写信、录磁带等。

3. 提供展示礼物的“感谢树”（如大型盆栽植物或用铁丝、报纸等废旧材料自制感谢树）。

4. 师幼共同将收集到的各种形状的包装盒、包装袋、包装瓶、彩色毛线等物品制作成礼物。

建议：每位幼儿要给家人制作一份礼物，为新年庆祝会做准备。

建构区

目标1：能运用已认识的10以内数字、相邻数等数学经验解决生活和游戏中的问题。

目标2：在搭建游戏中发展幼儿小肌肉的灵活性、协调性。

指导建议：

1. 建筑提供图纸若干（10层以内的楼房），引导幼儿按照图纸的基本特征搭建相应层数的楼房。

2. 用规定数量（10以内）的积木进行搭建比赛。

沙水区

目标：能选择游戏的方式发展小肌肉动作，动作较灵活、协调。

指导建议：

1. 引导幼儿自己制订制作计划，并进行分工合作。教师作为幼儿的合作伙伴和幼儿一起进行游戏，并通过巧妙的示范作用激发幼儿对活动的兴趣和探究欲望，鼓励幼儿积极探索，大胆尝试，引导幼儿走入新的探索之中。

2. 沙水区活动在室内进行。

科学区

目标1：会用各种常见的材料和工具进行简单的尝试和探索。

目标 2：小组讨论中培养合作的意识和能力。

指导建议：

1. 水中取物：提供装有水的杯子，里面放有曲别针、石子、铁片、玩具等，提供试验工具，如小碗、勺子、磁铁、小棍、钩子、筷子等。

2. 鼓励幼儿与同伴一起尝试用多种方法解决问题，在活动中共同讨论并记录探索、发现的过程与问题，初步养成合作能力。

益智区

目标 1：能通过保健教育，养成科学的生活态度。

目标 2：能认识较多常见的科技生活用品（如电暖气、空调等），初步知道它们对人们生活的用处。

指导建议：

1. 利用幼儿用书，引导幼儿结合自己的生活经验，判断能使人暖和的物品和不能使人暖和的物品，鼓励幼儿想出更多让人暖和的办法，并说明理由。指导幼儿用铅笔连线，完成幼儿用书的内容。

2. 对有争议的物品，鼓励幼儿在生活中进行验证。

3. 讨论哪些办法可以帮助人们度过寒冷的冬天，用语言或图画表达出来。

4. 帮助幼儿总结讨论的结果，了解冬季保暖方法，养成科学的生活态度。

阅读区

目标 1：从图书、电视等途径获得有关服装的信息，并获得美的体验。

目标 2：喜欢阅读、欣赏各种类型的美术资料，初步了解美术作品的不同种类。

指导建议：

1. 收集、提供关于服装设计的各种信息，如图片、画册、VCD 等，引导幼儿用丰富的词汇进行描述，丰富幼儿对服装的了解。

2. 鼓励幼儿自己绘制服装专刊，通过开展“新书推广”活动激发幼儿制作图书的兴趣。

集体活动

活动一　打吉祥鼓

目标 1：能用单手向前上方做快速挥臂肩投动作。

目标 2：体会规则在各种活动（户外活动）的意义。形成初步的规则意识，学会控制自己的情绪和行为。

准备：

1. 沙包或幼儿自制的报纸球若干，多于幼儿人数的 1 倍。

2. 场地上画好投掷线。

3. 投掷线前上方悬挂若干铃鼓。分别用红色、粉色、橙色、绿色代表幸福鼓、快乐鼓、平安鼓、健康鼓。

4. 安全标志牌（正面用红色纸写有“危险”字样，背面用绿色纸写有“安全”字样）。

过程：

1. 热身运动。

沿场地周围慢跑，并逐渐提高速度，使身体变暖和。

2. 专项准备活动。

前、后、左、右转动手臂，活动肩关节，为下面的活动做好准备。

3. 游戏：

（1）介绍游戏“打吉祥鼓”名称、含义和玩法。

名称：打吉祥鼓。

含义：红色是幸福钟，粉色是快乐钟，橙色是平安钟，绿色是健康钟。

玩法：集体说儿歌：“新年到，真热闹，吉祥鼓，我来敲。咚咚咚——”说完儿歌，用沙包或纸球投向吉祥鼓。

游戏规则：看到红牌，不能捡球；看到绿牌，方可捡球。

（2）讲解示范投掷方法。

投掷的正确姿势：幼儿面向投掷方向站立，以右手投掷为例，左脚在前，全脚着地，右脚在后，脚跟微提。右手持投掷物与头部齐高，当重心自后脚移至前脚时，顺势投出物体，右脚在投掷时顺势踏前。

（3）幼儿开始游戏：幼儿站在投掷线后，按教师的指令用力向前单手投掷，敲打吉祥鼓。

每次投掷后，教师肯定姿势正确的幼儿。并按口令统一取回投掷物，避免危险。

4. 分散活动。

幼儿自选活动材料进行游戏，教师鼓励幼儿不怕寒冷，积极参加体育活动。

建议：可根据场地的大小、幼儿人数的多少分组交替进行。另一组幼儿由其他教师带领玩自选游戏，然后再交换活动。

活动二　我的新年计划

目标1：学习制订活动计划，实现自己的计划。

目标2：知道新年的意义，感受节日的快乐气氛。

准备：各种迎新年活动的照片、图片或录像（成人、幼儿、中国、外国）、新年计划表、彩色笔。

过程：

1. 出示新日历，引出元旦（新年）的意义。

重点引导幼儿明确元旦是每年的1月1日，是新一年的第一天，每个人都长了一岁。

2. 展示图片等资料，通过看、听等形式了解人们喜迎新年的各种方式。

重点展示有代表性的资料，如联欢会、赠贺卡、送礼物等。

3. 讨论：高高兴兴迎新年，我们需要做哪些事情。

（1）教师用图示记录幼儿的发言。

（2）小结幼儿发言，提出5件主要事情：①布置活动室；②排练节目；③制作邀请卡；④制作新年礼物；⑤开联欢会。

4. 引导幼儿制订新年计划。

（1）理解制订计划的意义：把事情做得又快又好。

（2）怎样制订计划？学习制订计划的方法：按照时间顺序，安排要做的事情。

（3）出示教师的计划表，引导幼儿阅读，认识简单的计划表。

日期	星期一	星期二	星期三	星期四	星期五
计划内容	（用简单的图表示要做的事情）				

重点：看一看，说一说，老师每天要做什么事情？

5. 教师和幼儿一起讨论制订计划。

（1）根据本班实际，明确要做的几件事情，讨论安排事情的先后顺序。

（2）添画计划表，鼓励幼儿用自己的图示做计划。

（3）相互交流计划，查看有没有缺失的项目。

建议：提供展示板，引导幼儿按自己的计划做事，实现计划。

活动三　有趣的数字

目标1：认读数字7、8、9、10，理解其实际意义。

目标2：能按教师的指令进行活动。

准备：数字卡片1～10，实物卡片10个。

过程：

1. 复习数字“1～6”，

（1）出示数字卡1～6，幼儿集体认读。

（2）按数取物，点数，并配上相同的数字卡。

2. 创设游戏情境，认识数字7和8。

（1）小花猫在排队，数数有几只小花猫（6只）。“等等我，等等我”，又来了一只小花猫，数数现在有几只小花猫（7只）。

（2）数字7长什么样？像什么？能代表什么？（让幼儿自由发言，也可让幼儿用动作表现7）。

（3）同样的方法，认识数字8、9、10。

（4）小结：数量是7的一组物品都能用7表示，数量是8的一组物品都能用8表示。

3. 组织游戏活动，巩固对数字及其意义的理解。

（1）按数字做动作。

玩法：教师任意举起一个数字，幼儿做相应数量的动作。如教师举起数字7，幼儿拍肩 7 下，边拍边数。

（2）按物取数。

玩法：老师出示一定的物品，请幼儿找出相应的数字卡。

（3）数字宝宝找朋友。

玩法：幼儿每人拿一张数字卡片，在活动室内寻找与卡片相同数量的物品。如幼儿找到 8 个插片，3 个娃娃，9 块积木等。幼儿可以交换数字卡片找物品。

建议：

1. 游戏过程中注意指导并检查结果是否正确，也可让幼儿互相检查。
2. 本活动可根据本班幼儿的实际情况分两次进行。

活动四 制作邀请卡

目标 1：知道新年的意义，感受节日的快乐气氛。

目标 2：能够运用绘画、手工制作等不同的美术方式，表达对新年的情感体验，发展艺术表现能力。

准备：

1. 不同形状的邀请卡范例，可参见中班幼儿用书 12 月第 28 ~ 29 天。
2. 不同形状的彩色卡纸、画笔、花边剪刀、胶棒、各种装饰材料等。

过程：

1. 介绍为什么制作、发放邀请卡。
2. 欣赏邀请卡。出示各种实物邀请卡或打开中班 12 月幼儿用书 28 ~ 29 页，请幼儿欣赏其颜色、形状、装饰图案等，并给幼儿阅读上面写的内容。
3. 制作邀请卡。幼儿按自己的意愿选择材料和方法，进行制作，如剪贴、绘画、撕贴、拓印等。

重点：引导幼儿按自己的意愿选择不同形状的纸卡，先拼摆，再粘贴。

注意：提醒幼儿留出写文字的空白。

4. 幼儿口述，教师帮助记录相关信息和心愿。
5. 离园时幼儿将邀请卡带回家，交给所邀请的人。

建议：

1. 与家长联系，尽可能地接受幼儿的邀请。
2. 先完成作品的幼儿可代表班级制作邀请卡，送给园长或其他老师。

活动五 化装舞会

目标 1：知道新年的意义，感受节日的快乐气氛。

目标 2：学习制订计划，并完成自己的计划。

目标 3：能大胆、清楚地表达自己的想法和感受表述。

准备：

1. 京剧脸谱、童话剧剧照、幼儿化装后的照片。

2. 中班12月幼儿用书，计划表。

过程：

1. 欣赏脸谱、剧照等，感受化装艺术美。

（1）出示京剧脸谱和各种精彩的化装剧照，请幼儿欣赏，激发幼儿自己化装的兴趣。

（2）利用幼儿用书，仔细观查画面，说一说图中的小朋友是怎样装扮自己的。

（3）小结：

①可以用面具、头饰、服装来装扮自己。

②可以在脸上涂抹各种颜色。

③可以把自己装扮成动物、植物、动画形象、水果、蔬菜等。

2. 组织幼儿讨论，明确自己要怎样装扮自己。

（1）提问：你想把自己化装成什么形象？你需要什么材料？

（2）幼儿讨论，互相交流想法。

3. 制订自己的化装计划。

我化装的样子	我需要的材料

4. 幼儿根据自己的计划，在教师和家长的帮助下，在幼儿园或家中制作化装舞会的服装道具等。

5. 组织“化装舞会”，体验化装表演的乐趣，感受新年的欢乐气氛。

（1）幼儿互相欣赏同伴的装束。

（2）随音乐进行自由表演。

（3）为每名幼儿拍摄化装后的照片。

建议：

1. 本活动根据幼儿实际情况，分2~3次进行。

2. 可采用本班独自联欢、平行班联欢、与家长共同联欢的形式。

3. 本活动使用的化装用品和颜料要易于清洗，安全卫生。

活动六　打击乐《新年好》

目标1：正确使用打击乐器，按简单的固定节奏型为歌曲、乐曲等做即兴伴奏。

目标2：知道新年的意义，感受节日的快乐气氛。

目标3：能有序收放乐器。

准备：

1. 生活活动中反复播放本歌曲，幼儿能够演唱。

2. 各种打击乐器（铃鼓、三角铁、双响棒子、响板），《新年好》音乐。

3. 节奏卡片，包括三种节奏型：× 0 0｜ × 0 0｜；0 ×｜0 ×｜；× ×｜ × ×｜。

过程：

1. 欣赏歌曲《新年好》，营造迎新年的氛围。

重点：引导幼儿在演唱中表现歌曲欢快活泼的情绪。

2. 引导幼儿按意愿自己选择节奏型为歌曲拍手伴奏。

（1）出示三种节奏卡，幼儿集体用拍手的方法表演不同的节奏型。

（2）幼儿在集体练习的基础上，自选一种喜欢的节奏型。教师将选择相同节奏型的幼儿集中坐在一起。

（3）集体练习。按所选节奏型边唱边为歌曲拍手伴奏。

3. 幼儿听音乐取自己喜欢的乐器并坐在相应的位置上，进行伴奏练习。

（1）分组练习，看节奏卡，边唱边使用乐器为歌曲配伴奏。

（2）初步学习配合演奏。

重点：引导幼儿探索如何协调配合为歌曲配好伴奏的方法，如看指挥、心里数拍子等。

4. 欣赏民乐合奏《喜洋洋》，教师引导幼儿感受不同乐器之间相互配合的形式。

5. 按常规要求，有序地收放乐器。

附歌曲：《新年好》

1 = ^{b}E　$\frac{3}{4}$　　　　英国儿歌　杨世明　译配

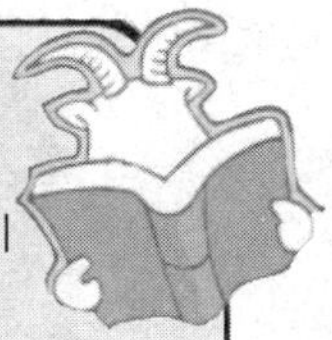

1 1 1 5 | 3 3 3 1 | 1 3 5 5 | 4 3 2 - |
新 年 好 呀，新 年 好 呀，祝 贺 大 家 新 年 好。
2 3 4 4 | 3 2 3 1 | 1 3 2 5 | 7 2 1 - ||
我 们 唱 歌，我 们 跳 舞，祝 贺 大 家 新 年 好。

活动七　设计仿生服装

目标 1：认识、感知仿生设计作品中造型、色彩、图案的运用，感受作品的形象生动。

目标 2：选择各种自然物材料和美术工具，在使用中大胆尝试、设想与创作。

目标 3：尝试为戏剧表演、主题游戏自制道具和装饰物。

目标 4：愿意展示和交流自己的作品，理解每个人都可以有自己的表现方式，感受个人艺术风格的不同。

准备：

1. 邀请家长参与为新年设计表演服装的活动。
2. 提供仿生服装欣赏画。
3. 幼儿与家长共同收集制作仿生服装的材料。

4. 提供设计和制作的基本工具：纸、笔、水粉颜料、剪刀、胶条、双面胶、订书器等。

5. 提供制作的辅助材料：皱纹纸、塑料纱窗面、塑料台布、绒绒棒、艺术绒球、吸管、亮片、彩绳、塑料电线等。

过程：

1. 感知欣赏：

欣赏体现夸张美、装饰美特征的仿生服饰及图片，请幼儿与家长共同观察仿生服装在造型、色彩等方面的特点。

2. 鼓励创作：

（1）引导幼儿与家长共同准备材料，进行仿生服装制作。

（2）鼓励幼儿为表演的舞蹈或童话剧，制作演出背景、服装和道具。

（3）重点指导幼儿、家长选择适当的材料表达作品的造型特征，必要时协助完成创作。

（4）组织幼儿、家长进行仿生服装表演。

建议：此活动可做为新年庆祝活动。

五、1 ~2 月目标与教育内容

（一）1 ~2 月目标及内容与要求

领域	月目标	内容与要求
健康	生活、卫生习惯良好，有基本的生活自理能力。	引导幼儿注意保持个人和生活场所的整洁和卫生，养成爱清洁、讲卫生的习惯。
	知道必要的安全保健常识，学习保护自己。	1. 通过安全教育，培养幼儿提高自我保护的意识和能力。 2. 通过营养和保健教育，使幼儿养成健康的生活方式。
	在丰富的活动中发展动作，提高动作的协调性、灵活性。	1. 通过体育锻炼增强幼儿体质，提高他们对环境的适应能力。 2. 通过丰富多彩的户外体育活动，培养幼儿热爱体育活动的兴趣与习惯。 3. 通过幼儿感兴趣的方式发展基本动作，促进大肌肉动作协调性、灵活性的发展。 4. 通过幼儿感兴趣的方式发展小肌肉动作，促进动作协调性、灵活性的发展。
语言	乐意与人交谈，讲话时自然礼貌。	1. 鼓励幼儿主动用语言与别人交往，体验语言交流的乐趣。 2. 引导幼儿在交流过程中学习使用适当的礼貌语言。
	注意倾听对方讲话，能理解日常用语。	1. 引导幼儿养成注意倾听的习惯，发展语言理解能力。 2. 引导幼儿知道能从图书、电视、电脑、广播、口头交谈等多种途径得到信息，从中获得知识和感受快乐。
	敢于当众讲话，能清楚地说出自己想说的事。	1. 鼓励幼儿愿意表达自己各种感受和想法。 2. 鼓励幼儿敢于在人多的场合下自然、大方地讲话。 3. 鼓励幼儿积极提问，乐于回答问题。 4. 引导幼儿尝试说明、描述简单的事物或过程。
	喜欢听故事、看图书，有初步的前阅读和前书写能力。	1. 引导幼儿感受优秀儿童文学作品语言的丰富和优美，理解作品中的内容。 2. 引导幼儿听儿童文学作品，学习复述故事、续编故事，学习和仿编诗歌。
	能听懂和会说普通话。	1. 创设良好的语言环境，使幼儿熟悉和能听懂普通话。 2. 在日常生活中鼓励幼儿正确运用普通话。
社会	能主动地参与各项活动，有自信心。	1. 允许幼儿自己选择活动主题，制订、实现自己的计划。 2. 支持幼儿努力解决遇到的问题，使其能获得成功的感受，体验自信。

（续表）

社会	乐意与人交往，学习互助、合作和分享，有同情心。	1. 鼓励幼儿积极主动与同伴交往，使用礼貌用语，初步学会轮流、分享、谦让、互助与合作。 2. 帮助幼儿了解每个人有不同的兴趣爱好和想法，懂得尊重别人的意见。
	理解并遵守日常生活中基本的社会行为规则。	创设机会，引导幼儿认识、体验并理解基本的社会行为规则，体会规则在各种活动中的意义（如爱护玩具和其他物品，爱护公物和公共环境）。
	能努力做好力所能及的事，不怕困难，有初步的责任感。	1. 鼓励幼儿做自己力所能及的事，养成初步的独立意识。 2. 给幼儿创造为他人服务的机会和条件（如学做值日生等），逐步培养其责任感。
	初步了解社会常识。	在新年、元宵节等节日中，开展丰富多彩的活动，引导幼儿初步知道节日的意义，让每个幼儿充分表现自己，感受节日的快乐气氛。
科学	对周围的事物、现象感兴趣，有好奇心和求知欲。	1. 引导幼儿主动感知生命、亲近自然，有好奇心和求知欲。 2. 引导幼儿注意观察周围常见的事物，从中体会到愉快。 3. 引导幼儿认识常见的科技生活用品（如微波炉、榨汁机、录音机、洗衣机、空调等），并初步知道这些用品对人们生活的作用。 4. 引导幼儿在生活和游戏中对数学产生兴趣，建立初步的自信心。
	能运用各种感官，动手动脑，探究问题。	1. 支持幼儿对身边的常见事物、现象大胆猜想和主动探索。 2. 引导幼儿运用比较的方法进行科学活动，感受比较的过程和结果，获得初步的比较能力。 3. 引导幼儿感知自然界物质的现象和变化（如感知磁铁、石头、泥土、空气等的特性，物体的溶解和沉浮现象，以及颜色的变化等），并能根据这些现象和变化进行初步的猜想。
	能用适当的方式表达、交流探索的过程和结果。	1. 引导幼儿用多种方式交流、分享探索与发现的过程和方法。 2. 为幼儿参加小组讨论创造条件，培养幼儿初步的合作意识与能力。 3. 鼓励幼儿使用表示比较的语言，如更长、更短、更轻、更重等。
	能从生活和游戏中感受事物的数量关系，体验到数学的重要和有趣。	1. 引导幼儿在较多的机会中接触物体的常见量（如粗细、高矮、厚薄、轻重等），感知其特征、进行分类。 2. 引导幼儿在日常生活和游戏中，认读10以内阿拉伯数字，初步理解10以内数的意义。 3. 引导幼儿利用日常生活和游戏，初步感知10以内物体数量的守恒（不受大小、排列形式等因素的影响）。 4. 鼓励幼儿运用正在发展的数学观念和方法解决生活和游戏中的问题。 5. 鼓励幼儿在日常生活与活动中，使用相关的数学语言（如“一份”“一些”“5条”“你见过这样的形状吗”等）。 6. 学习按10以内物体的数量特征进行分类。

（续表）

科学	爱护动植物，关心周围环境，亲近大自然，珍惜自然资源，有初步的环保意识。	1. 引导、鼓励幼儿参加种植活动，体验一些照料植物的方法，感知植物的生长变化，初步懂得爱护植物。 2. 引导幼儿在日常生活中，探究和发现四季明显的特征（春暖花开树木生长、动物复出，夏热树木花草茂盛、秋天收获各种果实、冬冷动植物冬眠、水结冰），感知一些天气现象（风、沙尘、雨、雪），初步体验季节变化与动植物以及人们生活的关系。
		3. 引导幼儿谈论自己喜欢与不喜欢的一些环境和事物现象（如喧闹、安静、脏乱、整洁等），以力所能及的方式对待周围事物和环境（如把垃圾扔到指定的地方等）。
艺术	能初步感受并喜爱生活和艺术中的美。	1. 支持、鼓励幼儿在进一步感知、探索和体验音乐的强弱、快慢，音调的高低和音色的变化，从中获得美的感受。 2. 提供内容丰富的音乐作品，支持、鼓励幼儿体验这些作品的基本情绪和情感，并尝试用自己喜欢的方式（如语言、绘画、动作表演等）表达对音乐的感受。 3. 提供符合幼儿年龄特点的艺术作品（如故事、诗歌、木偶剧、动画片、皮影戏、小歌剧等），引导幼儿感受其中的美。
	积极参加表演活动，在活动中获得丰富的情绪体验。	1. 创设轻松、和谐的氛围，支持、鼓励幼儿参加各种音乐活动，并从活动中获得愉悦和美感。 2. 通过多种途径引发、支持幼儿模仿舞蹈动作的兴趣。 3. 支持并进一步激发幼儿参与戏剧性表演活动的兴趣。
	能够大胆地用自己喜欢的方式进行艺术表现和创作，富有个性地表达自己的情感和体验。	1. 引导幼儿初步尝试按歌曲节拍的特点、速度、力度和情感富有表现力地歌唱。 2. 引导幼儿学习掌握几种打击乐器正确的敲击方法，会按简单的固定节奏型为歌曲、乐曲、舞蹈等做即兴伴奏，表达情感和体验，并具有初步的协调配合能力。 3. 在生活和游戏中鼓励幼儿自编律动、舞蹈动作，创造性地为歌曲、舞蹈即兴伴奏，充分表达自己的情感和想象。
	具有表演活动的良好习惯。	提供有序收放表演物品的条件，培养幼儿有序收放物品的习惯。
	能够感受并喜爱生活和环境中的美，发现事物美的特征。	1. 引导幼儿从周围环境、四季景色、生活用品、节日装饰中获得美的感受，发现美的特征。 2. 鼓励幼儿有意识地收集一些带有艺术特点的物品，丰富活动区的美术创作材料。
	认识美术作品所表现的内容，感受作品的美感特点，初步了解作品表现的方法。	1. 提供适宜幼儿阅读的美术资料（如反映建筑、绘画、雕塑、摄影等美术创作题材的画册、书籍、光盘）供幼儿欣赏，开阔幼儿的眼界。 2. 提供风格多样的美术作品（如水墨画、油画、水粉画、装饰作品、剪纸画、民间画等）供幼儿欣赏，增进他们对美术表达形式的了解。 3. 在欣赏美术作品的过程中，引导幼儿初步感知美术元素在作品中的运用，了解事物的不同表现方法。

（续表）

艺术	喜欢用不同风格的美术方式表达自己对事物的印象与情感体验，获得心理上的满足。	提供背景环境，引导幼儿用不同的美术形式表达对事物的感受。
	认识、选择各种美术材料和工具，在使用中大胆尝试、设想与创作。	1. 提供多种美术材料和工具，引导幼儿在使用过程中感受和发现不同材料表现出的不同美感特征。 2. 在幼儿的创作过程中支持他们独特的设想，必要时帮助他们完成作品的最终形式。 3. 指导幼儿利用身边的物品或废旧材料制作玩具、手工艺品，美化自己的生活或开展其他活动。
	发现周围事物中美的规律，并能够按照这些规律用美术方式进行表达。	引导幼儿尝试运用绘画、手工制作及装饰的形式表达对规律美的理解（如对称、重复、韵律、呼应、和谐、变化等规律）。

（二）第一周目标与落实途径

领域	目标		落实途径
健康	生活、卫生习惯良好，有基本的生活自理能力。	注意保持生活场所的整洁和卫生，养成爱清洁、讲卫生的习惯。	生活： 保持环境整洁，养成良好的公共卫生习惯。
	在丰富的活动中发展动作，提高动作的协调性、灵活性。	1. 通过体育锻炼增强体质，提高对环境的适应能力。 2. 喜欢参加丰富多彩的体育活动，养成热爱体育活动的兴趣与习惯。 3. 动作发展更加协调、灵活。	区域： 1. 大、小肌肉发展较好，动作较协调、灵活。 2. 在探索游戏中发展小肌肉动作的灵活、协调性。 区域、集体： 1. 不怕寒冷，积极勇敢地参加体育活动。 2. 练习听指令跑，提高动作灵活性和快速反应能力。
语言	注意倾听对方讲话，能理解日常用语。	能从图书、电脑、口头交谈等多种途径得到与其生活经验相关的语言信息，从中获得知识和感受快乐。	区域： 从图书、电脑等途径中获得关于年的相关信息，获得快乐。

（续表）

语言	敢于当众讲话，能清楚地说出自己想说的事。	1. 大胆、清楚地表达自己的想法和感受。 2. 能够积极提问，乐于回答问题。	生活： 大胆、清楚地表达自己的想法和感受。 集体： 喜欢提问，并能积极大胆回答问题。
	喜欢听故事、看图书，有初步的前阅读和前书写能力。	1. 能感受优秀儿童文学作品的语言丰富和优美，理解作品中的内容。 2. 喜欢听儿童文学作品，会仿编诗歌。	生活： 喜欢欣赏儿童文学作品，感受作品的美感，理解作品内容。 区域： 喜欢听儿歌，有仿编儿歌的兴趣。
	能听懂和会说普通话。	能正确使用普通话。	生活、区域： 能正确使用普通话进行交流。
社会	乐意与人交往，学习互助、合作和分享，有同情心。	知道别人有与自己不同的兴趣爱好和想法，懂得尊重别人的意见。	区域： 游戏中知道别人有自己的爱好和想法，懂得尊重别人的意见。
	能努力做好力所能及的事，不怕困难，有初步的责任感。	1. 愿意做自己力所能及的事（如收拾玩具、整理被褥、擦桌椅等），培养初步的独立意识。 2. 能为他人服务，有初步的责任感。	生活： 愿意做自己力所能及的事（如收拾玩具、整理被褥、擦桌椅等），培养初步的独立意识。 生活、区域： 能为他人服务（如帮助同伴穿脱衣服等），有初步的责任感。
	初步了解社会常识。	在新年节日中开展丰富多彩的活动，引导幼儿初步知道节日的意义，让每个幼儿充分表现自己，感受节日的快乐气氛。	区域、集体： 知道春节的意义，感受节日的快乐气氛。
科学	能运用各种感官，动手动脑，探究问题。	1. 对身边的常见事物、现象进行大胆猜想和主动探索。 2. 尝试运用比较的方法进行科学活动，感受比较的过程和结果，获得初步的比较能力。 3. 能感知自然界光的现象和变化，并根据这些现象和变化进行初步的猜想。	生活、集体： 对身边的常见事物、现象进行大胆猜想和主动探究。 区域： 主动观察和探索生活中光的现象，根据这些现象进行初步的猜想。 集体： 学会运用比较的方法进行科学活动，感受比较的过程和结果，获得初步的比较能力。

（续表）

科学	能用适当的方式表达、交流探索的过程和结果。	交谈中能使用表示比较的词汇（如更长、更短、更轻、更重等），提高对事物相互关系的理解。	生活： 生活中能使用比较的词汇（如更长、更短、更强、更弱等）进行交谈，表达对事物关系的理解。
	能从生活和游戏中感受事物的数量关系，体验到数学的重要和有趣。	1. 在各种机会中接触物体粗细、高矮、厚薄、轻重等常见量，感知其特征，进行分类。 2. 运用正在发展的数学观念和方法解决生活和游戏中的问题。 3. 学习按10以内物体的数量特征进行分类。	区域： 1. 能运用形状不同的积木进行搭建活动，在表达建筑物造型的过程中充分感知积木的形体特征。 2. 能运用大小不同的积木进行搭建，在堆高、围拢、增宽等搭建过程中体会积木的数量关系以及大小不同积木之间的转换关系。 3. 学习按10以内物体的数量特征进行分类。
	爱护动植物，关心周围环境，亲近大自然，珍惜自然资源，有初步的环保意识。	在日常生活中，探究和发现四季明显的特征（动植物冬眠、水结冰），初步体验季节变化与动植物及人们生活的关系。	生活： 在日常生活中，能探究和发现四季明显的特征（动植物冬眠、水结冰等），初步体验季节变化与动植物及人们生活的关系。
艺术	能初步感受并喜爱生活和艺术中的美。	1. 感知、探索和体验音乐的强弱、快慢，音调的高低和音色的变化，从中获得美的感受。 2. 喜欢欣赏内容丰富的简单音乐作品，尝试体验这些作品的基本情绪和情感，并用自己喜欢的方式表达对音乐的感受。 3. 进一步感知不同乐器音色的变化。	区域： 进一步体验、探索和感知音乐中的强弱、快慢，音调的高低和音色的变化。 区域、集体： 体验音乐作品的基本情绪和情感，尝试用自己喜欢的方式表达对音乐的感受。 生活： 进一步感知不同乐器音色的变化。

（续表）

艺术	能够大胆地用自己喜欢的方式进行艺术表现和创作，富有个性地表达自己的情感和体验。	1. 能够学习掌握几种打击乐器正确的敲击方法，会按简单的固定节奏型为歌曲、乐曲、舞蹈等做即兴伴奏，表达情感和体验，并具有初步的协调配合能力。 2. 愿意参加各种音乐活动，并从活动中获得愉悦和美感。 3. 正确使用、有序收放自制乐器。	生活： 用口头语言和肢体语言表现自己感兴趣的事情和自己的生活经历。 集体： 1. 按简单的固定节奏型为歌曲做即兴伴奏，表达情感和体验，并具有初步的协调配合能力。 2. 愿意参加各种音乐活动，并从活动中获得愉悦和美感。 区域： 1. 使用自制乐器，按简单固定的节奏型为歌曲做即兴伴奏。 2. 正确使用、有序收放自制乐器。
	感受并喜爱生活和环境中的美，发现事物美的特征。	能够从生活中美好的人和事中获得深刻印象，发现事物美的特征。	生活： 感受并喜爱节日装饰中的美，发现事物美的特征。 集体： 感受并喜爱节日的服装，发现它们喜庆的特点和美的规律。
	认识美术作品所表现的内容，感受作品的美感特点，初步了解作品表现的方法。	喜欢阅读、欣赏各种类型的美术作品，初步感知和了解作品的不同艺术风格。	区域： 认识装饰作品所表现的内容，感受作品的美感特点，初步了解和体验作品的不同风格。
	认识、选择各种美术材料和工具，在使用中大胆尝试、设想与创作。	利用身边的物品或废旧材料制作玩具、手工艺品，美化自己的生活或开展其他活动。	区域： 利用身边的物品或废旧材料制作手工艺品，美化自己的生活或开展其他活动。
	发现周围事物中美的规律，并能够按照这些规律用美术方式进行表达。	尝试运用绘画、手工制作及装饰的形式表达对规律美的理解（如对称、重复、韵律等规律）。	集体： 尝试运用绘画、手工制作及装饰的形式表达对规律美的理解。

生活活动

目标1：能保持环境整洁，养成良好的公共卫生习惯。

目标2：愿意做自己力所能及的事（如收拾玩具、整理被褥、擦桌椅等），培养初步的独立意识。

指导建议：

1. 教师可以和幼儿共同讨论让教室、幼儿园保持整洁的办法，鼓励幼儿大胆表述。鼓励幼儿把保持环境整洁的方法用美术的方式表达出来，进行张贴，用来提醒幼儿。

2. 开展自我服务（收拾玩具、摆放桌椅、整理活动区等）的活动，让幼儿体验劳动的成就感。

3. 与家长做好沟通工作，引导幼儿在公共场所也形成保持整洁的习惯。如外出时引导幼儿带好纸巾等物品，能够有意识地认识周围环境中的公共卫生提示等。

4. 教师还可以与幼儿共同讨论，在活动区结束后请值日生来检查或帮助把没有收好的区域材料进行整理。

目标3：能大胆、清楚地表达自己的想法和感受。

目标4：生活中能使用比较的词汇（如更长、更短、更强、更弱等）进行交谈，表达对事物关系的理解。

指导建议：

1. 在生活环节中，可以和幼儿共同玩光与影的游戏。如感知影子的长和短、感知光的强与弱，以及手影游戏等。鼓励幼儿在游戏过程中说出自己的感受和体会。

2. 指导家长和幼儿共同就光的奥秘进行探索，鼓励幼儿自己的发现与大家分享。

目标5：喜欢欣赏儿童文学作品，感受作品的美感，理解作品内容。

指导建议：

1. 教师可以在生活环节中讲述《年的故事》《腊八粥的传说》等故事，让幼儿感知民间传说这种体裁的特点。教师与幼儿共同说说以前听过的民间传说，请家长共同收集民间传说，特别是关于风景名胜的传说。

2. 教师可向幼儿介绍民间传说文学体裁的特点：故事是人们一代代口耳相传的，没有固定的作者（区别于童话故事、诗歌、散文等），带有传奇色彩。

目标6：能为他人服务（如帮助同伴穿、脱衣服等），有初步的责任感。

指导建议：

1. 利用午睡前、起床后、户外活动前、后等生活环节，引导幼儿帮助同伴穿、脱衣服，提高幼儿为他人服务的意识。

2. 将幼儿为同伴服务的行为拍成照片，分享为他人服务的快乐，引导幼儿体会帮助他人是快乐的事情。

3. 建议家长进行“我是爸爸妈妈的小帮手”亲子活动。引导幼儿在家中帮助家长做力所能及的事情，并引导家长和幼儿把自己做的事情用照片或绘画等形式带到班级中进行分享。

目标7：能对身边的常见事物、现象进行大胆猜想和主动探究。

指导建议：

1. 结合幼儿用书中《腊八粥的传说》，引导幼儿关注身边的事物，认识各种豆类、谷类和干果，并尝试对其进行分类。

2. 和家长沟通，在家和幼儿一起制作腊八粥认识常见的豆类。

3. 在日常的散步和户外活动等环节中，引导幼儿对幼儿园的树木、天气情况、自然现象等进行关注并进行大胆的提问和猜想，如为什么冬天哈出的气能看到，为什么有的树落叶有的树不落叶等，教师要对幼儿的猜想和探究予以肯定和支持，让幼儿体会探究的乐趣。

附故事：《腊八粥的传说》

相传，很久很久以前，有个布袋和尚，每天为他寺庙里的和尚们做饭。

布袋和尚每天都很勤快。烧火时，见麦秸秆上有个麦粒，就要捡起来，放在身上背着的布袋里。每次和尚们吃饭剩下的饭粒、米粒，也要捞出来，铺在席子上晒干后，放在布袋里。要是捡到的豆、枣、鲜菜什么的，也统统都放进袋子里。就这样，一天天，一年年，过了三年，他袋子里的粮食攒了足足够三担。

这年腊月初八，寺院里着了大火，把粮仓烧得什么也没剩下。大家没粮又没钱，天又下着雪。布袋和尚拿出积攒的粮食，烧起火，把这些粮食搁到锅里煮起来。

到了吃饭的工夫，和尚们一个个都觉得奇怪，这布袋和尚做的是什么？看着这粥不像粥，菜不像菜的。因为和尚有规矩，吃饭不能乱说道，大家就皱着眉吃起这烂粥。没想到，粥到了嘴里，越嚼越好吃。平时吃一碗的，今儿吃两碗。方丈问他这是什么饭，布袋和尚说这是用各种粮食熬的粥。又问这些粮食是从哪儿来的，他就把自己攒粮食的事说了一遍。方丈听了说：“这是节省的功劳啊，你功劳不小啊！”在场的和尚们都挺佩服，和尚们说以后做事都要节俭。方丈怕他们忘了，就规定每年腊月初八这天，全寺院和尚都要吃这种饭，还给饭起名“腊八粥”。

这事叫老百姓们知道了，也学着用各种粮食做这种粥，慢慢地成了一种民间习俗，腊八粥就流传下来了。

目标8：在日常生活中，能探究和发现四季明显的特征（冬冷动植物冬眠、水结冰等），初步体验季节变化与动植物及人们生活的关系。

指导建议：

1. 在外出活动或者过渡环节谈话活动中，教师可以与幼儿共同寻找冬天的季节特征，如冬眠（爱睡觉不爱吃食物）的乌龟、光秃的树木、结冰的河湖、户外说话时的哈气、人们着装的变化等，师幼可以把发现展示在墙面和环境中。

2. 和幼儿共同学习儿歌《四季歌》，丰富幼儿关于季节的知识。

附儿歌：《四季歌》

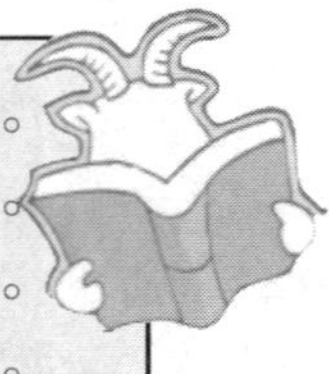

春天到了什么叫？叫得什么眯眯笑？春天到了燕子叫，叫得桃花眯眯笑。
夏天到了什么叫？叫得什么脸发烧？夏天到了知了叫，叫得石榴脸发烧。
秋天到了什么叫？叫得什么香气飘？秋天到了大雁叫，叫得桂花香气飘。
冬天到了什么叫？叫得什么雪里俏？冬天到了北风叫，叫得梅花雪里俏。

（李光迪）

目标9：能够感受并喜爱节日装饰中的美，发现事物美的特征。

目标10：能正确运用普通话进行交流。

目标11：喜欢用口头语言和肢体语言表现自己感兴趣的事情和自己的生活经历。

指导建议：引导幼儿观察周围环境中的新年装饰，抓住主要特征，感受节日气氛的美。引导幼儿观察街道上、商店里迎接春节的变化，感知节日的喜庆气氛。与幼儿谈论有关“春节”班级环境布置的话题，说唱歌曲《咙咚锵》（曲谱详见第298页），交流在环境布置中的感受和趣事。

目标12：进一步感知不同乐器音色的变化。

指导建议：

1. 在生活环节中播放不同乐器演奏的同一首乐曲，引导幼儿感受不同乐器的音色。
2. 请男孩、女孩分别演唱同一首歌曲，感受声音的不同。

活动区活动

运动区

目标1：大、小肌肉的发展较好，动作较协调、灵活。

目标2：能不怕寒冷，积极勇敢地参加体育活动。

目标3：练习听指令跑，提高动作灵活性和快速反应能力。

指导建议：

1. 天气虽然寒冷，但成人一定要带孩子进行户外运动。在运动前检查孩子的服装是否安全、是否适宜运动，不要过多地穿厚重的棉衣，棉背心较适宜幼儿运动时穿着。
2. 运动前一定要先带孩子做身体的准备活动，到户外先热身。
3. 冬季选择运动量稍大的游戏，如追跑、跳跃、踢球等。
4. 向家长推荐适合家庭的亲子运动游戏，指导家长与孩子共同玩耍。

角色区

目标1：能为他人服务（如帮助同伴穿脱衣服等）有初步的责任感。

目标2：能正确运用普通话进行交流。

指导建议：

1. 在娃娃家开展“新春餐厅”“今天我当家”“娃娃医院”等主题的角色表演游戏，

提供角色扮演（餐厅工作人员、家长和孩子、医生和病人等）的服装和材料，如菜谱、体温计、娃娃衣服等，引导幼儿体会照顾他人，感受为他人服务的过程。

2. 游戏过程中注意观察、纠正幼儿的语言发音，正确运用普通话。

表演区

目标 1：进一步体验、探索和感知音乐中的强弱、快慢，音调的高低和音色的变化。

目标 2：游戏中知道别人有自己的爱好和想法，懂得尊重别人的意见。

目标 3：体验音乐作品的基本情绪和情感，尝试用自己喜欢的方式表达对音乐的感受。

目标 4：使用自制乐器，按简单固定的节奏型为歌曲做即兴伴奏。

指导建议：

1. 投放不同音色的乐器磁带（如小号、钢琴、小提琴、笛子等），引导幼儿在游戏时陆续进行欣赏，并开展“我最喜欢的乐器”评选活动，并为幼儿提供机会在集体面前讲述自己喜欢某种乐器的理由。

2. 提供空瓶子若干，并在里面装上不同的物品（如豆、米、小米、小沙砾），请幼儿在摆弄中感受它们之间音色的差异。

美工区

目标 1：知道春节的意义，感受节日的快乐气氛。

目标 2：认识装饰作品所表现的内容，感受作品的美感特点，初步了解和体验作品的不同风格。

目标 3：能利用身边的物品或废旧材料制作手工艺品，美化自己生活或开展其他活动。

指导建议：

1. 结合幼儿用书里“树爷爷过新年”内容，提供各种绘画和制作工具、材料，如丽晶笔、海绵笔刷、水粉颜料、各色彩纸、图形半成品等。

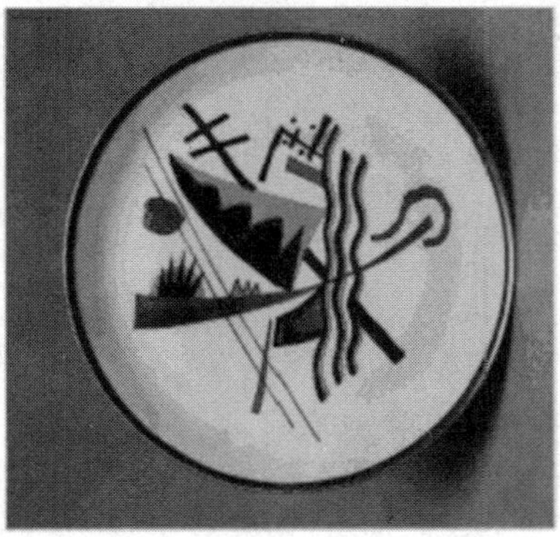

花盘（康定斯基）

2. 提供能够启发幼儿进行装饰制作的艺术欣赏作品和范例，引导幼儿欣赏，从中获得启发和熏陶。

3. 提供画《花盘》（康定斯基），在美术欣赏的基础上，引导幼儿使用各种材料和工具进行大胆创作。

重点指导：

1. 投放工艺美术欣赏品，引导幼儿感知工艺美术的特点。

2. 引导幼儿讨论作品的表现风格与方法。

3. 提供纸盘和丰富的绘画、制作材料，如丽晶笔、海绵笔刷、水粉颜料、各色彩纸、图形半成品等，再现作品。

4. 鼓励幼儿富有个性地创作。

建构区

目标1：能运用形状不同的积木进行搭建，在表达建筑物造型的过程中充分感知积木的形体特征。

目标2：能运用大小不同的积木进行搭建，在堆高、围拢、增宽等搭建过程中体会积木的数量关系以及大小不同积木之间的转换关系。

目标3：能从图书、电脑等途径中获得关于年的相关信息，获得快乐。

指导建议：

1. 引导幼儿根据“过年”主题进行“节日的街道”搭建游戏，收集相关的图片资料。

2. 在搭建过程中，指导幼儿运用等宽、等高形状的积木搭建街道、楼房、商店等。

3. 家园共同从图书、网络、报纸等途径收集过年装饰建筑物的图片，如有霓虹灯、灯笼、对联、宣传画的建筑物，把图片张贴在建构区，供幼儿制订搭建计划，学习借鉴使用。

科学区

目标1：主动观察和探索生活中光的现象，根据这些现象进行初步的猜想。

目标2：在探索游戏中发展幼儿小肌肉的灵活性和协调性。

指导建议：

1. 指导家长利用幼儿用书里的《夜空》内容，引导幼儿体验光的奇妙。

2. 投放手电筒、万花筒、望远镜等日常物品和玩具，以及各种光学仪器，如平面镜、凸透镜、凹透镜、三棱镜等供幼儿探索光的奥秘。

3. 教师与幼儿一起演皮影戏，感知光和影。

益智区

目标：学习按10以内物体的数量特征进行分类。

指导建议：

1. 投放画有1～10不同数量的点子、动物、日常用品等的卡片和1～10的数字卡片，指导幼儿按物体的数量特征进行分类。

2. 投放各种扣子，让幼儿分一分。

阅读区

目标1：能从图书、电脑等途径中获得关于年的相关信息，获得快乐。

目标2：喜欢听儿歌，有仿编儿歌的兴趣。

指导建议：

1. 在阅读区投放关于各种民间传说的图书，让幼儿进行阅读。

2. 家园共同收集整理、投放关于过年习俗的图书、图片等，包括国外过年（东南亚国家、欧美国家）的习俗，引导幼儿进行认知和区分，拓展视野。

3. 投放配有插图的儿歌读本，教师和幼儿共同阅读，并有意识地让幼儿进行仿编。重点引导幼儿仿编的技巧：这是一种模仿，随着关键字词的改变，内容要有所改变；仿编后的儿歌仍然是有美感的，是合乎情理的。鼓励幼儿发挥自己的想象力，进行模仿。

集体活动

活动一　我家几口人

目标 1：能不怕寒冷，积极勇敢地参加体育活动。

目标 2：练习听指令跑，提高动作的灵活性和快速反应能力。

准备：铃鼓一个；比较开阔平坦的场地；幼儿已学会游戏的儿歌。

过程：

1. 大家来做操。

幼儿四散在场地上站好，随教师一起边说儿歌边做操，儿歌：小朋友，起得早，高高兴兴来做操，伸伸臂、伸伸臂，弯弯腰、弯弯腰，踢踢腿、踢踢腿，蹦蹦跳、蹦蹦跳，天天锻炼身体好。

幼儿根据儿歌的提示做出相应的动作，教师提示幼儿动作到位、有力。

2. 听鼓声跑步。

教师手拿一个铃鼓，幼儿听鼓声做动作。当听到教师摇晃铃鼓时，幼儿顺时针一个跟着一个跑大圈，声音大为快跑，声音小为慢跑；当听到教师敲击铃鼓时，幼儿迅速转身逆时针方向跑，同样，铃鼓声音大为快跑，声音小为慢跑。如此，反复几次。

教师提醒幼儿在转身跑时不要和后面的小朋友撞上。

3. 玩游戏："我们是一家"。

（1）游戏玩法：幼儿匹散站在场地上，拍手说儿歌："我家有几口，让我扳指头，仔细数一数，一共有——"，然后，幼儿开始四散慢跑，但不能远离老师，当听老师的口令是"三口"，幼儿快速自由结成三人一组的圆圈，并搂抱在一起。

（2）教师的口令每次可以相同，也可以不同，最好在 3 ~ 5 人之间轮换。

（3）教师重点提示幼儿快速点数，就近组成"家庭"。

（4）游戏进行 2 ~ 3 次。

4. 跟着小鼓做动作。

幼儿四散站在场地上，当教师在头上敲击铃鼓时，幼儿提踵走路，并将手高举在头上做动作；当教师在胸前敲击铃鼓时，幼儿正常走路，并做摆臂动作；当教师在腿前敲击铃鼓时，幼儿半蹲走路；当听到教师摇铃鼓时，幼儿做原地转的动作等。

建议：在玩游戏"我们是一家"时，当幼儿熟悉游戏玩法后，教师可用铃鼓声来指示幼儿几人结伴。例如，教师敲三下鼓，三个幼儿就马上站在一起；也可以请幼儿来说指令。

活动二　年的故事

目标 1：知道春节的意义，感受节日的快乐气氛。

目标 2：喜欢提问，并能积极大胆回答问题。

准备：怪兽头饰或手偶；人物手偶或头饰；幼儿制作的鞭炮；中班幼儿用书。

过程：

1. 教师与幼儿讨论年的来历，激发幼儿对活动的兴趣和欲望，知道春节的意义。

（1）教师和幼儿讨论年的来历，鼓励幼儿大胆猜想并积极表述。

（2）教师利用手偶和头饰为幼儿分段进行故事讲述，帮助幼儿理解和总结故事的内容。

提示：教师之间可以相互配合，利用手偶和头饰为幼儿进行表演性的故事讲述。

2. 结合幼儿用书，教师引导幼儿仔细观察画面，注意画面中的人物和发生的事情。通过对画面的观察及教师的提问，加深幼儿对故事情节的理解。

重点：1. 引导幼儿通过故事知道年的来历；要鼓励幼儿积极大胆地回答问题，同时给予及时的鼓励。

2. 引导幼儿在故事中或者画面中找到中国人过年的风俗内容。

建议：

1. 幼儿与教师共同讨论制作怪兽头饰和需要的人物头饰，共同进行《年的故事》表演活动。

2. 活动前教师可以让幼儿家长和幼儿共同收集关于“年”的故事，收集过春节的图片、照片等。也可以让家长谈谈自己小时候过年的故事。

附录故事：《年的故事》

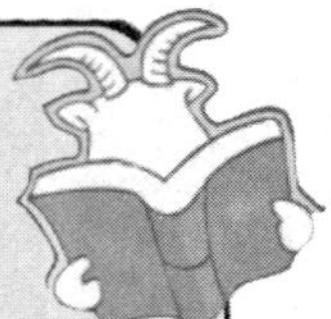

相传，中国古时候有个叫“年”的怪兽，头上有个角，非常厉害。“年”每到除夕就会从海里爬到岸上，吃牲畜，伤人命。所以，大家到这一天，就要往深山里逃命。

有一年的除夕，桃花村里来了一位乞讨的老人。大家因为急着逃命，所以谁也顾不上关照他，只有一位老婆婆给了他一些食物。乞讨的老人说：“老婆婆，您如果让我在您的家里过一夜，我一定会帮您赶走怪兽‘年’的。”婆婆不信，就随着大家上山了。

半夜里，怪兽“年”又来了。它发现在村东头的老婆婆家，街门上贴着大红纸，屋子里灯火通明。怪兽“年”一抖身体，大声怪叫着朝老婆婆家扑去。突然，院里传来“噼噼啪啪”的声音，“年”吓得浑身颤抖，再也不敢往前走了。原来，怪兽“年”最怕红色、火光和爆响了。这时，院门开了，乞丐老人身穿红袍在哈哈大笑。“年”一看吓得赶紧逃了。

从此，人们都知道了驱赶“年”的办法，就再也不逃命了。每到除夕夜，家家贴对联、放爆竹、点灯火、守夜，快快乐乐、热热闹闹地过新年。

活动三　冰的融化

目标1：能对身边的常见事物、现象进行大胆猜想和主动探究。

目标2：学会运用比较的方法进行科学活动，感受比较的过程和结果，获得初步的比较能力。

准备：

1. 教师与幼儿共同将几盆水（或不同容器里的水）冻成冰。

2. 水、水盆、小组记录纸、班级总记录表。

过程：

1. 教师与幼儿共同进行“冰放到水里后会怎样”的猜想。

（1）教师与幼儿讨论“冰放到水里后会怎样”，引导幼儿积极猜想，并大胆表述。

（2）教师在此过程中要接纳幼儿的猜想，并予以及时的鼓励。

2. 记录猜想

请幼儿按照自己的猜想自由结合成小组。请各个小组把本组的猜想记录在小组记录纸上，并展示给其他组。

重点指导：引导幼儿把猜想清楚地记录在纸上，能让别人看懂。

3. 验证猜想

验证准备：准备与小组数目相同的水盆，水盆里装一定量清水，并标注。

（1）请各组把冰块分别放到本组的水盆里，教师与幼儿共同进行验证。

（2）教师和幼儿进行观察。引导幼儿在等待的间隙里进行喝水、喝奶、户外活动（或区域活动）等环节，再来观察。

（3）请幼儿完成其他活动后对水盆里的冰、以及水盆的水量进行观察和记录。还可以引导幼儿讨论后用手感受一下现在水盆里的水温，说一说是什么感觉。

（4）引导幼儿得出结论：冰放到水里会融化。

重点：指导各个小组的幼儿在观察过程中做好认真客观的记录工作。

4. 教师与幼儿共同分享此次活动的经验。

教师出示班级记录纸，共同回顾活动过程并做记录，总结经验。

建议：此活动需要持续观察，教师要适时引导幼儿观察并发现融化过程中的细节，并指导幼儿做记录。

活动四　咙咚锵

目标1：体验音乐作品的基本情绪和情感，尝试用自己喜欢的方式表达对音乐的感受。

目标2：能够按简单的固定节奏型为歌曲做即兴伴奏，表达情感和体验，并具有初步的协调配合能力。

目标3：愿意参加音乐活动，能够从音乐活动中获得愉悦和美感。

目标4：正确使用、有序收放自制乐器。

准备：自制的打击乐器人手一个。

过程：

1. 教师与幼儿共同讨论过新年带来的快乐。

（1）教师请幼儿欣赏一段敲锣打鼓的声音，请幼儿说一说这是什么声音。

（2）鼓励幼儿用象声词模仿锣鼓声，并说一说听到这样的声音有什么感觉。

2. 学唱歌曲《咙咚锵》。

（1）请幼儿听琴声和老师的范唱。

（2）引导幼儿体会歌曲中的愉悦情感和轻快节奏，并鼓励幼儿和老师共同学唱歌曲。重点引导幼儿唱好锣鼓的声音，体会歌曲表达的喜悦、喜庆的情绪情感。

3. 教师与幼儿共同开展音乐伴奏游戏。

教师鼓励幼儿选择自制的打击乐器，按节奏为歌曲做即兴伴奏。

建议：可以让家长和幼儿共同收集与新年有关的各类乐曲，和幼儿共同欣赏，并用自制的乐器打出节奏。

附歌曲：《咙咚锵》

1＝F 2/4　　刘明将 词曲

3 3 | 3· 2 | 1· 2 1· 2 | 3 0 |
过 新 年 呀，咙 咚 咙 咚 锵！
2 2 | 2· 1 | 6· 1 | 6· 1 | 2 0 |
多 快 乐 呀，咙 咚 咙 咚 锵！
2· 3 2· 3 | 5 0 | 2· 3 2· 3 | 5 0 |
咙 咚 咙 咚 锵！ 咙 咚 咙 咚 锵！
2· 3 2· 3 | 5 0 | 2· 3 2· 3 | 5 0 3 2 | 1 0 1 0 | 1 0 ||
咙 咚 咙 咚 锵！ 咙 咚 咙 咚 锵！ 咙 咚 锵 锵 锵！

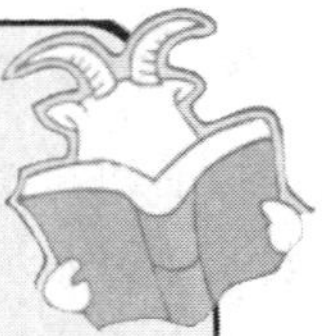

活动五　添画——新年服装

目标1：能够感受并喜爱节日的服装，发现它们喜庆的特点和美的规律。

目标2：尝试运用绘画、手工制作及装饰的形式表达对规律美的理解。

准备：幼儿用书、服装范例（实物、图片）、服装纸样、添画半成品、水彩笔。

过程：

1. 感知欣赏。

（1）出示范例，引导幼儿初步感知新年服装款式（对襟、大襟等）、花色（夸张、象征等）的特点，说说自己对新年服装的理解。

（2）引导幼儿观察新年服装规律美的特点。

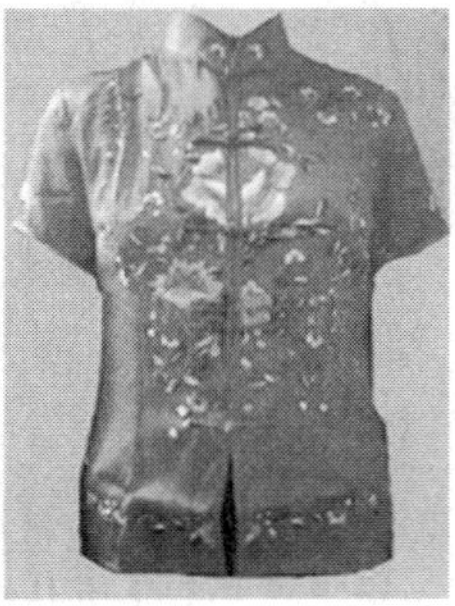

2. 鼓励创作。

（1）提供不同品种和层次的创作材料，鼓励幼儿大胆设计自己的新年服装，把快乐的心情和对生活的美好愿望表达出来（例如，衣服上有一张哈哈大笑的嘴，有一对欢乐的小精灵等）。

（2）指导幼儿运用规律美进行创作，突出服装的节日装饰特点。

3. 讲评。

（1）请幼儿相互介绍自己的作品，说说作品所表达的美好愿望，体会绘画的快乐。

（2）请幼儿把作品布置出一个专栏——“新年的衣服”，表示对春节的庆祝。

（三）第二周目标与落实途径

领域	目　标		落实途径
健康	知道必要的安全保健常识，学习保护自己。	1. 能通过安全教育，提高自我保护的意识和能力。 2. 能通过营养教育，养成科学的生活态度。	生活、区域： 外出时能注意交通安全，知道不在马路上玩耍、乱跑，要在成人的带领下过马路。 集体： 知道要吃健康的食物，形成良好的进餐习惯。
	在丰富的活动中发展基本动作，提高动作的协调性、灵活性。	1. 通过体育锻炼增强体质，对冬季的寒冷有一定的适应能力。 2. 喜欢参加丰富多彩的体育活动，养成热爱体育活动的兴趣与习惯。 3. 动作发展更加协调、灵活。	区域： 1. 对户外活动感兴趣，对冬季寒冷有一定的适应能力。 2. 练习夹包跳，发展基本动作的协调能力。 3. 在各类游戏中发展小肌肉，手眼协调能力得到发展。 集体： 1. 对冬季户外活动感兴趣，对冬季寒冷有一定的适应能力。 2. 在游戏中发展基本动作，动作较协调、灵活。
语言	乐意与人交谈，讲话时自然礼貌。	能运用语言与别人交往，体验语言交流的乐趣。	生活： 能运用语言与别人交往，体验语言交流的乐趣。
	注意倾听对方讲话，能理解日常用语。	1. 养成注意倾听的习惯，发展语言理解能力。 2. 能从图书、电视、电脑、广播、口头交谈等多种途径得到与其生活经验相关的语言信息，从中获得知识和感受快乐。	区域： 从图书、电脑等途径中获取关于年的相关信息，获得认知的快乐。 集体： 在活动中能注意倾听同伴的发言，逐步理解别人的见解。
	敢于当众讲话，能清楚地说出自己想说的事。	能大胆、清楚地表达自己的想法和感受。	生活： 大胆、清楚地表达自己的想法和感受。

（续表）

语言	喜欢听故事、看图书，有初步的前阅读和前书写能力。	1. 能感受优秀儿童文学作品语言的丰富和优美，理解作品中的内容。 2. 喜欢听儿童文学作品，学习和仿编诗歌。	生活： 喜欢听儿歌，能感受作品语言的丰富。 区域、集体： 喜欢阅读儿歌，有仿编儿歌的兴趣。
	能听懂和会说普通话。	能正确运用普通话。	生活： 能运用普通话进行交流。
社会	能主动地参与各项活动，有自信心。	1. 能自己选择活动主题，制订、实施自己的计划。 2. 能尝试解决生活、游戏、活动中遇到的问题，获得成功的感受，体验自信。	区域、集体： 能自己选择活动主题，制订、实现自己的计划。 集体： 能尝试解决游戏、活动中遇到的问题，获得成功的感受，体验自信。
	乐意与人交往，学习互助、合作和分享，有同情心。	能积极主动与同伴交往，会使用礼貌用语，初步学会轮流、分享、谦让、互助与合作。	区域： 能积极主动与同伴交往，会使用礼貌用语，初步学会轮流、分享、谦让、互助与合作。
	初步了解社会常识。	幼儿初步知道春节等节日的意义，愿意充分表现自己，充分感受节日的快乐气氛。	生活： 知道春节的意义，感受节日的快乐气氛。
科学	能运用各种感官，动手动脑，探究问题。	尝试运用比较的方法进行科学活动，感受比较的过程和结果，获得初步的比较能力。	区域、集体： 学会运用比较的方法进行科学活动，感受比较的过程和结果，获得初步的比较能力。
	能用适当的方式表达、交流探索的过程和结果。	交谈中能使用表示比较的语言（如：更长、更短、更轻、更重等），促进对事物相互关系的理解。	集体： 发言中能使用比较的词汇（如更长、更短、更强、更弱等），表达对事物关系的理解。
	能从生活和游戏中感受事物的数量关系，体验到数学的重要和有趣。	初步感知10以内物体数量的守恒（不受大小、排列形式等因素的影响）。	区域、集体： 初步感知10以内物体数量的守恒（不受大小、排列形式等的影响）。

（续表）

科学	爱护动植物，关心周围环境，亲近大自然，珍惜自然资源，有初步的环保意识。	1. 尝试在种植活动中体验照料植物的方法，感知植物的生长变化，初步懂得爱护植物。 2. 在日常生活中，感知和体验一些天气现象（如风、雨），初步体验季节变化与动植物及人们生活的关系。	生活： 在日常生活中，感知和体验一些天气现象（如风、雪），初步体验季节变化与人们生活的关系。 区域： 尝试在种植活动中体验照料植物的方法，感知植物的生长变化，初步懂得爱护植物。
艺术	能初步感受并喜爱生活和艺术中的美。	1. 喜欢故事、诗歌、木偶剧、动画片、皮影戏、小歌剧等艺术作品，感受其中的美。 2. 体验、探索和感知音乐中的强弱、快慢、音调的高低和音色的变化。	区域： 能通过环境的提供欣赏音乐剧，感受其中的美。 区域、集体： 进一步体验、探索和感知音乐中的强弱、快慢、音调的高低和音色的变化。
	积极参加表演活动，在活动中获得愉快、丰富的情绪体验。	尝试参与戏剧性表演活动，激发表演兴趣。	区域： 结合故事欣赏或主题活动，尝试开展戏剧性表演，培养对表演活动的兴趣。
	能够大胆地用自己喜欢的方式进行艺术表现和创作，富有个性地表达自己的情感和体验。	按简单的固定节奏型为歌曲做即兴伴奏，表达情感和体验，并具有初步的协调配合能力。	集体： 按简单的固定节奏型为歌曲做即兴伴奏，表达情感和体验，并具有初步的协调配合能力。
	具有表演活动的良好习惯。	能有序收放表演物品。	区域： 能有序收放乐器。
	能够感受并喜爱生活和环境中的美，发现事物美的特征。	1. 能够从生活中美好的人和事中获得深刻印象，发现事物美的特征。 2. 能够有意识地收集一些带有艺术特点的生活用品和自然物，丰富活动区的美术创作材料。	区域： 1. 感受并喜爱生活和节日装饰中的美，发现事物美的特征。 2. 有意识地收集一些带有艺术特点的生活用品和自然物，丰富活动区的美术创作材料。 集体： 观察周围环境中为迎接节日而发生变化的景象，抓住主要特征，感受节日气氛。

（续表）

艺术	认识美术作品所表现的内容，感受作品的美感特点，初步了解作品表现的方法。	喜欢阅读、欣赏各种类型的美术作品，初步感知和了解作品的不同艺术风格。	集体： 认识美术作品所表现的内容，感受美术作品的美感特点，初步了解和体验美术作品表现的不同风格。
	喜欢用不同风格的美术方式表达自己对事物的印象与情感体验，获得心理上的满足。	能够运用手工制作的美术方式表达对事物的印象与情感体验，发展艺术表现能力。	区域： 喜欢用制作方式表达自己的所见、所知和对事物的印象。
	认识、选择各种美术材料和工具，在使用中大胆尝试、设想与创作。	能利用身边的物品或废旧材料制作玩具、手工艺品，美化自己的生活或开展其他活动。	区域： 能利用身边的物品或废旧材料制作玩具、手工艺品，美化自己生活或开展其他活动。
	发现周围事物中美的规律，并能够按照这些规律用美术方式进行表达。	尝试运用绘画、手工制作及装饰的形式表达对规律美的理解（如对称、重复、韵律等）。	区域： 能够用美术方式按照规律进行装饰或表达。 集体： 尝试运用绘画、装饰的形式表达对规律美的理解。

生活活动

目标1：外出时能注意交通安全，知道不在马路上玩耍、乱跑，要在成人的带领下过马路。

目标2：能运用语言与别人交往，体验语言交流的乐趣。

目标3：能大胆、清楚地表达自己的想法和感受。

指导建议：

1. 可以组织幼儿开展参观超市或“超市采购”活动。活动前，与幼儿共同讨论“外出如何注意安全”，“春节期间和父母外出如何注意交通安全”的话题，知道要遵守交通规则，要在成人的带领下过马路。

2. 教师引导幼儿有意识地收集和认识常见的交通标志。

3. 教师鼓励幼儿谈论关于“商场（超市）购物”的见闻，说说自己去的商场（超市）名称，看到的商品，它们是怎么分类的。迎新年的物品都有哪些，你买了哪些物品等。鼓励幼儿能利用生活经验进行讲述。

目标4：喜欢听儿歌，能感受作品语言的丰富。

指导建议：

1. 家长和幼儿共同收集一些传统儿歌，和幼儿一起说一说，念一念，引导幼儿注意感受传统儿歌与一般儿歌的区别，如文字、内容的区别等。

2. 教师向幼儿介绍传统儿歌的特点：文字诙谐幽默，是人们在日常生活中口耳相传，积累流传下来的，一般是对人们生活、劳动经验的积累和描述；没有固定的作者等。

附：传统儿歌

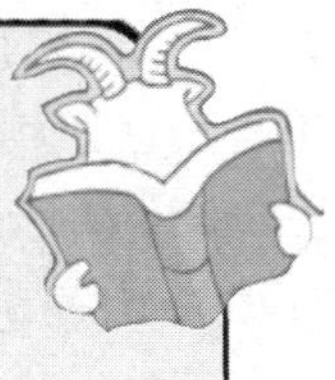

小孩儿小孩儿你别馋，过了腊八就是年。
腊八粥，喝几天，哩哩啦啦二十三。
二十三，糖瓜粘；二十四，扫房子；
二十五，冻豆腐；二十六，去买肉；
二十七，宰公鸡；二十八，把面发；
二十九，蒸馒头；三十晚上熬一宿，大年初一扭一扭。

目标5：知道春节的意义，感受节日的快乐气氛。

目标6：能运用普通话进行交流。

指导建议：

1. 结合幼儿用书《红红火火的年》内容，引导幼儿在日常生活中寻找和发现身边的红色和象征喜庆的事物（如各种挂饰、年画、灯笼、春联、窗花、衣服等），让幼儿充分感受红色是中国人喜欢的传统喜庆色。

2. 可以制作各种装饰物（如气球、彩带、拉花等）装饰活动室，感受节日的快乐气氛。

3. 鼓励幼儿将自己对春节的了解与同伴进行交流，丰富幼儿对春节的认识。提供传统儿歌，让幼儿体验过年的乐趣。

目标7：在日常生活中，感知和体验一些天气现象（风、雪），初步体验季节变化与人们生活的关系。

指导建议：

1. 引导幼儿关注天气的变化，尝试做好“天气预报”的播报和记录工作。教师可以引导幼儿在播报时加入“生活小提示”等方面的内容。如今天有大风，请小朋友户外活动前穿好背心、拉好拉链，系好扣子。

2. 通过多种形式引导家长在日常生活中也要培养孩子对周围环境和天气的关注。如每天与孩子一起看电视中的“天气预报”节目，认识常见的天气情况标志等。

活动区活动

运动区

目标1：对冬季户外活动感兴趣，对冬季寒冷有一定的适应能力。

目标2：在夹包跳中，幼儿基本动作的协调能力得到发展。

目标3：幼儿大、小肌肉动作较协调、灵活。

指导建议：

1. 成人为幼儿准备适宜冬季运动的丰富的玩具或材料，如轮胎、各类球、纸盒等，供幼儿自由选择进行游戏。

2. 教师注意引导幼儿创造多种玩法。

3. 选择平坦、柔软、较为宽敞的场地，引导幼儿进行双人夹包游戏。玩法：两人各站在一条线的两侧，先由一人用两脚内侧前部夹住沙包，原地跳起，同时将沙包向前甩出，使沙包越过线，另一名幼儿在用同样的方法，将沙包甩回，如此反复进行。教师重点提醒幼儿要两脚夹紧，同时用力甩出。

4. 引导家长在家庭中与幼儿一起进行多种亲子游戏活动。

角色区

目标1：能自己选择活动主题，制订、实现自己的计划。

目标2：能积极主动地与同伴交往，会使用礼貌用语，初步学会轮流、分享、谦让、互助与合作。

指导建议：

1. “百货商店”开展“新年大卖场”主题游戏，与幼儿共同商量增添有关节日的商品，如灯笼、鞭炮、年画等。

2. 教师以店员的身份指导、帮助幼儿根据游戏主题制定规则，合理的分配角色，在游戏中引导幼儿使用礼貌用语，如请问、不客气、没关系等。

3. 在游戏中引导幼儿学习谦让、互助与合作，分享共同游戏的乐趣。

表演区

目标1：欣赏故事、诗歌、木偶剧、动画片、皮影戏、小歌剧等艺术作品，感受其中的美。

目标2：结合故事欣赏或主题活动，尝试开展戏剧性表演，培养对表演活动的兴趣。

目标3：进一步体验、探索和感知音乐的强弱、快慢，音调的高低和音色的变化。

目标4：正确使用、有序收放自制乐器。

指导建议：

1. 在表演角投放《小熊请客》的音乐剧光盘或磁带，引导幼儿欣赏，提供表演背景和道具，激发幼儿表演的兴趣。

2. 帮助幼儿熟悉《小熊请客》音乐剧中的对唱，感受作品的旋律美和对唱的方式，尝试模仿主要情节。

3. 和幼儿一同制作收放玩具的标志，帮助幼儿正确使用，有序收放。

美劳区

目标1：能够感受并喜爱生活和环境中节日装饰的美，发现事物美的特征。

目标2：喜欢用制作方式表达自己的所见、所知和对事物的印象。

目标3：能够用美术方式按照规律进行装饰或表达。

目标4：能利用身边的物品或废旧材料制作玩具、手工艺品，美化自己生活或开展其他活动。

指导建议：

1. 请家长和幼儿共同收集关于鞭炮的来历以及发展的过程，提供仿真鞭炮，让幼儿感知鞭炮的外形特征，与同伴共同分享。

2. 参照中班幼儿用书相关内容做鞭炮。让幼儿了解制作鞭炮的材料、方法、步骤。

3. 活动区提供不同层次的制作材料，如报纸、各种颜色的皱纹纸、红纸、长绳、废旧材料等，让幼儿自主选择，满足他们不同兴趣、不同水平的需要。

4. 指导幼儿制作过程，发现困难及时给予适当帮助。

5. 协助幼儿共同将制作好的鞭炮装饰教室，营造节日的喜庆氛围。

建构区：插塑区

目标1：为积木区的主题搭建提供辅助材料，发展空间造型能力。

目标2：发展小肌肉的灵活性和创造能力。

指导建议：

1. 与地面建构区同伴讨论，对搭建“节日的街道”需要的辅助材料进行合理的补充，如街道上的树、灯、楼房等。

2. 提供立体嵌接玩具、插接玩具、主题积塑，有目的、有计划地选择材料进行创造性的插、装，满足幼儿不同的插接兴趣的需要。

科学区

目标1：学会运用比较的方法进行科学活动，感受比较的过程和结果，获得初步的比较能力。

目标2：尝试在种植活动中体验照料植物的方法，感知植物的生长变化，初步懂得爱护植物。

指导建议：

1. 教师可以和幼儿在自然角开展“光对植物生长的影响”的小实验。通过比较的方法，让幼儿感受光的作用。如两盆同时栽种的蒜，一盆放在窗台前有光的地方，一盆放在见不到光的角落里，比较两盆蒜的成长差异。或者两盆蒜，分别用纸或黑色塑料袋罩起来，在不同的位置剪一个口，观察植物的长势等。

2. 教师可以提供观察记录本，和幼儿共同通过猜想、观察、验证光对植物生长的影响。

益智区

目标1：外出时能注意交通安全，不在马路上玩耍、乱跑，要在成人的带领下过马路。

指导建议：在益智区教师可以投放关于交通安全的“迷宫”玩具，幼儿在正确认识交通标志并能遵守交通规则的基础上，顺利走出迷宫。

目标2：初步感知10以内物体数量的守恒（不受大小、排列形式等的影响）。

指导建议：

1. 在益智区提供“送祝福”的操作材料：1～10数字卡片1套、不同颜色、不同大小的喜庆卡片若干、小刺猬图片1个、小熊开火车卡片一个（10个车厢）、夹子若干。

2. 玩法：两名幼儿共同操作，先拿一张数字卡，如6，就是需要刺猬和小熊每人都要送6张卡片。小刺猬只能集中送，用夹子在身体上夹6个卡片；小熊需要在每个车厢里装一个卡片，或在每个车厢上夹一个卡片。两人完成后，数一数是不是一样多。引导幼儿感受守恒。物体数量不会因为颜色、大小、排列形式的变化而变化。

阅读区

目标1：能从图书、电脑等途径中获取关于年的相关信息，获得认知的快乐。

指导建议：家园共同通过多种途径收集关于年画的图片、资料（如制作过程、民间艺人）等，供幼儿欣赏。教师要注重引导幼儿欣赏年画的绘画风格，感受中国民族文化特色，同时，了解年画的寓意等。

目标2：喜欢阅读儿歌，有仿编儿歌的兴趣。

指导建议：鼓励幼儿根据《绿色的世界》儿歌仿编，继续对其他儿歌进行仿编。在仿编过程中，老师要让幼儿充分发挥想象力，对幼儿的表现予以及时反馈。

附儿歌：《绿色的世界》

绿色的天空，绿色的小猫，绿色的甜糕，绿色的手套。这儿，一片绿，那儿，一片绿，到处都是绿、绿、绿，当我把绿色的眼镜拿掉，绿色的世界忽然不见了。

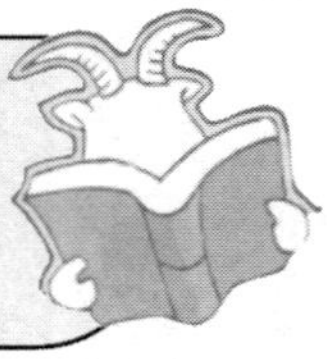

集体活动

活动一 年夜饭

目标1：知道要吃健康的食物，形成良好的进餐习惯。

目标2：能自己选择活动主题，制订、实现自己的计划。

准备：绘画材料、粘贴材料、剪刀、超市购物宣传单、各种蔬菜图片、食物图片等（可以通过家园合作完成资料的收集）。

过程：

1. 教师和幼儿共同回忆吃年夜饭的经历。

（1）让幼儿说说年夜饭指的是哪一天晚上吃的饭，猜猜过年吃年夜饭有什么重要意义。

（2）与幼儿共同回忆吃年夜饭的经历。引导幼儿说出健康的食品。

2. 教师和幼儿讨论今年年夜饭怎样吃才能既健康又美味。

（1）鼓励幼儿参与讨论，说出自己既喜欢吃又健康的菜肴，教师用图片展示。

（2）教师引导幼儿说说家里的爸爸妈妈、爷爷奶奶喜欢吃什么，年夜饭他们吃什么最健康。

3. 动手制作“美味”年夜饭。

（1）教师鼓励幼儿制订制作年夜饭的计划书，按照计划收集材料，进行人员分工。

（2）鼓励幼儿分组设计年夜饭的菜肴，并运用材料进行制作。教师要支持幼儿的想法。引导幼儿设计适合家庭成员口味的健康美味的菜肴。

（3）引导幼儿按照计划书及时调整进程。

4. 活动结束后，教师鼓励幼儿与别人分享年夜饭的设计及制作。

建议：

1. 活动可以根据实际情况分阶段进行。

2. 在娃娃家提供相应的图片和操作材料，制作健康美味的年夜饭。

活动二　小矮人

目标 1：在体育锻炼中，不怕冷，表现勇敢。

目标 2：在游戏中发展基本动作，动作较协调、灵活。

准备：

1. 有穗的自制花灯 8 个、悬挂花灯的绳子 2 根、彩色空气球 4 ~ 6 个。

2. 雄壮有力的进行曲。

3. 场地布置如下图：

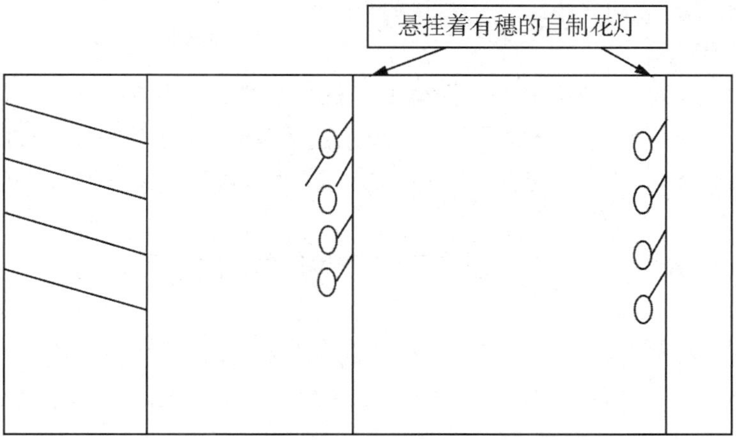

过程：

1. 可爱的小矮人。

（1）教师带领幼儿随进行曲的音乐有精神地进行走步练习，中途可以带领幼儿喊口号。

（2）教师提出任务：谁会模仿小矮人走路？全体幼儿在场地上自由模仿，教师启发幼儿“看哪个小矮人最矮”，重点指导幼儿将身体全部蹲下走。

（3）教师提出问题：谁会模仿小矮人跑步？全体幼儿在场地上自由模仿，教师启发幼儿“看哪个小矮人最矮”，重点指导幼儿将身体半蹲着跑。

（4）教师可以在幼儿练习时播放进行曲的音乐，启发幼儿按照节奏走或跑。

2. 小矮人摸灯。

（1）教师将游戏场地布置好，幼儿分成四队站在起始线后预备。

（2）教师介绍游戏玩法："我们小矮人去观灯，这个灯是神灯，你用手摸到它的穗，身体就会长高一点。所以，我们小矮人先全蹲走到第一排灯下面，跳起来用手摸到灯穗，身体变成半蹲跑到第二排灯下，再跳起用手摸灯穗，身体变成直立，直接跑回本队。"

（3）幼儿开始第一次游戏，每队排头听教师口令蹲走出发，当排头跳起摸完第一排灯穗后，每队第二名幼儿蹲走出发，鱼贯式进行。

教师重点提示幼儿蹲走时双手抱小腿，纵跳时屈膝用力蹬地。

（4）第二次游戏前，教师根据幼儿纵跳水平调整"神灯"的高度。

（5）游戏进行 2 ~ 3 次结束。

3. 彩球飞跃神灯。

（1）教师将两排"神灯"调整到适合的高度（幼儿举起手臂的高度）摆放在场地中间。

（2）教师介绍游戏玩法："我们来玩彩球飞跃神灯的游戏，每队要将彩球用手打到对方的场地上，但一定要让彩球飞跃过神灯，对面的幼儿待彩球飞过来后，赶快再将彩球打回去，大家注意不能让彩球掉到地下。"

（3）幼儿分成两组进行游戏，分别由两名教师组织指导，每组投放彩球 2 ~ 3 个为宜。

（4）教师重点提示幼儿小组中要相互配合。

4. 小矮人长高了。

教师带领幼儿玩游戏"长高了，变小了"的放松游戏。玩法：幼儿四散在场地上全蹲，随教师说："长高了""又长高了"……幼儿身体慢慢直立起来，一直到幼儿双手举起，教师再说："变小了""又变小了"……幼儿身体慢慢放松一直到身体全蹲下为止。

建议：

1. 幼儿蹲走的距离不宜过长，教师要根据幼儿实际水平灵活调整两排"神灯"的远度和高度。

2. 根据幼儿掌握游戏的情况，适当增加比赛因素。

3. 若幼儿对"彩球飞跃神灯"游戏方式已经掌握，可以记录分数进行比赛。

活动三　绿色的世界

目标 1：喜欢阅读儿歌，有仿编儿歌的兴趣。

目标 2：在活动中能注意倾听同伴的发言，逐步理解别人的见解。

准备：

1. 幼儿自己制作的涂有各种颜色的压膜塑料，或者可以让幼儿带来自己的太阳镜。

2. 在科学区提供这些材料，让幼儿事先进行探索。

过程：

1. 教师与幼儿讨论色彩话题。引导幼儿谈谈喜欢的颜色，体验色彩的美妙。

2. 欣赏儿歌《绿色的世界》。教师朗诵儿歌，提醒幼儿注意倾听绿色世界的样子。

3. 体验色彩，仿编儿歌。

（1）引导幼儿自己选择喜欢的颜色的太阳镜或者压膜塑料，放在眼前看看周围的世界，说说看到了什么，发生了什么样的变化。

（2）鼓励幼儿用自己选择的色彩仿编儿歌。

（3）教师鼓励幼儿与大家分享自己的创作，并给予及时的鼓励。

建议：

1. 刚开始创编时，教师可以让幼儿用“黄色”“蓝色”等代替诗歌中的“绿色”，之后再有内容的改变。鼓励幼儿按照自己看到的事物进行创编。

2. 在美工区投放颜料、水彩笔、塑料色彩板等，让幼儿充分体验色彩的变化及其带来的乐趣。

活动四　购物

目标1：学习制订计划。

目标2：能尝试解决游戏、活动中遇到的问题，获得成功的感受，体验自信。

准备：

1. 幼儿有和家长去超市、市场购物的经验。

2. 绘画工具、超市宣传画等；幼儿用书1～2月分册第6页。

过程：

1. 讨论、分享购物经验。

（1）教师引发“过年要准备年货”的讨论话题。

（2）教师与幼儿讨论、分享购物的过程和经验。

重点：教师要注意及时整理幼儿的经验和提出的问题。

2. 讨论并制订购物计划。

（1）讨论过年想要买的东西，并说出购物不丢三落四的办法。

（2）利用材料分组制订个人购物计划。

重点：

1. 引导幼儿制订清晰、明确的购物计划。

2. 教师鼓励幼儿制订购物计划。

3. 教师和幼儿共同分享个人制订的购物计划。

建议：在娃娃家开设“春节超市”，鼓励幼儿自己创设情景，按照购物单在超市购物。

活动五　比高矮

目标1：学会运用比较的方法进行科学活动，感受比较的过程和结果，获得初步的比较能力。

目标2：发言中能使用比较的词汇（如更长、更短、更强、更弱等），表达对事物关系的理解。

准备：测量工具（软尺、绳子、纸条等）、记录纸。

过程：

1. 教师和幼儿一起进行比身高游戏。

（1）请班上的小朋友两个一组比比高矮，并说出比较结果。

（2）让两个高的幼儿再进行一次比较（或与老师比身高），幼儿得出结论：高的变成矮的了。得出结论：高和矮要看和谁比较。

2. 分组操作活动体验高矮。

（1）教师引导幼儿对班级内物品的高矮进行一次统计。

（2）指导幼儿进行分组，自行选择小组开展比较活动选择的事物。例如，班里的桌椅、板凳、玩具柜比高矮，玩具比高矮，自然角植物比高矮等。

（3）发放操作材料进行比较活动，指导幼儿进行如实详细的记录。

重点：

1. 在幼儿的操作过程中，教师要注意鼓励幼儿同伴之间的帮助和交流。

2. 指导幼儿运用测量工具。

3. 对小组活动的结果进行分享。

（1）分享高矮比较的结果。

（2）教师要重点引导幼儿讨论在比较活动过程中遇到的问题以及解决的办法。

（3）鼓励幼儿把解决问题的办法画出来或者记录下来，与大家分享。

建议：在生活中以及户外活动中，教师可以引导幼儿注意身边物体的高矮。还可以根据本班幼儿的实际情况，在比较的同时引入自然测量的内容。

活动六　挂彩灯

目标1：初步感知10以内物体数的守恒（不受大小、排列形式等的影响）。

目标2：尝试运用绘画、装饰的形式表达对规律美的理解。

准备：不同的建筑物背景图每人一张、不同颜色的自制彩色灯笼图片每人6张，各种灯装饰（冰灯、彩灯、霓虹灯等）图片若干。

过程：

1. 教师出示红色灯笼和灯装饰图片，激发幼儿进行活动的兴趣。

（1）教师和幼儿共同欣赏灯装饰图片，体会装饰物的美丽。

（2）教师提出活动任务：请每个幼儿为不同的建设物设计春节的灯饰，把彩灯图片装饰在建筑物图片上。

2. 进行春节灯饰操作活动。

（1）为每个幼儿分发操作材料，1张背景图，6张彩灯图片。

（2）教师引导幼儿按照自己的意愿排列、组合彩灯，并进行粘贴。

3. 讨论

（1）提问：哪个小朋友挂的彩灯多？为什么？

（2）引导幼儿观察并得出结论：彩灯的数量不会因为其排列顺序和颜色而改变。

建议：

结合益智区的操作游戏，让幼儿充分感知数量的守恒。

活动七　音乐《咚咚锵》

目标1：进一步体验、探索和感知音乐的强弱、快慢，音调的高低和音色的变化。

目标2：能够按简单的固定节奏型为歌曲做即兴伴奏，表达情感和体验，并具有初步的协调配合能力。

目标3：能有序收放乐器。

准备：各种打击乐器人手一件。

过程：

1. 请幼儿欣赏教师演唱，并说一说小鼓和小镲发出的声音是怎样的？哪个声音高，哪个声音低？为什么？

2. 引导幼儿到前面分别敲击这两种乐器，感受敲击力度与乐器声音之间的关系。

3. 请幼儿分别尝试并说一说自己手中的乐器敲击起来是什么声音，声音高怎么表现，声音低怎么表现？

4. 将幼儿按照乐器的种类分成不同的小组，按照自己手中乐器的名称和声音将原来的歌词进行改编，教师进行指挥，幼儿按照节奏演奏乐器。如“我拍响板，啪啪；我摇摇铃，哗哗……”等。

5. 幼儿对乐器和改编的歌词熟练后，教师引导幼儿边配乐边演唱自己的歌曲。

建议：

1. 教师可以根据幼儿的情况逐步增加投放乐器的种类。

2. 该活动还可以继续延伸到音乐表演区，由老师与幼儿共同进行各种乐器的演奏和歌词的改编。

附歌曲：《咚咚锵》

1 = F 2/4　　金木　词　汪玲　曲

▼▼　▼▼

33 31 | 33 22 23 | 66 | 1161 | 312 |

（甲）我敲 小鼓 咚咚（乙）我敲 小镲 锵锵（齐）咱们两个 一起敲

36 | 36 | 36 33 | 60 ||

咚锵 咚锵 咚锵 咚咚 锵

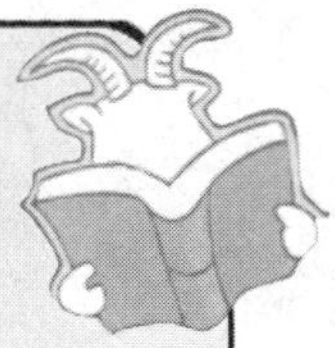

活动八　美术欣赏——年画

目标1：能够感受周围环境中为迎接节日而发生变化的景象，抓住主要特征，感受节日气氛。

目标2：认识美术作品所表现的内容，感受美术作品的美感特点，初步了解和体验美术作品表现的不同风格。

准备：中班幼儿用书、各种年画。

过程：

1. 感知欣赏各种年画（如门神、财神、灶神、花神、鱼莲娃娃、五谷丰登、风调雨顺等），引导幼儿了解美术作品表达的内容和寓意。

2. 引导幼儿感知年画的特点（如色彩的丰富、造型的夸张）。

建议：收集与年画相关的民间故事、民间歌谣，丰富幼儿对年画的理解。

附：年画

（四）第三周目标与落实途径

领域	目　标		落 实 途 径
健康	知道必要的安全保健常识，学习保护自己。	1. 能通过安全教育，提高自我保护的意识和能力。 2. 能通过营养教育，形成健康的生活方式。	生活： 知道要吃健康的食物，形成良好的进餐习惯。 区域： 认识日常生活中常见的安全标志，知道不去危险的地方。
	在丰富的活动中发展动作，提高动作的协调性、灵活性。	1. 通过体育锻炼增强体质，对冬季的寒冷有一定的适应能力。 2. 喜欢参加丰富多彩的体育活动，养成热爱体育活动的兴趣与习惯。 3. 动作发展更加协调、灵活。	区域： 1. 在丰富多彩的游戏中，大肌肉动作较灵活、协调。 2. 在多种游戏中发展小肌肉，动作较灵活、协调。 区域、集体： 1. 对冬季的寒冷有一定的适应能力。 2. 探索球的多种玩法，动作较灵活、协调。
语言	乐意与人交谈，讲话时自然礼貌。	能运用语言与别人交往，体验语言交流的乐趣。	生活： 能主动与同伴进行语言交流，体验乐趣。
	注意倾听对方讲话，能理解日常用语。	能从图书、电视、电脑、广播、口头交谈等多种途径得到与其生活经验相关的语言信息，从中获得知识和感受快乐。	生活： 尝试多种阅读方式（图片或者影像资料等），体验阅读的快乐。 区域、集体： 愿意与教师和同伴分享从多种途径得到的信息和新闻，从中获得知识和感受快乐。
	敢于当众讲话，能清楚地说出自己想说的事。	1. 能大胆、清楚地表达自己的想法和感受。 2. 能够在人多的场合下自然、大方地讲话。 3. 尝试说明、描述简单的事物或过程。	生活： 1. 在人多的场合下自然、大方地讲话。 2. 尝试简单描述自己过年时的情景。 集体： 在集体面前清楚大胆地表达自己的见闻和情感。

（续表）

社会	能主动地参与各项活动，有自信心。	自己选择活动主题，制订、实现自己的计划。	区域： 自己选择活动主题，制订、实现自己的计划。
	能努力做好力所能及的事，不怕困难，有初步的责任感。	愿意做自己力所能及的事，养成初步的独立意识。	区域： 为娃娃家做自己力所能及的事（如收拾玩具、整理被褥、擦桌椅等），养成初步的独立意识。
	初步了解社会常识。	知道春节的意义，感受节日的快乐气氛。	生活： 在新年等节日中，开展丰富多彩的活动，引导幼儿初步知道节日的意义，让每个幼儿充分表现自己，感受节日的快乐气氛。
科学	能运用各种感官，动手动脑，探究问题。	对身边的常见事物、现象进行大胆猜想和主动探索。	集体： 对身边的常见事物、现象进行大胆猜想和主动探究。
	能用适当的方式表达、交流探索的过程和结果。	用多种方式表达对事物探索和发现的过程。	集体： 用多种方式表达对事物探索和发现的过程。
	能从生活和游戏中感受事物的数量关系，体验到数学的重要和有趣。	1. 初步感知10以内物体数量的守恒。 2. 运用正在发展的数学观念和方法解决生活和游戏中的问题。	区域： 初步感知10以内物体数量的守恒（不受大小、排列形式等的影响）。 集体： 运用正在发展的数学观念和方法解决生活和游戏中的问题。
艺术	能初步感受并喜爱生活和艺术中的美。	喜欢欣赏内容丰富的简单的音乐作品，尝试体验这些作品的基本情绪和情感，并用自己喜欢的方式表达对音乐的感受。	集体： 体验音乐作品的基本情绪和情感，尝试用自己载歌载舞的方式表达对音乐的感受。
	积极参加表演活动，在活动中获得愉快、丰富的情绪体验。	乐于模仿舞蹈动作，对表演活动感兴趣。	生活： 在过渡环节中引导幼儿做模仿动作，提高他们对舞蹈的兴趣。

（续表）

艺术	能够大胆地用自己喜欢的方式进行艺术表现和创作，富有个性地表达自己的情感和体验。	乐于在生活和游戏中自编律动、舞蹈动作，创造性地为歌曲、舞蹈即兴伴奏，充分表达自己的情感和想象。	集体： 乐于在生活和游戏中自编律动、舞蹈动作，充分表达自己的情感和想象。
	认识美术作品所表现的内容，感受作品的美感特点，初步了解作品表现的方法。	1. 喜欢阅读、欣赏各种类型的美术作品，初步感知和了解作品的不同艺术风格。 2. 在欣赏、创作美术作品的过程中感知美术元素在作品中的运用，初步了解色彩、线条的表达方法。	区域： 认识泥塑作品所表现的内容，感受其美感特点，初步了解和体验作品表现的方法。 集体： 1. 认识影像作品中的燃放烟花，感受烟花的美感特点，初步了解烟花的绘画方法。 2. 在创作过程中感知美术元素在作品中的运用，初步了解色彩、线条的表达方法。
	喜欢用不同风格的美术方式表达自己对事物的印象与情感体验，获得心理上的满足。	能够运用不同的美术方式（绘画、雕塑、手工制作等）表达对事物的印象与情感体验，发展艺术表现能力。	区域： 喜欢用泥塑方式表达对事物的印象与情感体验，发展艺术表现能力。
	认识、选择各种美术材料和工具，在使用中大胆尝试、设想与创作。	1. 尝试使用各种美术材料和工具，感受并发现不同材料和工具表现出来的不同美感特征。 2. 在美术创作过程中能有独特的设想，敢于大胆尝试。	区域： 认识、选择泥塑材料和工具，在使用中大胆尝试、设想与创作。 集体： 选择不同的美术材料和工具，感受并发现不同材料和工具表现出来的不同美感特征。

生活活动

目标1：知道要吃健康的食物，形成良好的进餐习惯。

目标2：愿意在人多的场合下自然、大方地讲话。

指导建议：

1. 假期结束后，教师要注意继续培养幼儿良好的进餐习惯。可以通过“报菜谱”的形式，建立“我为大家报菜谱”的制度，请班级全体幼儿或当日的值日生在餐前为幼儿报菜谱和画菜谱。

2. 开展“健康食品我推荐”活动，让幼儿介绍假期中自己吃的健康食品，用图片或者照片形式展示。教师要与家长联系沟通，督促幼儿在家庭中也吃健康食物。

3. 欣赏儿歌《猪八戒过年》，体验健康饮食的重要性。

附儿歌：《猪八戒过年》

过年食品多又多，猪八戒的口水流成河。
三餐要吃鸡鸭鱼，垃圾盛满九大箩。
吃了睡，睡了吃，一称体重八百多。
大耳朵，地上拖，踩一脚它跑不脱。
走一步，歇一下，蜗牛比它快得多。

（戚万凯）

目标3：能主动与同伴进行语言交流，体验乐趣。

目标4：尝试简单描述自己过年时的情景。

指导建议：

1. 教师鼓励幼儿假期结束后，大胆与同伴分享自己的愉快假期。例如，说说自己在假期间碰到的有趣的事情，都有哪些拜年的方式（打电话、见面等），吃了哪些健康食品，假期间看了哪些书等。

2. 鼓励幼儿结合生活经验与同伴进行交流，分享别人的快乐。

目标5：尝试多种阅读方式（图片或者影像资料等），体验阅读的快乐。

指导建议：

将幼儿带来的假期生活的照片、图片或者影像资料，在生活环节中自由播放，让幼儿体验阅读的快乐。

目标6：知道春节的意义，感受节日的快乐气氛。

指导建议：

1. 春节过后的日常生活的各个环节中，教师与幼儿谈谈“快乐的除夕夜”“快乐的春节”，让幼儿说说自己的春节经历。

2. 鼓励幼儿回忆春节愉快的经历，感受节日的快乐气氛。

目标7：在生活中乐意做模仿动作，对舞蹈感兴趣。

指导建议：

1. 在部分生活环节中，如午睡后给幼儿梳小辫的环节，教师有意识地将生活中的动作改编成舞蹈表演动作，用来引发幼儿的兴趣，并鼓励幼儿进行模仿。

指导建议：

2. 日常生活中教师播放不同性质的音乐，并跟随老师进行动作模仿。

3. 老师选择适合中班幼儿特点的动作，不宜太难。

活动区活动

运动区

目标1：在丰富多彩的游戏中，大肌肉动作较灵活、协调。

目标2：在多种游戏中发展小肌肉，动作较灵活、协调。

目标3：对冬季的寒冷有一定的适应能力。

目标4：探索球的多种玩法，动作较灵活、协调。

指导建议：

1. 结合幼儿过春节的经验，教师可以为幼儿准备双人或多人玩的舞龙或舞狮的游戏材料，初步引导幼儿进行协同游戏。

2. 投放多种游戏车辆，如儿童自行车、小推车等，开展有情节的游戏，如运粮食、送材料等。

3. 组织幼儿开展群体游戏，如“放鞭炮”“打雪仗”等游戏，提高幼儿的运动兴趣。

4. 为幼儿提供宽敞适宜的运动场地，投放大量的不同大小的球，供幼儿滚、抛、拍、接、踢等，鼓励幼儿创造出多种玩球的方法。

角色区

目标1：愿意做自己力所能及的事，养成初步的独立意识。

目标2：能自己制订、实现自己的计划。

指导建议：

1. 即将过年，与幼儿共同商量如何清理娃娃家，制订劳动计划。

2. 教师与幼儿一起清洗娃娃的被子、衣服，擦小家具，将游戏材料整齐地收放到家具中，挑出不宜保存的材料，另作处理。

3. 根据幼儿需要提供劳动工具，如盆、香皂、抹布、扫把等。

表演区

目标1：对模仿舞蹈动作感兴趣。

目标2：体验音乐作品的基本情绪和情感，尝试用舞蹈动作表达对音乐的感受。

指导建议：

1. 投放教师自制的舞蹈动作图片以及与舞蹈相配的音乐，鼓励幼儿通过阅读图片尝试模仿动作，并为同伴表演。

2. 当幼儿在模仿动作的基础上出现一些简单的动作变化时，教师鼓励幼儿在美工区用绘画的方式记录下动作，再投放到表演区，为大家提供更多的舞蹈动作。

美劳区

目标1：喜欢用泥塑方式表达对事物的印象与情感体验，发展艺术表现能力。

目标2：认识泥塑作品所表现的内容，感受其美感特点，初步了解和体验作品表现的方法。

目标3： 认识、选择泥塑材料和工具，在使用中大胆尝试、设想与创作。

指导建议：

1. 鼓励幼儿利用已掌握的艺术表现方法，进行自由创作。

2. 提供适宜幼儿欣赏的美术作品，引导幼儿感受作品的美感特点，初步了解事物表现的方法。

3. 提供多种美术材料和工具供幼儿使用，引导幼儿感受不同材料表现出的美感特征。

重点指导：

1. 提供范例，让幼儿感知“面人”在造型、材料、色彩等方面的特点。

2. 根据幼儿用书相关内容，指导幼儿了解制作“面人”的方法和步骤。

3. 提供彩色面泥、制作“面人”的半成品（如五官、服饰等难度较大的部位）。

4. 提供丰富的辅助材料，引导幼儿创作多种多样的面人。

5. 指导幼儿进行创作，必要时协助他们实现自己的意愿，完成作品的最终形式。

建构区

目标1： 认识日常生活中常见的安全标志，知道不去危险的地方。

目标2： 愿意与教师和同伴分享从多种途径得到的信息和新闻，获得知识和感受快乐。

指导建议：

1. 教师通过建筑游戏（如搭建立交桥、马路上的建筑等），引导幼儿有目的地摆放各种安全标志，引导幼儿形成安全意识。

2. 收集各种关于安全标志的图片，鼓励幼儿自己动手制作成辅助材料，运用于建构，或者张贴在建构区，供幼儿认知。

益智区

目标1： 认识日常生活中常见的安全标志，知道不去危险的地方。

目标2： 初步感知10以内物体数量的守恒（不受大小、排列形式等的影响）。

指导建议：

1. 益智区中投放“交通行进棋”引导幼儿认识各种常见的安全标志，逐步形成安全意识。

2. 在益智区投放供幼儿点数的材料（如大蚕豆、小豆、涂色的杏核、桃核、纸球等），并同时配置锻炼守恒的教具（如供幼儿一一排列物体、或按圆形、椭圆形、方形等不同形状排列或不规则排列的教具），让幼儿在点数、排列中观察和体验数量的守恒。

阅读区

目标： 认识日常生活中常见的安全标志，知道不去危险的地方。

指导建议： 在阅读区可以投放相关的工具书，供幼儿翻阅、认识。也可以体现在墙饰上，加深幼儿的认知。

集体活动

活动一　天天玩球

目标 1：探索球的多种玩法，动作较灵活、协调。

目标 2：对冬季的寒冷有一定的适应能力。

准备：

1. 与幼儿人数相等的皮球若干；筐 5 个。

2. 供幼儿记录玩球方法的卡片四张。见下图：

星期一	星期二	星期三	星期四	星期五	星期六	星期日

过程：

1. 星期宝宝做早操。

（1）教师通过提问，引发幼儿活动兴趣。

教师："一个星期有几天？我们一起来做星期球操。"

（2）幼儿每人拿一个皮球，随教师的口令做球操，包括头部、上肢、下蹲、踢腿、体转、俯背、跳跃等动作。

2. 设计玩球方法。

（1）幼儿分成四个小组，自由在场地进行小组玩球。

教师提出任务："每个星期有七天，每个小组要创编出七种不同的玩球方法，并定出每天怎么玩球。"

（2）幼儿分小组进行创编玩球的方法，大家共同想办法，并在记录卡上记录周一到周日的玩法。

教师关注每个小组的创编情况，对于想不出来玩法的小组，进行启发，如：想一想，身体的哪个部位还可以玩球呢？

（3）教师鼓励幼儿用自己看得懂的符号记录玩球的方法。

3. 天天玩球。

（1）待每个小组都将周一到周日的玩球方法确定以后，教师组织幼儿观看每个小组的设计，四个小组轮流进行。

各组都展示完以后，教师发出星期口令，每个小组的幼儿就一起做自己确定的玩球方法，忘记了可以参考记录卡，如教师说："星期二"，幼儿就各自做本组星期二的玩球方法等。

（2）当教师发出星期几的口令后，幼儿就做出相应的玩球动作。如教师说：“星期一”，幼儿就马上做拍球的动作。

4. 送球宝宝回家。

每个小组排成一路纵队传球到筐中，看看哪队传的球最多。

5. 游戏：大皮球。

教师与幼儿一起边念儿歌边做放松动作：我有一个大皮球，拍一拍跳一跳，拍得高跳得高，拍得低跳得低，红的绿的都会跑。

当说完“红的绿的都会跑”这一句时，幼儿四散跑，教师做追逐者，追到谁谁就下场休息。

游戏玩2～3遍自然结束。

建议：

1. 幼儿开始游戏时，可能会出现记不清的情况，因此可先降低难度，为星期一到星期三，待幼儿逐步熟悉后，增加难度。

2. 玩“大皮球”追逐跑的游戏时，视看天气情况决定幼儿跑动的时间和游戏的次数。

活动二　我的假期生活

目标1：能在集体面前清楚大胆地表达自己的见闻和情感。

目标2：能从照片、图片、图书、电脑、口头交谈等多种途径得到与其生活经验相关的语言信息，从中获得知识和感受快乐。

准备：收集好的幼儿春节期间拍的各种照片、录像、带来的实物等材料。

过程：

1. 教师与幼儿共同回顾和分享收集的照片等材料。

（1）教师出示幼儿们带来的各种材料，引起幼儿的兴趣。

（2）请幼儿用照片、实物或放映录像等形式介绍自己假期间的生活。

重点：在幼儿讲述过程中，教师要引导幼儿完整、清晰地进行讲述。

2. 幼儿之间相互对资料进行欣赏和分享。

建议：

1. 教师可以指导幼儿将收集的资料和照片自制成书，投放在图书区，供幼儿欣赏和讲述。

2. 教师还可以与幼儿一起共同把大家带来的资料进行分类和装饰，布置成展板，教师再加上说明，将展板在公共楼道内进行展示。

活动三　哪支箭能中靶心

目标1：能对身边的常见事物、现象进行大胆猜想和主动探究。

目标2：用多种方式表达对事物探索和发现的过程。

目标3：运用已有的数学观念和方法解决生活和游戏中的问题。

准备：有关射箭的图片、挂图、铅笔、纸条、尺子等、记录纸，中班幼儿用书1～2月分册。

过程：

1. 教师与幼儿讨论射箭的话题。

出示收集到的射箭的图片，和幼儿共同讨论这个游戏或者运动项目的规则。

2. 结合幼儿用书 1 ~2 月分册，进行观察推测活动。

（1）打开幼儿用书第 25 页，让幼儿通过观察画面，判断推测：哪支箭能正中靶心？哪些箭能落在靶上？红的多还是蓝的多？

（2）鼓励幼儿借助工具判断推测，也可以和同伴分享交流自己的判断方法。

（3）引导幼儿将自己判断的方法记录下来。

3. 教师和幼儿共同就判断的结果进行讨论。

（1）教师出示挂图，和幼儿共同观察。

（2）请幼儿借助记录纸说说自己判断的结果和方法。

（3）教师对幼儿的判断方法表示肯定，同时借助一种工具展示老师的办法。

建议：

1. 在操作区投放磁铁投标或者射箭材料，让幼儿体验射箭的乐趣。

2. 在操作区投放“哪支箭能射中靶心”主题的材料，引发幼儿运用材料尝试判断操作。

活动四　歌曲《扭秧歌》

目标 1： 体验音乐作品的基本情绪和情感，尝试用秧歌舞的方式表达对音乐的感受。

目标 2： 乐于在游戏中自编律动、舞蹈动作，充分表达自己的情感和想象。

目标 3： 对模仿舞蹈动作有兴趣。

准备： 扭秧歌的图片或者影像资料、音乐表演区中的彩带等物品。

过程：

1. 欣赏关于扭秧歌的图片或者影像资料。教师引导幼儿观察人物的表情和着装等。

讨论：扭秧歌的人们的表情是什么样的？他们为什么会有这样的表情？他们穿的服装和使用的道具与我们平时的有什么区别？

2. 欣赏歌曲《扭秧歌》。

（1）教师演唱，引导幼儿欣赏并注意倾听歌词。

（2）教师鼓励幼儿大胆说出自己对歌曲表达的气氛、情感的理解和看法。

（3）引导幼儿听琴声和老师的演唱，并轻声跟唱，教师要注意指导幼儿唱准附点节奏。

3. 表演歌曲。

播放音乐，师生利用手中的彩带共同进行歌曲的自编舞蹈和演唱。在演唱时，教师要注意用秧歌十字步进行舞蹈。

建议： 在音乐表演区中，教师可以参与幼儿的表演活动，示范和指导幼儿的秧歌舞步。

附歌曲：《扭秧歌》

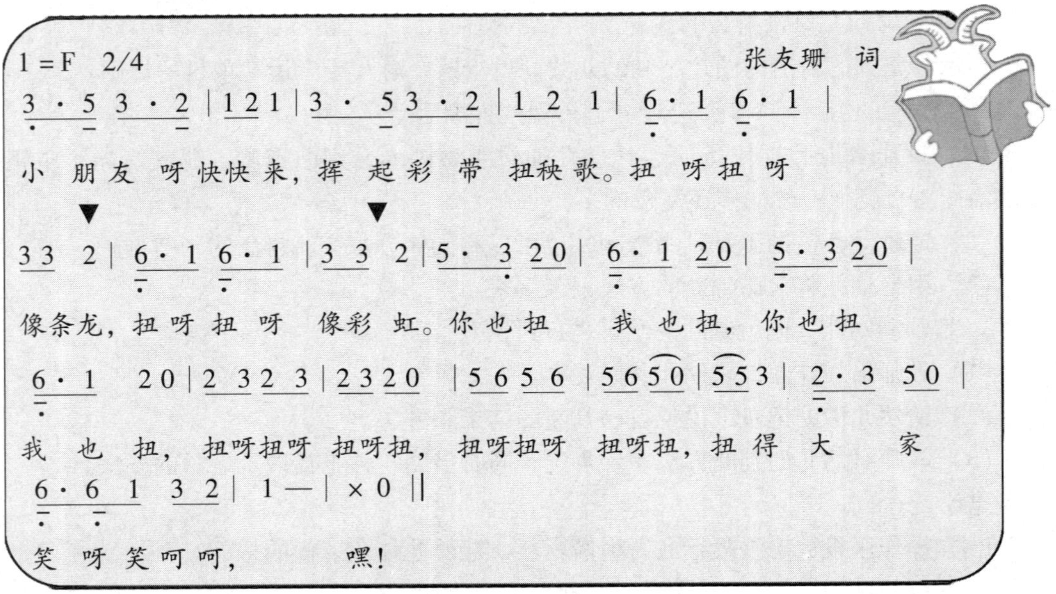

活动五　“五彩的烟花”

目标1：观看影像作品中的燃放烟花，感受烟花的美感特点，初步了解烟花的绘画方法。

目标2：在创作过程中感知美术元素在作品中的运用，初步了解色彩、线条的表达方法。

目标3：选择不同的美术材料和工具，感受并发现不同材料和工具表现出来的不同美感特征。

准备：

1. 中班幼儿用书1～2月第27页“看礼花”。
2. 影像材料：有关烟花的光盘。
3. 绘画材料：刮画纸、彩砂纸、油画棒、水彩颜料等。
4. 绘画工具：毛笔、竹签笔。
5. 粘贴材料：艺术绒球、彩色绒棒、镭射即时贴、彩色皱纹纸等。
6. 粘贴工具：剪刀、胶棒、双面胶等。

过程：

1. 感知欣赏。

（1）提供影像材料：教师与幼儿共同观看有关节日烟花的录像，让幼儿感知烟花的色彩和形象。

（2）引导幼儿发表对各种烟花的认识与了解，例如，说一说各种烟花像什么，色彩和亮度上有什么变化等，鼓励幼儿大胆表达自己的见解。

2. 鼓励创作。

（1）鼓励、引导幼儿选择自己喜欢的美术方式进行烟花创作活动（幼儿分组进行活动）。

（2）教师分组（绘画、粘贴）巡回指导。

（3）绘画重点：教师引导幼儿大胆尝试各种颜色的深浅过渡，感受亮度变化与增添白色之间的关系。

（4）绘画完成后，引导幼儿用兑过水的水彩色对整个画面进行刷色，注意观察画面变化。

（5）粘贴重点：关注设计过程中其内容的合理性、选择材料的适宜性、制作方法的可行性。

（6）必要时协助幼儿完成创作。

3. 讲评：组织幼儿分组介绍自己的作品，感受不同的艺术风格。

建议：师幼共同进行一幅比较大型的色彩画“放烟花”，布置在班级环境或楼道里，营造过年的气氛。

（五）第四周目标与落实途径

领域	目标		落实途径
健康	生活、卫生习惯良好，有基本的生活自理能力。	注意保持生活场所的整洁和卫生，养成爱清洁、讲卫生的习惯。	生活、集体： 能保持环境整洁，养成良好的公共卫生习惯。
	知道必要的安全保健常识，学习保护自己。	能通过安全教育，提高自我保护的意识和能力。	集体： 能通过安全教育，提高自我保护的意识和能力。
	在丰富的活动中发展动作，提高动作的协调性、灵活性。	1. 通过体育锻炼增强体质，对冬季的寒冷有一定的适应能力。 2. 喜欢参加丰富多彩的体育活动，养成热爱体育活动的兴趣与习惯。 3. 动作发展更加协调、灵活。	区域： 1. 在游戏中发展基本动作，动作较协调、灵活。 2. 在游戏中发展小肌肉动作，动作较协调、灵活。 区域、集体： 探索球的多种玩法。
语言	乐意与人交谈，讲话时自然礼貌。	在交流过程中学习使用适当的礼貌语言。	区域： 在交流过程中学习使用适当的礼貌用语。
	注意倾听对方讲话，能理解日常用语。	能从图书、电视、电脑、广播、口头交谈等多种途径得到与其生活经验相关的语言信息，从中获得知识和感受快乐。	区域： 能够从图书、电视，电脑等多种途径获得信息，从中获得知识和感受快乐。

（续表）

语言	敢于当众讲话，能清楚地说出自己想说的事。	1. 能大胆、清楚地表达自己的想法和感受。 2. 尝试说明、描述简单的事物或过程。	生活： 1. 能尝试说明、描述简单的事物或过程。 2. 能在集体面前清楚大胆表达自己的见闻和情感。 区域： 鼓励幼儿自由地表达对事物的认识或过程的了解。 集体： 仔细观察图片，清楚地表达自己的发现和感受。
	喜欢听故事、看图书，有初步的前阅读和前书写能力。	喜欢听儿童文学作品，会复述故事、续编故事，学习和仿编诗歌。	区域： 学习独立地讲述简短的故事。
	能听懂和会说普通话。	能正确运用普通话。	生活： 正确运用普通话进行交流。
社会	能主动地参与各项活动，有自信心。	自己选择活动主题，制订、实现自己的计划。	区域： 自己选择活动主题，制订、实现自己的计划。
	理解并遵守日常生活中基本的社会行为规则。	认识、体验并理解基本的社会行为规则，能体会规则在各种活动中的意义。	集体： 能体会规则在体育活动中的意义。
	能努力做好力所能及的事，不怕困难，有初步的责任感。	能为他人服务，有初步的责任感。	集体： 愿意认真为班级小朋友服务，有初步的责任感。
	初步了解社会常识。	初步知道节日的意义，表现自己，感受节日的快乐气氛。	区域： 愿意参与丰富多彩的活动，感受节日的快乐气氛。
科学	能运用各种感官，动手动脑，探究问题。	对身边的常见事物、现象进行大胆猜想和主动探索。	区域、集体： 鼓励幼儿对身边的常见事物、现象进行大胆猜想和主动探究。
	能用适当的方式表达、交流探索的过程和结果。	用多种方式交流、分享探索与发现的方法。	集体： 用多种方式交流、分享探索与发现的方法。

（续表）

科学	能从生活和游戏中感受事物的数量关系，体验到数学的重要和有趣。	1. 运用正在发展的数学观念和方法解决生活和游戏中的问题。 2. 在日常生活与活动中，使用相关的数学语言。	生活： 1. 在日常生活和游戏中，会使用相关的数学语言：如“一样多”“一些”“5 条”“都有两条腿”等。 2. 运用 10 以内的阿拉伯数字经验和数量守恒经验解决生活、游戏中的问题。
	爱护动植物，关心周围环境，亲近大自然，珍惜自然资源，有初步的环保意识。	1. 说出自己喜欢和不喜欢的一些环境和事物现象，如脏乱、整洁等。 2. 以力所能及的方式对待周围事物和环境（如把垃圾扔到指定的地方等）。	生活、集体： 1. 说出自己喜欢和不喜欢的一些环境和事物现象（依实际情况而定）。 2. 以力所能及的方式对待周围事物和环境（如爱护动物，不伤害动物等）。
艺术	能初步感受并喜爱生活和艺术中的美。	感知、探索和体验音乐的强弱、快慢，音调的高低和音色的变化，获得美的感受。	集体： 进一步体验、探索和感知音乐中的强弱、快慢，音调的高低和音色的变化。
	积极参加表演活动，在活动中获得愉快、丰富的情绪体验。	乐于参加音乐游戏活动，并从活动中获得愉悦和美感。	集体： 能在轻松、和谐的氛围中，乐于参加各种音乐活动，并从活动中获得愉悦和美感。
	能够大胆地用自己喜欢的方式进行艺术表现和创作，富有个性地表达自己的情感和体验。	1. 尝试按歌曲节拍的特点、速度、力度和情感富有表现力地歌唱。 2. 能够学习掌握几种打击乐器正确的敲击方法，会按简单的固定节奏型为歌曲、乐曲、舞蹈等做即兴伴奏。	区域： 自制简单的打击乐器，按简单的固定节奏型为歌曲、乐曲、舞蹈等做即兴伴奏。 集体： 尝试按歌曲节拍的特点、速度、力度和情感富有表现力地歌唱。
	能够感受并喜爱生活和环境中的美，发现事物美的特征。	1. 能够从生活中美好的人和事中获得深刻印象，发现事物美的特征。 2. 能够有意识地收集一些带有艺术特点的生活用品和自然物，丰富活动区的美术创作材料。	生活： 1. 感受并喜爱生活和环境中的美，发现事物美的特征。 2. 有意识地收集一些带有艺术特点的生活用品和自然物，丰富活动区的美术创作材料。

（续表）

艺术	认识美术作品所表现的内容，感受作品的美感特点，初步了解作品表现的方法。	喜欢阅读、欣赏各种类型的美术作品，初步感知和了解作品的各种艺术风格。	区域： 认识美术作品所表现的内容，尝试从美术作品中理解表现的事物，感受作品的美感特点，初步了解和体验美术作品表现的方法。
	喜欢用不同风格的美术方式表达自己对事物的印象与情感体验，获得心理上的满足。	能够运用不同的美术方式表达对事物的印象与情感体验，发展艺术表现能力。	区域： 运用绘画表达对十二生肖的所知、所感，发展艺术表现能力。
	认识、选择各种美术材料和工具，在使用中大胆尝试、设想与创作。	1. 尝试使用各种美术材料和工具，感受并发现不同材料和工具表现出来的不同美感特征。 2. 能利用身边的物品或废旧材料制作玩具、手工艺品，美化自己生活或开展其他活动。	集体： 1. 尝试使用各种美术材料和工具，在使用中大胆尝试、设想与创作。 2. 能利用身边的物品或废旧材料制作玩具、手工艺品，美化自己的生活和开展表演活动。
	发现周围事物中美的规律，并能按照这些规律用美术方式进行表达。	尝试运用绘画、手工制作及装饰的形式表达对规律美的理解（如对称、重复、韵律等）。	区域： 学习用围拢、垒高、对称的技能建造古代建筑。

生活活动

目标1：能保持环境整洁，养成良好的公共卫生习惯。

指导建议：

1. 在生活环节中，教师有意识地提示幼儿检查周围环境的整洁情况，善于抓住契机向幼儿进行教育，如教室中、楼道里、操场上出现了垃圾，及时引导幼儿解决问题。

2. 教师要有意识地进行拓展教育，除保持幼儿园的环境整洁以外，还要注意在家庭中、公共环境中养成良好的卫生习惯，如不随地吐痰、不乱丢垃圾、不乱写乱画等。

目标2：能在集体面前清楚大胆地表达自己的见闻和情感。

目标3：能正确运用普通话进行交流。

指导建议：

1. 在生活环节中，教师和幼儿共同说说元宵节的风俗习惯，元宵节的来历，怎么过元宵节，元宵的种类、口味，元宵和汤圆的区别等。

2. 在谈话活动中，引导幼儿运用普通话进行交流。对于幼儿容易混淆的发音要注意及时纠正。同时，引导幼儿对说方言的同伴要多帮助、多鼓励，知道模仿别人说方言是不礼貌的行为。

目标4：在日常生活和游戏中，会使用相关的数学语言，如"一样多""一些""5条""都有两条腿"等。

指导建议：

1. 在生活环节中，教师和幼儿共同点数教室的桌子、每桌配的椅子等，让幼儿说说"……和……一样多"；每组一名幼儿收放书籍，说说每组收了几本。

2. 在图书区阅读时比较相关动物的异同，如都有两只角、都有四条腿等。教师要鼓励幼儿运用数学语言。

目标5：说出自己喜欢和不喜欢的一些环境和事物现象（依实际情况而定），以力所能及的方式对待周围事物和环境（如爱护动物、不伤害动物等）。

指导建议：在生活环节中，教师和幼儿共同说说自己在过节期间看到的喜欢和不喜欢的事情和现象。说说为什么，小朋友应该怎么做等。

目标6：能运用10以内的阿拉伯数字经验和数量守恒经验解决生活、游戏中的问题。

目标7：尝试说明、描述简单的事物或过程。

指导建议：在生活环节中，教师有意识地让幼儿运用数学经验解决问题。如在分发活动材料时，请2~3名幼儿完成，先让幼儿清点出各组所需总数（如每组10盒油画棒），然后分别为各组每个幼儿分发。并说说自己给几个小朋友发了材料。让幼儿通过分发、点数体验数量守恒。

目标8：能够感受并喜爱生活和环境中的美，发现事物美的特征。

目标9：能够有意识地收集一些带有艺术特点的生活用品和自然物，丰富活动区的美术创作材料。

指导建议：

1. 引导幼儿接触生活中美好的人、事、物，丰富审美感受，获得积极的情感体验和态度倾向。

2. 根据"舞龙"作品创作的需要，引导幼儿有意识地收集生活中的物品，发展想象力。

活动区活动

运动区

目标1：在游戏中发展基本动作，动作较协调、灵活。

目标2：探索球的多种玩法。

指导建议：

1. 结合幼儿过春节及元宵节的经验，教师可以为幼儿准备双人或多人玩的舞龙或舞狮的游戏材料，继续引导幼儿进行协同游戏，可以将幼儿分成小组，提供一定的障碍进行。

2. 组织幼儿开展群体四散追逐性游戏，如“狡猾的狐狸你在哪”“猫捉老鼠”等游戏，提高幼儿的运动兴趣，保证幼儿的运动量。

3. 为幼儿提供宽敞适宜的运动场地，投放大量的不同大小的球，供幼儿滚、抛、拍、接、踢等。教师可以重点引导幼儿练习踢球，如双人传球、定点射门等。

角色区

目标1：能自己制订、实现自己的计划。

目标2：在交流过程中学习使用适当的礼貌用语。

指导建议：

1. 教师与幼儿共同收集“元宵灯会”的材料，如花灯、元宵、舞龙等。

2. 教师帮助、鼓励幼儿用已有的生活经验共同制订、布置“元宵灯会”会场。

3. 邀请同伴、家长等人员参加“元宵灯会”活动，如出海报、发请柬等。

表演区

目标：自制简单的打击乐器，按简单的固定节奏型为歌曲、乐曲、舞蹈等做即兴伴奏。

指导建议：

1. 教师将表演区的打击乐材料收起一部分，引导幼儿观察缺少哪些乐器，鼓励幼儿选择适当的材料自制乐器，并将幼儿制作好的乐器投放到表演区中使用。

2. 向教师提供一些自制乐器的思路。如图：

用纸盒和皮筋制作的吉他

用零售桶制作的腰鼓

美劳区

目标1：能够运用绘画表达对十二生肖的所知、所感，发展艺术表现能力。

目标2：尝试从美术作品中理解作品表现的事物，感受作品的美感特点，初步了解事物表现的方法。

指导建议：

1. 鼓励幼儿欣赏周围环境和生活中的美好事物，乐于用自己喜欢的美术工具和材料表达自己的感受。

2. 引导幼儿从美术作品中认识作品所表现的事物，感受作品的美感特点，初步了解事物表现的方法。

3. 提供多种美术材料和工具供幼儿使用，引导幼儿感受不同材料表现出的美感特征。

重点指导：

1. 提供幼儿用书和有关十二生肖的图片，引导幼儿观察、了解其内容和特征。

2. 提供放大的十二生肖剪纸图样，并用针眼做出撕纸轮廓线，供幼儿创作。

3. 提供多种材料（添画、装饰、泥工制作等），鼓励幼儿用多种方式把自己喜欢的生肖表达出来。

建构区

目标1：学习用围拢、垒高、对称的技能建造古代建筑。

目标2：在搭建游戏中，发展幼儿空间感和小肌肉灵活性。

指导建议：

1. 提供午门图片资料，引导幼儿观察建筑特点，左右对称，屋檐尖翘等特点。

2. 教师指导幼儿根据其建筑特点进行计划、分工。

3. 在搭建过程中引导幼儿区域间合作完成游戏，如美工区、插接区帮助提供辅助材料。

4. 鼓励幼儿在游戏结束时向同伴介绍，使幼儿获得成功感，激发幼儿的搭建兴趣。

科学区

目标1：能对身边的常见事物、现象进行大胆猜想和主动探究。

目标2：尝试自由地表运对事物的认识或过程的了解。

指导建议：

1. 坡度相等的滑板若干、各种质地、粗糙程度不同的纸板（光滑的平纸板、砂纸板、贴了布的纸板板等）、相同的玩具小汽车若干辆、记录纸、粉笔、积木块若干。

2. 指导幼儿猜想、验证、记录小汽车在相同坡度、不同质地的坡道上滑行的情况。

3. 鼓励幼儿将自己探索半过程进行简单的描述，重点引导幼儿说出自己的猜想，运用的论证方法和最后的结果。教师可以通过询问的方式引导幼儿清楚地描述探索过程。

益智区

目标：能运用已有的数量守恒等数学经验解决生活和游戏中的问题。

指导建议：

1. 投放点数的材料、容器等。

2. 也可以投放不同粗细、高低，标有刻度的量杯，米或者水等，让幼儿在操作的过程中，感受数量的守恒。

阅读区

目标1：学习独立地讲述简短的故事。

目标2：能够从图书、电视、电脑等多种途径获得信息，从中获得知识和感受快乐。

指导建议：

1. 为幼儿在语言角投放各种手偶、故事图书、图片等材料，搭建“小小木偶台”，鼓励和吸引幼儿利用各种材料和图书进行故事讲述和阅读，如《三只熊》的故事。

2. 家园合作，从多种途径收集关于元宵节、龙的相关传说、故事或者图片，教师可以给幼儿讲解，也可以让幼儿之间进行交流互动。

3. 教师可以将幼儿获取信息的途径进行总结和汇总，如画出手机、电脑、图书、电视等图片，代表各种途径，巩固幼儿对获取信息途径多样性的认识。

附故事：《三只熊》

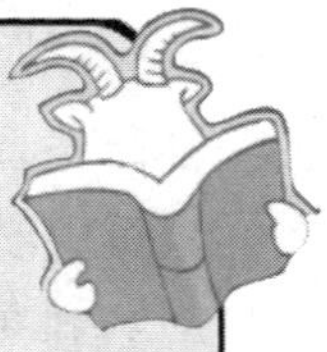

一个小姑娘出门去玩。她走进一座大树林子。她在大树林子里走，走着，走着，走到一座房子跟前。

门开着。她往门里望望，里头没有一个人。她走进去了。

这座房子是熊的家。里头住着熊爸爸、熊妈妈、熊孩子。这会儿，三只熊都不在家，他们到树林子里散步去了。

房子分前后两间。

她走进前面的一间，看见桌子上有三个碗，一个大的，一个小一点的，一个顶小的。碗里都盛着粥。大碗是熊爸爸的，小一点的是熊妈妈的，顶小的是熊孩子的。

她先捧起大碗来喝一口，又捧起小一点的碗来喝一口。顶小的碗里的粥是甜的。

她想坐着喝。桌子旁边有三把椅子，大椅子是熊爸爸的，小一点的是熊妈妈的，顶小的是熊孩子的。

她先往大椅子上爬。椅子太高，她还没爬上去就摔下来了。她又往小一点的椅子上爬，她爬上去了。椅子太硬，她坐着不舒服。她就坐在顶小的椅子上。她笑了。椅子上有垫子，她坐着很舒服。

她又捧起碗来喝那甜粥。甜粥喝光了，她在椅子上摇来摇去。椅子坏了，她摔下来了。

她站起来，走进最后一间。那里有三张床。大床是熊爸爸的，小一点的是熊妈妈的，顶小的是熊孩子的。

她先在大床上躺一会儿，又在小一点的床上躺一会儿，最后她躺在顶小的床上睡着了。

三只熊回来了。

熊爸爸说："有人动过我的椅子了！"熊妈妈说："有人在我的椅子上坐过了！"熊孩子说："谁把我的椅子坐坏了！"

熊爸爸拿起自己的碗，一看，就说："有人喝过我的粥了！"熊妈妈看看自己的碗说："我的粥也有人喝过了！"熊孩子看看自己的碗，就叫起来，说："谁把我的粥喝光了！"

它们走进后面一间。熊爸爸说："有人在我床上睡过了！"熊妈妈也说："有人在我床上睡过了！"熊孩子看见小姑娘睡在它床上，就说："是她，就是她！"

小姑娘醒了，看见三只熊，连忙跳起来，跳出窗子，一直跑回家去了。

集体活动

活动一　足球运动员

目标1：探索球的多种玩法。

目标2：能体会规则在体育活动中的意义。

准备：幼儿每人一个球，教师检查每个球内充气是否充足。

过程：

1. 热身活动。

教师带领幼儿围着操场随欢快的音乐做动作，顺序为慢跑——快跑——慢跑——走——踏步——立定——原地做上肢活动——躯干活动（体侧、体转、俯背）——跳跃——原地踏步。

2. 练习各种拍球动作。

每个幼儿自己到球筐里取一个球，在场地上四散站好，做好准备。教师启发幼儿想一想可以怎样拍球，看看谁拍球的花样最多。幼儿练习各种拍球动作，教师鼓励幼儿和别人拍的不一样，同时也要引导幼儿互相学习。

3. 游戏："我是小足球运动员"。

（1）练习左右脚定点踢球的动作。

将幼儿分成两组，分别在场地两端横排站好，每名幼儿找好自己对着的好朋友，其中一组幼儿有球。教师提出要求：有球的幼儿用脚将球踢到对面自己好朋友的脚下，对面的幼儿用脚将滚过来的球停住。幼儿开始尝试练习。

教师提示：瞄准好对方幼儿的位置，用脚的内侧用力踢球。在适当的时候，教师可请踢的好的一组幼儿在场地中间示范踢球、停球的动作，引导幼儿观察脚的姿势和与球的接触点。然后再次尝试练习，教师提示幼儿左右脚都要练习踢球和停球。

（2）分小组进行“足球比赛”。

游戏准备：将全班幼儿按性别分组，每组又分成两部分，如红队和黄队，可用彩绳系在头上加以区别。在场地的两端分别设置足球门，球门可用两把椅子间隔摆放，并在椅子上放个明显的红队与黄队的标志物，每个球门中间站一名幼儿做守门员。根据幼儿的人数投放适当的球摆放在场地中间，如男孩子组有15人，可踢3~4个球。开始前，两队幼儿分别站在场地的两侧，面对面站好，在场地中间间隔放好所踢的球。

游戏进行：当教师发出“开始”的口令时，两队幼儿迅速跑到场地中间抢球，幼儿抢到球后可迅速传给本队幼儿或踢向对方的球门，守门员用手脚或身体阻挡踢进的球。教师提示幼儿找准自己的队员和对方的球门位置踢球，不能乱踢，鼓励幼儿勇敢地抢球。

游戏结束：每队幼儿统计共踢进对方球门多少个球，比一比哪队踢得多，进球多的为胜。

4. 活动结束。

幼儿随雄壮有力的音乐走步绕场地一周结束活动。

建议：

1. 根据本班幼儿掌握踢球动作的水平，来选择足球比赛的时机，不一定在第一次活动中就进行比赛。

2. 每组比赛投放球的数量可根据幼儿的实际水平而定，可由多到少。

3. 若场地空间有限，可男女幼儿轮流进行，一组比赛，一组当观众给比赛的幼儿加油助威。

4. 提示幼儿注意安全，只能用脚抢球，不能用手推人。

5. 教师掌握好每组比赛的时间，时间不能过长。

活动二　故事《窗外的垃圾》

目标1：仔细观察图片，清楚地表达自己的发现和感受。

目标2：能保持环境整洁，养成良好的公共卫生习惯。

准备：故事挂图4幅。

过程：

1. 教师引导幼儿讨论，住在楼房里，怎样做才能保持公共环境整洁。

2. 欣赏故事《窗外的垃圾》。

（1）教师按故事情节出示挂图，讲解故事《窗外的垃圾》，引导幼儿注意倾听。

（2）教师和幼儿共同观察挂图，通过提问，和幼儿回顾故事情节，理解故事内容。

（3）教师引导幼儿讨论：谁的行为对，谁的行为错，为什么？

3. 教师和幼儿讨论如何爱护公共环境。

（1）教师引导幼儿说说什么地方属于公共环境。

（2）教师和幼儿讨论在公共环境应该怎么做能保持环境整洁，例如，如何保持教室和幼儿园环境的整洁。

（3）教师要将幼儿的讨论结果进行简单分类，把一些良好的习惯和幼儿分享。

建议：

1. 幼儿回家可以和爸爸妈妈一起说说还应该怎么做，才能保持公共环境整洁，养成良好的公共卫生习惯。

2. 可以引导幼儿将自己的办法画出来，张贴在显眼的位置。

附故事：《窗外的垃圾》

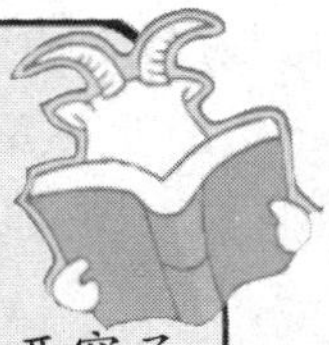

在一幢楼房里，住着四个小动物。小狗住在一层，小猫住在二层，三层住的是小猴子，最高的一层住的是小兔。

一天早晨，红红的太阳升起来了。小兔打开窗子说："天气多好啊，空气真新鲜！"小猴子打开窗子，把香蕉皮朝窗外一扔。小猫打开窗子，把鱼骨头朝窗外一扔。小猴打开窗子，把肉骨头朝窗外一扔。马路上堆起了一堆垃圾。

太阳晒在垃圾上，垃圾发出一阵阵臭味，还招来几只苍蝇。小狗、小猫、小猴闻到臭味都把窗关上了，小兔闻到臭味，把头伸出窗口一看，说："啊！原来窗外有一堆垃圾，我去把它扫掉吧。"

小兔拿着扫帚出来扫垃圾。小猴子、小猫和小狗看见后，知道自己错了，它们也赶快跑出来和小兔一起打扫。一会儿就把垃圾扫完了，马路又干净又整齐。小猴子、小猫、小狗说："以后，我们再也不乱扔垃圾了。"它们回到屋里，都打开窗户说："空气多新鲜，多干净啊！"

活动三　猜猜谁最快

目标1：能对身边的常见事物、现象进行大胆猜想和主动探究。

目标2：用多种方式交流、分享探索与发现的方法。

准备：坡度相等的滑板若干、各种质地、粗糙程度不同的纸板（光滑的平纸板、砂纸板、贴了布的纸板等）、相同的玩具小汽车若干辆、记录纸、粉笔、积木块若干。

过程：

1. 猜想。

（1）出示滑板和各种不同的纸板，教师引导幼儿猜想汽车从滑板上滑下，在哪种纸板上小汽车跑得快或慢。

（2）幼儿分组讨论，将猜想结果记录在记录纸上。

2. 验证。

（1）教师引导幼儿开展验证活动。请各个小组的成员讨论做好分工（如拿小汽车的、用粉笔记录停止地点的、拿挡板的等）。

（2）引导幼儿把验证活动的结果如实写在记录纸上。

3. 分享。请各组成员与大家分享验证结果。

重点：

1. 教师引导幼儿注意观察别人的实验过程，并提醒幼儿尊重别人的意见。

2. 提醒幼儿仔细观察别人方法中不科学的地方。如：是否做标记，是否把小汽车、积木、挡板和路面放在同等的位置上等。

3. 引导幼儿对验证结果进行讨论，并达到对不同路面下小汽车速度快慢的共识。

4. 鼓励幼儿到科学探究区继续验证。

建议：

1. 这次验证活动，比较快慢是采用目测路程长短的方法。根据验证情况，教师还可以引起幼儿对“怎样才能比较出路程的长短”进入讨论，并引入到自然测量。

2. 此次活动可以根据活动开展的实际情况分为几次进行。

活动四　正确燃放烟花爆竹

目标1：说出自己喜欢和不喜欢的一些环境和事物现象，以力所能及的方式对待周围事物和环境。

目标2：在多种形式的安全教育中，提高自我保护的意识和能力。

准备：家长和幼儿共同收集的关于不按规定燃放爆竹的图片、新闻。

过程：

1. 引发讨论话题。

（1）教师和幼儿共同讨论元宵节的习俗。

（2）教师和幼儿共同来看收集到的新闻、图片，欣赏烟花的美丽，但是也要体会不按照规定燃放烟花爆竹的危险和带来的后果。

2. 讨论应该怎样正确燃放烟花爆竹。

（1）让幼儿说说过年时家人如何燃放烟花爆竹，这样是否安全等。

（2）教师和幼儿共同说说北京市关于限放烟花爆竹的规定。

（3）鼓励幼儿说说：为什么要有这样的规定？哪些时间不能燃放爆竹？哪些地点不能放鞭炮？为什么？

（4）讨论应该怎么做才是文明的北京小市民。

3. 教师鼓励幼儿将今天讨论的结果和爸爸妈妈说说，共同为美丽的北京做贡献。

活动五　音乐《好朋友》

目标1：愿意认真为班级小朋友服务，有初步的责任感。

目标2：尝试按歌曲节拍的特点、速度、力度和情感富有表现力地歌唱。

准备：歌曲磁带或曲谱等。

过程：

1. 欣赏歌曲《好朋友》。

（1）播放音乐《好朋友》，请幼儿用手一起拍节奏，并注意倾听歌词和歌曲表达的情感。

（2）教师和幼儿讨论歌曲表达的情绪。

2. 学唱歌曲。

注意要引导幼儿唱清楚十六分音符，同时在最后结尾“嘿！嘿”处要有力。演唱时要表达出欢快的情绪。

3. 表演歌曲。

（1）播放音乐，教师鼓励幼儿两两对应边唱边做歌词中的动作，同时注意指导幼儿演唱的同时可以两个人商量创编动作。如：唱到“团结友爱手拉手，我们都是好朋友”时，幼儿可以手拉手转圈进行跑跳步等。

（2）请幼儿说一说，在幼儿园里可以为身边的小朋友做哪些事情，有谁曾经帮你做了哪些事情。

（3）根据幼儿说出的内容，鼓励幼儿增加或改编原来歌曲中的歌词，使其更加丰富。例如，可以说“你帮我来拉拉链，我来帮你系鞋带；你帮我来拿蜡笔，我来教你走迷宫”等。

（4）教师与幼儿共同将经过幼儿改编和增加的歌曲进行表演和演唱。

4. 总结歌曲。

知道自己能为他人服务是一件很快乐的事情，有初步的责任感。

附歌曲：《好朋友》

1＝F　2/4　　　　申芳　词　鲁祖兴　曲

2 5 3 32 | 13 2 | 2 5 3 32 | 1 6 1 | 33 35 | 2 1 6 |

你帮 我 来 梳梳头，我 帮 你 来 扣纽 扣，团结友爱 手拉 手，

62216 | 5 6 5 | × × ||

我们都是 好 朋 友。嘿！嘿！

活动六　音乐游戏“种葫芦”

目标1：进一步体验、探索和感知音乐的强弱、快慢，音调的高低和音色的变化。

目标2：乐于参加音乐游戏活动，并从活动中获得愉悦和美感。

准备：

1. 可充当葫芦籽的小插片和小纽扣一个。

2. 幼儿在日常生活中多次听过或学过《种葫芦》这首歌。

过程：

1. 教师弹奏强弱不同力度的曲子，幼儿听音乐做动作。

（1）教师弹奏曲子，鼓励幼儿感受其变化，并做出不同的动作。

例如：听到强音时学高人走，听到弱音时学矮人走；

听到强音时学大老虎，听到弱音时学小老鼠。

（2）教师和幼儿分享幼儿创编的动作。

2. 以故事的形式引出音乐游戏“种葫芦”。

（1）教师讲故事，并出示“种子”：有一个农夫有一粒神奇的葫芦种子，当种子被种在土里时，它会听音乐。当它听到强音、重音时就在土里跳舞；当它听到弱音、轻音时就在土里睡觉。

（2）游戏“种葫芦”。

教师讲解游戏的玩法，并和配班老师示范怎么玩游戏。重点让幼儿清楚当你走近种子时音乐就会变强。

3. 游戏玩法：

（1）全体幼儿坐成半圆，双手在胸前做成小花状当花盆。

（2）请一名幼儿当种葫芦的幼儿，种葫芦的幼儿将双手合拢，把种子放在两手中。一名找种子的幼儿躲在一边。

（3）全体一起轻声演唱歌曲《种葫芦》，这时种葫芦的幼儿从半圆的一边开始，逐个在小朋友双手做成的花盆里做种种子的样子，被种过种子的花盆马上合起来。在边唱边种的过程中，种葫芦的幼儿要悄悄地将手中的种子种到其中一个花盆中，并将种子种在谁的手里悄悄告诉老师。

（4）找种子的幼儿从半圆的一边开始边听教师弹奏（幼儿不唱）边慢慢走过每一个花盆前。当找种子的幼儿远离有种子的花盆时，教师的弹奏声音小；当找种子的幼儿走近有种子的花盆时，教师弹奏的声音就逐渐增大；当找种子幼儿走到有种子的花盆时，教师弹奏的声音最强。找种子幼儿需要通过辨别音乐的强弱来确定种子种在哪个花盆中。

4. 鼓励幼儿玩游戏。

（1）教师鼓励幼儿听音乐玩游戏。

（2）请幼儿说一说你是怎样找到神奇的葫芦种子的。

重点引导幼儿学会听辨音乐的强和弱。

建议：在刚开始玩游戏时教师要注意将音乐强弱区别弹奏的十分明显，以便幼儿能够找到种子，获得成功体验。再逐渐增加难度。

附歌曲：《种葫芦》

1＝D 2/4　　韩德常　曲

1 2 3 | 1 2 3 | 5 5 5 | 5 6 5 | 5 6 3 5 | 3 2 1 |

种 葫 芦，种 葫 芦，葫 芦 根，葫 芦 蔓，不知 你 呀 种 哪 块？

1 2 3 2 | 1 2 3 2 | 6 5 3 1 | 2 3 1 ||

不 种 高 山，不 种 地 下，种 在 盆 里　好 开 花。

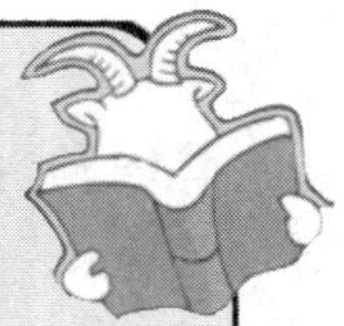

活动七　手工制作——舞龙

目标1：认识美术作品所表现的内容，感受作品的美感特点，初步了解和体验美术作品表现的方法。

目标2：尝试使用各种美术材料和工具，在使用中大胆尝试、设想与创作。

目标3：能利用身边的物品或废旧材料制作玩具、手工艺品，美化自己的生活或开展其他活动。

准备：

1. 中班幼儿用书 1 ~ 2 月分册；做好的龙的范例。

2. 制作材料：彩纸、木棍、大纸筒或塑料筒、各种装饰物。

3. 制作工具：剪刀、胶水、海绵碗子、海绵棒、水粉颜料。

过程：

1. 感知欣赏。

（1）出示做好的龙的范例，让幼儿感知龙的外形特征（知识点：重点观察龙头、龙身、龙尾）。

（2）与幼儿共同讨论舞龙的特点，制订制作步骤和注意事项（知识点：舞龙时左右、上下摆动，龙头、龙身、龙尾制作过程中连接处怎样处理）。

（3）打开中班幼儿用书 1 ~ 2 月分册第 30 页，让幼儿了解制作龙的材料、方法、步骤。

2. 鼓励创作。

（1）提供不同层次的制作材料让幼儿自主选择，满足他们不同兴趣、不同水平的需要。

（2）在幼儿制作过程中，教师要及时给予适当帮助。

3. 讲评。

组织幼儿相互交流制作经验，教师最后讲评。

建议：组织幼儿进行舞龙游戏，感受过年的快乐。